北京市重点社科基金项目：跨界民族与周边关系研究成果（15KDA007）
中央民族大学"一带一路"的民族生态与文明研究

中国边疆学理论创新与发展报告 2015

吴楚克　赵泽琳／主编

ZHONGGUO BIANJIANGXUE
LILUN CHUANGXIN YU FAZHAN
BAOGAO 2015

经济管理出版社
ECONOMY & MANAGEMENT PUBLISHING HOUSE

图书在版编目（CIP）数据

中国边疆学理论创新与发展报告（2015）/吴楚克，赵泽琳主编.—北京：经济管理出版社，2016.3
ISBN 978-7-5096-4265-8

Ⅰ.①中⋯　Ⅱ.①吴⋯②赵⋯　Ⅲ.①疆界—中国—文集　Ⅳ.①K928.1-53

中国版本图书馆 CIP 数据核字（2016）第 035620 号

组稿编辑：张巧梅
责任编辑：张巧梅
责任印制：黄章平
责任校对：车立佳

出版发行：经济管理出版社
　　　　　（北京市海淀区北蜂窝 8 号中雅大厦 A 座 11 层　100038）
网　　址：www.E-mp.com.cn
电　　话：（010）51915602
印　　刷：北京易丰印捷科技股份有限公司
经　　销：新华书店
开　　本：787mm×1092mm/16
印　　张：16
字　　数：390 千字
版　　次：2016 年 3 月第 1 版　2016 年 3 月第 1 次印刷
书　　号：ISBN 978-7-5096-4265-8
定　　价：88.00 元

·版权所有　翻印必究·

凡购本社图书，如有印装错误，由本社读者服务部负责调换。
联系地址：北京阜外月坛北小街 2 号
电话：（010）68022974　　邮编：100836

谨以此书热烈庆祝中央民族大学中国边疆学研究中心成立

中国边疆学建设更需要热情

2015年10月，中央民族大学在民族学与社会学学院成立了中国边疆学研究中心，这是中国边疆学研究历史上的重大事件。作为一个新兴学科，中国边疆学虽然还处在成长初期，但时值国运昌顺、国势宏达之际，中国边疆民族地区日益兴旺发达，中国与周边国家关系日益复杂紧密。这种国内与国际形势对中国边疆学理论的创立和完善提出了更快更高的要求，因此，在中央民族大学成立中国边疆学研究中心具有特殊的意义。

另外，我们也高兴地看到，吴楚克教授从中国社会科学院边疆研究所来到中央民族大学10年间，取得了辉煌成就。作为他的同事和朋友，我由衷地高兴并热烈地祝贺。在此，我也代表中国社会科学院边疆研究中心对中央民族大学民族学与社会学学院成立中国边疆学研究中心表示祝贺！

3年前，吴楚克教授召开第一届边疆理论创新与发展论坛时，就计划成立一个中国边疆理论研究中心，结果没有成功。好在经过这3年的发展，全国的大学和科研机构都在争相成立有关边疆研究的机构和部门，中国社会科学院把中国边疆史地研究中心更名为中国边疆研究所，陕西师范大学成立西北边疆研究中心，云南大学成立西南边疆研究中心，四川大学成立中国边疆学研究基地，武汉大学成立中国边界研究院，东北三省的社会科学院也都成立了边疆理论研究所。现在，中央民族大学也终于成立了中国边疆学研究中心，直接把边疆学作为研究对象。

中国边疆学与边政学有关系，但不是直接继承的关系，中国边疆学应该属于一个新兴的一级交叉学科，具有跨学科的典型特征。中国边疆学的发展应该以中国边疆政治学为基础，在边疆历史、边疆民族、边疆文化、周边关系以及区域理论框架范围内，不断完善和扩展自己的理论范畴，形成一个新的学科理论体系。

2005年，吴楚克教授出版了自己的《中国边疆政治学》，并被评为北京市精品教材，这为中央民族大学开展中国边疆学理论研究打下良好的基础。2007年，他又成功申请了当时民族院校第一个教育部重大攻关课题——"跨界民族与中国地缘安全研究"，该课题直接推动了中央民族大学在边疆学理论建设方面的研究步伐。今天，他们能够成立中国边疆学研究中心，应该说，已经水到渠成。我曾经在《关于中国边疆学理论建设的几点思考》一文中特意提到这个问题。

最后，希望来自各界的学者同仁齐心协力，一起把中国边疆学理论建设好。

马大正　中国社会科学院边疆研究所
2015年10月20日

前　言

非常感谢中央民族大学民族学与社会学学院支持我召开第二届边疆学理论创新与发展学术会议，并支持我成立中国边疆学研究中心。特别要感谢麻国庆教授为筹措本书的出版经费而做出的努力，时值他刚刚接任院长，又赶上年底经费告罄，着实不易。

抛开所有的实用目的，纯粹从理论角度思考中国边疆学，我们首先会遇到"边疆"和"学"的关系。正如经济学、政治学、民族学、地理学一样，"边疆＋学"似乎也应该是这个样子，但是，"边疆学"具备这个理论规格吗？回答这个问题的前提是需要有共同的普遍意义上的边疆。显然，世界上边疆的产生和类型十分复杂，在很多情况下，只有边界而没有边疆，或者边疆和边界是重合的；更多的时候，边界的变动和争议导致边疆始终处在变化当中。真正拥有边疆并需要创建一套理论体系来满足实践需要只是国家的一部分，也就是说，在目前情况下，"边疆学"如果成立的话，要限定它的范畴是"某国边疆学"，才具备应有的研究对象，所以，"中国边疆学"就是研究中国边疆形成的历史、文化、治理和制度变迁的学问。

中国边疆学是形而上的昙花一现吗？一种理论可以是理论家个人的思想结果，但任何理论学科的产生都不是凭空捏造的，而是时代精神发展的需要。从"五服"思想到"守在四夷"，从"羁縻怀柔"到"朝贡藩属"，从明代"边政考"到民国"边政学"，中国边疆学理论一直在疆域扩展和治理中延续下来。当代中国的宏图大略适时地把时代变幻中的边疆思想提升为中国边疆学，是当代中国学人对中国边疆理论发展创新的精神追求，更是实现伟大的"中国梦"的实践要求。

另外，当代世界发展的特点是资本的扩张，早年的产品市场扩张和更早的领土扩张已经完全被垄断资本扩张所取代，但是，相对中国来说，帝国主义从原始积累时期的领土扩张到垄断市场，我国都没有经历，直接进入资本和产品竞争时代。因此，中国需要从近代边疆危机走出来，重建稳定的周边关系，以此来巩固和发展强大的有中国特色的社会主义制度，也正因为如此，中国边疆学必然应运而生。

可以说，我们是幸运的，因为，时代精神呼唤着新的理论诞生，包括中国边疆学在内。同时，我们更多的需要勇气和谅解、团结和鼓励，也需要抛弃个人名利从而无私地奉献。这也是中国边疆理论发展和创新的力量源泉。

吴楚克

2016 年 1 月 25 日于中央民族大学

目　录

新世纪以来中国学者对中国边疆学构筑的探索 …………………… 马大正（1）
论中原王朝治边的文化软实力 ……………………………………… 方　铁（17）
边疆学理论架构探讨及重大问题研究 …………… 孙　勇　王春焕　朱金春（27）
中亚的地缘政治与"丝绸之路经济带" ……………………………… 潘志平（41）
"边疆经济带"形成的一般性理论解释 ……………………………… 杨明洪（45）
从民族关系到国家关系：中蒙关系的历史特殊性 ………………… 吴楚克（58）
应区分民族问题的不同类型 ………………………………………… 吴楚克（64）
离散与认同重构
　　——以中国西藏边境地区尼泊尔移民后裔达曼人为例 …… 周建新　杨　静（67）
唐朝北部疆域的变迁
　　——兼论疆域问题的本质与属性 ……………………………… 李鸿宾（77）
试论西藏社会正义的内涵及其意义 ……………………… 韩觉贤　周润年（91）
"一带一路"视角下的跨界民族与边疆治理问题研究 …………… 刘　稚（97）
东北跨境民族民俗文化资源开发研究
　　——以延边朝鲜族为例 ………………………………………… 朴美兰（103）
累积的现实：观察文化的历史眼光 ………………………………… 何　群（109）
清代"一国多制"边疆管理格局中的督抚体制
　　——以云南督抚体制为中心的考察 …………………………… 邹建达（116）
"中国世界秩序"观之影响及其与中国古代边疆研究
　　——对费正清《中国世界秩序：中国传统的对外关系》的
　　　研究及其意义 ………………………………………………… 许建英（126）
民国时期康巴人物研究的现状及重要性 …………………………… 万代吉（136）
房名、空间结构与社会秩序
　　——西藏农村社会史研究的新路径 …………………………… 白赛藏草（141）
南海主权争端的国际法问题分析 …………………………………… 王　倩（152）
跨界民族的社会适应研究维度
　　——一个新的研究视域 ………………………………………… 徐　芳（164）
"学科殖民"与构建中国边疆学的困境 ……………………………… 朱金春（169）
中越边境便道管理与边疆安全
　　——以广西凭祥为例 …………………………………… 雷　韵　罗柳宁（176）

边疆地区农牧民参与村民自治之现状
　　——基于内蒙古额济纳旗苏泊淖尔苏木的调查与分析 ………… 曹　芳（184）
浅论中国边疆学的构建与民族学的关系 ……………………… 赵泽琳（195）
边疆少数民族青年学生中华民族认同研究
　　——以 H 学院民族预科生为例 ………………………………… 代高峰（200）
少数民族医药的传承与汉地化
　　——以北京藏医院为例 ………………………………………… 马瑞雪（212）
"华夏边缘"的历史
　　——读《羌在汉藏之间》 ………………………………………… 卫雨晴（220）
新生代少数民族城市新移民民族文化适应问题的探讨
　　——以西安市雁塔区为例 ……………………………………… 薛小燕（226）
嘉绒藏族的人观与家屋
　　——以马尔康县直波村为例 …………………………………… 朱美妹（234）

新世纪以来中国学者对中国边疆学构筑的探索

马大正

中国社会科学院中国边疆研究所

一、构筑中国边疆学是中国边疆研究学科发展的必然趋势

纵观中国边疆研究的演进历程，可以用千年积累、百年探索两句话来概括。

千年积累。中国历史悠久，疆域辽阔，今人想认识和研究数千年来边疆发展状况，这肯定也会遇到许多困难，史料匮乏、零散是其中最主要的问题。但与世界其他国家、地区相比较，研究古代中国则有两点有利条件：一是古代中国文明持续不断，文化传统亦世代相继；二是古代中国有良好的史学传统。史学是以求真为前提的，但求善也是史学重要的社会功能。关于边疆纪实及研究的历史遗产既是前人对边疆实况的记录，也往往反映了著者的世界观和方法论。在史学的发展过程中，求真与求善是一对矛盾的统一体，因受社会因素和个人因素的制约，历史文献都会有不同程度的局限性，因此辨析真善始终是史学工作者的重要任务。

百年探索。这里的百年，实际上是涵盖了19世纪至20世纪两个百年的时段。这一时段是中国历史巨变的200年，经历了清朝由盛转衰到灭亡，从"中华民国"到中华人民共和国。民族危亡、民族振兴是这一历史时段主旋律之一。中国边疆研究在这样的历史大背景下，也经历了兴旺、衰微、再兴旺的历程，两个世纪以来，共出现了三次中国边疆研究的高潮，三次研究高潮分别是：19世纪中叶至19世纪末，西北边疆史地学的兴起，是中国边疆研究第一次高潮的标志。20世纪三四十年代边政学的提出与展开，是第二次中国边疆研究高潮的突出成就。20世纪80年代以来中国边疆研究第三次研究高潮出现的标志是研究中实现了两个突破：一是突破了以往仅仅研究近代边界问题的狭窄范围，开始形成了中国古代疆域史、中国近代边界沿革史和中国边疆研究史三大研究系列为重点的研究格局，促成了中国边疆研究的大发展；二是突破了史地研究的范围，将中国边疆历史与现状相结合，形成了贴近现实、选题深化、成果众多的特色，至今这次研究高潮仍方兴未艾，显示出可持续发展的强劲势头。很显然我所亲历的边疆中心研究实践成为上

述两个突破实现的助推力。

"创立一门以探求中国边疆历史和现实发展规律为目的的新兴边缘学科——中国边疆学,这就是肩负继承和开拓重任的中国边疆研究工作者的历史使命!"这是我在《二十世纪的中国边疆研究——一门发展中的边缘学科的演进历程》一书结尾处写下的一段话,既是自己的心愿,也是我对同仁们的寄望。

承载着千年传统,百年积累和30年探索的中国边疆研究,今日面临着新的跨越——构筑中国边疆学,这是学科发展的必然趋势,也是建设有中国特色社会主义的需要。每一个边疆研究工作者应认清自己的历史责任,抓住机遇,迎接挑战。

随着学术的不断进步,顺应社会现实的要求,作为一门发展中的交叉学科,仅仅围绕边疆历史研究而展开理论研究的传统格局已经被打破,学术界在深入研究中国边疆历史的同时,更加关注中国边疆的现实问题。同时,在边疆问题研究中,多学科相互交叉、相互渗透、相互交融,研究者普遍将历史学、政治学、民族学、考古学、宗教学、法学、社会学、国际关系等学科的理论和方法结合在一起,以更加多样化的视角来审视中国边疆的历史和现状,因而呈现出历史研究与其他学科有机结合的特点,进而跨学科研究渐成趋势。

中国边疆研究由单一学科层面向多学科层面发展,既符合学术发展的一般规律,又凸显出该学科的独特性。当仅仅依托单一学科的理论、方法和手段已不足以全面诠释中国边疆所面临的诸多问题时,由中国边疆史地研究向中国边疆学的学术转型就成为必然。这一学术转型包括以下四个方面的原因:

首先,中国边疆史地研究具有优良史学传统,特别是20世纪最后20余年学术研究所取得的重大成就,为学科的发展奠定了良好的基础;随着学科体系的不断完善,以及新思路、新方法的不断出现,研究的层面以及研究者的视角将向更深入、更广阔的方向发展。

其次,随着研究的深入,边疆研究中的难点问题层出不穷,以往研究中被忽视或研究不够深入的大量理论问题日益成为本学科不可回避的课题,这些课题具有重要的学术价值和现实意义,从而为研究者的科研活动提供了巨大的空间,也展示出中国边疆学学科的发展潜力。

再次,基础研究与应用研究相结合的发展趋势,为本学科领域注入了新的活力。时代的发展不断提出新问题和新要求,尤其是边疆学研究领域,面临着诸多新的挑战,研究者必须直面中国边疆稳定与发展中所面临的种种问题。无论是传统的历史学研究,还是具有时代特点的现实问题研究,都不是孤立存在的,把两者融为一体进行贯通性研究,在历史的长河中探索当代中国边疆治理的重大问题,既是社会科学研究功能的体现,也是本学科不断深化的客观要求。

最后,跨学科研究凸显本学科发展潜力。就学科本身的特性而言,在边疆问题研究中,历史学无疑是最基础、最重要的学科门类,只有对中国疆域形成、发展的历史进行科学、深入的研究,才可能使我们准确把握中国这个统一多民族国家演进的规律,从而为中国边疆研究奠定坚实的理论基础。但是毋庸讳言,仅从历史学的角度来解读中国边疆的问题,显然有很大的局限性。学科的分野加之中国边疆的多样性、复杂性,决定了中国边疆问题的研究需要集纳多学科的理论和方法,学科间互通、交融的趋势大大增强。各相关学科门类从理论到方法的成熟性,以及中国边疆学术领域跨学科研究的大量实践,为中国边疆学的构筑提供了有益的保障。

二、构筑中国边疆学的科学探索

在构筑中国边疆学的大视野下，边疆理论研究的命题十分广泛，就目前的认知水平大体上可分为以下四个方向：

一是，中国边疆学构筑的理论探究。包括中国边疆学的学科定位、学科的内涵与外延、学科的方法与功能等。

二是，中国古代疆域形成和发展的历程和规律研究。包括中国古代疆域观、治边观的演变，"大一统"政治理想与中国古代疆域的形成，民族融合与中国古代疆域的形成，羁縻政策与中国古代疆域的形成，中国古代宗藩观、宗藩体制的形成与发展，中国历代宗藩关系特点，近代宗藩观的变迁与宗藩体系的解体，朝贡—册封体制的形成、发展与解体等。

三是，当代中国边疆治理理论与实践研究。包括边疆地区的战略地位、边疆地区的行省与民族区域自治制度、边疆地区社会的稳定与发展、边疆地区的民族和谐与宗教事务、边疆地区与周边国家关系等。

四是，中外疆域、边界理论的比较研究。包括东西方疆域观念的异同，西方对中国传统疆域观念的质疑与认知，近代西方边界理论对中国传统疆域观的冲击，百年来中外疆域理论研究的发展历程与评议等。

本文将重点对新世纪以来上述后三个方向的研究演进历程试作综述，对每一个研究方向的学术探究只是做有选择的点评。而对第一个研究方向的内容将在《以边疆学为主题的学人著述举凡》一文中综述。

下面介绍以边疆理论、中国边疆学为主题的学术研讨会。

2004年以来，为促进中国边疆研究学科建设，中国边疆史地研究中心积极推动多民族国家疆域理论的研究，并将相关研究纳入了学科建设的重点规划之中。2006年初，中国边疆史地研究中心将"中国疆域理论研究"课题确定为2006年度重点研究方向，于2006年3月起，边疆中心主办的"学术沙龙"上设立了以"疆域理论研究"为主题的论坛，为此编印了《中国边疆理论研究资料集》，共收选了2000年以来在国内学术刊物上公开发表的18篇论文，分为疆域形成理论、藩属体制与宗藩关系、疆域理论研究综述3个专题，收选论文中包括了边疆中心研究人员撰写论文5篇：马大正的《中国疆域的形成与发展》，李大龙的《传统夷夏观与中国疆域的形成》和《西汉王朝藩属体制的建立和维系》，孙宏年的《相对成熟的西方边疆理论简论（1871~1945）》，邢玉林、马大正的《1989~1998年中国古代疆域理论问题综述》。

2006年8月7~8日，中国边疆史地研究中心与云南大学西南边疆少数民族研究中心在昆明联合举办第三届中国边疆史地学术研讨会，研讨会就中国疆域形成、疆域观与治边思想、藩属与宗藩关系以及边疆治理与开发等边疆民族研究诸问题展开了讨论。同时，还对中国边疆学学科建设各抒己见，云南大学副校长肖宪教授在大会致辞中指出，边疆问题是非常重要的问题，也涉及诸多领域的交叉学科、综合学科，边疆问题与民族问题往往交织在一起，对边疆民族的研究既是学术问题又是现实问题。中国社会科学院中国边疆史地研究中心马大正研究员指出，中国社会科学院中国边疆史地研究中心近年来所取得的学术成果和正在进行的重大课题研究为构建中国边疆学做了重要铺垫，疆域理论研究可作为中国边疆学构建的一个重要突破口。云南省社会科学院研究员贺圣达的《关于中国边疆学学科建设的几点看法》认为，中国边疆的特点和当前面临的多方面复杂问题，为中国边疆学构建提供了机遇和挑战，"中国边疆学"应具备多学科、综合性的特点，应将重点放在边疆理论和当代中国所面临的边疆问题上面，并在继续重视陆疆研究的同时加强对海疆问题的研究。中央民族大学教授吴楚克的《中国疆域问题与中国边疆学理论建设之关系》认为，中国边疆理论研究正在朝着创建"中国边疆学"的方向努力，并从中国疆域问题是中国边疆学建设的"入口"、早期中国疆域理论是中国边疆学的理论来源等方面对中国疆域问题与中国边疆学的关系进行了探讨。南京大学教授华涛认为要从近现代国际关系、近代史、民族学等多学科的角度来研究中国边疆问题。南京大学教授魏良弢则认为边疆学的构建要明确其学科类别，即属于法学还是历史学。这一问题的解决对确定边疆学的学科方向无疑具有重要的意义。此外，还有一些与会学者认为国外没有边疆学这样一个学科，我们构建这样一个学科应首先确定一些基本理论框架问题，并建立某些能在国际上被接受的理论或法则，以更好地促进对边疆问题的研究。①

2011年7月27日，《中国边疆史地研究》杂志社和陕西师范大学西北民族研究中心联合举办的"中国疆域理论学术研讨会"在西安召开，会议收到论文15篇，涉及多民族国家疆域理论、中国古代疆域观念、国外学者的中国疆域理论诸方面问题，会后《中国边疆史地研究》在2011年第3、第4期上开设专栏——疆域理论学术研讨会专稿，共刊发了10篇论文，包括：周伟洲《关于中国古代疆域理论若干问题的再探索》，赵永春《从复数"中国"到单数"中国"——试论统一多民族中国及其疆域的形成》，李大龙《试论中国疆域形成和发展的分期与特点》，于逢春《论"雪域牧耕文明板块"在中国疆域底定过程中的地位》，李鸿宾《阐释南北关系的一个视角——读狄宇宙〈古代中国与其强邻：东亚历史上游牧力量的兴起〉》，毕奥南《从邑上国家到领土国家的边疆——先秦时代边疆形成考察》，孙宏年《清代中国与邻国"疆界观"的碰撞、交融刍议——以中国、越南、朝鲜等国的"疆界观"及影响为中心》，安介生、穆俊《略论明代士人的疆域观——以章潢〈图书编〉为主要依据》，黄远达《边疆、民族与国家：对拉铁摩尔"中国边疆观"的思考》，许建英《拉铁摩尔对中国新疆的考察与研究》。②

2011年9月22日至24日，云南大学国际关系研究院与新加坡国立大学东亚研究所、云南卫视新视野联合举办的"21世纪的中国边疆治理与发展"及第二届西南论坛在昆明召开，本论坛主要涉及"当代中国边疆治理与发展方略"、"当代中国边疆治理与发展的影响因素"、"21世纪中国边疆治理与发展方略"和"中国西南对外开放与次区域合作"等议题，同时在当代中国边疆治理战略研究大背景下也关注到中国边疆学构筑的大命题。本论坛论文集《21世纪的中国边疆治理与发展：第二届西南论坛论文集》由郑永年、林文勋主编，共收论文23篇，在"总论"栏中收选了马大正《关于中国边疆学构筑的几个

---

① 刘清涛：《第三届中国边疆史地学术研讨会述要》，《中国边疆史地研究》2006年第3期。
② 龙穆：《中国疆域理论学术研讨会述要》，《中国边疆史地研究》2011年第3期。

问题》。①

2012 年 6 月 2 日至 3 日,"985"工程民族学国家级重点学科、"985"工程民族发展与民族关系问题研究中心和中央民族大学民族学与社会学学院联合举办"2012 年中国当代边疆理论创新与发展论坛"在北京召开。会议论文集《中国当代边疆理论创新与发展研究》2013 年由学苑出版社出版。论文集分设"边疆理论建设研究","边疆现实问题研究","边疆历史问题研究"三大栏目,共收论文 27 篇。涉及中国边疆学构筑的论文有:马大正《关于中国边疆学构筑的几个问题》,李国强《中国边疆学学科构筑的透视》,吴楚克《试论中国边疆政治学与边政学、民族学的关系》,朱金春《试论传统边疆治理研究的两个视角》。

2013 年 11 月 14 日至 15 日,中国社会科学院中国边疆史地研究中心与国家领土主权与海洋权益协同创新中心在北京联合召开"首届中国边疆学论坛"。本论坛的会议论文集共收论文 67 篇,涉及古代至当代边疆治理的理论与实践,既有宏观的阐论,也有微观的探研,同时也有不少涉及中国边疆学构筑的探讨。本论坛的象征意义在于,第一次以"中国边疆学"作为论坛的名称,而且冠名为"首届",体现了主办方想要一届一届办下去的良好主观意图。

2013 年 12 月 5 日至 6 日,云南大学和中国社会科学院中国边疆史地研究中心在昆明联合主办"中国边疆及边疆治理理论的挑战与创新"学术研讨会,会议收到论文近 40 篇。在大会主题发言中,中国边疆史地研究中心主任邢广程研究员就中国崛起过程中,边疆形势与周边关系目前所面临的挑战以及诸多难题的破解进行了深入阐述。云南大学政治学系主任周平教授从政治学的角度就边疆政治学研究的开展进行了总结和展望,并就边疆学的构建与边疆在国家发展中的作用进行了阐述。国家民委民族问题研究中心副主任李红杰在发言中反思了传统边疆观的等级性和局限性,对如何建立边疆主体地位以加快发展并惠及周边国家的问题提出了展望。国家清史编纂委员会副主任马大正研究员对边疆学的构建提出了期望,并就新中国边疆治理演进的历程进行了阶段分析。陕西师范大学西北民族问题研究中心周伟洲教授从嘉庆、道光年间西北史地学兴起开始回顾了中国边疆学发展的不同阶段,也对现代中国边疆学的定义、对象和研究方法进行了探讨,并提出相关建议。新加坡国立大学东亚研究所所长郑永年教授围绕中国周边地缘政治和边疆地区的稳定问题,认为不能把边疆问题全部当作经济领域的问题去解决,应强调文化的作用,并针对边疆地区存在的一些问题从文化领域进行解剖,同时指出靠国家文化软实力才能治理好边疆,并提出构建国家文化的愿望。复旦大学中国历史地理研究所姚大力教授从边疆民族如何发挥历史主体作用的角度回顾了中国疆域形态如何形成的历史过程,并结合现代民族学与民族理论的研究成果,指出不能一概主张民族去政治化。在闭幕总结大会上,邢广程对边疆研究提出如下几点建议:一是边疆史地学科作为基础不应削弱,而是要加强,边疆研究者要勇于跨学科开展研究,并加强与国外的交流;二是要注重边疆史地材料的收集,特别是国外有关档案的收集;三是要研究过去属于我们,但现在不属于我们的土地和民族;四是要注意边疆地区综合发展的研究;五是边疆的状况往往要受到大国的影响,应加强该领域的相关研究;六是应研究其他大国治理边疆的某些经验;七是本领域的专家要关注边

---

① 论文集由社会科学文献出版社 2013 年出版。

疆知识的普及工作。① 此次会议的论文多数收录于周平、李大龙主编的《中国边疆治理：挑战与创新》，由中央编译出版社 2014 年 9 月出版。

为推动边疆理论研究，边疆中心利用《中国边疆史地研究》杂志这一学术平台刊发相关研究论文，2004 年以来，先后刊发了近 40 篇专题论文。

2013 年，中国社会科学院中国边疆史地研究中心推出由邢广程主编的《中国边疆学》第一辑②，这是国内迄今为止首部以中国边疆学为集名的学术集刊，为中国边疆学构筑的推进提供了一个新的学术平台。与前述的首届中国边疆学论坛具有同样的象征意义和实践价值。第一辑设"疆域理论研究"、"边疆治理研究"、"与周边地区关系研究"、"边疆民族与文化研究"、"边疆地理研究"、"研究动态"诸栏目，收论文 25 篇，近 42 万字。

2014 年邢广程主编《中国边疆学》第二辑③出版，共刊发文稿 19 篇，包括丝绸之路与丝绸之路经济带专稿 4 篇，边政研究 7 篇，边疆民族与政权研究 4 篇，文献与资料评研 4 篇，全辑 35 万余字，19 位作者中，有 14 位是边疆研究所研究人员。邢广程的《"丝绸之路经济带"与中国边疆安全和发展——以我国东北和西部边疆为视角》依托历史、直面现实，从挖掘"丝绸之路"的历史文化价值、"草原丝绸之路经济带"的战略定位、绥芬河作为东部陆海丝绸之路经济带的桥头堡的意义、积极发挥新疆在"丝绸之路经济带"构建中的重要作用四个方面进行了论证，提出要特别关注"丝绸之路经济带"构建中的新疆与中亚合作、阿富汗局势对中国新疆的影响两大问题。主编者明言：自第二辑始，《中国边疆学》坚持文稿首发原则，举凡与中国边疆研究有关的论文都在选稿之列。

三、以中国边疆学为主题的学人著述

随着中国边疆研究的持续发展，在开拓与深化的进程中，对中国边疆学构筑的思考与研究，日益为研究者所关注，时有以中国边疆学为主题的学术著作面世，较重要的著作有：马大正、刘逊的《二十世纪的中国边疆研究——一门发展中的边缘学科的演进历程》；郑汕的《中国边疆学概论》；罗崇敏的《中国边政学新论》；吴楚克的《中国边疆政治学》；余潇枫、徐黎丽、李正元的《边疆安全学引论》；梁双陆的《边疆经济学：国际区域经济一体化与中国边疆经济发展》；袁庆寿、牛德林主编的《中国边疆经济发展概论》；李星主编的《边防学》；周平的《中国边疆治理研究》；陈霖的《中国边疆治理研究》等。相关论文也为数不少，现分著作和论文择重要者试作综述。

（一）学术专著

马大正、刘逊的《二十世纪的中国边疆研究——一门发展中的边缘学科的演进历

---

① 刘清涛：《"中国边疆及边疆治理理论的挑战与创新学术研讨会"综述》，《中国边疆史地研究》2014 年第 1 期。
② 邢广程：《中国边疆学》（第一辑），社会科学文献出版社 2013 年版。
③ 邢广程：《中国边疆学》（第二辑），社会科学文献出版社 2014 年版。

程》，全书22万字，分绪论、综论、分论、余论四篇。在余论篇中较为系统地阐论了中国边疆学构筑中重大问题，明确提出："中国边疆研究可以并正在发展为具有独立学科地位的中国边疆学。"① 马大正、刘逖提出了中国边疆学学科特点和构筑文化学科的思考要点。关于前者，他们的主要观点是：中国边疆学是中国学的有机组成部分；中国边疆学作为一门学科有独立存在的地位，这种地位不应因其研究对象相对模糊而受到妨碍，中国边疆学研究方法的基本特点是吸纳、借鉴一切相关学科的研究方法和研究成果，从统一多民族国家的发展与中国在世界格局中的作用、地位的大背景考察边疆；中国边疆学具有其他任何一门学科无法替代的特殊价值。关于后者，他们认为：中国边疆研究应以中国边疆学来定名；中国边疆学研究中国边疆及其发展规律，进而全面揭示中国统一多民族国家形成、发展规律；中国边疆学是综合性学科，属于社会科学的一个分支；中国边疆学内涵包括人文科学及社会科学领域的研究以及自然环境、生态环境等自然科学领域的研究；中国边疆学既是一门学科群体，又是一门交叉、边缘学科；中国边疆学分支学科应初步分列为"历史、考古学科，语言、文学学科，社会、人类学科，政治、法律学科，宗教、哲学学科，文学、艺术学科，经济学科，生态环境学科"②。作者提出的以上两个问题虽然有些重叠，其所拟定的分支学科过大，但关于学科的独立性和有关自然科学介入中国边疆学的倡导以及中国边疆学学科性质的概括都是值得重视的。

郑汕的《中国边疆学概论》③，全书以筹边观、疆域、边界、周边关系、边政、边务、边民社会为题立章，共58万字。该书以边疆与国家中心区域，边疆与周边国家关系为主线，以"底定边疆"、"经略边疆"为主题，从历史演变和现代观念的构建两方面，在绪论中对中国边疆学的理论与研究方法、研究对象与问题做了比较系统的阐述，提出了建构中国边疆学科体系的必要性。作者认为中国边疆学的学科定位是：中国边疆学是总结底定边疆历史经验的实践学科，是新兴的多学科交叉的社会综合学科；中国边疆学研究方法是：经世致用与综合对比的方法，理论联系实际与实践调查的方法，要素融会贯通与理论创新的方法；中国边疆学的架构体系是："经略边疆"、"底定边疆"。本书是首部中国边疆学学科体系构建的学术专著。

罗崇敏的《中国边政学新论》，全书分设9章，42万字。作者认为："广义政治学的范畴体系建设立足于两个方面：一个是广义边政学赖以存在的客观的边疆历史和现实；另一个是广义边政学整合政治学、经济学、人类文化学、民族学、宗教学、国际关系学等研究领域里的概念和范畴，赋予边疆政治学的内涵和属性。作为一门新兴的交叉学科，广义边政学的范畴体系必然与其交叉学科有密切的联系，也只有在联系和发展中才能使广义边政学的概念范畴逐步得到完善。"④ 本书在借鉴以往边疆政治学研究成果基础上，坚持立足现实，面向未来发展，理性考察历史，注重逻辑表征，探索广义边政学的思路和框架，试图建立关于边疆地区以人为本的经济、政治、文化、社会的管理和发展及其规律的学科。研究对象主要是我国边疆地区经济、政治、文化、社会建设。研究内容具有人本性、

---

①② 马大正、刘逖：《二十世纪边疆研究》，黑龙江教育出版社1997年版。
③ 郑汕：《中国边疆学概论》，云南人民出版社2012年版。本题内容参阅了陈明富：《首部探索构建中国边疆学学科体系的专著——评郑汕教授〈中国边疆学概论〉》，《中国边疆史地研究》2013年第1期。特予说明。
④ 罗崇敏：《中国边政学新论》，人民出版社2006年版。

理论性、实践性、系统性、创新性特点。

吴楚克的《中国边疆政治学》，此书是他博士后出站成果，全书分"前提与条件"、"历史与发展"、"理论与实践"三部分，共14章，30万字。2005年由中央民族大学出版社作为教材出版，2007年获得北京市精品教材奖，一直作为教材在一些教学单位使用。作者依托历史、直面现实，通过回顾统一多民族中国历史发展进程和中国边疆研究百年演进历程，指出当今急需开设一门中国边疆学，才有可能"实事求是地对待和解决历史遗留下来的边疆问题，站在国家利益上解决边疆冲突"。另外也提出了，"确立科学的理论观点和研究方法是'中国边疆政治学'能够达到预期水平的决定因素之一"。①

余潇枫、徐黎丽、李正元等的《边疆安全学引论》，全书以"边疆安全学总论"、"跨国族群问题的非传统安全治理"、"边疆非传统安全问题的几个个案研究"为题分设上、中、下三篇，共计14章，近33万字。作者明言："我国边疆地区传统安全与非传统安全相互交织的境况，使得边疆安全问题日趋严峻，对安边、固边、治边、富边形成挑战。这就需要我们立足本土的历史与现实，放眼世界的发展与趋势，从理论上进行分析、总结、研究、建构，为制定边疆政策提供新的视角与范式，以探索一条有中国特色的边疆安全与各民族和谐发展之路。在这样的语境下，从历史、现实和理论三个逻辑整合中建构一门'边疆安全学'势在必行。"②

"从多学科交叉的角度开创'边疆安全学'，符合中国边疆地区历史发展的需求，符合中国边疆地区改革开放不断变化、民族关系不断复杂化的现实，也符合中国边疆问题与边疆危机应对的逻辑。边疆安全的创立将标志着中国边疆治理找到了一个新的符合各民族和国家间共同价值的共同话语——安全，进而使得边疆安全的研究实现从零散到系统，从被动到主动，从经验到理论的转变，标志着伴随非传统安全问题从非战略高度进入到国家安全战略高度、安全治理成为边疆治理论的核心"③。本书是第一部阐论边疆安全的学术专著，"树立了中国边疆研究领域尤其是边安问题上不可绕过、更不能无视的一座新路标"。④

梁双陆的《边疆经济学：国际区域经济一体化与中国边疆经济发展》，全书分8章，32万字。本书以陆疆地区的黑龙江省、吉林省、辽宁省、内蒙古自治区、甘肃省、新疆维吾尔自治区、西藏自治区、云南省和广西壮族自治区为研究对象，从沿边开放与周边国家之间要素流动的角度出发，以中国积极参与的国际区域经济一体化为背景，从中国与周边国家区域经济一体化进程中边界效应下降和转化这一现象，立足于城市是区域经济增长的发动机和要素集聚体、人力资本和科技创新是区域报酬递增的源泉这两个空间经济理论的基本观点，在分析中国—东盟、中国—南亚、中国—中亚、中国—东北亚的区域经济一体化进展和对中国边疆经济的影响的基础上，研究一体化进程中边境贸易转型、边疆产业升级、边疆城市化发展的理论，研究边疆地区并利用一体化进程中的边界效应变化，而形成若干边缘经济增长中心的机制，以及相应的环境、体制和政策问题⑤。同类学术专著还

---

① 吴楚克：《中国边疆政治学》，中央民族大学出版社2005年版。
②③④ 余潇枫、徐黎丽、李正元等：《边疆安全学引论》，中国社会科学出版社2013年版。
⑤ 梁双陆：《边疆经济学：国际区域经济一体化与中国边疆经济发展》，人民出版社2009年版。

有袁庆寿、朱德林主编的《中国边疆经济发展概略》①，全书33万字。作者认为，边疆经济学是一门社会科学，是以边疆地区这一特定区域的特殊经济社会运动过程作为研究对象和客体，研究边疆地区经济运动特点、经济结构和规律的科学，属于理论经济学的一个分支科学，具有多学科交叉性的特点。

李星主编的《边防学》②，全书近40万字，以"国家领土与国家边界"、"边防理论的产生与发展"、"边防的地位与作用"、"边防体制"、"边防政策与边防法规"、"边防武装力量"、"边境防卫"、"边境管理"、"边防涉外工作"、"边防建设"为题立章。作者认为：边防学是一门研究国家边境防卫、边境管理、边防建设活动的基本规律，并指导边防实践的一门综合性军事学科，是一门新兴的综合性应用性军事学科。

（二）相关论文

20世纪80年代以来中国边疆史地研究的拓宽和深入，使许多专家学者深刻认识到局限于"史地"不仅使学科发展及其功能的充分发挥受到限制，与邻国和其他国家研究边疆的强劲势头形成反差，也不适应我国边疆乃至全国的现代化建设日益迫切的需要。因而，构筑中国边疆学率先受到中国边疆史地研究中心的提倡和重视。邢玉林《中国边疆学及其研究的若干问题》③和《关于中国边疆的若干问题》④对中国边疆学的构筑进行了专论。《中国边疆学及其研究的若干问题》除阐述建立中国边疆学的必要性外，值得注意以下几个问题：

第一，关于中国边疆学的名称定义、研究对象，"中国边疆学是运用马克思主义的世界观和方法论揭示中国边疆及其硬系统和软系统的形成、演变和发展规律以及中国边疆及其各系统相互关系的科学"，并阐释上述定义的四层含义。按较高、较大学科的要求确定该学科以特定规律和整体联系的研究为主旨，这无疑是可取的。但是，该定义确定研究对象时似乎忽视了中国边疆学的适用性或应用性；换句话说，中国边疆学不应当是纯理论的学科，其研究对象显然应当包括边疆的现实问题。

第二，关于中国边疆学的功能。这个问题与中国边疆研究的功能有内在联系。关于中国边疆研究的功能从20世纪30年代以来有不少学者鉴于民族、边疆危机而不断有所阐论；20世纪80年代，丁伟志在《中国边疆史地研究丛书·序》中又根据新的情况加以阐论⑤；之后，《中国边疆史地研究》先后组织两次笔谈，有17位学者著文参加。邢文在吸纳上述研究的基础上概括了中国边疆学的五大功能：强化中华民族救亡图存和自强不息的精神、弘扬中华民族传统的爱国主义、提供稳定边疆的历史经验、为边疆的建设提供科学依据、促进边界问题的解决，维护国家领土完整。这些功能充分表明中国边疆学是具有应用性质的学科。

第三，作者根据4个原则勾勒了中国边疆学体系的框架，即有5个分支学科、23个组成部分。

---

① 袁庆寿、朱德林：《中国边疆经济发展概略》，黑龙江人民出版社1993年版。
② 李星：《边防学》，军事科学出版社2004年版。
③ 邢玉林：《中国边疆学及其研究的若干问题》，《中国边疆史地研究》1992年第1期。
④ 邢玉林：《中国边疆研究通报》（第1辑），新疆人民出版社1995年版。
⑤ 马大正：《中国古代边疆政策研究》，中国社会科学出版社1990年版。

如图 1 所示：

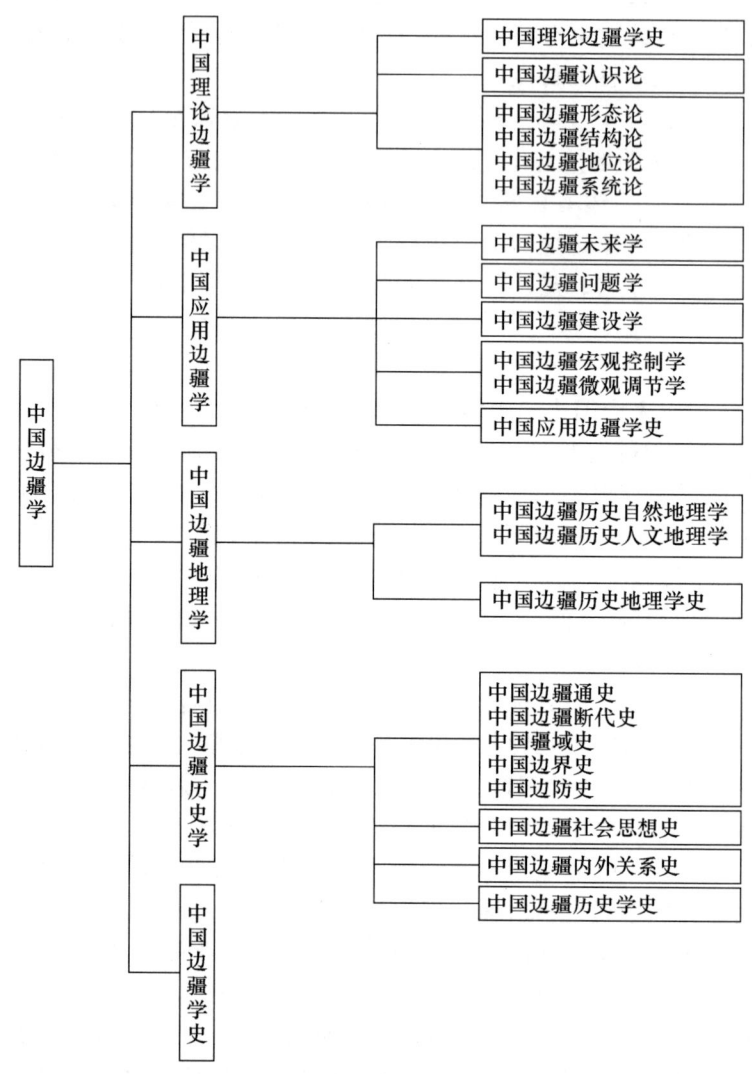

图 1　中国边疆学体系的框架

构筑中国边疆学必须考虑到中国边疆与国家、民族的关系。邢玉林《关于中国边疆若干问题》从"中国各民族缔造、开发和经营了中国的边疆"、"中国各民族促使边疆社会发生变化"、"中国各民族捍卫了中国的边疆"3个方面阐论了"中国边疆与中国各民族相系始终；从"中国边疆范围的大小与国势的强弱成正比"、"中国边疆依附于国家"、"维护国家最高利益是中央政府处理边疆问题的原则"、"边疆的安定是避免国家分裂的前提条件，保持边疆的安定是国家对待边疆的准则之一"、"国家的统一也是边疆及边疆民族的最高利益"、"边疆与国防休戚相关"等方面阐论了"中国边疆与中国多民族国家相系始终"①。其中从史实中概括了不少理论问题,从而为构筑中国边疆学提示了两大着眼点。中国边疆学的构筑必须符合中国边疆地区的古今情势,也必须充分注意到中国边疆的特殊性,唯其如此才能建立有中国特色的中国边疆学体系。并从七个方面论述了中国边疆特殊性:在行政管理上,边疆比内地的难度大;在广义的文化改革上,边疆比内地更有直接现实性;在地理上,边疆地理的统一性比内地弱;在社会和政治关系上,边疆地区比内地更复杂;在政制结构的功能上,边疆地区的脆弱性比内地强;在经济发达水平上,边疆地区比内地低;在国际关系上,中外交涉大多缘起于边疆(陆疆和海疆)地区②。中国边疆地区和内地的差异完全不同于其他大多数国家,"大多数国家的边疆在自然景观和人文景观方面皆与本国内地没有多大差异。对这些国家来说,边疆不是一个单独的社会系统,除在'外交与国防'上,或有其突出之点,其含义仅指与邻国接壤的地带而已"。因此,作者的上述比较在某种意义上也可以看作是中国边疆与外国边疆的一种比较。同时,作者的这些比较着眼于历史的延续性而并未局限于某一时代,使其更具有普遍性。

《中国边疆史地研究》2001年第1期"笔谈专稿:面向21世纪的中国边疆研究"中,周伟洲在《世纪之交中国边疆史地研究的回顾与展望》中指出:"加强本学科的建设,特别是理论建设……真正构建科学的具特色的中国边疆学的理论体系,应是21世纪边疆研究一项重要任务。""中国边疆学名副其实地将现实边疆问题纳入研究范围内,即以古今边疆为其研究对象:它既是一门单独的、专门的学科,又是一门综合、交叉的学科。这门学科的理论构建将更有利于学科的发展,也是21世纪时代的需要。"周伟洲《关于构建中国边疆学的几点思考》③ 在回顾了中国边疆学发展历程及其特征后,归纳了关于"中国边疆学"学科的基本理论和框架的共识有:

一是,中国边疆学是研究中国历史及现实中国边疆(包括陆疆和海疆)的一门综合、交叉的学科,它既是基础学科,也是应用学科。

二是,中国边疆是中国边疆学的研究对象,中国边疆内涵的多样性决定了中国边疆学学科之内涵及各分支边疆学的构建的架构,也是对其作为一门综合、交叉学科的注释。

三是,中国边疆学的研究方法是多种学科研究方法的整合,但是研究对象的特点、研究方法的采用重点也应有所侧重,如边疆治理研究中,则主要宜采用政治学的研究方法,而兼用历史学、民族学、社会学等学科的研究方法。

方铁先后发表了《论中国边疆学学科建设的若干问题》④ 和《试论中国边疆学的研究方法》⑤,前文认为中国边疆学是研究中国边疆地区历史与现状的学科。属于中国历史学科的专门史,以及属于中国历史地理学科的边疆史地学,为中国边疆学奠定了学术基础。后文认为:中国边疆学源起于近代以来的边疆舆地学、边政学,以及边疆史地研究,这几个领域均属于历史学。此外,中国边疆学的一个重要特点是历史与现状的研究并重,这些无不与中国悠久的发展过程以及深厚的历史传统紧密相关,由此表明历史学的研究方法,仍然是中国边疆学的主要研究方法之一。方铁还著有《云南边疆学现状与展望》⑥。

---

①② 邢玉林:《中国边疆研究通报》(第1辑),新疆人民出版社1995年版。
③ 周伟洲:《关于构建中国边疆学的几点思考》,《中国边疆史地研究》2014年第1期。
④ 方铁:《论中国边疆学学科建设的若干问题》,《云南师范大学学报》2008年第5期。
⑤ 方铁:《试论中国边疆学的研究方法》、《云南师范大学学报》,2008年第5期。
⑥ 云南省社会科学院:《云南哲学社会科学的学科建设》,云南人民出版社2007年版。

吴楚克先后发表《试论中国边疆政治学与边政学、民族学的关系》① 和《"边疆政治"：一个新兴的研究领域》②，前文分别研究了中国边疆政治学与传统中国边政学、民族学、人类学的关系，从而为深入探讨中国边疆政治学的主要研究方法和特点拓展视野。后文则从"边疆"概念演变的角度出发，提出了与近代"边政"有联系但同时又具有新内涵的"边政政治"概念，是对作者《中国边疆政治学》一书的尝试性再深入。

现任中国社会科学院中国边疆研究所③所长邢广程、副所长李国强先后就中国边疆学构筑撰写专文。邢广程《关于中国边疆学研究的几个问题》④，关于中国边疆学的学科定位，作者认为，"边疆史地学科不能完全覆盖新形势下的边疆问题研究"，"我国学术界已提出创建'中国边疆学'的思路"，"中国边疆学属于新兴学科和交叉学科，其学术潜力巨大。作为特殊的地域空间，中国边疆研究的性质和特性决定了必须开展多学科相结合的综合性研究。我们将运用历史学、地理学、政治学、社会学、经济学、法学、国际关系、军事学等多种学科，对我国边疆历史、边疆地理、边疆政治、边疆经济、边疆民族和宗教、边疆资源和生态、边疆与周边国际环境等方面进行综合性研究，在此基础上创建'中国边疆学'"。关于中国边疆学研究的重点，作者指出"中国边疆学"研究重点应是："建设海洋强国"作为中国边疆研究新的学术增长点；我国边疆长治久安问题；边疆地区发展问题；边疆地区与周边关系；"一国两制"的成功经验；等等。当然"我们不应因着力建设中国边疆学而忽视对中国边疆史地问题的研究，事实上，中国边疆史地研究是中国边疆学的一个重要组成部分，是中国边疆学的基础与核心"。李国强《中国边疆学学科构筑的透视》⑤ 认为：在边疆问题研究中，历史学无疑是最基础、最重要的学科门类，只有对中国疆域形成、发展的历史有科学、深入的研究，才可能使我们准确把握中国统一多民族国家演进的规律，从而为中国边疆研究奠定坚实的理论基础。但毋庸讳言，仅从历史学的角度来解决中国边疆的问题，显然有很大的局限性。学科的分野加之中国边疆的多样性、复杂性，决定了中国边疆问题的研究需要集纳多学科的理论和方法，学科间互通、交融的趋势大大增强。各相关学科门类从理论到方法的成熟性，以及中国边疆学术领域跨学科研究的大量实践，为中国边疆学的构筑提供了有益的保障。因此，今日可以说"'中国边疆学'已经呼之欲出"。

四、关于云南大学的"中国边疆研究丛书"

2002 年，云南大学提出了建设中国边疆学学科的建设并拟定了具体的方案。2007 年，通过整合边疆问题研究、中外关系史和经济史研究的力量，云南大学专门史学科被批准为

---

① 吴楚克：《中国当代边疆理论创新与发展研究》，学苑出版社 2011 年版。
② 吴楚克：《"边疆政治"：一个新兴的研究领域》，《中国图书评论》2012 年第 5 期。
③ 中国社会科学院中国边疆史地研究中心，已于 2014 年 9 月正式更名为中国社会科学院中国边疆研究所，凡 2014 年 9 月后均用中国边疆研究所。
④ 邢广程：《关于中国边疆学研究的几个问题》，《中国边疆史地研究》2013 年第 4 期。
⑤ 李国强：《中国边疆学学科构筑的透视》，《云南师范大学学报》2008 年第 5 期。

国家重点学科。同年，又在历史学一级学科博士学位授权下自主增设了"中国边疆学"二级学科博士学位授权。2008年，再次抓住国家"211工程"三期建设的契机，提出"西南边疆史与中国边疆学"作为云南大学国家立项的学科项目加以建设，旋即得到批准。

《中国边疆研究丛书》2011年始由人民出版社正式出版，截至2014年6月已出书14种，按内容分类包括：

边疆史地类：《中国西南氐羌民族源流史》（段丽波）；《明代云南民族发展论纲》（段红云）；《云南省博物馆馆藏契约文书整理与汇编》（第1～第8卷）（吴晓亮、徐政芸）；《元明清西南边疆特殊政区研究》（陆韧、凌永忠）；《国家资源：清代滇铜黔铅开发研究》（马琦）；《中国西南边疆的社会经济：1250～1850》（李中清著，林文勋、秦树才译）；《民国时期西南大区区划演进研究》（张轲风）；《民国学人西南边疆问题研究》（王振刚）；《方国瑜与中国西南边疆研究》（娄贵品）。

地缘政治类：《地缘政治视野下的西南周边安全与区域合作研究》（卢光盛等）；《中印边界问题、印巴领土纠纷研究》（吕昭义、孙建波）；《边疆与中国现代社会研究（上、下）》（罗群主编）；《国际化视野下的中国西南边疆：历史与现状》（林文勋、邢广程主编）。

周边邻国类：《印度教派冲突研究》（张高翔），其中林文勋、邢广程主编的《国际化视野下的中国西南边疆：历史与现状》就新国际环境下西南边疆面临的历史与现状问题展开了热烈而前沿的讨论和研究。内容涉及"贝币之路"及其在云南边疆史研究中的意义、周边国际环境的新挑战和中国外交政策的调整、中国边疆学学科构筑及民国学人的西南边疆研究、中英西藏交涉与民初治藏、中印边界问题、多民族国家构建视野下的土司制度及其在民国时期的衰落、西南边疆的羁縻与控制、云南边疆的外侨管理、云南边疆的"走夷方"问题、清代云南水权、清末云南的司法审判、中苏经济交往下的滇南经济等问题，在历史和现状的结合上做了前瞻性的研究，给人以启迪，令人耳目一新。

五、云南师范大学学报的"中国边疆学"学术专栏

《云南师范大学学报》（哲学社会科学版）编辑部经过多年的酝酿、策划，于2008年第5期始，推出"中国边疆学研究"学术专栏，这是国内学界创办的首个以"中国边疆学"为命题的学术平台，至2014年底延续了近6个年头，在学界，特别在边疆研究学界频获好评。

一是，中国边疆学构筑的探研。直奔主题的论文有三篇：马大正《边疆研究者的历史责任：构筑中国边疆学》，李国强《中国边疆学学科构筑透视》，方铁《试论中国边疆学的研究方法》，均是"中国边疆学研究"学术专栏开栏之作，均刊发于2008年第5期。

二是，历代边疆理论和治理研究，论文总计达60篇，其中综论宏观之作有12篇，较重要著作有李大龙《多民族国家疆域研究的历程及其特点》（2010年第6期），方铁《论封建王朝治边的历史经验》（2010年第2期），陈跃《"因俗而治"与边疆内地一体

化——中国古代王朝治边政策的双重变奏》（2012年第2期），李大龙《边吏与古代中国疆域的形成——以西汉为中心》（2008年第6期），李治亭《论清代边疆问题与国家大一统》（2011年第1期），袁剑《边疆概念的抽象化与具体化——民族志书写与近代的相关尝试》（2014年第4期）。段金生、董继梅《试论南京国民政府边政研究的内容与方法》（2010年第1期）等。分论历代中央政府对云南、新疆、东北、北方、西藏治理之作有33篇，较重要的著作有：张轲风《历史时期"西南"区域观及其范围演变》（2010年第5期），李伟《论中原王朝对云南经营模式的转换》（2010年第4期），吕文利《论中国古代边疆治理中的"云南模式"》（2014年第4期），王文光、张媚玲《民国时期对云南民族的治理与认识》（2008年第6期），周卫平〈清末民初新疆官制的变迁〉（2012年第5期），周泓《晚清民国新疆汉人主体文化》（2014年第3期），许建英《坛庙与神祇：清代新疆汉族移民的社会文化构建》（2014年第3期），成崇德《论清朝的藩属国——以清廷与中亚"藩属"关系为例》（2014年第4期），谢海涛《南京国民政府时期西北边疆的社会政治生态与社会舆论》（2010年第6期），冯建勇《1928～1929年白崇禧入新风波——兼论南京国民政府对新疆之统合》（2010年第6期），徐黎丽、屈鹏飞《民国时期新疆喀什地区民族问题研究》（2009年第6期），许建英《20世纪40年代美国对中国新疆政策研究》（2011年第4期），齐清顺《苏联专家及其在新疆的活动》（2011年第4期），陈跃《论清代东北边防战略思想演变》（2014年第5期），徐凯《满洲"汉文化"与接续中华文明之统绪》（2012年第4期），冯健勇《1919年外蒙撤治事：功过孰论？——〈独立评论〉关于"外蒙撤治"的一场论争》（2012年第5期），孙宏年《从平等到失衡：达赖、班禅关系与国民政府治藏政策研究（1927～1933）》（2012年第5期）等。还有专论土司制度的研究之作15篇，主要包括：李世愉《关于构建"土司学"的几个问题》（2011年第2期）和《土司制度基本概念辨析》（2014年第1期），马大正《深化土司制度研究的几个问题》（2011年第2期），方铁《深化对土司制度的研究》（2014年第1期），李大龙《多民族国家构建视野下的土司制度》（2012年第6期），商传《从土官与夷官之别看明代土司的界定》（2014年第1期），吴丽华、魏薇《雍正"改土归流"辨》（2011年第1期），杨庭硕《试论土司制度终结的标志》（2012年第3期），罗康智《时空域转换对文本史料的解读价值——以思州土司分治始末为例》（2012年第3期），韦顺莉《论土司地区族群边界的交错与维持——以广西壮族土司为例》（2008年第6期）等。

三是，当代中国边疆治理理论与实践研究，共刊发论文35篇，既有宏观阐论，也有边疆地区治理实践的研判。前者刊发了周平的论文4篇：《中国边疆观的挑战与创新》（2014年第2期），《中国的崛起与边疆架构创新》（2013年第2期），《论我国边疆治理的转型与重构》（2012年第2期），《边疆治理视野中的认同问题》（2009年第1期）。其他重要著作还有：张健《国家视域中边疆观念的演变：内涵、形态与界限》（2012年第1期），吴楚克《中国国防与边疆防御问题研究新论》（2010年第1期），何明、王越华《全球化背景下边疆社会稳定研究的几个问题》（2009年第3期），夏维勇《中国周边关系与边疆治理的互动：历史、模式及影响》（2010年第2期），谷家荣、蒲跃《"道义"发展：有序边疆社会构造的根本出路》（2013年第5期），何明《边疆观念的转变与多元边疆的构建》（2013年第5期），徐黎丽《国家利益的延伸与软边疆概念的发展》（2011

年第5期），徐黎丽、易鹏飞《陆疆安全问题的识别与界定》（2013年第4期），张锦鹏《公民文化：构筑边疆民族地区和谐发展的基石》（2013年第5期），徐黎丽、杨朝晖《国家体制中的民族管理制度类型及其成因》（2012年第2期），马翀炜《世界遗产与民族国家认同》（2010年第4期），何明《国家认同的建构——从边疆民族跨国流动视角的讨论》（2010年第4期），马曼丽《论当代跨国族体问题中凸显的非传统安全威胁》（2009年第6期），袁明旭《边疆多民族地区群体性突发事件中领导角色的冲突与调适》（2009年第6期），冯江平等《社会预警研究中的判别分析技术的应用》（2014年第4期），鲁刚《我国族际通婚的历史轨迹》（2014年第2期）等。后者刊发论文主要涉及新疆和云南两个方向的边疆治理实践中问题，主要有：余潇枫、周章贵《水资源利用与中国边疆地区粮食安全——以新疆为例》（2009年第6期），安晓平、高汝东《公民意识视角下新疆跨界民族的文化认同培育》（2011年第5期），徐黎丽等《影响西北边疆少数民族地区民族关系的变量分析》（2009年第3期），周本贞《1949~1957年西南少数民族地区社会治理问题研究》（2012年第1期），鲁刚、陈为智《论"边疆社会问题"的基本涵义和特征——基于云南边疆地区突出社会问题的探索与思考》（2012年第1期），刘雅、刘思远《论云南参与区域安全合作与桥头堡建设的相互关系》（2011年第6期），何跃、高红《文化安全视角下的云南跨境民族教育问题》（2010年第4期），武友德、王源昌《边疆少数民族地区特色城镇化发展道路研究——以云南为例的分析》（2010年第2期）。何跃《云南境内的外国流动人口态势与边疆社会问题探析》（2009年第1期），鲁刚《中越边界云南段沿线地区的边境贸易与经济合作》（2009年第1期），卢光盛、邵可《大湄公河次区域金融合作与中国（云南）的参与》（2011年第6期）等。

四是，海疆历史与现状研究，共计有10篇论文，主要有：李国强《海岛与中国海疆史的研究》（2010年第3期），杨国桢、周志明《中国古代的海界与海洋历史教训》（2010年第3期），张炜《"夷夏交争"——中华民族早期的陆海融通》（2010年第3期），刘俊珂《继承与发展：元明清时期的南海经略》（2013年第1期），王潞、刘正刚《传统海洋开发的历程：以渤海湾和北部湾为例》（2011年第3期），郭渊《南越对西沙、南沙群岛的侵占及行为评析》（2013年第1期），侯毅《论菲律宾在南海诸岛主权问题上的"历史依据"》（2013年第4期）等。

五是，西方边疆理论研究，共有论文4篇：于沛《经济全球化和现代西方边疆理论》（2009年第5期），孙宏年《纷争与互动：帝国主义时代西方"疆界"理论关系简论》（2009年第5期），董欣洁《从欧盟一体化看经济全球化时代的国家边界》（2009年第5期），宋培军《拉铁摩尔"双边疆"范式内涵及其理论和现实意义》（2013年第2期）。

"中国边疆学研究"专栏已具有较高的学术影响力。截至2013年底，据不完全统计，其所刊发的113篇论文，被《新华文摘》、《中国社会科学文摘》、《高等学校文科学术文摘》以及《人大报刊复印资料》四大文摘转载56篇次，其中《新华文摘》转载15篇，并有7篇文章上了封面要目。在所刊发的文章中，有的被多家文献刊物二次转载，反映出其具有较高的学术影响力。另外，"中国边疆学研究"专栏还荣获第三届（2009年）、第四届（2012年）云南省期刊"优秀栏目奖"（政府奖），2014年2月24日，教育部公布全国高校哲学社会科学学报第三批"名栏建设"名单，《云南师范大学学报》的"中国边疆学研究专栏"名列其中。

中国边疆研究学科发展的三步跨越，即从中国边疆史地研究到中国边疆研究，再到中国边疆学的构筑。今天，"中国边疆学"已经呼之欲出，其意义在于：首先，它将大大扩张中国边疆研究的学术内涵和外延，有益于进一步整合各种学术资源，从而使中国边疆的理性研究步入更加良性的发展轨道；其次，通过对中国疆域形成、发展过程中在不同历史阶段的不同表现形态的研究，深刻揭示出我国统一多民族国家形成、发展的历史规律；最后，通过对中国边疆稳定与发展若干层面的研究，将为构筑当代中国边疆的发展战略提供坚实的理论基础。中国边疆研究所、云南大学、云南师范大学等单位的专家学者为中国边疆学构筑进行了广泛深入的科研实践，付出了大量心血，成绩突出，形势喜人。

构筑中国边疆学从启动到完成是一个相对长期的进程，在此进程中除需要学者们深入研究外，我认为从学科建设的操作层面上说，还要持续跨越如下两个台阶：

第一步，将边疆史地列入一级学科历史学之下的专门史，作为二级学科，这一工作需要中国社会科学院和相关部门协力完成。

第二步，完成中国边疆学的学科构筑，使中国边疆学成为一级学科，并列入人文社会科学诸学科之林，这一步的实施不仅需要中国社会科学院的支持，还要得到国家的承认。

上述两个台阶的跨越，其难度之大可能超出人们的预料，但需学者们扎实的研究、持之以恒的决心、锲而不舍的信心，一步一个脚印，即古语所云：九层之台，起于累土；千里之行，始于足下。已经有了一个好的开头，理想之结局早晚会成为现实！

我始终认为，一个真正合格的研究员包括边疆研究者，应该具备以下四项能力：即研究能力、讲授能力、编辑能力、组织管理能力。我是幸运的，因为我的学术生涯给我提供了培养、施展上述四项能力的机会，特别是在中国社会科学院中国边疆研究所长达15年时间里，我既是一个名副其实的研究工作者，又是其主要领导，所以，推动边疆研究的发展，办好开放性的边疆研究中心是我的责任。静夜思，上述两重身份给予的感悟与体味可谓多多。

论中原王朝治边的文化软实力

方 铁

云南大学西南边疆研究中心

一、关于中原王朝的文化软实力

一个国家的综合实力包括硬实力与软实力两个部分。硬实力是指该国的社会生产总值和基础设施等硬件拥有的程度，软实力则是指文化与制度方面的影响力，包括文化影响力、意识形态影响力、制度安排影响力等。软实力具有内涵不易确定、外延相对模糊、内容不易量化等特点。进一步来说，软实力不仅体现在制度力量和文化力量方面，还包括国际认同、公共话语权、良好形象塑造能力、软实力传播途径、推动国家有序发展能力等多方面的内容，上述状况可说是"古今皆然"。

中原王朝施用的文化软实力与非中原王朝不同。[①] 由于以相对先进的农业文明为统治基础以及统治的时间较长等原因，中原王朝施用于治边的文化软实力，较之非中原王朝更为复杂，产生的影响也要大得多，乃是本文研究的对象。

中原王朝有别于非中原王朝的一个特点，是中原王朝以上述核心区域的政治、经济和社会形态为基础，形成一套特有的统治制度、政治传统与政治理念。中原王朝的意识形态，受到典型农业社会及其所衍生的政治集权制度、封建宗法制度等深刻影响。就施用的对象而言，中原王朝的文化软实力大致包括对置于王朝统治下的各类政治势力、社会各阶层的感化力与号召力，以及施用于边疆及其徼外地区的影响力与感召力两个部分。进而言之，中原王朝特有的统治制度、文化传统与政治理念，升华为以儒家文化为基础的华夏文化，并应用于边疆治理方面，便形成中原王朝的治边文化软实力。

古人对现代意义上的文化软实力不可能做出科学归纳，但对历朝对华夏文化具有的重要价值、所产生的重大影响等有深切认识，并采取相应的政策争取其影响实现最大化，这也是洞若观火的事实。在特定的历史条件下，中原王朝的统治者对文化软实力的重要作用有深切感受，对自己的文化软实力有充分的自信，并以此作为巩固王朝统治及向外扩展势

---

① 本文所说的中原王朝，指历代的全国统一王朝，以及以黄河中下游或长江中下游为核心区域，以华夏文化为主要意识形态的东晋、两宋等局部王朝。

力的利器。

中原王朝治边大致有两种不同的政治环境,即全国统一的时期与局部统一的时期。在全国统一时期,中原王朝治边的既定目标是以典型农业地区为核心,有效应对边疆反侧势力的挑战,从而稳定和发展边疆地区。另外,积极抵御或反击徼外势力的进犯与干扰,形成睦邻相安的有利局面,以巩固和发展全国性的统一。在局部统一时期,中原王朝治边的主要任务,是以典型农业地区为核心,向外界宣示本朝秉承前朝统一的正统地位,削弱乃至战胜挑战自己的其他政权,争取实现对全国的统一。至于某些边患严重的统一王朝,其治边目标则兼有局部王朝的一些特点。不论在全国统一时期还是局部统一时期,绝大多数中原王朝都坚持秉承华夏文化、追求全国统一的政治理想,坚信华夏文化之优越与遇敌必胜,并坚持以华夏文化感化反侧的一方。从这一点来说,同属中原王朝的统一王朝与局部王朝,其治边文化软实力的内容与特点大致相同,并在上千年间形成了传统,随着时代改变与当事人认识上的深化,治边文化软实力的内容、施用方式与效用等也发生了变化。

二、治边文化软实力的基础

治边文化软实力的基础是夷夏有别观与用夏变夷观。

中原王朝认为夷夏两者有显著的区别。中原王朝的腹心是黄河流域与长江流域,这一地区是典型的农业地区,以兴盛的农业生产为基础,这一地区形成相对先进的农业文明,在意识形态上表现为华夏文化。在漫长的发展时期,农业文明在中国及周边地区一直处于领先水平。中原王朝具有高度的优越感,视华夏以外的文明为卑下,具体表现为夷夏有别的观念。中原王朝自称"华夏"或"夏",称华夏以外的文明为"夷狄"或"夷"。中原王朝所谓"夷狄",并非指某一类民族或某一地域范围的民族,而是包括了中原王朝边疆的土著民族以及同中原王朝有往来的邦交之国。① 清末洋务运动的提倡者提出"师夷之长技以制夷",所言之"夷"便是指西方列强。

夷夏有别观形成于战国时期,以后又有了补充和发展。汉代史学家班固对这一观念做了较全面的概括。他说:华夏居天下之中,蛮夷居华夏之外;先王为区别夷夏远近有别,乃分置九州、列五服之制。夷狄贪而好利,"人面兽心",其习俗、服饰与华夏不同,因此先王待之如兽畜,采取"外而不内,疏而不戚"与"来则惩而御之,去则备而守之"的对策。夷狄若慕义来献,朝廷必待之以礼,以此羁縻不绝,若与中原王朝失睦应"使曲在彼",此为"圣王制御蛮夷之常道也"。② 夷夏有别观体现了中原王朝的天下观、文明

---

① 方铁:《中原王朝的夷夏观及其治边》,《社会科学战线》2009 年第 11 期。
② "先王度土,中立封畿,分九州,列五服,物土贡,制外内,或修刑政,或昭文德,远近之势异也。是以《春秋》内诸夏而外夷狄,夷狄之人贪而好利,被发左衽,人面兽心,其与中国殊章服,异习俗,饮食不同,言语不通,辟居北垂寒露之野,逐草随畜,射猎为生,隔以山谷,雍以沙幕,天地所以绝外内也。是故圣王禽兽畜之,不与约誓,不就攻伐;约之则费赂而见欺,攻之则劳师而招寇。其地不可耕而食也,其民不可臣而畜也,是以外而不内,疏而不戚,政教不及其人,正朔不加其国;来则惩而御之,去则备而守之。其慕义而贡献,则接之以礼让,羁縻不绝,使曲在彼,盖圣王制御蛮夷之常道也。"《匈奴传·赞》,《汉书》(卷 94 下),中华书局 1962 年点校本,第 3833 页。

观与内外关系观，成为治边文化软实力的理论基础，在数千年间产生了深远的影响。

夷夏有别观大致包括以下内容：

一是华夏中心观。受地理环境的影响，亚洲东部是一个相对独立和封闭的地区。在这一区域，华夏文明较早摆脱了蒙昧状态并呈现一枝独秀的新面貌，华夏以外亚洲的其他文明，对华夏文明长期处于遵从和学习的地位。这种状态使中原王朝养成孤傲自大的文化心理。奉华夏民族为宗主与文明中心的观念，在很长的时期内也被其他文明的所有者认同，以此为基础乃至在东亚地区形成通行的天下次序。夷夏有别观即以文明的类型为划分夷夏的标准，所谓夷狄包括华夏以外的其他文明，在地理分布上便形成以华夏为中心的部分较清晰，而与夷狄地区毗连的区域较模糊，同时夷狄的范围可向外部随意延伸的情形。表现在中原王朝的疆界和中原王朝的对外关系方面，便是边疆的范围长期含混且经常变动，而与中原王朝发生关系的夷狄，究竟是属于中原王朝管辖的边疆民族，还是属于接受中原王朝羁縻的属国，乃至是通过朝贡途径与中原王朝交往的远方之国，有时便难以确定。其中识别难度最大的是边疆民族、边疆政权与相邻属国。在中国历史疆域形成的过程中，边疆民族、边疆政权或属国的性质不易区分，同时还有性质经常变化的情形。边疆民族、边疆政权或属国在地理上的分布，通常造成一个外延游移、面积广阔的中间地带。

夷夏有别观既是中原王朝之天下观、文明观与种族观的基础，也是制定边疆治策与邦交应对原则的基本前提。夷夏有别观之"夷狄"概念的含混，为中原王朝施用治策提供了宽松的可变范围，中原王朝制定的封贡制度，因此也大体适用于不同类别的夷狄。由于封贡制度具有这一特点，朝廷于夷狄的应对即便稍有差池，也不至于出太大的乱子，在元代以前尤其如此。中原王朝的封贡制度广泛施用于各类夷狄，封贡制度所体现的治边文化软实力，也因此而传播四方。

二是崇夏抑夷的思想。夷夏有别观推崇华夏、贬低夷狄，甚至认为华夏之先进与高贵、夷狄之落后与卑下，均属与生俱来难以改变，对夷狄极为蔑视和轻视，提出须严格划分夷夏与夷狄的界限。《礼记·王制》说："中国戎夷，五方之民，皆有性也，不可推移。"《北史·高丽传》称：华夏感生地之灵天生仁义，夷狄受荒裔之气狠而好乱。① 先秦人说："非我族类，其心必异。"（《左传·成公元年》）甚至认为距离华夏愈远的地区，愈为荒芜及落后野蛮。受崇夏抑夷思想的影响，在治边方面，诸朝产生了"先事华夏而后夷狄"、"重根干轻枝叶"及亲华夏、远夷狄等观念。

三是夷夏之间须保持必要的距离。这是中原王朝恪守的一项原则，也是重根干、轻枝叶策略思想的体现。主要表现是"不臣异俗"，即不以招徕远方的夷狄为目标，朝廷与远方夷狄交往必须掌握"度"。不招徕远方夷狄，并非是王朝之德不能及、兵威所不能至，而是因为夷狄"兽心贪婪，难率以礼"，因此与之保持适当的距离，最终目标是实现"裔不谋夏，夷不乱华"。② 中原王朝治边所奉行的原则，是夷狄归附则受而不拒，夷狄反叛则弃之不追。③ 武德二年（619年）唐朝的诏令说得清楚："昔王御世，怀柔远人，意在

---

① 《高丽传》，《北史》（卷94），中华书局1974年点校本，第3109页。
② 《杨播传》，《魏书》（卷58），中华书局1974年点校本，第1286页。
③ 《南蛮传》，《后汉书》（卷86），中华书局1965年点校本，第2833页。

羁縻，无取臣属。"① 中原王朝提出"不臣异俗"，既有重本抑末方面的缘由，也体现了朝廷借此减少治边成本的考虑，即认为夷狄之地"不可耕而食"，"其民不可臣而畜"，② 经营其地得不偿失。以上述观念为基础，中原王朝形成了"守在四夷"的思想。

用夏变夷观是治边文化软实力的又一基础。用夏变夷观主要源自儒家的德化观。儒家讲究以和为贵，以忠信之美，并以其道德观念来解释夷夏之间的关系。如提出信为国家之宝，若弃信背邻，遇患难将无人相助。义与信，和与仁皆为霸王之器。多行不义必自毙。小国所以事大国，是因为体现信；大国所以保小国，是由于奉行仁。亲仁并善待邻邦，为国家之宝；与戎狄和睦，是国家之福。违背盟约不祥，欺骗大国不义。儒家分析了德与威的关系，认为朝廷应对夷狄，实行叛而伐之、服而舍之的治策，体现了统治者的德与威。朝廷应对夷狄，德与威不可或缺，当宽以待之，坚强以御之。"叛而不讨，何以示威？服而不柔，何以示怀？非威非怀，何以示德？"但仁者不可求逞于人，兵戎不可自我始。③ 儒家所提倡的德化观，反映了农业社会具有的和平、和睦、讲究诚信等思想，体现出中原王朝之大国风范。

从德化观出发，中原王朝认为对夷狄广施德化，便可实现"德泽洽夷"，取得"不事遐荒"的效果。先秦人十分重视德化的作用。墨子提出若以义名立于天下，以德求诸侯者，天下敬服便倚马可待。楚庄王说：无德而强争于诸侯，何以服众？司马错提出欲称王者务博其德，将有德、广地、富民列为称王必备的三项条件。④ 先秦之后，历代思想家对"德泽洽夷"的内容亦有发展。汉朝大臣提出地利不如人和，武力不如文德，中原王朝的边塞能百代固守，"非以阻险，以文德也"。⑤ 明臣桂彦良认为以德怀夷，是为了"使四夷之臣，各守其地"，达到"守在四夷"之目的；对夷狄能以德怀之，以威服之，为中原王朝治边之上策。⑥ 司马光说得明白，称对夷狄叛则讨之、服则怀之，将其处之四裔，是为"不使乱礼仪之邦而已"，此乃先王之良政。⑦ 可见中原王朝对夷狄推行德化政策，实现"以夏变夷"，是企望用道德的力量与良好形象，通过和平的手段争取夷狄的认同，以稳定边疆和羁縻四夷，取得不战而屈人之兵的效果。

---

① （宋）宋敏求：《镇抚夷狄诏》，《唐大诏令集》（卷128），中华书局2008年排印本，第689页。
② 《匈奴传》，《汉书》（卷94下），第3834页。
③ "礼之以和为贵，忠信之美。"《礼记·儒行》"信，国之宝也，民之所庇也。"《左传·僖公二十五年》"弃信，背邻，患孰恤之。"《左传·僖公十四年》"义与信，和与仁，霸王之器也。"《礼记·经解》"多行不义，必自毙。"《左传·隐公元年》"小所以事大，信也；大所以保小，仁也。"《左传·成公元年》"亲仁善邻，国之宝也。"《左传·隐公六年》"和戎狄，国之福也。"《左传·襄公十一年》"背盟，不祥；欺大国，不义。"《左传·成公元年》"叛而伐之，服而舍之，德、刑成矣。"《左传·宣公十二年》"宽以待之，坚强以御之。"《左传·成公九年》"叛而不讨，何以示威？服而不柔，何以示怀？非威非怀，何以示德？"《左传·文公七年》"求逞于人，不可。"《左传·昭公四年》。"兵戎不起，不可从我始。"《礼记·王制》
④ 《墨子·非攻下》；《左传·宣公十三年》。司马错："欲富国者，务广其地；欲强兵者，务富其民；欲王者，务博其德。三资者备，王随之矣。"《战国策·秦策一》
⑤ （唐）杜佑：《边防十·北狄一》，《通典》（卷第194），中华书局1988年点校本，第5321页。
⑥ （明）桂彦良：《上太平治要十二条》，载《明经世文编》（卷7），中华书局1962年影印本。
⑦ 《汉纪四十八》，《资治通鉴》（卷56），中华书局1956年点校本，第1817页。

三、治边文化软实力的内容与施用目标

治边文化软实力的内容，主要是彰显中原王朝的文化、实力与制度。

彰显文化是治边文化软实力的重要内容之一。中原王朝的经济基础是农业文明。农业文明在中国形成很早，较之结构相对单一的游牧文明与发展滞后的山地文明，农业文明具有明显的优势，如生产效率较高且稳定，在早期人均耕地面积甚大、自然生态环境未遭破坏的情形下，耕种1年可供食数年，一部分人口从直接生产者剥离，从事其他方面的创造或服务，在很长的时期，发达的农业文明使其他文明难望其项背。华夏文化是产生于农业文明的一枝奇葩。华夏文化打上了农耕社会的深刻烙印，如安土重迁、和平和睦、尊卑有序、忍让包容等观念，便来自农耕社会。出自地理环境封闭及长期一枝独秀等原因，农业文明及所衍生的华夏文化很少受到挑战，中原王朝对自己的文化怀有高度自信，将之视为治边文化软实力的重要部分。

中原王朝向外传播的文化主要内容是宣传其博大精深，传播和平、和睦、夷夏有别等价值观，同时体现尊卑有序、奉上事主、讲求诚信、宽广包容等道德观。在处理与周边夷狄的关系方面，中原王朝提倡守境相安与求同存异。

汉、唐两代是中原王朝前半期的鼎盛时期，汉、唐均重视彰显文化与发挥文化的影响力，其共有的特点是对夷狄广施德化。

汉朝广施德化主要是通过纳质制度与和亲制度。通过纳质之制，边疆夷狄向汉朝大量遣送充为人质的贵族子弟。甘露三年（公元前51年），匈奴呼韩邪单于至长安朝觐。宣帝待以殊礼，迎于渭桥之下的蛮夷君长、王侯共有数万人。① 其中除一些是赴京入觐及留居的首领外，大部分是入侍京师的质子。永初年间，鲜卑120属部的酋长，向东汉一次遣送质子数百人。班超镇抚西域，西域50余国皆向东汉纳质。② 对居住长安的质子，朝廷编入侍卫军，享受优厚的待遇。还有一些质子留居边疆重镇，朝廷亦待之以礼，甚至为其兴办学校。鲜卑120属部酋长向东汉纳质，朝廷为质子修建南北两部"质馆"。汉朝还积极与边疆夷狄和亲。通过频繁的和亲，把汉朝的文化传播到广大边疆地区。

唐朝对夷狄施行的纳质制度与和亲制度，在内容、规模方面不输两汉，甚至有超出者。不同于两汉的是唐朝还通过向夷狄赏赐书籍、接收夷狄子弟入国学等形式，推动华夏文化向外部世界传播。贞观年间，唐太宗数至国子监，听担任学官的名儒讲论，并增学舍1200间，增学生至2260人。四方学者云集京师，"高丽、百济、新罗、高昌、吐蕃诸酋长亦遣子弟请入国学，升讲筵者至八千余人。"③ 据《旧唐书·新罗传》，太宗将自书之《温汤碑》、《晋祠碑》及新成的《晋书》赐给新罗。垂拱二年（686年）新罗上表，求赐《唐礼》及其他书籍，武则天许之，并命抄写《吉凶要录》，从《文馆词林》选"训诫"

---

① 《匈奴传》，《汉书》（卷94下），第3798页。
② 《乌桓鲜卑列传》，《后汉书》（卷90），第2986页；《班超传》，《后汉书》（卷47），第1582页。
③ 《唐纪十一》，《资治通鉴》（卷195），贞观十四年二月，第6153页。

有关内容集为50卷赐之。日本多次派遣唐船至唐朝，赴长安学习唐文化的使者络绎不绝。唐朝的周边地区掀起学习唐文化的高潮，为东亚地区华夏文化圈的形成奠定了基础。

由于传播德化的目的是稳定四夷，而并非征服夷狄，中原王朝施行德化是预置底线的。一些君王并不希望夷狄仿效华夏而彻底改变旧俗。大业三年（607年），匈奴启民可汗上表，请求依隋朝的服饰、法用之制，改变如同华夏。炀帝下诏："先王建国，夷夏殊风，君子教民，不求变俗。"称夷夏衣服不同，可辨要荒之别，亦见天地之情。① 明弘治十七年（1504年），巡抚贵州的都御史刘洪奏：所属土民、苗民日渐蕃盛，混处无别，请以百家姓编为字号，赐与汉姓。皇帝答："华夏自有定分，可随其土俗称呼，定与姓氏不必用百家姓。"②

对能否让夷狄掌握华夏文化的精髓，汉、晋、唐、宋等朝亦有争议。唐臣于休烈上《请不赐吐蕃书籍疏》，称典有恒制不可送人，并引东平王入朝求赐《史记》等书被汉帝拒绝的典故，说赐给吐蕃书籍，无异于赠之以兵、资其屯粮；朝廷若非赐不可，当选留《春秋》等书。③ 对朝廷规定夷狄纳质的制度，朝臣亦有异议。天册万岁二年（696年），唐臣薛谦光上疏，称"国之利器，不可示人"，晋武帝好慕化虚名，允许夷狄习史汉等书，皆计谋所失。突厥、吐蕃、契丹等所纳质子，得以入朝学习汉法、目睹朝章，"知经国之要，窥成败於图史"，"及归部落，鲜不称兵；边鄙罹灾，实由於此"。建议禁绝质子入朝之制，已入朝的质子不可放其归国，以防泄露机密。④

两宋难敌北方的辽、金与蒙古，甚至被迫向后者称臣纳贡。宋朝的"华夷之辩"意识十分明显。历代王朝与周边四夷多有和亲，唯独两宋不见于记载。两宋禁止禁书、历算、术数、兵书、敕令、时务、边机、地理等类书籍出境，管理严格的程度堪称少见。景德三年（1006年），北宋皇帝颁诏，除九经杂书外，边民不得将其他书籍带入沿边榷场交易。天圣五年（1027年），鉴于臣僚文集经河北沿边榷场流入辽地，北宋重申不许受限内容书籍出境的禁令。元丰元年（1078年），朝廷颁布更严格的禁令，规定私卖书籍与化外之人者流徙三年，情节严重者配流千里。⑤

唐末两宋时期，东亚地区的形势逐渐改变，中原王朝的文化传播遇到阻力。文化传播的内容及重点因此相应发生了变化。

治边文化软实力的另一项内容是彰显实力。中原王朝的实力大致包括经济实力、人力资源与军事实力。中原王朝的腹地肥沃，粮食总产量甚高且收成稳定，完全可以实现自给自足，无须通过对外掠夺与大规模通商来补充。这一优势既为中原王朝拥有雄厚国力创造了条件，也是中原王朝关注的重心是内部的安定与发展，而不甚在乎对外扩张的一个重要原因。在以专制和中央集权为特色的统治制度下，朝廷握有全面掌控社会与臣民的权力，随时可调用包括人力资源在内的各类资源。以雄厚的社会经济和人力资源为基础，中原王

---

① 《北狄传》，《隋书》（卷84），中华书局1973年点校本，第5321页。
② （明）《孝宗弘治实录》（卷207），南京国学图书馆影印本，弘治十七年正月壬辰。
③ （唐）于休烈：《请不赐吐蕃书籍疏》，载（清）董浩等：《全唐文》（卷365），中华书局1982年影印本，第377页。
④ 薛谦光：《边防十六·北狄七·盐漠念》，《通典》（卷200），第5496页。
⑤ 李焘：《续资治通鉴长编》（卷64），第1425页；（卷105），第2436页；（卷289），第7068页；中华书局1986年点校本。

朝可形成强大的军事实力。但在某些时期，中原王朝拥有的经济实力与军事实力并不对称，军事实力或明显弱于经济实力，其中既有军事制度不甚合理等方面的原因（如宋朝），同时也与农业社会的军队难与擅长流动作战的游牧民族相匹敌等有关。

在王朝统治时代，统治者可有效调用社会资源，实现治边成本的付出。过度治边不但耗费国库，亦广泛动用社会资源，尤其是大量调用男壮劳力，对维持农业社会的持续生产造成很大威胁。由于治边的成本甚高、资源使用的效率也不尽合理，盲目拓边使中原王朝的国力乃至维持统治，都面临严峻的考验。唐臣杜佑说：汉武帝凭借文、景两朝之富，兴师以拓边，致使全国户口减半，最后被迫下哀痛之诏。褚遂良称唐朝用兵高昌，致使供役的河西地区十室九空，五年不可恢复；朝廷又岁遣丁壮赴边疆屯戍，行程万里，去者资装均须自备，百姓为此苦不堪言，"道路死亡接不计。"张柬之称朝廷盲目营边，"于国家无丝发之利，在百姓受终身之酷。"①

制度也是治边文化软实力的组成部分。这里所说的制度主要是指中原王朝的国家制度与封贡制度。鉴于徼外势力之多元与边疆政局之复杂，统治者对可掌控的范围由近及远相应削弱亦有认识，因此治边多采取较灵活的国家结构形式，或可称为一国多制。② 唐末两宋，治边方面的国家结构形式也有较大变化。至于与治边密切相关的封贡制度，在诸朝统治者看来，其为王朝政治一统、受封者奉上事主的象征，因此多予固守不愿变通。甚至在天下格局已明显改变的情形下，为外国使者入朝的礼仪问题，清廷还与英国等国多次发生论争。

治边文化软实力的施用目标是实现"守在四夷"。

"守在四夷"堪称是大多数中原王朝治边思想的核心。③ 明人桂彦良说："驭戎狄之道，守备为先，征伐次之，开边衅、贪小利斯为下矣。故曰天子有道，守在四夷。"又说以德怀之，以威服之，使四夷之臣各守其地，为最上之策。如汉武帝穷兵黩武，隋炀帝、唐太宗远伐高丽，均非守在四夷之道。④ "守在四夷"的核心是应对夷狄以防守为主，对经边、拓边均持保守与谨慎的态度。

农业社会具有的性质与特点，决定了中原王朝治边必然守在四夷。一些大臣认为，中原地区的周边为沧海、流沙、大漠与五岭，乃上天所赐，"以限夷狄而隔中外"，天意不可违。⑤ 实现"守在四夷"的关键，是处理好守中与治边的关系。中原王朝追求的目标是华夏之地安定繁荣，认为拓边、经边居于次要地位。唐臣褚遂良说，古代帝王"必先事华夏而后夷狄"。⑥ 李大亮上书：中国百姓为天下本根，四夷之人犹如枝叶；若扰动本根而以厚枝附之，怎得久安。⑦ 中原王朝提出的治边须分轻重缓急、重本抑末等思想，可说是对历朝治边经验的总结。

---

① 《杜佑传》，《旧唐书》（卷147），中华书局1975年点校本，第3979页；《西域上》，《新唐书》（卷221上），中华书局1975年点校本，第6222页；《张柬之传》，《旧唐书》（卷91），第2940页。
② 方铁：《论封建王朝治边的历史经验》，《云南师范大学学报》2010年第2期。
③ 方铁：《古代"守中治边"、"守在四夷"治边思想初探》，《中国边疆史地研究》2006年第4期。
④ （明）桂彦良：《上太平治要十二条》，载《明经世文编》（卷7）。
⑤ （唐）狄仁杰：《请罢百姓戍疏勒等四镇疏》，载《全唐文》（卷169），第1725页。
⑥ 《褚遂良传》，《旧唐书》（卷80），第2736页。
⑦ 《议安边第三十六》，《贞观政要》（卷9），第503页。

"守在四夷"有其合理内核。在华夏文明独步东亚地区的时代,由"守在四夷"演衍而来的治边方略堪称积极而有效。但天下形势一旦有变,"守在四夷"蕴含的保守成分便逐渐显现,进而成为中原王朝自我封闭的原因之一。日本学者信夫清三郎认为东亚国际秩序或华夷秩序是向心的、不平等的纵向关系,近代欧洲国家体系是离心的、平等的横向关系。后一类型的国际关系,亦即华夏文化受到相继崛起的其他文化的挑战,东亚地区必然形成新的关系的发展方向。在这一变化过程中,"守在四夷"的观念逐渐落伍;为实现"守在四夷"而施用的文化软实力,其效用与影响便大不如前,治边文化软实力也相应发生某些适应性的变化。

四、治边文化软实力的载体与传播机制

治边文化软实力的传播载体是封贡制度。

封贡制度的基础主要是服事观。先秦时一些诸侯国提出"五服"说或"九服"说。《尚书·禹贡》所言之"五服"说,① 内容大致是统治者居于天下的中心,统治者的影响由中心向四面传播,每隔五百里依次为甸服、侯服、绥服、要服、荒服,两服之间又有若干层次,统治者的权威随着距离的增加递减,当地居民对统治者承担的义务也相应减轻。《周礼·夏官司马》"九服"说与"五服"说的主要区别是将"五服"划分为更细的"九服"。

《荀子·正论》对"五服"说作了具体说明,② 主要内容是中原各国服事天子之制相同,而四方夷狄服事天子之制却不同。"甸服"之人供给天子每天的祭品,"侯服"之人供给天子每月的祭品,"宾服"之人供给天子每季的祭品,"要服"之人供给天子每年的贡品,"荒服"之人仅须承认天子的至上地位而不必定时进贡。四方夷狄向天子进贡物品,负担的程度和进贡的次数随着距离的增加依次递减,此乃王者之制。

在对先秦服事观进行改造后,中原王朝将之发展为以四方夷狄向中原王朝进贡、中原王朝册封朝贡者为主要内容的封贡制度。封贡制度的实质是中原王朝通过朝贡、册封这两种基本形式,与前来朝贡的四方夷狄建立盟约及主从的关系,进而形成通行天下的规范。

封贡制度是封建宗族制度的体现。在农业社会基础上产生的封建宗族制度,首要的特征是同胞亲族聚集于同一家族,"合而为亲。"(《白虎通·宗族篇》)其次,宗族成员按照亲疏与辈分的区别,在宗族内部划分复杂等级,并通过家长的层层分封,明确自上而下的驾驭关系,所有成员均绝对服从最高家长宗主。宗族制度通过诸多形式得以体现,做到宗族共主、尊卑有序。农业社会视国家如同家庭,天子"以四海为家",中原王朝将宗族

---

① 《尚书·禹贡》:"五百里甸服,百里赋纳总,二百里纳铚,三百里纳秸服,四百里粟,五百里米。五百里侯服,百里采,二百里男邦,三百里诸侯。五百里绥服,三百里揆文教,二百里奋武卫。五百里要服,三百里夷,二百里蔡。五百里荒服,三百里蛮,二百里流。"

② 《荀子·正论》:"诸夏之国同服同仪,蛮、夷、戎、狄之国同服不同制。封内甸服,封外侯服,侯卫宾服,蛮夷要服,戎狄荒服。甸服者祭,侯服者祀,宾服者享,要服者贡,荒服者终王。日祭、月祀、时享、岁贡、终王,夫是之谓视形势而制械用,称远近而等贡献;是王者之制也。"

制度施用于治边，于是形成了封贡制度。

封贡制度大致有以下特点：其一，双方的关系建立在朝贡夷狄承认对中原王朝的附庸地位上，并通过朝贡、接受册封、履行朝廷规定的义务等得到体现；中原王朝通过"厚往薄来"，赐给朝贡夷狄丰厚的经济回报；并通过册封，颁予朝贡夷狄各类称号或官职，将其纳入以羁縻府州为基本形式的监控之下。封贡制度具有和平渐进、无须用兵等特点，《礼记·中庸》说："朝聘以时，厚往而薄来，所以怀诸侯也。"唐臣李大亮说得明白：凡称藩附庸者，朝廷当羁縻受之，使居塞外，"盖行虚惠而收实福矣。"① 其二，朝贡与册封均遵循自愿、不强加于人的原则，建立册封关系后，夷狄若有反悔随时可废除，一些朝臣将之概括为"附则受而不逆，叛则弃而不追"。② 中原王朝还用纳质、盟誓、和亲、互市等具体形式，来巩固与夷狄建立的盟约关系。其三，封贡制度适用的范围甚广。封贡制度施用的对象为夷狄，而中原王朝所称之"夷狄"，包括华夏以外的其他文明，因此边疆夷狄及与中原王朝有往来的邦交之国，皆可纳入封贡制度施用的范围。另外，在很长的时期，中原王朝的版图尚未稳定而常有变动，接受朝廷册封的夷狄，属于边疆夷狄抑或徼外势力时常含混不清，甚至已认定的性质也会改变，因此封贡制度适用范围甚广的特点，大致能符合当时的情形。

在古代其他文明发达的程度远逊于华夏文明，以及中原王朝处理与周边夷狄的关系，主要是采取友好相处、德化浸润等做法的情形下，封贡制度取得很大的成功。中原王朝不仅构建了以自身为中心的天下次序，而且经常充当各类势力冲突的仲裁人乃至天下局势的平衡者，中原王朝对外的用兵不多，其中有一部分还是为了调解冲突事态。在中华礼治文化的影响下，东亚地区大致实现了上千年的和平。对东亚地区文明的进步，封贡制度也起到积极的促进作用。通过封贡制度，中原王朝的文化软实力有效显现，四方夷狄深受华夏文明的浸润，逐渐形成以中国为中心的东亚华夏文化圈。治边文化软实力产生的深远影响，在汉唐两代尤为明显。

封贡制度也存在明显的弱点：其一，适用的范围过于宽泛，容易造成边疆夷狄治策与邻邦应对政策的混同，这是一些中原王朝治边经常大起大落的一个原因。一些朝臣感叹边疆治策难以奏效。西汉时王莽的部将严尤说："匈奴为害由来已久，周、秦、汉三朝皆征之，然皆未有得上策者也，周得中策，汉得下策，秦无策焉。"③ 而且华夏有盛衰、夷狄有强弱的变化，"故无必定之规，亦无长胜之法。"④ 治边甚难在深层方面的缘由，应从封贡制度自身的局限去寻找。其二，封贡制度的内涵肤浅单一，在应用时也缺乏具体的针对性与必要的灵活性。除了施用范围过于宽泛等原因外，还与大部分王朝治边存在重北轻南的倾向，封贡制度主要是从应对北方游牧民族的经验演衍而来，并不能全面反映周边夷狄的情形有关。⑤ 其三，汉唐等王朝奉封贡制度为亘古不变之策，从秦汉至宋代，基本上看不出封贡制度有明显的变化，历朝的治策可说是以不变应万变，其中的原因也是多方面的。其四，封贡制度奉行"厚往薄来"的原则，朝廷看重政治上的收益而不细算经济账，

---

① 《议安边第三十六》，《贞观政要》（卷9），第504页。
② 虞诩：《南蛮西南夷列传》，《后汉书》（卷86），第2833页。
③ 《匈奴传》，《汉书》（卷94下），3824页。
④ 《陆贽传》，《旧唐书》（卷139），第3805页。
⑤ 方铁：《论中国古代治边的重北轻南倾向及其形成原因》，《云南师范大学学报》2006年第3期。

因此给国库造成很大的压力。在元、明、清施用土司制度等具体治策之前，边疆驻军与边疆官吏全由朝廷派遣，由此也产生巨额的开支。此即一些君臣经常抱怨治边成本过高、收益得不偿失的主要原因。① 唐朝大臣狄仁杰所言颇具代表性，他说朝廷经营边疆，"竭府库之实，以争硗确不毛之地，得其人不足以增赋，获其土不足以耕织"，如此必失天下之心。② 在这样的情形下，奉封贡制度为基本国策的中原王朝，奉行的是自然天成、消极守拙的国际主义，一旦天下形势有变，其做法必然遭遇挑战乃至碰壁。

唐末两宋时期崛起的周边民族，虽有与中原王朝争正统一类的意识，但在天下观、价值观与种族观等方面，与中原王朝不甚相同，华夏中心观乃受到挑战。中原王朝面临的复杂形势需要硬实力与软实力更合理的搭配；时局的变幻莫测，也呼唤更及时、更灵活的应对之策；竞争至上、适者生存逐渐成为国际社会通行的法则，这些都对中原王朝奉行的消极守拙的国际主义提出质疑。竞争双方实力的对比也发生变化，宋代周边民族占据了上风。宋代以后，先后出现元、清这两个以边疆民族为主体的统一王朝，其统治集团虽吸收汉族的成分，但边疆民族仍占据主导的地位，以汉族为正统、华夏为至上中心的时代宣告结束。华夏文化融合周边民族的文化，形成更深厚、更丰富、更有生命力的中华文化，最终促成中华民族多元一体格局的形成。

原有的封贡制度不能适应时代的变化，乃逐渐退出历史舞台。明朝建立后，企望恢复前代"万国来朝"之制。洪武时由朱元璋钦定的《太清歌》称："万国来朝进贡，仰贺圣明主，一统华夷。"明代郑和七下西洋，既是封贡制度最后的精彩演出，也是宣告沉寂到来的谢幕。明朝花费大量国力，收获却寥寥无几。七下西洋后类似的举动戛然中止，深层的原因是时过境迁，中原王朝在东亚地区一枝独秀的风光不再。以后统治者转向封海，甚至"片板不许下海"。明清统治者走入自我封闭的缘由虽多，但以"厚往薄来"为特色的封贡制度黯然失色、难以为继是一个重要的原因。

中原王朝向徼外传播德化的做法虽逐渐式微，在边疆地区兴办教育却蒸蒸日上。元代以前边疆虽有内地式教育，但兴办者主要是贬居其地的士人或官吏，由官府兴办边疆教育尚未普遍成为国策。元明清时边疆成为王朝疆域不可分割的部分，同时朝廷在边疆推行土司制度等具体治策；积极传播儒学文化，是提高土官素质、增强国家凝聚力的客观需要。元明清尤其是明清两朝，对在边疆地区发展教育不遗余力，并因此收到很大的成效。发展边疆地区的教育，乃成为治边文化软实力的一个重要方面。

治边文化软实力萌芽于先秦，兴盛于汉唐，宋代以后出现了转型变化，但仍是元明清三朝治理边疆的有力武器。该问题涉及的内容甚多，情况亦较复杂，必然是绿树常青的一个话题。

---

① 方铁：《论羁縻治策向土官土司制度的演变》，《中国边疆史地研究》2011年第2期。
② （唐）狄仁杰：《请罢百姓戍疏勒等四镇疏》，载《全唐文》（卷169），第1725页。

边疆学理论架构探讨及重大问题研究

孙 勇[①] 王春焕[②] 朱金春[③]

近20多年来,基于中国国家内外形势的大变化,国家安全战略的不断调整,出于对诸多相关问题的关注,国内的边疆研究逐渐升温,且在边疆研究升温形成热潮过程中,有专家学者不断地提出构建边疆学的问题,即使是在国内第一本冠名为《中国边疆学概论》的专著出版之后,[④] 如何构建边疆学的讨论依然在进行,而且更加深入;与此同时,大量边疆研究的资料和论文被编纂成册,也冠名为《边疆学》。这样的学术研究局面是可喜的,至少说明中国智库以国家需要为己任,不断推进这个方面的研究。但我们也应该认识到,随着研究的深入,有必要将有关问题梳理一下,以有利于边疆问题的实证与理论研究。我们认为"边疆研究"与"边疆学"是两个既有关联又不能混为一谈的问题,特提出近期我们研究的看法以请教方家。

一、近现代中国边疆研究与倡议边疆学述略

不少学者认为中国对边疆问题的研究自古有之,大量古代文献说明这是一个不辩自明的基本事实,到近现代更甚,因国内外形势持续的巨变,不仅让国人"睁开眼睛看世界",进行边疆问题研究,就是一些在中国做调查研究的外国人也有意无意地发表了不少论文,致使边疆研究的文献汗牛充栋、不可胜数。随着边疆研究的不断深入,国内有不少学者呼吁建立边疆学学科体系或者说构建一门中国边疆学。但由于边疆现象在世界普遍存在、中国边疆以及边疆问题的特殊性,构建这一学科面临着重重的困难,即使是有学者出版了边疆学概论一类的专著,也未能获得业界内大批研究人员在概念和定义上的引用,这

[①] 孙勇(1956—),男,汉族,祖籍河北,四川大学社会发展与西部开发研究院教授,曾任西藏党委副秘书长、党史办主任,西藏社会科学院党委书记、副院长;国家社会科学基金重大招标项目首席专家、国家社会科学基金项目评审专家、教育部人文社会科学重点研究基地——四川大学中国藏学研究所涉藏研究中心主任,主要从事西藏社会经济研究、边疆理论研究。
[②] 王春焕(1961—),女,汉族,山西寿阳人,西藏社科院马克思主义理论研究所所长、研究员,主要研究方向为马克思主义理论与思想政治教育。
[③] 朱金春(1984—),男,山东聊城人,四川大学社会发展与西部开发研究院助理研究员,主要从事中国边疆政治学研究。
[④] 郑汕:《中国边疆学概论》,云南人民出版社2012年版。

个现象说明，若要成为"成体系的学科"，产生具有经典性质的概念和定义，被国内外边疆研究学界认知与认同，中国智库与学界还有一段路要走。

边疆学的构建其实与国家的政治行为有着直接的关联，是国家政治行为在某一方面直接的理论反映。无论中外，一般都认为边疆的概念是国家产生后而出现的。世界近代国家①产生前，在人类历史发展的进程中，国家从形成起就开始了拓疆的历史，古代国家的拓疆受当时国家实力的制约，实力较强的国家可以开疆拓土变为大国，实力较弱的国家则缩疆失土变为小国甚至亡国。近现代以来，世界几个大国伴随着"边疆运动"②先后崛起，各大国的政要、学者都关注边疆问题，著书立说，形成了关于边疆问题的理论。

从鸦片战争至"中华民国"时期，边患问题引发了中国学人有组织的边疆研究。筹边协会在1924年于北京创立，是国内较早专门以研究边疆为目的而成立的学会，同年5月出版了第1期季刊《边事》，收录论文20余篇，研究内容主要涉及蒙藏地区。③其后边疆研究机构不断涌现。新亚细亚学会于1930年成立，创办《新亚细亚》月刊。边疆政教制度研究会1934年成立，为蒙藏委员会下属机构，创设《边疆通讯》。同年10月，边事研究会成立，创设《边事研究》。④中国边疆学会1935年在上海成立；燕京大学历史学系在1936年发起成立了边疆问题研究会；清华大学历史系和地学系在1937年联合创立了边疆史地学会；中国边疆文化促进会1940年成立，创设《边疆研究》季刊；1941年，齐鲁、华西、金陵、金陵女子四个大学共同发起成立了中国边疆研究学会，后于1942年在重庆创立了《中国边疆》月刊；蒙藏委员会组织相关学者1941年成立了中国边政学会，创设《边政公论》月刊；此外，还有众多相关大学或机构成立了边疆研究团体。⑤在20世纪三四十年代众多的边疆研究团体或刊物中，《边疆研究》、《边事研究》、《边政公论》等刊物在这一时期边疆研究各类杂志中较具代表性。由禹贡学会1934年创办的《禹贡》半月刊，在这一时期对边疆研究具有重要推动作用。《新亚细亚》因其"具有明显的战略研究特色，因而受到了学界和政界的普遍重视"。⑥该刊物内容及取向一定程度上是20世纪30年代边疆研究视角的体现。《边事研究》自1934年12月创刊后，直至1942年3月出版第13卷第1、第2期合刊后停刊，刊载内容主要涉及边疆自然环境、地理沿革、社

---

① 本课题研究使用古代国家、近代国家、现代国家的概念。在学术界尚无三种国家形态划分的标准。（荷兰）克拉勃著、王检译、叶隽译《近代国家观念》，《近代国家观念》中译本由王检先生（生平情况不详）译出，1936年由上海商务印书馆作为"大学丛书"的一种推出；1957年又重印一次，印数极少，已很难觅得。（美国）约瑟夫·R. 斯特雷耶（Joseph R. Strayer）著，华佳、王夏、宗福常译《现代国家的起源》。这两本书对近代国家和现代国家的划分也不很清楚。本课题以资本主义国家产生作为近代国家产生的标志，之前称作古代国家，之后称作近代国家，现代国家则以"二战"结束后国际机构联合国成立为标志，诸多国家树立了科学、民主、自由、法治、人权、公平、正义、秩序等理念，以此成体系地注入国家政治实体之中而构建具有现代性的国家。

② 本课题研究阐述了"边疆运动"的概念，即世界现存的各国在历史中都存在一个在地理疆域疆界的"边疆运动"过程，这里所说的"边疆运动"即一国的地理疆域疆界在拓展后逐渐固化的态势与过程。其标志是，一国的政治、经济、文化生活基本上达到一体化，没有"内地"社会与"边疆"社会之间明显的差异性，经济、文化的共性远大于相互间的差别，尤其是一国公民的认同性不会基于族群、阶级、性别、年龄、宗教的不同而削减，各地人群的政治意向和文化价值取向中蕴含了对国家的忠诚伦理，对本国疆域内的历史作为一个整体予以认同。简言之，凡是完成了边疆运动的国家基本上实现了经济、文化尤其是国家价值体系认同的均质化。

③⑤ 房建昌：《简述民国年间有关边疆的机构与刊物》，《中国边疆史地研究》1997年第2期。

④ 边事研究会：《边事研究会总章》，《边事研究》（创刊号）1934年。

⑥ 叶罗娜：《新亚细亚学会与〈新亚细亚〉月刊》，《赤峰学院学报》2007年第1期。

会政治、经济、文化、军事、边疆国际关系等方面。

成立于1922年的华西边疆研究学会,是中国近代第一个以华西边疆研究为宗旨的国际学术机构,在中国边疆研究史上占有不可或缺地位。其重点考察川西北、川康、川藏及滇北少数民族地区,研究内容涉及人文、自然、科学领域,成果丰硕,有较高学术价值,至今在海内外论著中占有很高"引用率"。学会早期以西方学者为主,后期以中国学者为主,称华西学派。该会研究主力有叶长青、陶然士、莫尔思、葛维汉、李安宅、林耀华、郑德坤、冯汉骥等。会刊《华西边疆研究学会杂志》("Journal of the West China Border Research Society")于1924年出版第一卷,20世纪20年代发行3册。学会的研究是综合性、学术性的,深度与广度均为时代之先锋。在中国自身可划归现代学术范畴的边疆研究还处于萌芽之时,华西边疆学会起到先驱及传承作用。①

民国时期,学界对"边疆"的含义加深了领会和理解。学人从维护国家统一出发,阐释了对"边疆"概念的解释。如黄奋生认为,"中国的边疆,有两方面的意义:一为国界的边疆,即与外国领土接壤的区域;一为文化的边疆,即未尽开发的土地,其间为游牧经济各宗族所散居,而其习俗、宗教生活、语文等与农业文化不同的区域"。② 吴文藻认为,"边疆"一词的含义包括"一个是政治上的边疆,另一个是文化上的边疆。政治上的边疆是指一国的国界或边界言,所以也是地理上的边疆……文化上的边疆,系指国内许多语言、风俗、信仰以及生活方式不同的民族言,所以亦是民族上的边疆"。③ 吴泽霖认为,如果国家政治中心、地理中心与政治重心不符,政治中心偏重于地理上的边疆,则边疆会失去政治意义。这一辈人对"边疆"概念集中在对地理边疆(或政治边疆)和文化边疆(民族边疆)的理解上。

基于中国边疆问题的演进,20世纪三四十年代国内学界对边疆的认识大多是从文化角度进行的。《边疆研究季刊》的编者认为,中华民族"我群"不同的"他群"即少数民族居住的地方定为边疆。李安宅指出:"国人之谈边疆者,多系指文化上之边疆,非国界上之边疆。"④ 还有学者提出,政府的边政之重就是对边疆少数民族的畜牧文化要使其"近代化"。⑤ 抗战前后,国人对边疆概念的认识已不是单一的地理边疆了,主要是文化边疆,但还不是今天的有人提出的文化边疆概念。⑥ 这与当时向近代民族国家概念转变有很大关系,学界共识为一些少数民族地区是国家边疆,具有政治意义,这种对概念的讨论影响到边疆研究以及研究范式的变化。主要是在20世纪三四十年代兴起了边政学研究热潮。

---

① 周蜀蓉:《华西边疆研究学会之再诠释》,《中华文化论》2010年第3期。
② 黄奋生:《泛论边疆教育》,《西北通讯》1947年第3期。转引自汪洪亮:《中国边疆研究的近代转型:20世纪30~40年代边政学的兴起》,《四川师范大学学报》(社会科学版)2010年第5期。
③ 吴文藻:《边政学发凡》,《边政公论》1942年第1期。转引自汪洪亮:《中国边疆研究的近代转型:20世纪30~40年代边政学的兴起》,《四川师范大学学报》(社会科学版)2010年第5期。
④ 李安宅:《实地研究与边疆》,《边疆通讯》1942年第1期。转引自汪洪亮:《中国边疆研究的近代转型:20世纪30~40年代边政学的兴起》,《四川师范大学学报》(社会科学版)2010年第5期。
⑤ 陶云楚持此观点,见《论边政人员专门训练之必需》,《边政公论》1941年第1期。转引自汪洪亮:《中国边疆研究的近代转型:20世纪30~40年代边政学的兴起》,《四川师范大学学报》(社会科学版)2010年第5期。
⑥ 颜旭认为,"文化边疆是指一个主权国家在历史发展过程中使其文化的性质能够得以保持、文化的功能能够得以发挥、文化利益能够不受威胁和侵犯的防御界限。"见颜旭:《文化边疆:全球化时代国家安全维护的发展性取向》,《信阳师范学院学报》(哲学社会科学版)2007年第5期。

吴文藻对边政学作了界定："边政学就是研究边疆政治的专门学问。通俗地说，边疆政治就是管理边民的公共事务。用学术语，边政学就是研究关于边疆的民族政治思想、事实、制度及行政的科学，而实际推行边政的行政机构，当然是边疆地方政府。所以有时也可以说边疆地方政府，就是边政学所要研究的主要对象。边疆政治是地方政治的一种，系对中央政治而言，凡普通研究政治学的原理原则，其可以应用于研究地方者，亦就可以应用到研究边疆政府上去。"① 吴文藻1942年发表的《边政学发凡》被看作是边政学的奠基之作。边政学研究的兴起打破了自清末以来边疆研究的"传统学术"格局，即从边疆史地转向研究边疆实际研究，涉猎包括政治、经济、文化、民族、宗教、历史、社会、军事等很多方面。在研究范式方面，边政学综合了人类学和政治学为主体的多学科理论和方法。研究主体和载体也越发宽泛，包括职业化的学者群体、大学的学科和专业、专门研究机构、新式学会、图书馆、学术期刊、报纸等。其研究边疆的范围也超出了西北边疆史地派，涉及全国的边疆政治、经济、文化、宗教、民族等诸多问题，出现均衡之势，遍及中国的所有地区。具体研究方法就更加广泛，有图书法、问卷法、访问法、地图法等十几个种类。②

边政学理论提出后，受到国人和南京政府的普遍重视，关于边政工作人员的培训应注意的相关原理与事项，也成为当时研究边疆问题学者们关注的内容之一。当时的学者已经意识到将边政理论研究应用于解决边疆实际问题中，力图把边政理论运用于边政工作人员的培训中。还有一些学者研究了边疆社会建设、边疆文化建设区站制度等内容，如吴泽霖、卫惠林等，拟定了边疆文化建设区站制度大纲与文化建设区站工作纲领。③

当时，一些学者还探讨了边疆问题的实质，如胡耐安认为"今日所谈的边疆问题，是'地域'的、'政治'的、'文化'的三种混合，当然还有另外的'国际关系'问题"，即边疆问题就是人文影响下的边疆问题、地文影响下的边疆问题、国际关系下的边疆问题，所以边疆的社会问题包括生计、人口、封建、迷信、政治、文化问题等，在开发边疆中注意边疆人才的培育问题。④ 胡先生对边疆问题的性质作了一定的研判，涉及了国际关系，但他并没有谈及到国际关系中的大国侵略才是中国边疆问题严重的真正原因，而不仅仅是中国内部的问题。

20世纪三四十年代中国边政学勃然兴起，除了国内边疆危机加深引发学者的思考与研究外，还有一个重要的原因是学人意识到我国的边疆研究远落后于国外。柯象峰认为，"我国边疆之研究，已较英法俄日等国人士落后数十年，故吾人对于我国本身之边疆状况，其认识程度且不逮远甚"，故希望"急起直追"，并须在"时间上以及人力物力上着

---

① 吴文藻：《边政学发凡》，《边政公论》1942年第1期。转引自汪洪亮：《中国边疆研究的近代转型：20世纪30~40年代边政学的兴起》，《四川师范大学学报》（社会科学版）2010年第5期。

② 汪洪亮：《中国边疆研究的近代转型：20世纪30~40年代边政学的兴起》，《四川师范大学学报》（社会科学版）2010年第5期。

③ 卫惠林：《边疆文化建设区站制度拟议》，《边政公论》（第二卷）第1、第2合期，1943年。转引自段金生：《20世纪40年代中国边疆研究的方法与理论——以〈边政公论〉为中心》，《北方民族大学学报》（哲学社会科学版）2010年第6期。

④ 胡耐安：《边疆问题与边疆社会问题》，《边政公论》（第三卷）第1期，1944年。转引自段金生：《20世纪40年代中国边疆研究的方法与理论——以〈边政公论〉为中心》，《北方民族大学学报》（哲学社会科学版）2010年第6期。

想，通力合作"。① 徐益棠也认为，"自鸦片战争以后，西人之旅行我中华者，年有增加，归则录其所见闻者已成书，虽精审者少，然经政府以及学术团体之奖掖与提倡，其中已不乏高明之作，而尤以1906年前后最为发达，盖其时吾国国事凌替，列强正谋蚕食我边疆之会也。"② 李安宅认为，"我们向来对于边疆的注意太少，为了补偏救弊计，非特别研究边疆不可"。他认为，外国人对中国的边疆研究已经走在中国人的前面，中国人应趁着抗战建国的特殊局面，在边疆研究领域"迎头赶上"。③ 由此反映了中国知识分子救国的强烈责任感和使命感。

20世纪三四十年代出现边疆研究热还有一个原因，就是受"西学"的影响。1920年以后，人类学/民族学、宗教学、社会学等"西学"在中国发展起来，为现代意义的边疆研究提供了学理和方法层面的支撑。受"西学"影响，学界重视研究边疆地区的政治、经济、自然、文化和宗教等。同时，学界接受了西方"民族国家"的理论，主张构建多民族的统一的"民族国家"，认为"建设一个民族国家是我们现阶段的立项，而如何促成民族国家的组织，此种伟大事业，一部分就有赖于边政学的贡献"。④ 20世纪三四十年代边疆研究，已经不是单纯的边疆问题研究，而是与民族、国家的前途命运研究结合在一起。今天看来，当时学界能够把边疆问题与民族、国家联系起来探讨，应当具有了国家战略或边疆战略思考的意味。

值得一提的是，中国共产党在抗战时期极其困难的情况下也密切关注边疆民族问题。1936年曾组织中共定边少数民族工委。抗战开始后派遣大批干部赴新疆、内蒙古开展工作。1938年成立以李维汉为秘书长，由贾拓夫、刘春、牙含章等负责的中共中央西北委员会，系统调查边疆民族问题，开展陕、甘、宁、青、绥各地民族工作，先后出版《回回民族问题提纲》、《回回民族问题》、《蒙古民族问题提纲》等。1941年延安建立民族学院，培养民族干部并进行边疆民族研究。进入新疆的干部掌握了《新疆日报》、《反帝战线》等刊物，调查报道边疆时事，宣传抗日救国。⑤ 在近代第二次边疆研究热潮中，不仅有大量研究社团和刊物创办，而且出版了很多专著。延安解放社内部出版了贾拓夫等人编写的《抗战中的陕西》、《抗战中的甘肃》、《抗战中的宁夏》、《抗战中的青海》、《抗战中的绥远》等。1938年版有顾颉刚、史念海《中国疆域沿革史》，卫惠林《边疆民族问题与战事民族教育》，陈廉贞、黄操良《抗战中的中国民族问题》，江应梁《抗战中的西南民族问题》，王文萱《战时移垦边疆问题》；1940年版有姜蕴刚《边区问题之理论与研究》；1941年版有夏威《中国疆域拓展史》，高长柱《边疆问题论文集》，赵敏书译美国赖德懋著《中国的边疆》；1942年版有西尊《边疆问题与国防》；1943年版有罗香林《中夏系统之百越》，许公武《边疆述闻》，黄奋生《边疆屯垦人员手册》，江应梁《边疆行

---

① 柯象峰：《中国边疆研究计划与方法之商榷》，《边政公论》1941年第1期。转引自汪洪亮：《中国边疆研究的近代转型：20世纪30～40年代边政学的兴起》，《四川师范大学学报》（社会科学版）2010年第5期。

② 徐益棠：《十年来中国边疆民族研究之回顾与前瞻》，《边政公论》1942年第1期。转引自汪洪亮：《中国边疆研究的近代转型：20世纪30～40年代边政学的兴起》，《四川师范大学学报》（社会科学版）2010年第5期。

③ 李安宅：《实地研究与边疆》，《边疆通讯》1942年第1期。转引自汪洪亮：《中国边疆研究的近代转型：20世纪30～40年代边政学的兴起》，《四川师范大学学报》（社会科学版）2010年第5期。

④ 吴文藻：《边政学发凡》，《边政公论》1942年第1期。转引自汪洪亮：《中国边疆研究的近代转型：20世纪30～40年代边政学的兴起》，《四川师范大学学报》（社会科学版）2010年第5期。

⑤ 韦清风：《近代中国边疆研究的第二次高潮与国防战略》，《中国边疆史地研究》1996年第3期。

政人员手册》，葛绥成《中国近代边疆沿革考》，朱子爽《中国国民党边疆政策》等。①

20世纪三四十年代的边疆研究高潮时期在资料积累、学科认识、人才培养等各方面都取得了重大的进展。国内引进民族学，先后出现西北史地学、边政学等学科，对历史学、地理学、语言学、教育学等学科产生重大影响，对军事学中的军事地形学、军事社会学、军事史等学科也有贡献。

新中国成立后，国家百废待兴，学科建设也是如此。国家确立马克思主义为指导思想，也成为学术的指导思想。史学研究以马克思主义为指导取得了空前的研究成果。史学研究影响到边疆问题研究，马大正、刘逖先生认为"从总体上看对于中国边疆研究的开展，并未带来太多实际的推动力，当时的实际情况是：中国边疆研究的总体性、完整性和重要性尚未为研究者所认识，即使是具有优良传统的中国边疆史地研究也遭到冷落"。②在20世纪50年代以后特定的社会条件下，中国边疆研究在帝国主义侵华史和中国民族史研究方面取得了相当大的发展。马大正、刘逖在《二十世纪的中国边疆研究——一门发展中的边缘学科的演进历程》一书中总结道：帝国主义侵华史研究兴旺，刘大年著《美国侵华史》、卿如辑著《美国侵华史》（2卷本）为揭露美国侵华的代表作。余素著《清季英国侵略西藏史》集中阐述了19世纪后半期到20世纪初英国对西藏地区侵略的全过程。蒋孟引著《第二次鸦片战争》、牟安世著《中法战争》、凌大珽著《法帝侵华史》、陈传芳著《朝鲜问题与甲午战争》等，是对英、法、日等国侵华的个案研究。由丁名楠、余绳武、张振鹍、沈自敏、贾维诚、康右铭、李明仁等学者合著的《帝国主义侵华史》第一卷阐述了1840～1895年帝国主义侵华的历史。20世纪五六十年代对俄国侵华的历史研究不足，直至中苏关系恶化后沙俄侵华史研究才为政治家所倡导。此时学人发表了大量的相关论文，出版了几本沙俄侵华简史。中国史学会主持编纂的《中国近代史资料丛刊》中，《鸦片战争》、《中法战争》、《中日战争》涉及近代界务交涉有关资料。

中国学界的边疆研究发展至20世纪80年代后兴起了新高潮，与中国边疆研究相关的中外关系史、中国民族史研究也发生了重大变化。学界从20世纪50年代兴起的帝国主义侵华史研究转变为关注中外关系研究，有侵华内容，但受意识形态变化影响，中外文化交流研究成为热点。与边疆研究有关的中国民族史研究又发生变化，1979年1月，在北京召开了民族问题五种丛书规划会，决定编辑出版《中国少数民族》、《中国少数民族简史丛书》、《中国少数民族语言简志丛书》、《中国少数民族自治地方概况丛书》、《中国少数民族社会历史调查资料丛刊》。截至1991年4月，已经公开出版了"民族问题五种丛书"403本，发行数百万册。③一批资深专家倾注于民族关系史研究，出版了一批影响较大的学术著作。翁独健主编《中国民族关系史纲要》，卢明辉等著《中国北方民族关系史》，杨建新、马曼丽主编《西北民族关系史》，吴永章主编《中南民族关系史》，周伟洲著《中国中世纪西北民族关系史》。还有国家民族事务委员会政策研究室编《中国民族关系史论文集》上、下册，甘肃民族研究所、甘肃省民族学会编《中国民族关系史论文选集》，翁独健主编《中国民族关系史研究》，朱绍侯主编《中国古代民族关系史研究》，中

---

① 韦清风：《近代中国边疆研究的第二次高潮与国防战略》，《中国边疆史地研究》1996年第3期。
②③ 马大正、刘逖：《二十世纪的中国边疆研究——一门发展中的边缘学科的演进历程》，黑龙江教育出版社1998年版。

国民族史学会编《中国民族关系史论集》，孙祚民编《中国古代民族关系问题探究》等。还有超过千篇论文发表。这些研究成果涉及如何认识历史上的中国边疆问题等。据王庭凯、陈延祺主编《中国少数民族论著索引》介绍，1978～1989年大陆和香港、台湾共出版了340部著作。① 20 世纪80年代后，民族研究的社团与群体纷纷创建，在中国兴起了民族问题和民族关系史研究热潮。但是，20世纪80年代后全国出现了令人费解的情况，一边是各民族的历史、文化、宗教等问题都得到了广泛的研究；另一边是西藏、新疆等边疆地区持续发生骚乱事件，民族关系逐渐发生负面的变化；再以后，民族研究热继续而不减，但是在边疆少数民族地区出现了民族意识热，单一民族意识不断得到强化，中华民族整体意识在被削弱。

中外关系史、中国民族史研究兴旺的同时，中国边疆史地研究也逐渐发展起来。1983年3月，中国社会科学院组建中国边疆史地研究中心。这是新中国成立以来第一个以中国边疆为研究对象的专门机构，它的成立开启了中国边疆研究的一个新时期。这个研究机构成立初期确定学科研究目标有三个：一是中国古代中原王朝与边疆地区关系；二是中国近代边界变迁史；三是中国边疆研究史。确定了两个重点，即近代和当代边疆问题研究，边疆史地研究的基本资料建设。在当代边疆研究中包含三个层面：第一，要研究近代以来，特别是当代国际上有关边疆、边界理论，进而建立我国的边疆理论体系；第二，要了解中华人民共和国建立建设边疆、保卫边疆的伟大成就和存在的错综复杂问题；第三，要寻求解决当代边疆问题的方法。②

中国边疆史地研究中心成立以后，1991年《中国边疆史地研究》创刊。同时，由中国边疆省区科研单位和高等院校主办的社科刊物，大量地刊发了边疆史地方面的研究论文，有关学术专著也相继出版。1988～1995年，在中国社会科学院和社会科学界的支持关心下，组织出版了5套丛书、丛刊出版专著和资料集45种47册，包括《中国边疆史地研究丛书》、《边境史地丛书》、《中国边疆史地文库》、《中国边疆史地研究资料丛书》、《中国边疆史地资料丛刊》等。③进入20世纪末期后，中国边疆史地研究发展到中国边疆研究。中国边疆史地研究中心立项"当代中国边疆问题系列调查"，并先后到新疆和海南地区调查，完成了调查报告。此后，中央和边疆地区很多决策部门与学术单位也同样开展了各种边疆现状调查与研究。如1991年国家民委民族问题研究中心牵头实施"边疆民族地区稳定与发展的主要问题与对策"调研，组织黑龙江、吉林、辽宁、内蒙古、新疆、西藏、云南、广西八个省级行政区的有关人员进行为期两年的调查，完成200万字的报告。1994年中共中央政策研究室牵头开展"我国边疆发展与稳定"调研，到青、川、甘、滇四省藏区和新疆调研。边疆各省区开展的调研也很多。可见，边疆研究由科研部门向党政部门发展。此时，国内学术界和决策层都非常重视边疆现状的研究。这与此段时间内边疆尤其是西藏地区发生骚乱事件相关。实地调查工作为决策部门处理边疆事宜和民族问题提供了一手的资料。

从学术研究到边疆实地调查研究，说明改革开放以来我国边疆研究紧紧服务于国家发展战略和国家边疆战略。到世纪之交时，在前期研究取得显著成就的基础上，中国边疆史

---

①②③ 马大正、刘逖：《二十世纪的中国边疆研究——一门发展中的边缘学科的演进历程》，黑龙江教育出版社1998年版。

地研究中心提出了三个重点方向:一是以中国边疆史地研究为基础,开展中国古代疆域史、中国近代边界沿革史、中国边疆研究史三大研究系列的综合性研究,尤宜加强中国历代边疆政策和近代界务交涉的专题研究。二是着重从维护边疆稳定、国家安全的角度开展当代中国边疆地区的稳定和发展的调查与研究。三是开展中国边疆理论研究与中国边疆学的学科构建。前者包括陆疆、海疆与边界的理论问题,以及探索中国边疆历史发展与统一多民族国家形成和发展的规律;后者侧重基础理论,包括概念与范畴、学科性质和任务、体系和功能等。① 进入新世纪以后,中国边疆研究全面展开,并发生了较大的变化。

按照中国边疆研究的发展目标,进入21世纪以来,学界开展了国外边疆理论的研究,产生了一批研究成果。主要有:于沛的《从地理边疆到"利益边疆"——冷战以来西方边疆理论的演变》,孙宏年的《相对成熟的西方边疆理论简论》,董欣洁的《冷战期间西方边疆理论的发展》,章永俊的《西方近代边疆理论的初步形成》,黄达远的《边疆、民族国家:对拉铁摩尔"中国边疆观"的思考》,张健的《国家视域中边疆与边疆观念的演变内涵、形态与界限》,徐黎丽的《国家利益的研究与软边疆概念的发展》,石庆怀的《从"大陆边疆"到"全球边疆"——美国走向世界的历程》,韩彬的《"高边疆"战略与格雷厄姆》等。同时也注意开始研究中国边疆的理论,如周平的《我国的边疆治理研究》、《中国应该有自己的利益边疆》,刘晓程、王赟的《大国边疆与对外传播——我国边疆问题对外传播的多维环境要素》,周卫平的《特纳的"边疆假说"理论与当代中国边疆研究》等。同时,也兴起了研究海洋战略的潮流,如张瑞的《中国海洋战略边疆论纲》,段存成的《21世纪中国海洋战略布局》等。知网搜索显示,1996~2015年有24篇关于海疆研究的成果。可以说进入新世纪以来,中国边疆史地研究逐渐向着边疆理论与实际结合的研究方向发展,学术性创新的论文也越来越多。

在国内不断出现的构筑中国边疆学的呼声下,郑汕教授获得国家社科基金项目支持研究"中国边疆学",2012年云南人民出版社出版了其著作《中国边疆学概论》。陈明富认为这是"首部探索构建中国边疆学学科体系的专著",以边疆与国家中心区域、边疆与周边国家的关系为主线,以"底定边疆"、"经略边疆"为主题,从历史演变和现代观念的构建两方面,对"中国边疆学"的理论与研究方法、研究对象与问题领域做了比较系统的阐述,提出了建构中国边疆学学科体系的必要性。他认为,《中国边疆学概论》从三个方面对"中国边疆学"学科作了定位,即中国边疆学是底定中国边疆理论的学科,中国边疆学是总结底定边疆历史经验的实践学科,中国边疆学是新兴的社会综合学科。他认为,这个边疆学的内容体系包括筹边观念、疆域、边界、周边关系、边政、边民、边务、边防与边疆形态等知识要素,以"底定边疆"、"经略边疆"为纽带,在理论创新的基础上,确立了《中国边疆学概论》的架构体系;分析强边固防出现的新情况、新问题、新变化,把握边疆理念、边疆规模、边疆政策、周边关系、边政实践、边防斗争等理论和实践问题,论述了中国古代、近代、现代边疆形态的变化及其特征,从发展战略、外事战略、国防战略三个方面构建了边疆学的学科体系,厘定了中国边疆学的研究对象是由组成这门学科的知识元素的相互联系所构成的。在边疆形态的研究上,著者既总结历史经验又

---

① 马大正、刘逖:《二十世纪的中国边疆研究——一门发展中的边缘学科的演进历程》,黑龙江教育出版社1998年版,第136页。

为现实服务，强调以科学发展观为指导建立全球化条件下的大边疆观念。①

近几年，全国各有关研究机构和院校，为总结提高本单位的边疆研究水平，组织编写内部使用的教材或参考资料。如中国社会科学院的邢广程研究员，从俄罗斯研究转向边疆问题与边疆学科研究，已编著了三辑《中国边疆学》，汇总了中国边疆学研究的众多成果，为我们进一步研究中国边疆学提供了丰富的资料。

中国近现代边疆问题研究经历了100多年的时间，曲曲折折，延续至今，倾注了众多学人的心血，研究的历程记述着中国学人的国家精神。中国边疆研究乃至中国边疆学学科的研究就是在一个不断的艰苦的探索中开始和发展的。因本文搜索资料有限，只能粗线条地略述前人的研究过程及其成果，未能囊括所有的研究者和众多的成果。

二、中外边疆研究视域与广深度之比较

在世界范围内，近代以来直至现代，都存在不同的边疆问题，因而都出现和产生了对边疆问题的研究，有的是对边疆历史的研究，有的是对边疆史地的研究，有的是对边疆理论的研究，有的是对边政的研究，还有的是对边疆战略的研究。我们把在一国范围内就边疆而研究边疆的情形称为狭义边疆研究，把放置于全球而研究边疆的情形称为广义边疆研究。

世界范围边疆问题的共性与个性问题，是一国研究边疆问题的现实基础。纵观中国和外国的边疆研究过程，各国都是围绕一国的边疆问题而产生的边疆研究。西方国家、日本、苏联等国的边疆问题基本是资本主义发展时期在世界范围的拓展殖民地的问题，即拓疆，他们在国家扩张中，相互间的利益发生严重的冲突甚至引发战争，进而各国的学者、政要都纷纷关注和研究其边疆战略问题，或者说是扩张战略，进而形成边疆研究的理论甚至是边疆战略、全球战略。迄今为止，凡是崛起于世界的大国都有其比较完整的边疆理论和边疆战略，不够完整的则可能导致大国位置倾覆，如苏联与美国比较，其边疆理论与边疆战略相差甚远，苏联国家的不复存在有其边疆战略滞后于美国的原因。与西欧相比，中国是东方的一个大国，在封建时代自诩"天朝大国"，建立了独具一格的朝贡体系，对周边国家的影响是平和与平衡的，多数时期基本上无边患之忧，当近代的资本主义国家自远方入侵封建王朝时，最高统治阶层茫然不知所措，不知道外面的世界是什么，为什么会发生这么多不能理解的事情。而后，由一些接触过"洋人"的官员、文人才开始了解世界、认识世界，而世界范围内早已出现了国际法调解国际领土之争，但清王朝尚不知此法，完全被动地挨打、割地、赔款，丢疆失土，国家边疆危机四伏，决策层和学界才意识到应了解西方，"师夷长技以制夷"。中国后来出现的边疆研究如西北舆地学派、边政学派等都是针对自身边疆现状而展开的研究，有着当时的急迫需求，解决了军政决策亟待解决的依据问题。但从一定程度上讲，就边疆之事而论边疆，缺乏长远的国家层面的设想与思考，

---

① 陈明富：《首部探索构建中国边疆学学科体系的专著——评郑汕教授〈中国边疆学概论〉》，《中国边疆史地研究》2013年第3期。

属于对突发或恶化情势的应急研究，即使是有精彩的对策举措也缺乏战略远见和长远布局。目前，也不能说这些年的研究完全改变了这种状况，从已有的乃至评价不低的成果看，前瞻性、长远性、全局性、战略性的研究仍然不够，就边疆情势研究而研究边疆情势的现象依然突出。面对未来的世界与中国，国家战略下的边疆研究需要与时俱进，以新的大格局视野构建边疆研究的大厦，如果重翻过气已久的边政学、边地文化学等，以图适应中国走向未来的目标任务，恐怕是不行的。我们应当清醒地认识到这个问题。

世界各大国对于自己的边疆或者说拓疆活动一以贯之，其关于边疆的研究始终服务于国家的边疆战略和全球战略，中国边疆研究尚存在一定差距。美国是世界大国中边疆理论、边疆战略和国家战略、全球战略最齐全而又一致的大国，从特纳的"边疆假说"（"活动边疆"、"陆地边疆"）到马汉的"海洋边疆"（海权论）再到格雷厄姆的"高边疆"（空疆论）等，形成了比较成熟的现代边疆理论和边疆战略思想，在美国国内几乎没有论证"那块土地是我的、为什么是我的"之类的研究，美国学界的眼界一直朝向世界。从广义边疆研究看，现代美国又出现了诸多的大师级、国策级学者，关注美国在世界的地位及其未来，像基辛格的《世界秩序》、布热津斯基的《大棋局》等一批著述都在关注美国的国家未来，即关注美国在全球的利益边疆、战略边疆以及全球边疆的问题。而我国的边疆研究近年来可谓出现了近现代以来的第三次边疆研究热潮，但研究还停留在对国内具体边疆问题的研究上。虽然从广义边疆研究看，对周边国家的研究也是边疆研究的范围，但是对中国在世界地位上的研究还很滞后，也没有出现国策级大师们的系列研究。我国台湾地区的学者继承了民国时期边疆研究的良好传统，成果颇丰，还培养出较多的边疆研究人才，但其边政学研究在学科意义上很重要，而在服务国家战略上的作用却十分有限。与美国边疆战略研究相比，中国现代国家边疆战略研究处在起步阶段，急需加强全球视域下国家边疆战略的研究，也是今后中国边疆研究的一个重要方向。

在西方的边疆战略研究中，还有一个特点就是虚实结合和学用结合非常突出。虚实结合即近现代欧美国家所产生和出现的大战略思想家，基本上都有学习哲学的学术背景，或者都旁听过哲学专家的讲座，在自己的研究中充满了哲思，即懂得怎样拓展研究课题的思路，往往能够跨通研究，从历史、地理甚至地质研究中拓展到政治、国际政治等方面，提出创新性的战略见解。而中国学界拘泥于某个专业背景不敢也不能突破的人太多，把哲学当作虚的胡思乱想的研究人员不少，很难见到横跨10多个学科而去做一个课题的研究人员，即使是有跨通研究的人也被同行视作另类。如此狭隘的眼界和思路，人云亦云都跟不上，想完成执政党多年前就提出的哲学社会科学的体系创新可能是十分困难的。再看学用结合，英国人麦金德的"世界岛"理论或"陆地腹心说"推动英国走上了全球扩张的道路，成为世界"日不落帝国"。美国的特纳"陆地边疆"、马汉的海权论、格雷厄姆的高边疆理论，推动了美国走上世界霸主的地位，即超级大国的地位。他们"学以致用"到极点，其中除了学界的研究外，更重要的是国家政要直接推行其理论。如美国总统罗斯福推广马汉的海权论，里根政府推行了格雷厄姆的高边疆理论。在英、美、法、德乃至印度等国，学界的理论研究成果很快得到了决策层的采用，达到了国家"上下同欲"的效应。而在中国，一方面理论研究滞后，为国家决策采用较慢；另一方面国家在战略问题上采用自己部门的研究成果多，而采用学术研究机构的成果有限。这也是习近平重视中国特色新型智库建设的原因之一，也希望能发挥各类智库直接服务于国家的功能作用。在这方面，我国应借鉴英美等西方国家的经验，这就需要中国智库能为国家在边疆战略、国家战略和全球战略方面提供重大成果。这也是加强今后边疆学研究的一个重要方向。

三、边疆学构建方向及其底蕴

随着中国国内边疆研究的进展与积累，一段时间以来，许多学者开始呼吁构建中国边疆学的学科体系，马大正、邢玉林、方铁、周伟洲等学者纷纷撰写文章，对中国边疆学的研究对象、内容体系、研究方法、学科特点等展开论述。马大正先生指出"中国边疆学的定位与功能，即是中国边疆学是一门研究中国边疆形成和发展规律的多学科交叉的边缘学科"，其研究领域包含基础研究与应用研究①；邢玉林教授认为"中国边疆学是运用马克思主义的世界观和方法论揭示中国边疆的硬系统和软系统及其形成、演变和发展规律以及中国边疆及其各系统相互关系的科学……中国边疆学是一门综合的、交叉的、边缘的学科"②。方铁教授指出，"中国边疆学以中国边疆地区的历史与现状为研究对象"，具有"基础研究与应用研究并重、边疆理论与治边实践并重、边疆历史与边疆现实并重、人文社会科学与自然科学结合、研究成果既有学术意义也有应用价值等特点"，并指出学科相互交叉、相互渗透、相互交融是边疆研究的突出特点③；此外周伟洲、李国强等也对中国边疆学学科构建提出了自己的见解。在他们看来，构建中国边疆学不仅是学科发展的需要，而且更是中国边疆现实发展的需要。

总体来看，当前学者们关于中国边疆学构建的讨论有三个突出特点：其一，认识到传统的边疆史地研究的内容与方法难以适应近代以来中国边疆发生的现实巨变，特别是难以适应当代边疆现实的需要，构建中国边疆学是理论发展与现实需求的必要之举；其二，认为中国边疆学是一个交叉学科，多学科与跨学科的研究视角与研究方法是中国边疆学学科构建不可或缺的部分；其三，强调中国边疆学构建既要进行理论研究同时也要面向现实问题，而且现实问题更具有紧迫性。上述三个特点表明了相关学者对于构建中国边疆学的基本认识，也是当前倡导构建中国边疆学的学者所形成的基本共识，可以说是从一个侧面表明了近些年在边疆研究以及学科构建认识上的总体进展。

但是，国内学界虽然对构建边疆学形成了较高程度的认识，近年来学科建设的进展却不大，很难说"中国边疆学的这一学科已经构建完成，学科体系已经基本成型"。④ 从当前中国边疆研究现状来看，并没有一本真正意义上的能够展现边疆学学科体系的著作或者

---

① 马大正：《关于中国边疆学构筑的几个问题》，《东北史地》2011年第6期。
② 邢玉林：《中国边疆学及其研究的若干问题》，《中国边疆史地研究》1992年第1期。
③ 方铁：《试论中国边疆学的研究方法》，《云南师范大学学报》（哲学社会科学版）2008年5期。
④ 虽然周伟洲将中国边疆学的发展历程划分为三个时期，并将今后的中国边疆学建设称之为"重新构建的现代中国边疆学"，但是事实上，作为一个基本成熟的中国边疆学的学科体系依然没有完成。参见其《关于构建中国边疆学的几点思考》。

教材出版，① 也没有一个来自中国学者能够与欧美边疆研究大师比肩的边疆理论。我们认为，中国边疆研究百十年来取得了长足的发展，从当前中国边疆的现实发展以及边疆研究的进展来看，迫切需要理论范式以及在学科构建上有所突破；而在国内，边疆学这一学科难以建立的诸多问题交缠在一起，或如人们经常归纳的中国当代问题的要素"一是体制机制问题，二是人才使用问题，三是业务资金问题"等，毋庸讳言，这些因素都是存在的。但从建立一个学科的视角看最关键问题，是研究人员对边疆学的学科构建的把握问题。

众所周知，构成一门独立学科的基本要素主要有三个：一是研究的对象或研究的领域，即独特的、不可替代的研究对象；二是理论体系，即特有的概念、原理、命题、规律等所构成的严密的逻辑化的知识系统；三是方法论，即学科知识的生产方式。以此为标尺，边疆学似不应成为以一个国度命名的"学科"即"中国边疆学"；如果将边疆学限定于"中国"，所产生的问题首先是范畴框定的问题，如果"中国边疆学"能够成立，那么有没有"美国边疆学"、"俄罗斯边疆学"？一个真正的理论并不只专属于一个特定的国度，而是可以为多个研究与被研究的对象所用，中国边疆学的范畴只针对"中国边疆问题"还是包括除了中国之外的非中国的国家边疆？亦即中国边疆学的内涵仅仅是个特例？如果不是特例，那么与其他国家具有共性又为何要叫作"中国边疆学"？其次是边疆理论本质上具有"普遍性的猜想"和"确定性的寻求"，其学科的底蕴应当是"唯理论的知识见解"，学科是科学知识体系的分类，不同的学科就是不同的科学知识体系，边疆学能成为一门学科，必然要有这个学科的体系，如何构建"中国边疆学"的体系，是一个十分繁复的架构。按照个别学者的建议，边疆学学科架构下应该有"边疆政治学"、"边疆经济学"、"边疆社会学"、"边疆文化学"……如此等等下一级学科，这个建议是可以成立的。但以此类推，"中国边疆学"学科架构下应该有"中国边疆政治学"、"中国边疆经济学"……若真的这样设置，必然会出现一系列问题，就是此架构的这些下一级学科难以成立，若人为地强求成立，就会遇到严重的跨学科悖论。② 跨学科悖论主要包括以下两种情况：一是指在某一背景知识条件下同一学科的不同研究领域或不同学科之间出现的悖论；二是指跨学科理论或跨学科方法本身所提出的悖论。目前，业内学者提出的构筑"中国边疆学"已经面临这样的困境。

一个学科体系的被承认对于该学科研究的发展是极为关键的，因为这不仅是在学科体系上搭建了框架并且确定了该学科的主要内容与研究方法，而且在人才的培养、获得国家资助与社会支持上都具有十分重要的意义。但是学者们的认识与呼吁并不能直构建形成一个中国边疆学学科，而且，中国边疆学的学科建构之所以进展缓慢，应该是有着更深层次的原因。其中除了中国边疆研究的传统路径的影响，诸如传统的中国边疆研究以史地研究为主，偏重历史而忽视现实，侧重事实呈现而忽视理论建构等，对于学科发展与建构规律

---

① 郑汕编著的《中国边疆学概论》，虽然是国内第一本以概论形式出版的中国边疆学著述，但是实际上依然是在传统边政学的研究框架下对中国边疆的诸多方面的梳理，其中着重论述的是底定边疆与经略边疆，具有传统边疆研究的实用倾向。在中国边疆学学科构建上，该书可以看作是一个有益的尝试，但是在作为核心概念的"边疆"的界定与属性、理论演绎、体系构建与方法论等方面还有待深入讨论。参见郑汕：《中国边疆学概论》，云南人民出版社2012年版。

② 沈跃春：《跨学科悖论与悖论的跨学科研究》，《江淮论坛》2003年第1期。

的认识不足应该是一个重要原因。① 从学科发展史可以得知，学科的发展其实是一个不断分化然后又相互交叉的过程，社会科学的所有领域一开始都是在哲学的笼罩之下，然后出现分化，文学、政治学、历史学等渐次出现，直到资本主义兴起之后，经济学、社会学等社会科学学科才出现。但是，后来就逐渐出现了学科交叉的情形，研究中不同学科理论与方法的迁移与应用非常普遍，多学科、跨学科对某一对象进行研究已经成为一种必要的趋势，这些交叉性学科与原来从哲学分化出来的学科有较大差异，学科之间的界限变得十分模糊。这种状况，一方面为交叉学科的创建提供了非常便利的条件，另一方面也带来了新的困难，其中最重要的就是如何建构与其他学科的边界，如何与其他学科的研究对象与研究方法区别开来并凸显该学科的独特性。否则就可能出现学科的名称不同但是对象、研究方法却相同的状况，而且往往会形成学科"殖民"，往往会形成学科悖论现象。

正如诸多学者们指出的那样，边疆研究的一个重要特点就是多学科、跨学科的理论与方法被应用到这一领域，这有助于深化对边疆的多元认识，但是也有可能成为其他学科在边疆研究这一领域的延伸，并造成事实上的学科"殖民"，这可能是构建中国边疆学、形成自身独特的研究方法所面临的一个难题。事实上，跨学科研究是建立在学科界线划分清晰的基础上，交叉学科的建构的前提也是学科边界清晰。目前可以说所要构建的中国边疆学的研究对象是十分确定的，但是其学科边界并未划清。

有鉴于此，我们认为，中国的边疆学学科构建在起步阶段就应该设定把该学科构建提炼成概念集的开发，这是学科构建之中跨学科研究的需要，② 一个学科体系的构建没有或缺乏跨学科的集成研究③是不可能有高度、广度和深度的。所谓概念集开发，就是研究工作采用前馈方式，把边疆研究的诸多问题，看作是一个个复杂的反求系统工程，在每个反求系统中的每一个子概念都要汇集到总体层面上，从而形成边疆学的概念集。概念集允许超脱思考，对各个要素做出多种筛选，把大系统的目标返还与子系统现状，再选择从现状达于目标的途径和战略措施。超脱思考绝不是凭空乱想，一定要对客观事物的前提有扎实的、充分的认识。在这个基础上，边疆概念集的开发需要符合学科建设穷追的思维方式，即对涉及边疆学科相关问题的思考趋于最深，把思考的关联性问题考量趋于极致。这样的推演极有可能导致"中国边疆学"不能成为一个架构完整的体系，但经过集成研究，"中国的边疆学"（具有中国气派的边疆理论体系）则有比较完整的架构，并形成我们自己的体系，亦即"边疆政治学"、"边疆经济学"、"边疆社会学"等都可以成立。

在研究之中，边疆学是一个概念集，在此概念集之中，自然包含了国家安全、边疆安全所涉及的政治、历史、经济、地理、文化、军事、民族、宗教、社会心理等方面的概念，而最主要的是，即使是对同一个概念，所进行的诠释是围绕边疆研究展开的，亦即对

---

① 朱金春：《学科"殖民"与构建中国边疆学的困境》，《华西边疆评论》（第3辑）。
② 跨学科研究是一种研究方式，也是一种运用多学科的理论、方法和成果从整体上对某一课题进行综合研究的方法，也称"交叉研究法"。人类科学发展运动的规律表明，科学在高度分化中又高度综合，形成一个统一的整体。有关统计资料表明，现在世界上有2000多种学科，而学科分化的趋势还在加剧，但同时各学科间的联系越来越紧密，在语言、方法和某些概念方面，有日益统一化的趋势。
③ 集成研究从管理学的角度看，是一种创造性的融合过程，即对各要素的组合过程中注入创造性思维，主动对各要素选择、优化和搭配，以最合理的结构形式结合在一起，形成一个由适宜要素组成的耦合、互补、匹配的有机体，这样一种过程及成果称之为集成研究。

边疆学的概念集进行开发，而后达于集成研究。从系统的观点看，集成研究可以理解为对多个要素（子系统）集合成为一个有机系统的研究，这种集合不是各要素（子系统）之间的简单相加，而是各要素（子系统）之间的有机结合，即按照某种集成规则进行的组合和构造，其目的在于提高对研究领域系统的整体的认知功能。

另外，学以致用、知行合一，构建中国的边疆学的指向应该与国家需要紧密结合。随着国际形势的发展和各大国边疆理论的推进，21世纪中国的边疆观应当得到更新，一个新边疆理论即新边疆观形成的时候已经到来，这是中国崛起的客观需要。新的边疆理论亦即新的边疆观认为，国家整体的发展、稳定和安全不再仅局限于地理边疆的边界线或区域不受外来攻击和侵犯，它还包括在特定区域里经济安全、文化安全、社会安全和心理安全等都能得到保障。在这个新边疆观的语境中，需要拓展我们国家边疆的概念，推动形成中国自己的边疆理论体系，推动"大边疆战略"的认识和实践，以充实中国发展、稳定和安全的基础理论——面对错综复杂的世界情势，这不仅是学术发展的需要，更是中国国家安全实践与未来发展的需要。国家安全事务的认识和谋划，应当在新的国家战略和边疆理论体系即边疆学的指导下进行，而新的国家战略和边疆战略必须置于一种新的理论视野下，使得战略视域的维度在多方向上得以扩展，从而促进国家战略能力的提高。

中亚的地缘政治与"丝绸之路经济带"

潘志平

新疆社会科学院中亚研究所所长
新疆大学中亚研究院、中亚地缘政治中心教授

两年前习近平主席在中亚提出"丝绸之路经济带"的构想,而由此明显的动向是,中亚愈来愈引起各方关注。从构建"丝绸之路经济带"的角度看,中亚是其枢纽地带,是绕不过去的枢纽。

中亚从来就不是安静之地。早在100多年前,英国人麦金德提出"心脏地带"(Heartland)、"世界岛"(World Island)和"枢纽地带"(Pivot Area)概念,并以下面经典的三句话构建了自己地缘政治的"陆权说":

谁统治了东欧,谁就主宰了心脏地带;
谁统治了心脏地带,谁就主宰了世界岛;
谁统治了世界岛,谁就主宰了全世界。

其所谓的"东欧"(East Europe),实指欧洲以东直至中亚的广阔地带。此论经常被引用,以证明中亚地区的重要地位和阐述大国博弈的历史。如张文木先生近日撰文说,"中亚是世界地缘政治的中枢",并以100多年来英帝国、苏联和美国受挫阿富汗为例断言,这"也是世界霸权的坟墓"[1]。或许有人以为,阿富汗不属中亚,而对此有异议。其实,关于"中亚",不同政治或学术背景的人士都有不同的认识,甚至其指说地域都不大相同,目前比较多的指向是哈萨克斯坦、吉尔吉斯斯坦、塔吉克斯坦、乌兹别克斯坦和土库曼斯坦五国,即中亚"五斯坦"。但我这里更倾向将阿富汗斯坦列入,是为"六斯坦",因为这一区域最大的河流——阿姆河两岸在历史和文化上从来是无法分割的,如果不是100多年前大英帝国与沙俄帝国在阿姆河沿线划出一条帝国的森严边界,那今日的河以北的"五斯坦"与河之南阿富汗又能有多少区别呢?

"枢纽",在某种意义上又有"十字路口"之意。阿富汗正处于两个十字路口:其一从地缘看,它是西亚但又不是西亚;它是南亚但又不是南亚;它是中亚又好像不是中亚,更准确地说,它在中亚通往西亚和南亚的十字路口,或者是地处中亚、西亚和南亚的十字路口。其二,自1979年以来的30多年它经历了太多的苦难,2014年以美国为首的北约

---

[1] 张文木:《中亚地区何以成为霸权国家的坟墓》,《人民论坛学术前沿》2014年10月上期。

联军撤出，阿富汗持续在恐暴肆虐的黑暗中还是走向民族和解的"十字路口"，中亚及周边人民既担忧也充满希望。

希拉里·克林顿代表美国政府提出"新丝绸之路愿景"计划，以重建阿富汗为由将中亚"五斯坦"往南拉，而将整个中亚纳入美国的势力范围。它虽然命名为美好"丝绸之路"的"愿景"，但却是在历来东西走向的"丝绸之路"横插一杠，且至今也不见成就。

100多年前，阿姆河以北地带成为俄罗斯帝国的领地，后来又成为苏联的一部分，这"五斯坦"独立建国已20多年矣，但俄罗斯的许多政治家还情不自禁地以为那是他们的"后院"。与美国和欧盟不同，俄罗斯在这里有许多可操作的平台：独联体、独联体集体安全组织，还有"欧亚经济共同体"及"俄白哈关税同盟"，到2015年1月1日正式启动"欧亚经济联盟"。吉尔吉斯斯坦于2015年5月加入，塔吉克斯坦也将加入。因此，我们在构建"丝绸之路经济带"之时，一出国门就踏入"欧亚经济联盟"地盘，首先须与俄罗斯处好关系。（2015年6月）总部在伦敦的非政府组织"更安全"（SAFERWORLD），出了一份长达1.5万字的研究报告，题为《中亚的十字路口》，认为，"俄罗斯目前似乎仍然是中亚地区最主要的外部力量"，"俄罗斯并未掩饰对中国经济崛起和军事现代化计划的担忧"，"俄罗斯无法对抗中国的经济活动，所以希望通过扩大欧亚经济联盟来重申其在中亚的地位"。① 2014年，俄罗斯国际事务委员会组织的关于俄罗斯中亚政策的专家报告，相对比较低调地将俄罗斯在中亚的利益归结于：我们采取的是自我保护政策。② 中国有的专家却以为："50年之内，中亚国家不可能摆脱俄罗斯。"③ 需指出的是，以上3份报告和意见中的"中亚"还是阿姆河以北的"五斯坦"。而眼下的问题是，完全开放包容的"丝绸之路经济带"与排他的"欧亚经济联盟"如何对接，是摆在我们面前的超级难题。目前，就道路相通的铁路建设而言，如何便利地通过俄式宽轨区还是个不大不小问题。

何以"近在咫尺，远在天边"？

说到"丝绸之路经济带"中亚方向，国内还是有些疑虑，比如说，中国和中亚五国发展经贸关系的前景在哪里？目前中国从中亚进口的主要是油气。在一般制成贸易中，中国出口的多，进口的少。中亚地区除了油气，没有什么可以向中国出口的拳头产品。如何看待这种局面？我认为，首先是对构建"丝绸之路经济带"缺乏更深刻的理解和认识。中亚五国总人口不过6000万，其市场容量不过是中国的一中等省区，如将"丝绸之路经济带"只盯在与当地的经贸合作，好像真没多少意思，问题是，"丝绸之路经济带"要在大区域开展大合作，旨在打通亚太和欧洲两大经济圈，即实现中亚、西亚、南亚，乃至欧洲的几十个国家30亿人口的区域大合作。可见，"丝绸之路经济带"就意味着一种大开放的升级，其方向应是：贸易由"灰色"转向正规；经贸由单纯贸易转向对外投资；方式应由民企为主转向民企、国企并进，国有大企业应发挥更重要作用；单一资源性合作转

---

① SAFERWORLD：《中亚的十字路口中——俄罗斯与中国在中亚角色的变化及其对中亚和平与稳定的影响》，2015年5月，伦敦，ISBN978-1-909390-31-7。
② 俄罗斯国际事务委员会：《俄罗斯在中亚的利益：内容、前景、制约因素》，粟瑞雪、李燕译，《俄罗斯研究》2014年第2期。
③ 许涛、孙壮志、昝涛、孙力等：《中亚，近在咫尺却又远在天边》，《世界知识》2015年第17期。

向资源性与非资源性并进。这是多赢的选择。这里是有很多问题要研究,很多工作可以做的。

再者,近些年来,有关"丝绸之路经济带"的解读是有问题的。比如以为,资源合作就是攫取资源。看到俄罗斯和中亚地区能源丰富,就以为与之合作的全部内容就是拿那里的油气资源,将它们的初级资源产品拿过来,加工成附加值高的产品再卖回去,以这种观念开展合作,不能给当事国百姓民生看得见的实际好处,势必不可持续。再比如,以为经贸就是倾销产品。改革开放以来新疆方向对外贸易增长了800多倍,成绩喜人,另外,大量进入中亚市场的中国商品多为低端产品,并沦落在跳蚤市场,须注意:时至今日,边境小额贸易仍占半壁江山,就大有问题。总之,需要在观念上创新。要双赢、多赢,不要零和,我们应更多地考虑:

- 在获取当地的资源之时还能为当地提供什么?
- 在大张旗鼓地进行油气合作的同时,是否能为当地最希望的非资源性合作做点什么?
- 经贸合作是否就是单纯地推销中国产品,是否能将经贸从贸易为主适度转向资本、技术投资,以造福"丝绸之路经济带"相关国家人民的民生?

我们的一些理解上的偏差,不可避免地在国际上造成更大的误解,比如说,这是中国不怀好意的"西进战略"、中国的"马歇尔计划"等,由此在中亚地区有又一轮的"中国威胁论"。近日读了北京的几位重量级的中亚方向的学者的笔谈,题目很好——"中亚,近在咫尺却又远在天边"。如乘南航由乌鲁木齐到中亚这些国家的首都和主要城市,也就一两小时时程,比到北京还要近得多,但我们对这些国家的人和事究竟知道多少呢?如昝涛所言:"我们与中亚似乎近在咫尺,但好像远在天边,这不只是指距离上的感受,而且还有到那里的难易程度,同时更是一种文化心态和文明上的隔阂。"出访中亚国家,也会深感当地人几乎不大了解中国。这种文化和心态上的不通,应是构建"丝绸之路经济带"的重大障碍之一,如何在人心相通的基础上打造"命运共同体",是构建"丝绸之路经济带"的重中之重。

安全,宗教的回归。

如果说,阿姆河以北的中亚五国"好像远在天边",那河之南的阿富汗还真是远得不行,因安全问题,南航已不直飞那里,喀布尔与乌鲁木齐之间本不太远,但须由迪拜或伊斯坦布尔兜大圈子。安全问题是"丝绸之路经济带"启动的最现实的拦路虎。从中亚到中东都是穆斯林聚居的伊斯兰国家。近30多年来,从阿富汗塔利班、基地组织、巴基斯坦塔利班,以至甚嚣尘上的IS,一个比一个极端。2014年,北约联军从阿富汗黯然撤出,阿富汗周边国家多少都在担心那里的"恐暴"外溢。而中东北及叙利亚南到也门,战争如火如荼,已乱得不能再乱了。按照日本学者的说法:"虽然'伊斯兰世界的混沌'已经是国际社会的老生常谈,但最近的情况与之前相比却出现了质变,可以说是进入了另一个次元的'超混沌'状态。"① 此乱不知何时了,五六年,还是一二十年?

阿富汗:瓦罕走廊。

---

① 中西宽(京都大学研究生院教授):《大国争夺政治势力范围中的不确定性》,日本《中央公论》月刊2015年第6期。

就阿富汗而言，与中国新疆有 92 公里的共同边境，其间有一段非常便捷的通道——瓦罕走廊，即历史上丝绸之路最经典的路径。须知，这是玄奘走过的道路，也是马可·波罗走过的道路。100 多年前游历此地的斯坦因爵士写道："瓦罕的重要性在于它提供了一条几乎有 200 英里长的、没有任何严重自然障碍的直到塔里木河流域的交通路线，但除了西面在伊什卡施姆那一小段的上端和在目前再度是它的最高村子萨尔哈德向东以上的地段外，简直没有横隔的山脊，而且即使在那两处，横伸的山脊也并不长，驮运的牲口一年四季都可通行。"① 但现在却是人迹罕至。

所以，我们大胆地猜想，阿富汗要搭上"丝绸之路经济带"快车，或者说，"丝绸之路经济带"向西亚发展的又一希望就是重开瓦罕走廊②，彼时，将有条大通道：

中国（喀什）→阿富汗（瓦罕→喀布尔）→伊朗（德黑兰）→土耳其（伊斯坦布尔）与"欧洲—高加索—亚洲交通系统"对接。

早在 10 多年前，欧洲方面就有"欧洲—高加索—亚洲交通运输走廊"计划（TRACECA）。2013 年 10 月 29 日通车的非常宏伟的伊斯坦布尔跨海隧道，就是这一"走廊"计划实施的重大成果。土耳其领导人在跨海隧道完工建成庆祝大典上兴奋地表示：从理论上讲，这条隧道的开通会使从伦敦乘火车经伊斯坦布尔去北京成为可能。但这还只停留在理论层面，问题还是它如何跨过中亚这个俄式宽轨区与中国对接。

如果，从中国通过阿富汗铁路贯通，到伊朗、土耳其、欧洲都是准轨，将非常畅通。但归根到底一句话，瓦罕走廊重开的条件是：安全！阿富汗通过民族和解，脚踏实地地实施和平进程，从而最终实现真正的和平。我希望，这个美好的猜想，不必再等待一二十年吧！

---

① 转自柯宗等：《穿越帕米尔高原》，吴泽霖等辑译，民族出版社 2004 年版。
② 其实，早在六七年前，美国和北约方面向中国提出要求：开瓦罕走廊，在喀什建立美军军用物资转运基地，其背景是：开伯尔山口和奎达补给线吃紧。这种将中国卷入阿富汗战争的无理要求，理所当然地被中国拒绝。

"边疆经济带"形成的一般性理论解释

杨明洪

四川大学社会发展与西部开发研究院

边疆作为一种空间形式,是从主权国家的边界为基准,向内地延伸的连续空间体,并在地理空间上呈现带状发布。与此相应,从空间经济形态观察,边疆经济也呈带状分布,并且在封闭条件下,陆地边疆地区常常是落后欠发达地区,陆地边疆地区经济发展水平落后于非边疆地区;反过来,海洋边疆特别是沿着海岸线,常常成为一国经济比较发达的地带。边疆经济学的首要任务是针对边疆经济带的形成给出一般性理论解释。

国内外现有文献没有对此做出理论解释。早在 20 世纪 80 年代中期,就有学者致力于边疆经济学学科建设并就边疆经济发展问题做了研究。袁庆寿出版了第一本边疆经济学学术著作《中国边疆经济发展概略》,该书论述了中国边疆经济发展问题,梁双陆主持了教育部人文社科项目"中国边疆桥头堡经济研究——基于空间经济学的分析"和国家社会科学基金项目"国际区域经济一体化背景下我国边疆经济发展研究",以此为基础出版了《边疆经济学》,在该书中,梁双陆从"边界效应"出发论证在国际区域一体化进程中边缘经济增长中心的成长机制,说明了"边界效应"对中国边境贸易发展、产业发展、城市发展的特殊作用,但没有对边疆经济带及其形成机理分析(梁双陆,2009)。

区域经济学中的古典区位理论从成本和利润角度对运输成本的考察并研究单个厂商区位选择的理论,为我们研究本问题提供了理论借鉴。美国区域经济学家胡佛(Hoover)早在 1953 年就分析了传统区位论中的边界作用。他认为,关税和其他国际贸易障碍增加了运输成本,扭曲了市场区和供应网络,增加了位于边界地区的生产成本,结果造成"生产者宁愿避免靠近贸易障碍地区而压缩他们的市场和供应的区域",而选择更接近国内市场的中心地设厂。应该说,胡佛的这一思想给予边疆地区经济带形成的理论解释以很大的启示。郭兴荣(Xingrong Guo)在 1996 年出版的《边疆区域经济学》("Border Regional Economics")一书中首次对边疆经济的形成给出了理论解释(Xingrong Guo,1996),同样给予边疆地区经济带形成的理论解释以很大的启示,但他的着力点放在一个国家内省际边疆经济的分析上。

本文遵循这一传统,根据古典区位论中关注运输成本的理论构建指向,从区位因素出发为边疆经济带的形成提供一个理论分析框架,请读者批评指正。

一、理论分析的假设前提与基本模型

由于边疆与非边疆地区的边界线是模糊的，非边疆地区与边疆的经济活动是密切相连的，因此，我们在解释边疆经济活动时多是在与非边疆地区的比较分析中进行的。国界线分割使得边疆地区远离一国经济活动的中心，而现实中的边疆与非边疆地区在经济发展水平上常常呈现出较大的差距，即边疆经济发展水平落后于非边疆地区可转化为边疆的经济密度低于非边疆地区。

由于经济发展差距实际上是经济密度空间上出现了差异，因此，解释边疆与非边疆出现的"经济发展差距"可转换为边疆与非边疆地区在经济密度上出现的差异，边疆经济带的形成也就转换为对边疆与非边疆地区之间经济密度分布与演化问题给出理论解释。经济密度是测度区域经济活动空间集聚与分散程度，判断比较区域经济发展水平高低和反映区域空间结构的核心指标，在制定区域政策、协调区域经济发展中的作用越来越重要。这一概念已成为经济地理学、区域经济学学者们研究的热点。而经济密度在宏观上可表现为单位面积土地上的GDP、基础设施、市场规模及繁荣程度等方面，而从微观上看，主要体现为厂商的生产活动的密集程度，因为企业的经济活动是区域经济增长与发展的微观基础。

因此，遵循这种逻辑，边疆与非边疆地区的经济密度差异问题实际上转换为讨论微观视角下的厂商最初投资设厂的区位选择问题。厂商的投资区位选择需要考虑到各种区位因素，既包括自然资源禀赋、区位优势、采购市场（劳动力、资本等生产要素）、销售市场（消费者、企业、政府购买等），也包括行业环境、政策环境等因素，因此，厂商的区位抉择本身是一个复杂的过程。在通常情况下，同一个国家的不同地区其行业环境和制度环境的差别和变化并不大，而区位因素则是厂商选择在边疆地带与非边疆地带进行投资的主要考虑因素（武一，1999）。

为了使分析简单化，我们做出这样的假设：在一个抽象化的均质空间里，边疆与非边疆地区仅存在区位上的差异，对一个主权国家来说，国与国之间存在边界线及边界关卡，因此，一国的经济活动只能限制在边疆的边界线以内进行，这是一个显著的特征。根据这一特征，我们做出以下具体的假设：

（1）边疆作为一个特殊区域，空间上的特殊性主要表现在边疆的四周均为邻国，由"国界线"或者"边界线"将一国的边疆与邻国相阻隔。由于国与国之间边界是清晰的，在封闭经济条件下，边疆地区的生产、销售、创造利润等经济活动只能在边界线以内。

（2）在封闭条件下，一国边疆与周边国家之间不能进行自由跨境的要素流动及产品贸易等经济活动，但在边界线以内，因素、产品流动是自由的，厂商的投资是自由的，厂商可以自由选择投资地点。

（3）假设边疆与非边疆地区的区域经济发展要素（自然资源、资本、技术、劳动力、市场等）是无差别的或同质的，也就是厂商投资的区位选择不需要考虑其他基础和条件，单纯考虑运输成本这个因素。

(4) 完全竞争的市场环境下，边疆与非边疆地区均可获得完全的信息，不存在信息障碍对厂商区位选择的限制。

对于厂商而言，投资建厂时区位选择的最终目标是要寻找到实现利润最大化的区位，也就是说要寻找收益和成本之差最大的区位。因厂商的收益（假设为 R）在边疆和非边疆地区是相同且保持不变的，又因边疆与非边疆地区的采购市场和产品销售市场是均质的，故厂商最初选择设厂时需要考虑的只有销售运输成本（假设为 T）的大小，其决定了厂商所生产产品的销售半径。用 t 来表示单位产品每单位距离的运输费用，用 x 表示厂商与销售市场之间的距离，利润假设为 P，则：

$$T = t \cdot x \tag{1}$$
$$P = R - T \tag{2}$$

将式（1）代入式（2），则得：

$$P = R - t \cdot x \tag{3}$$

因此，在基本假定条件下，厂商距离销售地越近，厂商获得的利润就越大。

二、陆地边疆经济带形成的理论解释模型

陆地边疆总是一个低经济密度的地带，在此基础上，根据区位差异可构建两个基本模型：

模型1：如果厂商运输产品在各个方向上均以同样的方式传递（即各个方向上的交通运输体系相同），且在任何方向上均没有任何运输障碍。对于一个同质性区域，厂商的市场区形成了一个圆形区域。当利润为零时，即运输成本（T）恰好等于销售收益（R）时，此时的销售半径即为圆形市场区的半径（见图1）。

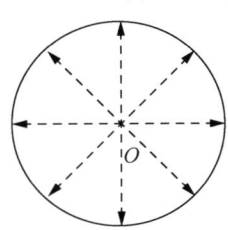

图1 不存在自然障碍条件下的厂商市场区

图1中的圆心表示厂商的区位选择地。由于没有任何障碍，厂商在各个方向上能够达到更远的距离，厂商的市场辐射范围为圆形区域，厂商到各个方向上销售市场的半径距离相等，因此运输成本相同，所以厂商的利润也相等。

就某一个特定运输方向看，随着运输半径的扩大，厂商获得的利润空间减少，当且仅当厂商的收益（R）刚好弥补运输成本（T）时，此时最大的圆形半径即为厂商的销售

半径。

我们假设圆形市场区的圆心为 O,圆的半径为 $r(r>0)$,圆的面积为 S,则厂商的市场区大小可表示为圆的面积:

$$S = \pi \cdot r^2 \tag{4}$$

对于厂商的销售半径,根据 $P=0 \Rightarrow P=R-t \cdot x = R-t \cdot r = 0$,可以得到:

$$r = \frac{R}{t} \tag{5}$$

则厂商的市场区面积可表示为:

$$S = \pi \cdot r^2 = \pi \cdot \left(\frac{R}{t}\right)^2 = \frac{\pi R^2}{t^2} \tag{6}$$

式(6)表示非边疆地区,即没有任何边界阻隔条件下厂商的市场区域 S。

模型2:如果厂商运输产品在各个方向上以同样的方式进行传递(即各个方向上的交通运输体系相同),但主权国家之间存在边界线,那么对于一个同质性区域,边界线上的厂商市场区就形成了一个不规则的残缺圆形区域(圆形的一部分,见图2)。

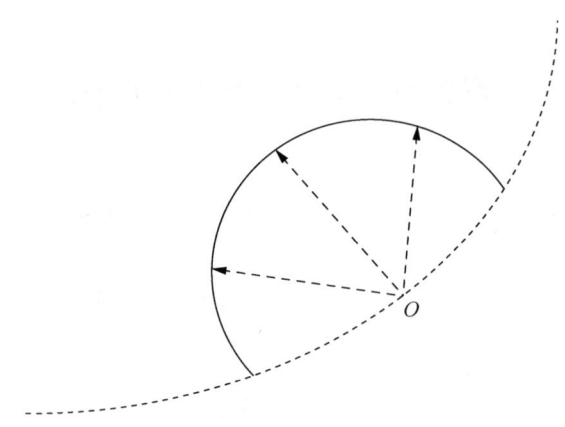

图2 存在自然障碍条件下的厂商市场区

图2中,由于存在边界线的这一自然障碍对厂商在边界线上投资建厂有屏蔽作用,厂商并不能将其市场区域在每个方向上向外推进到较远的距离,因此,对于追求利润最大化的厂商来说,如果投资建厂位于边界线上,那么厂商生产产品的销售半径大约只有非边疆地区的1/2,从而将会损失一半左右的市场区,因此,理性的厂商一定不会选择在边界线附近或边界线上从事经济生产活动。

从国际自由贸易的角度来看,国家的边界对自由贸易会产生"边界效应"。正如美国区域经济学家胡弗(Hoover,1963)所观察到的:关税和其他国际贸易障碍增加了运输成本,扭曲了市场区和供应网络,增加了位于边界地区的生产者的成本,结果"生产者宁愿避免靠近贸易障碍地区而压缩他们的市场和供给的区域",而选择更接近国内市场的中心地设厂。

因此,存在运输成本的情况下,厂商的市场区呈不规则的残缺圆形形状。仍然根据以上的假设前提,对于沿着边界线投资建厂的厂商来说,这里存在两种情况需要进行讨论。

(1) 如果边界线是直线形（见图3），那么此时的市场区面积设为 S_1，则：

$$S_1 = \frac{1}{2}\pi \cdot r^2 = \frac{1}{2}\pi \cdot \left(\frac{R}{t}\right)^2 = \frac{\pi R^2}{2t^2}$$

$$S_1 = \frac{\pi R^2}{2t^2} < \frac{\pi R^2}{t^2} = S \Rightarrow S_1 < S$$

显然，直线形的边界线使得边界线上的厂商市场区仅为非边疆地区的1/2，此时厂商在各个方向上的总利润额 P 明显减少，因此，理性的市场竞争者选择在边界线上的可能性很小。

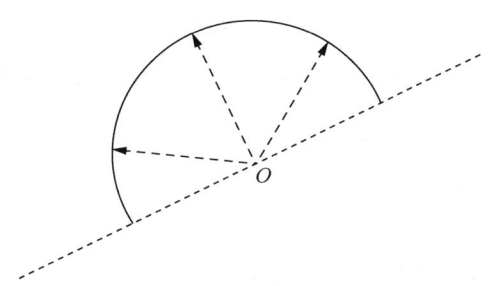

图3　直线形边界线条件下的厂商市场区

(2) 如果边界线是曲线形，此时市场区如图4所示，如果边界线为斜率递增的向上方倾斜的曲线，建立直角坐标系，用定积分计算市场区的面积设为 S_2，即边界线上部分面积。①

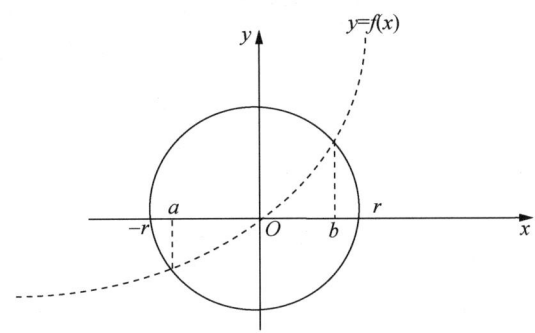

图4　曲线形边界线条件下的厂商市场区

由圆的方程为 $x^2 + y^2 = r^2 \Rightarrow y = \pm\sqrt{r^2 - x^2}$，设边界线方程为 $y = f(x)$，得：

$$S_2 = -\int_{-r}^{a} -\sqrt{r^2 - x^2}\,dx - \int_{a}^{0} f(x)\,dx + \int_{-r}^{0}\sqrt{r^2 - x^2}\,dx + \int_{0}^{b}\left[\sqrt{r^2 - x^2} - f(x)\right]dx + \int_{b}^{r}\sqrt{r^2 - x^2}\,dx$$

---

① 需要说明的是，图4中给出的是斜率为正且递增的曲线形边界线的市场区面积计算过程，对于斜率递减的曲线形边界线和斜率呈无规律变化的曲线形边界线市场区面积计算方法是相同的，这里不再重复给出。

$$\Rightarrow S_2 = \frac{1}{4}\pi \cdot r^2 + \left[\int_{-r}^{a}\sqrt{r^2-x^2}\,dx + \int_{b}^{r}\sqrt{r^2-x^2}\,dx\right] + \left[\int_{0}^{a}f(x)\,dx + \int_{0}^{b}\sqrt{r^2-x^2}-f(x)\,dx\right]$$

$$\Rightarrow S_2 = \frac{\pi R^2}{4t^2} + \left[\int_{-r}^{a}\sqrt{r^2-x^2}\,dx + \int_{b}^{r}\sqrt{r^2-x^2}\,dx\right] + \left[\int_{0}^{a}f(x)\,dx + \int_{0}^{b}\sqrt{r^2-x^2}-f(x)\,dx\right]$$

因边界线阻隔使得市场区面积减少,所以必然有:$S_2 < S$

$$\Rightarrow \frac{\pi R^2}{4t^2} + \left[\int_{-r}^{a}\sqrt{r^2-x^2}\,dx + \int_{b}^{r}\sqrt{r^2-x^2}\,dx\right] + \left[\int_{0}^{a}f(x)\,dx + \int_{0}^{b}\sqrt{r^2-x^2}-f(x)\,dx\right] < \frac{\pi R^2}{t^2}$$

$$\Rightarrow \left[\int_{-r}^{a}\sqrt{r^2-x^2}\,dx + \int_{b}^{r}\sqrt{r^2-x^2}\,dx\right] + \left[\int_{0}^{a}f(x)\,dx + \int_{0}^{b}\sqrt{r^2-x^2}-f(x)\,dx\right] < \frac{3\pi R^2}{4t^2}$$

故可以推出,存在曲线形边界线时,厂商的市场区必然减少,而且市场区内边界线与 x 轴负半轴围成的面积及与 y 轴正半轴围成的面积之和小于原来市场区的 3/4。

由于边界线的函数 $y = f(x)$ 的具体表达式并未给定,故无法进一步比较直线形市场区面积 S_1 与 S_2 的大小,两者之间可能存在 $S_1 < S_2$,$S_1 = S_2$,$S_1 > S_2$ 三种情况。

综上分析,只要边界线的阻隔作用存在,那么在边界线上投资建厂的厂商市场区面积就会减少($S_1 < S$,$S_2 < S$),边疆地区与非边疆地区的区位最显著差异就在于边疆地区存在边界线的阻隔,而非边疆地区并不存在。

由于国与国之间交界点设置的边界线等障碍,对厂商所生产的产品销售产生阻隔,也就是边界的屏蔽效应使得厂商的总利润减少,因此,作为理性的厂商在最初时自然会选择非边疆地区,而不会选择边疆从事生产经营活动,造成边疆地区的经济密度起初就要小于非边疆地区。如果我们将边疆地区抽象化为边界线上的一个个点,而非边疆地区为边界线外向内的一个个点,那么通过以上分析就能够更为明显地看出边疆与非边疆地区对厂商投资的区位选择的影响。

进一步地讲,如果我们反过来从非边疆动态来看,如图 5 所示,厂商投资建厂的选择最初在非边疆地区,并不断向边疆地区的边界线移动,此时极限的最佳区位就是与边界线相切的圆形区域。

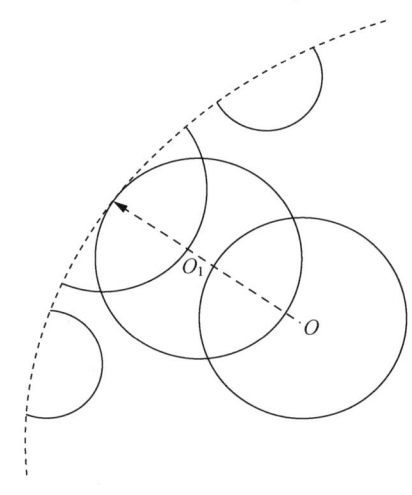

图5 厂商在内地与边疆市场区的动态比较

如果厂商再继续向边疆地区的边界线靠近，那么其市场区将会开始逐渐减少，直到到达恰好在边界线上，此时市场区将会减少大约1/2。这对选择在边界线上或内侧投资建厂的厂商来说，由于市场区狭小，对产品的需求量不足，就会使得投资不足，从而导致边疆的经济密度很小。

边疆的抽象化界定意味着边疆处于一国的边缘地带，由于国界线的分割，形成国内外两个市场，而国内外市场的流通需要具备国际关系等一系列条件，在封闭条件下，可以将边疆地区视作只拥有相对于非边疆地区市场的一半左右，市场空间的狭小决定需求不足、厂商投资不足。

此外，位于地理位置的边缘，又意味着边疆地区相对远离了国内市场，将会进一步增加交通运输成本，因而经济活动空间分布中，边疆地区的经济密度从最初的厂商投资建厂选择开始就要低于非边疆地区。

结论：只要运输成本不为零，厂商就不会选择在边疆地区进行经济活动。因此，相对于边疆，厂商生产活动向非边疆地区延伸更为密集。

根据区域经济学中的新古典区位理论，有三种效应，引起厂商生产活动向非边疆地区延伸更为密集：

（1）边际报酬递增效应导致生产要素"逃离"边疆地带。厂商投资建厂生产初期，要素的边际报酬（MP）递增，厂商会不断扩大生产规模，从而降低产品的生产成本，外围的边疆地区的资源、劳动力、资本等生产要素不断转移到非边疆地区。

（2）企业集聚正外部效应诱导生产因素"离开"边疆地带。这是因为它允许企业利用集聚经济去分享中间投入品、劳动力储备、技能匹配性和知识溢出效应。这种集聚经济效应降低了非边疆地区厂商的生产成本，当集聚经济效应足够大时，抵消了非边疆地区厂商集聚所产生的成本，此时将会使大量的边疆地区厂商向非边疆地区集聚，自然会形成产业集群，成为非边疆地区区域的增长极，在循环累积因果效应的作用下，增长极的极化效应往往要大于其扩散效应，导致处于外围的边疆地区的资源、劳动力、资本等生产要素不断转移到非边疆地区。

（3）市场扩充效应吸引劳动力离开边疆地带。企业工人及其家庭会随着厂商的投资建厂向非边疆地区集中，引起市场的需求扩大，增大了市场规模；企业集中的区域决定了其所生产的产品数量和种类也多，需要从区外输入的产品数量和种类将会减少，进而转嫁到每个消费者身上的运输成本和贸易成本减少，于是形成的产品价格相对较低，消费者生活成本降低，由此可能会吸引更多的劳动力转移到非边疆地区。

在以上三个方面的共同作用下，短期内，在区域发展过程中，使得边疆地区的经济密度进一步低于非边疆地区，引致边疆地区与非边疆地区之间的经济发展差距拉大。

三、海洋边疆经济带形成的理论解释

当边疆的边界线临海时，此时的边疆称之为海疆。根据经济活动的实践结果，沿着海岸线会出现经济密度逐渐加深、经济活动密集化的经济空间分布现象，即海岸线是边疆经济密集的区域，沿海地区成为经济密集区，例如中国、日本、澳大利亚和新西兰等典型国家。因此，需要解释的问题可转换为：为什么会沿着海岸线出现经济密集带或经济密集区？对于这一现实问题需要给出经济学上的解释。这里我们仍然按照古典区位论的思路进行，即关注运输成本，因为厂商的产品销售具有销售半径，运输成本是影响厂商投资设厂区位选择的主导因素，实际上要解释的问题转换为当边疆临海时，相对于内陆地区边界地带，沿海地区为什么经济密度更高，进一步地转换到微观视角下即为厂商在比较沿海与非边疆地区之后所做出的区位选择问题。按照逻辑一致性，我们仍从运输费用这一途径入手，在上一节基本假设条件不变的前提下进行推导。

海洋作为天然的交通要道，为各国经济往来起到了积极作用。海洋的水体和空间可以承载船舶，进行客货运输，海洋运输是现代运输方式中水上运输①的一部分，是利用船舶作为运载工具或托运工具在海面上进行客货运输的一种运输方式，简称为海运②。作为运输业的一种，海洋运输业还具有不同于其他运输方式的特殊性：①内陆的铁路运输、公路运输一般是以国内运输为主，而海洋运输主要是国际贸易产品和服务；②世界上有诸多国家或地区被海洋隔离，这些区域之间进行经济活动往来就必须打破海洋阻隔，可以通过航空运输或海洋运输，前者运载量有限，成本高，只适用于少量产品运输，而后者运载量大，运输能力强；③海洋运输与陆上运输相比，有着空间宽广、经济方便、成本低廉的优点。这主要在于：一是陆上交通，无论是公路还是铁路，都需要占用大量的土地花费巨额的资金来修建道路，而海运的航道是天然的，建设费用相比较而言要低得多，海运航道并不像公路、铁路等那样狭窄，即使是狭窄的水路也有很大的通航能力，并且海运可以有多条运输路线，并不像公路、铁路那样易于受到路面、桥梁和轨道的限制。二是海洋运输能源消耗低，一般地，由于运输的技术特点，运输等量的货物，海运要比其他运输方式的燃料消耗少得多。三是由于运载量大，使用时间较长，海运具有规模经济的特点，单位运输成本较低。四是由于船舶运载量大，配备船员少，因而海洋运输业的劳动生产率一般较高。海洋运输是国际运输的大动脉，全球90%以上的国际贸易货物货运量靠海运完成，这主要是由于海运具有运量大、成本低、效益综合的特征。由此可知，如果不考虑其他各种外界非自然因素影响，与陆路交通相比，由于地理位置带来的技术特点差异，海洋运输本身就具有其天然的成本低下的特征，这为经济活动的区位选择提供了一个极具吸引力的条件。

对海洋运输成本进行分析可知，由于海洋运输的成本远低于在陆地上的运输成本，在各种运输方式中，海洋运输成本最为低廉。因此，可以通过海运将产品或货物运送到更远的地区，那么它的销售半径就得到了扩大，但只是在海洋的一侧扩大，而在陆地上，仍然是正常的销售半径。由此引致厂商在沿海岸线向领海一侧生产产品的销售半径要大于向陆地一侧，厂商的市场区呈两个半径不等圆形相接合的形状（见图6）。厂商的整个市场区与之前陆地边疆存在边界线的市场区以及非边疆地区的市场区相比都有了很大程度的扩

---

① 水上运输简称为水运，包括海洋运输和内河运输，也称为航运业。
② 海运实际上并不仅局限于在海洋上，如我国海洋货轮进出的长江下游等也称之为海运，世界其他各国类似。海运包括近海运输和远洋运输，近海运输主要是沿海各地海港之间的近距离运输，远洋运输是国家之间的远距离运输。

大，如果厂商投资建厂在沿海可以使得其销售半径得到进一步扩大，利润得到进一步增加，所以，从厂商生产产品的角度来看，考虑到销售市场范围的大小，只要运输成本不为零，理性的厂商最初会选择在海岸线附近或海岸线线上从事经济生产活动。

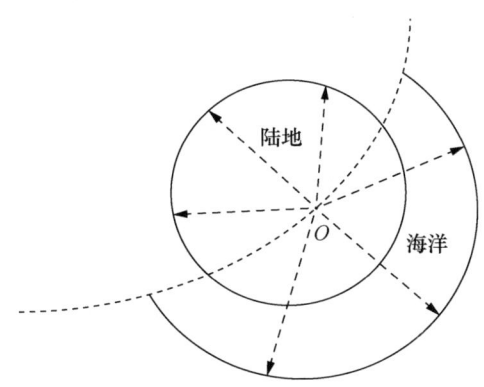

图6　海疆海岸线上的厂商市场区

除边疆临海外，在其他假设前提不变的条件下，对于沿着海岸线投资建厂的厂商来说，这里仍然存在与陆疆两种基本情况需要进行讨论。

模型3：如果厂商运输产品在各个方向上以同样的方式进行传递（即各个方向上的交通运输体系相同），只有水运成本低于其他运输方式，那么对于一个同质性区域，海岸线上的厂商市场区就形成了一个扩大状圆形区域。

（1）如果海岸线是直线形（见图7），那么此时市场区面积由两个半径不等的同心半圆所组成，设沿着海岸线向内（内陆）延伸的一侧半圆的半径为 r_1，面积为 S_3，向外（海洋）一侧半圆的半径为 r_2，面积为 S_4，则显然有 $r_2 > r_1 > 0$，再设厂商的市场区面积为 S'，可得：

$$S' = S_3 + S_4 = \frac{1}{2}\pi \cdot r_1^2 + \frac{1}{2}\pi \cdot r_2^2$$

按照本章第一节中对厂商收益与运输成本的设定，由于海洋运输成本大幅降低，假设此时用 t' 来表示单位产品每单位距离的运输费用，则有 $0 < t' < t$，$r_2 = \frac{R}{t'}$，$r_1 = r$，那么：

$$S' = \frac{1}{2}\pi \cdot \left(\frac{R}{t}\right)^2 + \frac{1}{2}\pi \cdot \left(\frac{R}{t'}\right)^2 = \frac{1}{2}\pi \cdot \left(\frac{R}{t}\right)^2 + \frac{1}{2}\pi \cdot \left(\frac{R}{t'}\right)^2 + \frac{1}{2}\pi \cdot \left(\frac{R}{t}\right)^2 - \frac{1}{2}\pi \cdot \left(\frac{R}{t}\right)^2$$

$$\Rightarrow S' = \frac{\pi R^2}{t^2} + \frac{1}{2}\pi \cdot \left(\frac{R^2}{t'^2} - \frac{R^2}{t^2}\right) = S + \frac{1}{2}\pi \cdot \left(\frac{R^2}{t'^2} - \frac{R^2}{t^2}\right)，又因 0 < t' < t \Rightarrow \frac{R^2}{t'^2} - \frac{R^2}{t^2} > 0$$

$$\Rightarrow S' > S$$

由此可知，当边疆临海时，厂商的市场区面积明显增大（$S' > S$），沿海岸线上投资建厂的厂商数量增多，经济密度增加。边疆临海时，边疆地区存在的最大优势就是海洋运输降低了交通运输成本，而向内陆一侧并不存在这样的优势，因此，厂商的总利润与陆疆相比较有明显增加，因此，作为理性的厂商在最初区位选择时自然会选择在沿海岸线聚集而不会选择非边疆地区，造成海疆的经济密度高于非边疆地区。如果我们将海疆抽象化为沿着海岸线上的一个个散点，而非边疆地区为海岸线向内的一个个散点，那么通过以上分析就能够更加明显地看出海疆与非边疆地区对厂商区位选择的影响。

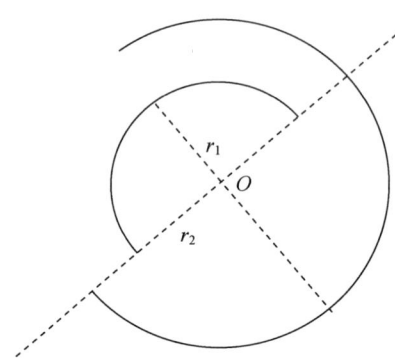

图 7 直线形海岸线条件下的厂商市场区

（2）如果边界线是曲线形，市场区如图 8 所示，如果边界线为斜率递增的向上方倾斜的曲线，建立直角坐标系，用定积分计算市场区的面积 S'。

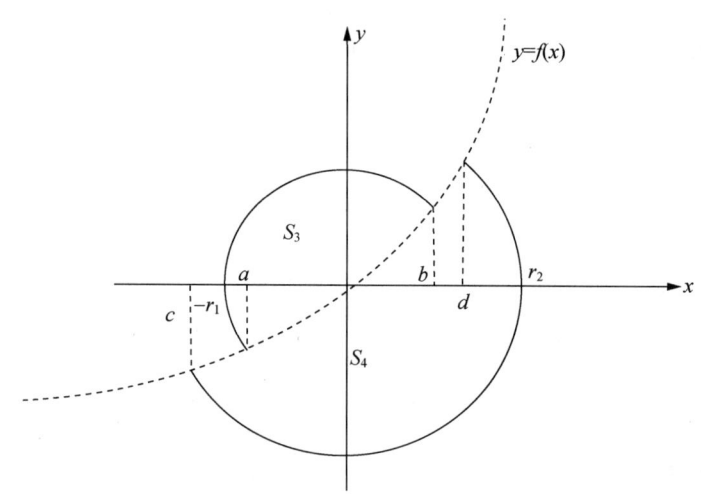

图 8 曲线形海岸线条件下的厂商市场区

由向海洋一侧市场区圆的方程为 $x^2 + y^2 = r_2^2 \Rightarrow y = \pm\sqrt{r_2^2 - x^2}$，设海洋海岸线仍为方程 $y = f(x)$，得：

$$S_3 = S_2 = \frac{\pi R^2}{4t^2} + \left[\int_{-r}^{a} \sqrt{r^2 - x^2}\,dx + \int_{b}^{r} \sqrt{r^2 - x^2}\,dx \right] + \left[\int_{0}^{a} f(x)\,dx + \int_{0}^{b} \sqrt{r^2 - x^2} - f(x)\,dx \right]$$

$$S_4 = \int_{c}^{0} \left[\sqrt{r_2^2 - x^2} + f(x) \right] dx + \frac{1}{4}\pi \cdot r_2^2 + \int_{d}^{r_2} \sqrt{r_2^2 - x^2}\,dx$$

$$S' = S_3 + S_4 = \frac{\pi R^2}{4t^2} + \left[\int_{-r}^{a}\sqrt{r^2-x^2}\,dx + \int_{b}^{r}\sqrt{r^2-x^2}\,dx\right] + \left[\int_{0}^{a}f(x)\,dx + \int_{0}^{b}\sqrt{r^2-x^2}-f(x)\,dx\right] +$$
$$\frac{\pi R^2}{4t'^2} + \int_{d}^{r_2}\sqrt{r_2^2-x^2}\,dx + \int_{c}^{0}\left[\sqrt{r_2^2-x^2}+f(x)\right]dx \tag{7}$$

由于海岸线曲线方程 $y=f(x)$ 的具体形式未知，所以这里仅给出计算的表达式，但是我们进一步可以推导，因 $\frac{\pi R^2}{4t^2} + \frac{\pi R^2}{4t'^2} > \frac{\pi R^2}{2t^2} = \frac{1}{2}S$，得出：

$$\left[\int_{-r}^{a}\sqrt{r^2-x^2}\,dx + \int_{b}^{r}\sqrt{r^2-x^2}\,dx\right] + \left[\int_{0}^{a}f(x)\,dx + \int_{0}^{b}\sqrt{r^2-x^2}-f(x)\,dx\right] +$$
$$\int_{d}^{r_2}\sqrt{r_2^2-x^2}\,dx + \int_{c}^{0}\left[\sqrt{r_2^2-x^2}+f(x)\right]dx > \frac{1}{2}S \tag{8}$$

概言之，相对于一国非边疆地区区域，海岸线附近的厂商生产活动较为集中，厂商的市场区面积相对于陆疆有大幅度增长，因此，经济密度在沿海要高于非边疆地区。进而由此产生的影响是，厂商投资建厂生产初期，要素的边际报酬递增，厂商会不断扩大生产规模，从而降低产品的生产成本；企业集聚具有非常高的正外部效应，这是因为它允许企业利用集聚经济去分享中间投入品、劳动力储备、技能匹配性和知识溢出效应。

这种集聚经济效应降低了海岸线附近厂商的生产成本，当集聚经济效应足够大时，抵消了沿海岸线厂商集聚所产生的成本，此时将会使大量的厂商向海岸线集聚，自然地形成产业集群，成为海岸经济区域的增长极，在循环累积因果效应的作用下，增长极的极化效应往往要大于其扩散效应，导致处于外围的边疆地区的资源、劳动力、资本等生产要素不断转移到海岸线附近；企业工人随厂商投资建厂向海岸线集中，同时会引起市场需求增加，增大了市场规模；企业集中的区域生产的产品数量和种类也多，需从外部输入的产品数量和种类减少，转嫁到消费者的运输和贸易成本减少，于是产品价格相对较低，消费者生活成本降低，由此吸引更多的劳动力到海岸线附近。

我们还可以从生产要素的角度来进一步分析。厂商在沿海投资设厂首先是便于从国外获取更多成本较低的生产所需的原材料。对于一国来说，生产所需的各种生产要素中，或多或少地总会存在与生产不能完全匹配的要素缺口，即这些要素中具有比较优势的在国外，相对于国内而言，国外的要素成本可能更低，因而理性的厂商为获取生产所需的这些不可替代的要素就需要从国外购买，而直接建厂在一国边疆，是节省运输成本的优化选择，而选择在临海的边疆并通过海洋运输无疑可以大大降低购进原材料的运输成本，从而降低厂商生产产品的总成本，增加企业利润。

例如，我国沿海企业从上海等沿海港口购进澳大利亚的铁矿石。尽管我国的铁矿石产量居世界第一，但是由于我国铁矿资源富矿少、贫矿多，矿石成分及结构复杂，共生矿多，具有"贫、细、杂"的特点，开采成本较高，仅靠国产铁矿石并不能满足国内钢铁企业的需求。澳大利亚是世界最大的铁矿石产地之一，其铁矿石品质高，高品位铁矿石储量居世界首位，且价格低。澳大利亚濒临海洋，对于我国沿海地区的钢铁企业来说海运的成本远远低于陆运，这比使用我国内陆的铁矿石更廉价，因此，使用这里的铁矿石炼钢比我国本土的铁矿炼钢的经济效益更好。

由于我国对矿产品资源特别是铁矿石需求的不断增加，进口已成为我国获得基础矿产资源的主要渠道。目前我国从澳大利亚进口的铁矿石占我国铁矿石总进口量的主要部分，自2000年以来澳大利亚出口中国铁矿石占比最高,2013年,我国从澳大利亚进口铁矿石占总进口份额超过50%。此外,海洋资源种类繁多,分布广泛,这些资源可以为生产所利用。海洋资源一般包括海洋中的动植物等生物资源和矿产资源、化学资源、海洋能等非生物资源。其中,海底石油、天然气、煤、铁等和矿砂、砾石属于矿产资源;钾、镁等溶解于海水中的化学元素属于化学资源,而潮汐、海流、波浪、温差等海洋自然能量属于海洋能,随着海洋开发技术的进步,人们可以利用的海洋水域、海底和海岸空间等海洋空间资源已从传统的海洋运输利用逐渐向多元化生产、储藏和旅游文化等方面发展,海洋空间得到不断开发。由于海洋中蕴藏着丰富的自然资源,厂商选择在沿海建厂可以经济方便地获取以上海洋资源,相对于内陆企业来说,具有天然的区位优势,沿海投资建厂的厂商可开发利用国家管辖海域以及其他海洋空间的各种资源,发展海洋经济,包括海洋加工制造业、海洋化工业、海洋矿业等行业领域。

海疆除具有以上便于集聚的因素之外,沿海的温润气候环境条件与热带地区相比更加适宜人居,这对于劳动力、资本等生产要素的空间集聚上也具有较强的吸引力。正如马克思在《资本论》中所指出,"资本的祖国不是草木繁茂的热带,而是温带。不是土壤的绝对肥力,而是它的差异性和它的自然产品的多样性,形成社会分工的自然基础,并且通过人所处的自然环境的变化,促使他们自己的需要、能力、劳动资料和劳动方式趋于多样化。社会地控制自然力以便经济地加以利用,用人力兴建大规模的工程以便占有或驯服自然力,这种必要性在产业史上起着最有决定性的作用。"世界经济发展历史表明,企业建厂的区位选择多在温带、寒带地区,而在热带地区相对较少,由此产生的世界上的富裕国家多分布于温带与寒带。沿海地区具有自然的温暖舒适的气候环境条件,对于工农业生产和消费市场的扩大均具有良好的优势。另外,沿海厂商之间还可以通过近海的海洋进行运输,其成本低于陆地运输,从而有利于沿海厂商之间进行各种贸易合作。

在以上多方因素的共同作用下,受循环累积因果叠加作用,在海岸线附近逐渐集聚,形成经济活动密集区或密集带。

四、结束语

边疆地区与非边疆地区的经济密度差异是区域经济活动空间分布差异的客观表现,我们将解释边疆与非边疆出现的"经济发展差异"转换为解释边疆与非边疆地区在经济密度上出现的差异。针对边疆这一具有特殊区位的区域,通过本文建立的理论模型揭示了边疆地带与非边疆地带在空间经济活动的分布、演化及其动力机制,解释了边疆地区与非边疆地区经济密度分布空间分化规律的产生、持续存在并可能增大,不仅是经济发展实践的表现,而且有其内在的原因及作用机制。

同时,我们的理论模型进一步揭示,由于集聚经济是现代经济条件下形成不同经济密度分布格局的重要原因,所以,除了外生初始的区位因素决定了经济密度分布之外,边疆地区还受到内生的"集聚经济条件"的作用,导致边疆与非边疆地区的经济增长差距始终存在,换句话说,边疆地带永远无法赶上内地的经济发展水平,这一点的政策含义是政府将干预边疆地区的发展作为一项基本国家政策。

此外，我们已经注意到，现有的理论例如农业区位论、工业区位论、商业区位论以及新经济地理学理论均包含着十分丰富的理论思想，与本文在分析上建立密切的联系，需要另外专文论述。

（本文发表于《华西边疆评论》2015年（总第3辑））

从民族关系到国家关系：中蒙关系的历史特殊性

吴楚克

中央民族大学 民族学与社会学学院

2014年8月21日，习主席对蒙古国成功地进行了国事访问，期间，习主席深刻阐释了中国的和平发展道路和睦邻友好政策，强调无论国际地区形势如何变化，中方都将始终按照中蒙友好合作关系条约精神，尊重蒙古国独立、主权、领土完整，尊重蒙古国人民自主选择的发展道路，将中蒙关系作为中国外交的优先发展方向之一。两国元首还共同签署联合宣言，宣布将中蒙关系提升为全面战略伙伴关系。这意味着，两国将全方位着眼长远发展两国关系，在重大国际事务和涉及彼此核心利益的问题上相互支持。

然而，在双方关系全面发展的时刻，国内和国外总是出现一些违背两国关系正常发展的事件，媒体和舆论莫衷一是，究其原因，我们还是对双方关系的历史没有给予全面正确的理解和认识，没有把蒙古国与中国之间从民族关系走向国家关系的历史本质剖析清楚，或是忌于政治原因，或是忌于历史原因，或是忌于跨界民族的原因，总有一些事实的本质没有被提升到国际关系的正常层面，这的确需要对中蒙之间从民族走向国家关系的特殊性进行坦率分析，这样才能消除合作过程中的疑虑，打消蒙古国对中国贸易的担心，开启全面合作的通畅道路。

一、在认识"历史关节点"上的差别

近代以来，中华民族与外蒙古蒙古族的关系一直存在一个特殊的演变过程，正是在这个过程中发生的历史事件表现出特殊的"巧合"，给双方后来的人们留下始终不能解开的"心结"，它们正是造成中国与"外蒙古"间隔阂的历史因素。因为，所有的历史机缘正好同时摆在了中国人民和外蒙古人民面前：国内，即1900年的八国联军侵华，1911年的辛亥革命和1921年的国民革命，期间，经历了清末、北洋政府和国民政府三个阶段。国外，1905年的俄国资产阶级革命、1914年爆发的第一次世界大战、1917年的俄国十月革命，期间，俄国经历了沙皇统治末期、克伦茨基政府和布尔什维克政权三个阶段。外蒙古独立活动正好处在上述宏大历史背景下，完成了从独立—自治—取消自治—最后独立这一过程。如果把这几个"历史关节点"的发生时间与中国国内的政治运动和俄国国内的革命运动对比一下，我们会发现一个有趣的现象。

（1）当 1911 年 12 月 28 日外蒙古政教领袖哲布尊丹巴在俄国长期直接策划下宣布独立，正是辛亥革命成功，清朝统治结束以后。

（2）1915 年 6 月《中俄蒙协约》正式签订，外蒙古宣布撤消独立改为"自治"，此时，正值欧战爆发，俄国战事不利，国内矛盾空前尖锐，而此时正是中国北洋政府袁世凯总统复辟帝制前后。两次都是外蒙古上层为逃避革命，倒向封建帝制。

（3）1916 年 7 月中国民国政府册封哲布尊丹巴为呼图克图汗，政府设立蒙藏院，公布《治蒙说帖》，1917 年 11 月 7 日俄国十月革命成功后，外蒙古王公贵族再一次选择了不但保留而且提高他们待遇的中华民国政府，所以，1919 年 11 月北洋政府正式宣布撤消外蒙古自治。

（4）1920 年俄国白匪恩琴率军逃入外蒙古并胁迫外蒙古统治者再次宣布独立，此时，中国国内正好爆发直皖战争，属于皖系的西北畴边史徐树铮失去国内支持，中国守军被击溃并逃离驻扎地科布多。

（5）外蒙古王公贵族在俄国和中国之间摇摆的历史被 1921 年 3 月成立的蒙古人民革命党打破，这批受俄国十月革命影响的蒙古青年决定彻底摆脱由王公贵族决定自己命运的历史，他们在苏联布尔什维克党帮助下派苏赫巴特尔和乔巴山等人前往莫斯科面见列宁，请求派红军进入外蒙古，苏俄军队以打击白匪的名义进入外蒙古，直接扶持外蒙古建立亲俄政府，1921 年 7 月第三次宣布独立，1924 年成立蒙古人民共和国。①

所以，有两个时间节点促成了外蒙古独立：一个是 1911 年，另一个是 1917 年。前一个节点是辛亥革命成功，清王朝灭亡，外蒙古王公贵族倒向沙皇俄国；后一个节点是十月革命成功，沙俄政府倒台，外蒙古封建统治阶级倒向北洋政府。蒙古封建统治集团对已经发生的和即将到来的工农革命有其认识，并唯恐避之不及，1916 年，24 个蒙古王公贵族向袁世凯提交了一个备忘录，主要内容是："①不管任何困难，中国应该恢复君主政体；②清朝皇帝溥仪应该复辟；③如以上条件不能履行，全蒙古王公便将脱离中国，拥戴清朝皇帝溥仪即全蒙古皇帝大位。"② 也就是说，辛亥革命成功，清朝皇帝退位，对外蒙古封建王公贵族的打击是空前的，作为统治阶级的一部分，他们当时还没有直接受到革命运动的波及，但整个统治基础已经破碎，他们当然要脱离中国。俄国十月革命成功后，断绝了他们依靠俄国的企图，袁世凯民国政府又保留所有蒙古王公贵族身份，给其的待遇不变，而且有所提高，正是在这种情况下，外蒙古独立自治才能够撤消。

问题的关键在于，当时中国正陷入各路军阀混战之中，中央政府几乎不能有效行使国界控制和领土管理职权，特别是直皖、直奉战争，致使控制西北边疆的军阀根本无暇顾及外蒙古主权丧失的危险境况。如果当时张作霖派军队进入外蒙古驱逐恩琴匪帮，维护主权，如果当时中央政府能够调动军阀部队，派遣一支军队进入外蒙古，就可以改变当时丧失领土控制权的危险状况，而且完全符合国际法和当时各国对外蒙古问题的态度。但是，北洋政府的无能和中国国内狭隘民族主义的作祟，使中央政府和蒙疆经略使张作霖都没有

---

① 以上时间线索参考余元庵：《内蒙古历史概要》，上海人民出版社 1955 年版；泰亦赤兀惕·满昌：《蒙古族通史》，辽宁民族出版社 2004 年版；《蒙古族简史》，内蒙古人民出版社 1985 年版。

② 余元庵：《内蒙古历史概要》，上海人民出版社 1955 年版，第 160 页。

采取任何军事行动。这种状况一直延续到 1927 年国民党政府执政，开始逐步扭转四分五裂的局面，而此时，世界社会主义运动风起云涌，中国本身也卷入这股国际无产阶级思潮中，蒙古人民共和国的正面作用直接影响中国国内民众对外蒙古独立的态度。李大钊就曾经率领北京大学学生游行声援外蒙古独立运动，在共产国际的支持下，当时中国共产党致力于推翻剥削阶级统治，建立苏俄式的工农政权，当然会支持外蒙古独立。1932 年 8 月 1 日，日本策划的"伪满洲国"成立，危及苏联远东和外蒙古安全，及至 1939 年 5 月苏联与日本在中蒙交界的诺门罕爆发战争，苏联扶植和保持外蒙古独立现状已成定局。

1945 年 2 月 11 日，美英两国为争取苏联对日本宣战，与苏联签订了《雅尔塔协定》，其中就外蒙古问题规定"外蒙现状应予保持"。1945 年 8 月 11 日，当时国民党政府与苏联政府签署《中苏友好同盟条约》，斯大林迫使国民党蒋介石政府同意外蒙古依公正的公民投票结果决定是否承认外蒙古独立①，1946 年 1 月 5 日，"中华民国"根据外蒙古公民的投票结果，承认蒙古人民共和国②。

二、在认识"历史交汇点"上的差别

对民族历史的认识不是一个简单的"回溯"过程，试图证实今天的某一个民族起源于古代某一个部落是自欺欺人，因为，一方面民族发展的历史就是一个不断融合和变动的过程，民族遗传、分布、语言、文化都是融合的结果；另一方面今天以某一名称命名的民族在近代国家产生以前都与其他族群存在历史重合，现代民族的称谓在历史上可能根本就不是指那个民族，比如"蒙古"当初就不是指民族。从很久以前亚洲内大陆草原上活动的游牧部落，到发展成为当代某一个民族，中间经历了漫长而曲折的过程。而游牧文明内部的同质性导致游牧民族之间相互融合和统一有可能成为强大的游牧帝国，1206 年成吉思汗统一草原主要游牧部落，以"蒙古"命名各游牧民族并建立了游牧帝国。

游牧文明与农耕文明在生产方式和财富积累方面存在显而易见的差别，导致这种差别的客观原因是自然环境，在纬度较高的干旱半干旱季风地带与纬度较低的温带之间存在一个过渡地方带，比如中国黄河以北，是游牧文明与农耕文明交汇的地方。从技术上讲，农耕生产方式的发展首先需要一定的水利灌溉条件，黄河流域和西北黄土高原保证了早期中华农耕文明的产生发展，并在以姓氏为特征组建的部落国家基础上，建立最早的封建王朝，及至秦代，中国的农耕文明已经进入完全成熟阶段，修建了庞大的灌溉和运河工程，极大地促进了人口和财富的增长。也就是说，大约公元前 2000 年的青铜时代，中国就已经开始了封建模式的农耕文明，这比同期中亚草原上游牧文明发展程度高，其结果主要表现在人口增长和财富积累方面。

游牧生产方式的一个主要特点是对土地私人占有的排斥，一方面是对土地使用权的确定性，另一方面是对所有权的集中性。这样，保证游牧生产组织的流动性和分散性，因

---

① 张大军：《外蒙古现代史》（第四卷），兰溪出版社 1983 年版，第 1510 – 1516 页。
② 以上所有史实和时间，均参考张大军：《外蒙古现代史》，（第一至第四卷），兰溪出版社 1983 年版。

此，游牧帝国的领土扩张带有很大的随意性和强制性。这也使得游牧文明的历史传统集中表现在帝国建立过程中的征服战争上，它的神话传说和英雄史诗无一不是在记叙和讴歌战神或者民族英雄。

十分巧合的是，中国封建农耕文明的特点是专制主义，也排斥土地的绝对私人占有，所谓"普天之下莫非王土"，专制君主对国家所有土地的所有权，导致土地制度"封建化"的不可能，可以说，用"封建"制度来描述中国古代社会制度是不准确的，这种专制统治下的农耕文明表现为经济生活相当程度上的自给自足，它的直接后果是政府管理者和财富分配者合二为一。这样，在中国北方和西北游牧的部落和国家就可以直接针对中央王朝展开征服和劫掠，中央王朝越强大，游牧帝国就越庞大，导致历史上不断发生北方游牧民族与内地农耕民族的战争，直至蒙古帝国的产生。亚洲游牧帝国和中国中央王朝在土地所有制上的共同性，扩大和加速了两种文明的相互影响和作用，中央政府与周边关系也不断在羁縻怀柔和征缴讨伐中波动不已。

威胁游牧部落国家存在的一个重要因素原因是人口的不足，游牧生产方式对人口的需求甚至到今天也是影响亚洲游牧传统国家稳定的一个因素，而农耕生产方式却可以较快地增加人口数量。于是，游牧文明在"经济上的机遇是造成人们迁徙的一个因素，地方上具有政治性质和经济性质的频繁的危机则是另一个因素。对各城邦，人口不足至少像人口过剩一样是一种共同的忧虑，新来者常常是受欢迎的"。① 在古代游牧部落和国家间的人口迁徙和混合兼并被各游牧民族认同，游牧文明和游牧民族间的共同性远大于差异性，及至今天，游牧民族国家的历史源流常因为重合而辨析不清，就是历史上游牧经济对人口的依赖和迁徙造成的。

中国封建农耕文明创造的文化是独特的，甚至在被蒙古族和满族统治以后，这种文化仍然得以保留并发展，无论如何这是中华文明的一个奇迹。这一方面说明游牧民族可以直接承袭中国封建制度文化，另一方面证明马克思所言文明征服的规律，"野蛮的征服者，按照一条永恒的历史规律，本身被它所征服的臣民的较高文明所征服"。② 以"教化"向周边游牧民族传播中华文化，输送人口和生产技术，才形成今天亚洲文明的格局。当今中国游牧民族和农业民族和睦相处，游牧文明和农耕文明相得益彰，正是过去两种文明相互竞争、相互促进的结果。

所以，中国发达的农耕文明很早就是游牧文明汲取营养的宝藏，中国汉族为代表的农耕民族与中国北方草原活动的游牧民族很早就开始了相互交流、借鉴、融合的历史。蒙古游牧帝国建立的时间长短没有影响中国封建专制帝国对整个北方草原的影响和控制，中国封建帝国建立的长短也没有影响蒙古游牧帝国对它的征服和它的自行衰退。中国是古老的、悠久的却是常新的国家，蒙古帝国时代与中国元朝并行合一，是蒙古民族与中华民族在历史交汇点上的重合，是两种文明、两个民族历史上最光彩夺目的一页。忽必烈建元并以此为蒙古帝国中心，无疑是接受中国封建帝国的称谓和制度，并把蒙古民族置于统治民族地位，这也是蒙古帝国最辉煌的时期，元代同样是中国历史上最强大、版图最庞大的时期。蒙元时期是中国封建历史和蒙古帝国历史辉煌重叠的时期，中国历史承认并以此为骄傲，如果蒙古国一边想

---

① （英）泰勒：《从开端到柏拉图》，韩东晖等译，中国人民大学出版社2003年版。
② 马克思：《不列颠在印度统治的未来结果》，《马克思恩格斯选集》（第1卷），人民出版社1995年版。

继承成吉思汗的历史伟业，另一边又不想承认元朝终结和蒙古帝国衰落，就无法走出历史的怪圈，也没有真正理解成吉思汗告诫他的继承者"没有百代的王朝"① 这一真理。事实证明，一种文明的兴盛不以一个国家的兴衰为标志，一个国家的兴衰也不以一个民族的衰退为标志，一个民族的衰亡更不是一个国家或一种文明衰落的象征。

三、在认识"历史定位点"上的差别

成吉思汗统一了亚洲内陆草原各部落，建立蒙古帝国，开始向中国封建王朝进攻，直至建立元朝，使蒙古民族成为中华民族的一部分，这个历史过程是谁也否认不掉的。

（1）1206 年，铁木真即位于斡难河，号成吉思汗。1227 年成吉思汗病故，1229 年窝阔台即汗位，号太宗。1251 年，蒙哥汗即位，号宪宗，以弟忽必烈总领漠南蒙古。1260 年，忽必烈称汗于开平，号世祖，为世祖中统元年，1269 年颁布八思巴新蒙古文字，1271 年，蒙古国改国号为"大元"，1279 年灭南宋。

（2）1294 年，忽必烈死，孙铁穆尔即位，号成宗。1299 年，以皇侄海山代阔阔出总领漠北蒙古。1307 年，海山即位于上都，号武宗，1311 年，武宗死。此后，有 5 位皇帝频繁更换，至 1333 年妥懽帖睦尔即位，为惠宗。

（3）1368 年，朱元璋称帝，国号明，同年 8 月明军入大都，元惠宗趋上都。1370 年，元惠宗卒于应昌，明太祖谥为"顺帝"，太子爱猷识达理腊继位，称必力克图汗，号"昭宗"，1378 年亡。脱古思帖木儿继位，号益宗，称乌萨哈尔汗，1388 年在土剌河被也速迭儿袭杀。1389 年，脱古思帖木儿儿子恩克卓里克图继汗位，此后，蒙古汗谥号不传于世。从 1260 年中统元年到 1388 年最后一位有谥号的蒙古汗王去世，共 128 年。②

（4）可以说北元至此才与中原汉制王朝制度脱钩，1392 年，恩克卓里克图汗卒，此后，蒙古汗国陷入纷乱和内部争雄的历史。期间，瓦剌蒙古汗也先最为强大，1453 年自立为可汗，称"大元天圣大可汗"。1480 年继承蒙古一部汗位的达延汗和 1542 年被授予"土谢图彻辰汗"的俺答汗都曾经暂时统一过蒙古大部，特别是俺答汗在 1578 年正式引入喇嘛教并与明朝和解，给蒙古地区带来相对的稳定和发展。

（5）而在 1606 年蒙古内喀尔喀部落就向建州纳贡，尊称努尔哈赤为昆都仑汗，这时还是明万历三十四年。1604 年蒙古林丹汗继位，直至 1634 年林丹汗败退途中病死，外喀尔喀蒙古逐步依附 1616 年建立的满洲后金政权，到清康熙三十年，即 1691 年多伦诺尔会盟，1697 年噶尔丹被击败。清朝政府区别对待早先归顺的东西部蒙古与外喀尔喀蒙古，前者逐步实施盟旗制，后者则推行政教合一制。在随后的历史发展过程中，内外蒙古依照不同部落界线开始形成明显区别。

这些历史事实说明：

第一，蒙古是成吉思汗建立草原帝国后对所有并入这个帝国版图的游牧部落的总称，

---

① 伊湛纳西：《青史演义》，内蒙古人民出版社 2010 年版，作者序。
② 《蒙古族简史》编写组：《蒙古族简史》，内蒙古人民出版社 1985 年，附录一：大事年表。

后来由蒙古帝国演化为蒙古民族，它不是由单一的某个部落发展而来。因此，今天的蒙古民族分布依然模糊地呈现当初部落分布的特征，而部落与部落之间由于历史原因存在明显的分别。比如内蒙古与外蒙古之间，即喀喇沁蒙古和喀尔喀蒙古，新疆蒙古和青海蒙古，即卫拉特蒙古和和硕特蒙古，以及更远的图瓦和车臣，他们之间在历史、语言和文化方面都存在一定差别，尤其是心理差别远大于共性，他们宁愿分居而不愿意统一。

第二，蒙古国与中国的关系，是从民族关系发展到国家关系，历史的事实证明外喀尔喀蒙古只是构成蒙古历史的一部分，不能因为要为蒙古国寻找延续至今的历史而把所有蒙古民族的历史都纳入蒙古国的历史范畴，同样，外蒙古在清代属于中国领土的一部分也是不容否认的事实。实事求是的历史观只会加深双方的理解和认识，知道元代历史的中国人对蒙古民族有特殊的认识和感情，他们会用更多的耐心去理解和帮助所有蒙古人，因为，他们更了解蒙古历史和蒙古民族，而不会对蒙古国的蒙古民族产生偏见。

第三，一个国家强大与否与这个国家历史的长短没有直接关系，一个民族是否被其他民族所尊重也与这个民族历史的长短没有直接关系，相反，尊重历史和民族自信却有直接的关系。在当今世界，有多少强大的国家是存在年代最久的？又有多少伟大的民族是一直辉煌至今？蒙古国民族把成吉思汗和蒙古帝国作为自己国家的开端，一方面证明祖先的辉煌，另一方面也昭示世人，蒙古国离自己的祖先有多远的距离，民族的凝聚力不是躺在辉煌历史上就能够获得的。

第四，拥有内蒙古的蒙古民族，使中国与蒙古国的关系有别于其他周边国家关系。因为，内蒙古的蒙古民族比中国其他地方更快更早地走向社会主义的民族区域自治，实现了东西蒙古的统一和快速发展。这里拥有世界上最多的蒙古民族并继承保留了蒙古民族的传统。纯粹就人种自身发展来看，保留民族基因和文化传统的唯一途径就是开放发展，传承民族历史和文明的最可靠途径就是扩大人口。历史证明，落后保守和排斥异族必然导致自身的衰亡。

综上所述，只有把握中蒙关系的历史特殊性才能确保两国关系正常发展，只有正视两个民族到两个国家的历史轨迹，才能稳定开拓未来。习近平主席强调，中国"愿意为周边国家提供共同发展的机遇和空间，欢迎大家搭乘中国发展的列车，搭快车也好，搭便车也好，我们都欢迎"。习主席的"搭车论"，体现了中国的自信和包容，与西方对所谓"搭便车"耿耿于怀形成了鲜明对比，凸显了中国负责任大国的形象。新中国成立后的中蒙关系同样也经历了中苏关系的直接影响，演绎了国际关系史上最让人们不可理解的过程。不对这个特殊的历史过程进行总结分析，坦率承认双方在历史认识问题上的分歧，我们就不能放下历史的包袱轻装前进。

（本文发表于《思想战线》2015年第4期）

应区分民族问题的不同类型

吴楚克

中央民族大学 民族学与社会学学院

2015年8月24日，第六次西藏工作会议召开，在此之前的5月26日，中央召开了新疆工作会议，中共十八大以来，以习近平为总书记的党中央多次召开专门会议讨论民族问题，专门提出解决中国民族问题的理论方法和原则，彰显民族问题在国家大政方针中的位置，强调在新情况新问题下解决民族问题的重要性。

在这次西藏工作会议上，习近平指出："在高原上工作，最稀缺的是氧气，最宝贵的是精神……西藏和四省藏区广大干部职工要把党和国家的关心转化为工作动力，在各自岗位上作出更大成绩。"新疆地处古丝绸之路的核心地带。2013年9月，习近平总书记在出访中亚四国时提出建设丝绸之路经济带的战略构想，同时，习近平总书记在新疆考察工作时提出了明确要求，"要抓住这个历史机遇，把自身的区域性对外开放战略融入国家丝绸之路经济带建设、向西开放的总体布局中去。"也就是说，针对不同地区、不同民族提出了不同的发展思路和解决问题的办法。

中国的少数民族大多集中在边疆区域，其自然环境与内地大有不同。西藏就是典型，高原缺氧使生活在西藏的所有人必须经受缺氧的考验，藏族人们则因为世代居住而从生理上适应了高原缺氧环境。这就决定了改善西藏人民的生活条件特别是居住条件是落实党的民族政策的首要问题。因为同样的原因，想进入西藏和在西藏生存下去对外来者都是一个考验，换句话说，维护西藏社会稳定的因素当中，环境因素是重要因素之一，无论历史上还是现实中，除了少数民族内部的纷争和流动以外，西藏始终没有大的社会动荡，与川甘地区的藏族社会形成鲜明对比。

可见，由于地域、人口和宗教方面的原因，应该正确区分民族问题的类型，才能在制定和执行民族政策中达到随时随地以当时情况为转移。正如习近平总书记强调的："中华民族多元一体格局，一体包含多元，多元组成一体，一体离不开多元，多元也离不开一体，一体是主线和方向，多元是要素和动力，两者辩证统一。中华民族和各民族的关系，形象地说，是一个大家庭和家庭成员的关系，各民族的关系是一个大家庭里不同成员的关系。"依照这个观点，我们可以把不同"家庭成员"做大致分别。

第一，"人口较少民族"。目前，我国对人口较少民族有明确指称，根据国家民委2011年颁布的《扶植人口较少民族发展规划（2011～2015年）》，所称的人口较少民族是指全国总人口在30万人以下的28个民族。这些民族是：珞巴族、高山族、赫哲族、塔塔尔族、独龙族、鄂伦春族、门巴族、乌孜别克族、裕固族、俄罗斯族、保安族、德昂族、基诺族、京族、怒族、鄂温克族、普米族、阿昌族、塔吉克族、布朗族、撒拉族、毛南族、景颇族、达斡尔族、柯尔克孜族、锡伯族、仫佬族、土族。根据全国第五次人口普查，28个人口较少民族总人口为169.5万人。显然，从分布地域、人口总量和宗教信仰方面，这28个人口较少民族存在的问题无法与藏族、蒙古族、维吾尔族等民族相比，事实上，一些相关民族政策的出台也并不是直接针对它们而言，因此，在解决人口较少民族问题上，应该区别于其他民族问题，比如，对于一个几万人口的少数民族，民族文化和生活发展问题的重要性超过认同问题。

第二，人口越过30万和境外有主体民族国家的"跨界民族"。蒙古族、朝鲜族和哈萨克族3个民族都有以本民族为主体的国家，并且人口接近或者超过100万。与其他跨界民族相比，它们有一定独特性：一是民族社会发展的比较效应明显，相邻国家的社会制度和发展程度对同属一个民族的中国少数民族来说，时刻都会产生影响作用。二是拥有主体民族国家的中国少数民族缺少独立冲动和分裂愿望，因为，现存民族独立国家事实上满足了民族自决和发展的心理需要，除了极少数受境外政治煽动以外。三是民族语言文字和教育将长期存在和发展。因此，它们存在民族问题的核心是民族认同与国家认同的关系问题，而经济发展程度并不是解决这个问题的最佳或者唯一途径，相反，有时经济快速发展会加剧认同矛盾。要根据国家发展特点来制定相应的民族发展政策。

第三，藏族和维吾尔族是在民族自治区范围内发展最快的少数民族。也就是说，新中国成立后，藏族和维吾尔族彻底摆脱了落后的状态，人民获得巨大的快速发展。这对解放前的藏族和维吾尔族来说是难以想象的，正如法国民族问题学者艾莱那所言：共产党的民族政策首先是要让少数民族发展起来，毫无疑问，这个目的达到了。问题是，政策制定者们以为民族发展起来就会与社会主义制度合拍，苏联解体的事实证明正好相反。那些自认为应该走向独立的民族，在历史转折的关键时刻没有把握机会，这成为少数极端民族分裂分子煽动民族分裂的动因，他们手里的武器只有极端"民族主义和宗教主义"，因此，单纯从民族经济发展和扶持宗教方面是不可能解决问题的，甚至只能加剧矛盾冲突。需要从完善民族区域自治制度、扩大民族交往和公民受教育水平上逐步加以解决。

第四，南方和沿海少数民族除壮族外，其他民族的人口、分布和宗教状况相对稳定，与其他民族交往频繁，社会发展程度接近居住地区总体水平。壮族是中国人口最多的少数民族，与泰国、缅甸、越南的傣族、掸族有亲缘关系。尽管像苗族、景颇族、傣族、独龙族等跨界民族人民与境外国家内的少数民族同属一族，但在国家认同上没有大问题，他们所面临的主要矛盾是社会发展中出现的非传统因素，比如走私、贩毒、非法越境和拐卖人口。因此，解决南方和沿海少数民族问题根本不可能与解决北方少数民族问题一样，政府制定统一的民族政策必须考虑到南北方少数民族问题的差异，否则，同样的民族政策可能会产生完全不同的结果。

习近平总书记在西藏工作会议中提出"依法治藏、富民兴藏、长期建藏、凝聚人心、夯实基础"的重要原则，这不仅是一个理论问题，也是一个重大的实践问题。依法治藏，就是要维护宪法法律权威，坚持法律面前人人平等。富民兴藏，就是要把增进各族群众福祉作为兴藏的落脚点。长期建藏，就是要坚持慎重稳进方针，一切工作从长计议，一切措施具有可持续性。凝聚人心，就是要把物质力量和精神力量结合到实现中华民族伟大复兴的中国梦上来。夯实基础，就是要多做打基础、利长远的工作，把基础工作做实。

把这个思路扩展到创新发展解决中国民族问题上，首先，就是应该区分不同民族的不同情况，这是实事求是的前提。其次，针对具体情况制定适合解决哪一类民族问题的政策，这是"共产党员最讲认真"的前提。最后，受得住批评，经得起考验，才能获得正确的理论和实践经验，把中国的民族问题解决好。

（本文发表于《环球时报》（国际论坛版）2015年9月12日）

离散与认同重构

——以中国西藏边境地区尼泊尔移民后裔达曼人为例

周建新 杨 静

广西民族大学

近年来，在民族学人类学研究领域，一些学者开始频繁使用"离散"（Diaspora）一词，并依此概念划分出一些离散族群，有针对性地进行研究。离散一词原本源自希腊语，在不同的著作里，Diaspora 也翻译为"族裔散居"、"流散"、"在外侨居"、"漂泊"、"文化离散"、"离散族群"等。这个词一般与公元前 70 年因被罗马人击败而不得不离开故乡巴勒斯坦流散到世界各地的犹太人联系在一起。

"二战"后，离散这个词逐渐转变为描述各种族群团体由于各种原因被迫离开自己的祖国，居住于其他国家或地区。近年来，对离散族群的定义已不再限定于"被迫"离开祖籍国，而逐渐扩大为因各种原因离开祖籍国，以移民的身份到其他国家或地区居住。

尽管离散群体的内涵被一些学者反复归纳和演绎，但笔者以为其中最具共性的有两点，一是所指对象原来都是某个族群的一部分，后来跨越国界流散到异国他乡；二是跨越国界群体的成员彼此认同、联系紧密，一般都保留着关于祖籍国的集体记忆，这两条是离散群体的最主要特征。正因为如此，笔者认为，离散这个概念就跨国民族研究而言具有特殊的意义。

2011 年的夏天，笔者带领 3 位研究生前往西藏吉隆县吉隆镇，对生活在中尼边境地区的达曼人村落进行了实地调查。笔者认为，尼泊尔后裔达曼人的迁徙历史，就是一例典型的离散个案。达曼人从漂泊到根植，其国民属性和族群身份两大现代国家条件下的根本认同都发生了质的变化，而对这种认同重构过程的研究在理论和实践上都具有重要的意义。

一、达曼人研究与其族源传说

关于达曼人的研究，国内最早介绍的文章是 2003 年 12 月 30 日刊登在《发展导报》第 12 版的《没有国籍的达曼人》和刊登于《中国西藏》2003 年第 4 期的《探访达玛人》①，此后的相关报道有《珠峰以西，有个吉隆沟——西藏边境记事之五》②，《达曼人：生活在幸福的山谷里》③。2006 年中国藏学出版社出版的《千年吉隆》，在介绍吉隆镇整体风貌和历史文化中，涉及达曼人的情况。④ 2008 年 5 月，民族出版社出版了《边，边境的边》一书，其中"风云际会的吉隆沟"一节，图文并茂地介绍了达曼人⑤。2010 年 6 月，西藏人民出版社出版了《西藏最后的秘境——吉隆》，其中对达曼人有较多的介绍。⑥此外还有不少网友也相继转载了与达曼人相关的信息，但都是一些介绍性的短文，至今还未见学术性论文发表。

根据我们的田野调查和相关文献资料看，达曼人的历史来源主要有以下两种说法：

其一为出走说。当地人说达曼人源自尼泊尔打铁部落的一支，后来尼泊尔那边的人不知何种原因抛弃了他们，他们便离开故乡，来到中国。我们在吉隆镇上访谈调查时，的确有人说"达曼人过来这边（中国）是因为那边（尼泊尔）的人不要他们了"。

其二为骑兵后裔说。据说，达曼人称谓来源与原先从事骑兵这一职业有关联。"达"的藏语意译为"马"，"曼"为"军"或"多"，"达"和"曼"结合起来就是"骑兵"，"达曼人"藏语译为"古代骑兵的后裔"。相传达曼人的起源与尼泊尔部落之一的廓尔喀人第二次入侵吉隆、聂拉木等地相关，从时间上可追溯至 18 世纪末。1791 年 7 月，廓尔喀以西藏地方毁约为由，发动了第二次入侵吉隆、绒辖、聂拉木等地的战争。为了抗击外敌，清朝政府派遣福康安大将军率领由满、汉、蒙等数十个民族组成的大军不远万里进藏讨伐廓尔喀军。整个战斗中，一些将士失踪在浩瀚的密林中，其中包括数百余骑兵。此后他们便一直滞留在边境地区，再也没有回到故土。在漫长的岁月中，这些将士与边境地区的尼泊尔人通婚繁衍，据说达曼人就是他们的后裔。⑦ 在达曼新村后面的山坡上，的确有一个清军墓地⑧。据说那里埋葬着在抗击廓尔喀侵略中牺牲的清军士兵。

在我们的实地调查中，对于自己的族源，几乎所有成年的达曼人都认同自己的先辈来自尼泊尔。显然，达曼人与尼泊尔人的渊源关系不可否认，但其族源属于以上何种说法，他们也说不清楚。

查阅相关尼泊尔民族资料，发现定居于尼泊尔和中国西藏边境地区的塔芒族（Tamangs）中，流传着与该"骑兵后裔说"相似的族源传说。塔芒族是尼泊尔最大的藏缅语族族群，并以部落为基础组成其社会体系，大部分塔芒族分布在尼泊尔中部环绕加德

---

① 张超音：《探访达玛人》，《中国西藏》（中文版）2003 年第 4 期。此处"达玛人"即达曼人。作者注。
② 李晓林：《珠峰以西，有个吉隆沟——西藏边境记事之五》，《中国民族》2007 年第 2 期。
③ 张超音：《达曼人：在幸福的山谷里》，《西藏人文地理》2007 年第 6 期。
④ 张永发：《千年吉隆》，中国藏学出版社 2006 年版。
⑤ 李晓林：《边，边境的边》，民族出版社 2008 年版。
⑥ 吉林省援藏通化工作组：《西藏最后的秘境——吉隆》，西藏人民出版社 2010 年版。
⑦ 日喀则地区行署新闻办公室：《吉隆镇达曼人的前世今生》，西藏农牧经济信息网，http：//www.xznjw.gov.cn/templates/default/article.php？tlm＝1693&db＝8&tl＝185。
⑧ 关于该墓地据张永发《千年吉隆》记载，还有另一种说法：吉隆冲堆村附近至今有一百多座纵横排列整齐的呈圆丘状的石丘，系用大小不等的石块垒砌而成。当地藏族群众将其称为"一百单八塔"，说是当年莲花生入藏途经此地时，认为这里有一股凶邪之气，于是便启动神力，在一夜之间建造了这"一百单八塔"。从此这里风调雨顺，五谷丰登（引自张永发：《千年吉隆》，中国藏学出版社 2006 年版，第 266 页）。笔者调查时，吉隆县文物局已经在墓地旁树立了"自治区级文物保护单位"的牌子，其中将墓地称作"清军墓"。

满都山区以及加德满都谷地。① 也有传说尼泊尔塔芒人来自中国西藏,其语言学考证几乎相同,即在藏语中"塔"意为"马","芒"意为"骑",因此,"塔芒"有骑马人、骑兵的含义。传说,西藏的赞普曾派骑兵来尼泊尔,帮助尼泊尔王子纳连德拉恢复王位。有些骑兵未回西藏,在此定居。也有说"塔芒"原是西藏的贩马者。如今,塔芒已成为一个人口较多的民族,大部分人务农,少数人从事手工艺,编制羊毛毯、篓筐和席子。②

根据以上材料推断,中国吉隆的达曼人有可能就是尼泊尔塔芒人的一支。国外不少学者曾就尼泊尔塔芒人的婚姻、家庭、仪式、医药等方面发表学术论文③,但未见论及中国达曼人的内容。因此,中国达曼人是否是尼泊尔塔芒人的一支,仍有待进一步研究论证。

二、田野点概况与现实中的达曼人

西藏自治区日喀则地区吉隆县吉隆镇境内,有一个村落被媒体称为"达曼新村"——冲堆村。其实,冲堆村是一个由当地藏族和"达曼人"共同组成的村落。村委所在地平均海拔2880千米,距吉隆镇约3.5公里,距中尼边境约30公里。

冲堆村背靠延绵的高山,面向巨大的山谷,村前有一条南北向的简易公路,往南通往吉隆镇,往北通往县城宗嘎镇。据笔者实地调查,村里现有土木结构的两层藏式建筑28栋,其中独楼17栋、连体楼11栋。达曼人现有168人,共50户人家,其中48户定居于达曼新村,另有2户混居于附近的萨勒村。④ 现任村支书名叫达瓦,是冲堆村的藏族,村长是43岁的"达曼人"洛桑。

从体质特征看,冲堆村的达曼人在外貌上仍有尼泊尔人的外貌特征,不少人眼睛呈蓝色,大而深邃,皮肤呈深棕色。从文化特征看,他们有本族群的语言,但没有文字。由于长期居住在藏族之间,达曼人日常交往已改用藏语。达曼人信奉佛教,但与当地的藏族有所不同,他们只在每月的8日、15日按照传统的习俗转转寺院,并无其他宗教仪式。传统上他们用各种畜禽的血祭神,特别是每年藏历八月过小边八节(音译)时用畜禽的血祭祀祖先。

打铁原是达曼人传统的生计方式,同时也是其标志性文化特征之一。他们的打铁技艺精湛,所制铁器,无论是农具还是日常用具,都坚固耐用。据村民说,来打铁的不仅有附

---

① David Holmberg, "Ritual Paradoxes in Nepal: Comparative Perspectives on Tamang Religion", The Journal of Asian Studies, Vol. 43, No. 4, 1984.

② 张蕙兰《传统与现代:尼泊尔文化论述》,世界知识出版社2003年版。

③ András Háfer, "Tamang Ritual Texts. Notes on the Interpretation of an Oral Tradition of Nepal", The Journal of the Royal Asiatic Society of Great Britain and Ireland, No. 1, 1985, pp. 23 – 28; David Holmberg, "Shamanic Soundings: Femaleness in the Tamang Ritual Structure", Signs, Vol. 9, No. 1, Women and Religion, 1983, pp. 40 – 58; Thomas E. Fricke, Arland Thornton, Dilli R. Dahal, "Family Organization and the Wage Labor Transition in a Tamang Community of Nepal", Human Ecology, Vol. 18, No. 3, 1990, pp. 283 – 313; Tom Fricke, William G. Axinn, Arland Thornton, "Marriage, Social Inequality, and Women's Contact with Their Natal Families in Alliance Societies: Two Tamang Examples", American Anthropologist, New Series, Vol. 95, No. 2, 1993, pp. 395 – 419.

④ 这里的统计数字是2011年笔者调查数据。达曼村原有49户人家,其中有一人于2010年过世,现有48户。

近的老百姓，还有其他地方的人。因此当地藏民多称他们为"铁匠"。在达曼人加入中国国籍以前，"铁匠"就是当地人对达曼人的称呼①。

达曼人由于居地偏远，人口较少，长期以来既无尼泊尔国籍，也没有获得中国政府承认，一直为当地历届政府所忽视。没有土地和生产资料的达曼人，只能依靠打铁、做木工、当背夫和打零工维持最基本的生活。村里的妇女主任达娃说："没上户口之前，我们没地，娃娃也不能读书，也没人管我们。以前都是在镇上租房子住，住的是石头房子。要帮助主人干活，以此代替房租。"

往日达曼人居住的房屋大多是用石块垒砌，上盖木板、茅草。房屋低矮，光线无法照入房中，房内黑暗阴沉。此外，也有达曼人租借藏人的房屋或是住在西藏民主改革时期国家分配的过去遗留的破败房屋中。

由于达曼人特殊的族群身份与社会处境，过去在一定程度上受到周边其他族群的歧视。他们辛勤劳动不计脏活苦活累活，只为能够生存下去。由于他们没有国籍，因此没有接受教育的机会，几乎都是文盲。

2003年5月26日，经有关部门批准，达曼人正式加入中国国籍。这一天对达曼人这个离散百年的群体有着特殊的纪念意义，因为从此他们结束了无国籍的历史，获得了中国国民身份。

2004年，当地政府将散居在吉隆镇的达曼人集中起来，专门斥资百万，在吉唐（地名）为达曼人修建了"达曼新村"。2005年7月，49户达曼人迁入新居，并组建达曼村村委，彻底结束了他们居无定所的历史。当地政府还专门为他们提供了可以耕作的土地，使他们逐渐转变为以农业为主的新的生计方式。同时，随着户籍问题的解决，达曼人的孩子都能够入学并接受正规教育。

与此同时，地区民政局投资18万元，为达曼人购置了生活用具（藏式柜子和藏卡垫等）。县民政局、农牧局、林业局等部门合作，顺利完成了达曼人低产田改造项目，总投资40万元。县农牧局给达曼人购买了耕牛和奶牛各49头。2005年，水利部门投资17万元，解决了达曼人的饮水问题。2006年吉隆县分别投资56万元和20万元进行达曼人蔬菜基地项目和低压照明线路项目建设。

2008年11月，吉隆县公安局给达曼人签发了中华人民共和国二代居民身份证，达曼人的民族成分统一为藏族。2010年"达曼新村"降为村小组，与附近冲堆藏族村组成新村委——冲堆村委。

到2011年8月笔者调查时为止，国家共投资197.5万元②，改善了达曼人的生产生活、住房等条件，但达曼人的生产生活条件与当地其他群众比较，仍需要有大的改善和提高。据村民说，他们种出来的粮食自己家都不够吃，还需要国家补贴粮食。因此他们每半年就需要领取粮食补助，每次每人能领50~60斤。此外，他们还能领取政府给的300~400元的低保补助。为了补贴生活，改善生活质量，村里人也会到附近的包工队打工，男人一般参与基建活动，一天能赚40~60元左右，女人在农闲时给包工队做饭或干其他活计，一天也能挣25元。目前村里仍然传承铁匠技艺的有两户人家，也通过打铁赚取生活

---

① 引自吉隆镇政府办公室提供的介绍达曼人的材料。
② 本文使用的具体统计数字，均由吉隆镇政府提供。

费用,一般接到较多的活计时,一次就能赚1000~2000元。总之,入籍后的达曼人为改善自身生活,通过各种可行的路径获取酬劳。

三、达曼人国民身份的确认与国民意识的重构

当代主权国家体系结构下,离散族群要突破生存困境求得自身发展,就必须做出国家认同的选择,这是一个带有普遍性的问题。以达曼人个案为例,他们选择加入中国国籍,愿意融入当地社会,显然不仅是一个被动的生存选择问题,更多的还是一个主动的文化适应问题。

从达曼人迁入中国至今,已经有200多年的历史。作为尼泊尔一个族群的离散后裔,数代人以来生活在中国境内,虽远离故土,但他们通过构建"想象中的故国"这一象征性的集体记忆,维系本族群的内部联系,一直保留着对故国的记忆,并借助族群集体记忆代代相传。

对故土的集体记忆使他们一直自我定位为"尼泊尔人"。他们在自我身份的定位上,始终保持着与祖先土地和文化的联系。这其中,不仅有他们对祖先和故国的记忆和依恋,更因为无国籍的身份令达曼人在当地处境困难,无所依托。他们回国无望,入籍无期的漂泊感使其始终生活在不确定的环境中,并不得不以"达曼人"定位本族群,以凝聚本来就很弱小和分散的族群,进而应对外部的环境。但作为离散族群,他们长久生活在中国境内,故国家园已经渐渐模糊,现实中所要面对的生存压力和族群延续问题,又迫使他们的自我定位逐渐动摇。他们常常意识到自己早已不再是尼泊尔人,既没有国籍,也没有可以回归的土地。他们不想永远生活在不确定的现实和未来之中,因此热切期望中国政府能够接纳他们为新的公民。

在漫长的漂泊过程中,达曼人一直生活在中国的土地上,熟悉这里的山水人文,他们从内心愿意永远生活在这里。过去,由于国家控制力在遥远的边境地区相对宽松,达曼人的生活没有受到太多的影响。但随着当代主权国家在边境地区精细化管理的加强,已经不允许有任何游离于国家社会管理之外的人群存在,每一个个体和群体都无法游离于主权国家之外而很好地获得生存发展条件。根据1956年《中华人民共和国和尼泊尔王国保持友好关系以及关于中国西藏地方和尼泊尔之间的通商和交通的协定》:凡居住在中国西藏地方并由分别具有中国国籍和尼泊尔国籍的父母所生的人,在年满18岁后,可以根据本人自愿为他们自己和他们未满18岁的孩子选择中国国籍并由中国政府办理相应的手续,在完成上述的手续后即认为自动丧失了尼泊尔国籍。① 显然,达曼人在1956年之后,并没有能够顺利解决他们的国籍问题,只能在吉隆漂泊不定地生活。

2003年5月前,达曼人既没有尼泊尔国籍,也不为中国政府所承认。事实上,他们属于无国籍离散群体。这种无所依托"时时为客"的困境,使他们的生活艰难而不确定。作为离散族群,在当代主权国家体系下,若要彻底突破这种生存困境,求得基本的生存发

---

① 裴坚章:《中华人民共和国外交史(1949~1959)》,世界知识出版社1994年版。

展权利,就必须面对自我国民身份的确认问题。毫无疑问,成为"中国人"本来就是他们长期以来的期盼,只是"去"和"留"并不取决于当事族群的主观愿望,其中所在国的政策是一个必不可少的前提。

当时,达曼人愿意加入中国国籍,但没有得到中国政府的承认。因此他们在许多方面得不到政府的帮助和支持,生存与发展陷入困境。"民主改革前,达曼人无任何生产资料(土地、牲畜等),他们的主要生活来源是做背夫、打杂,也有的靠打铁、做木活等为生。民主改革后,从人道主义出发,国家给他们供应粮食,发给平价商品粮供应证,使他们基本能够维持生活。20世纪90年代,随着市场经济的发展,国家停止供应粮食,达曼人的生活也陷入了极不稳定之中。"① 2003年,当中国政府同意他们加入中国国籍时,他们随即做出了坚定的选择。可以说这是达曼人突破生存发展困境的必然选择,也是他们主动地适应文化的开始。这是一种"时时为客"向"天天做主"的身份和意识的全面转变。达曼人从此改变了自我国民身份的不确定性,成为了真正的中国公民。

2003年5月26日,达曼人正式加入中国国籍,其国民身份发生了质的变化,从无国籍到中国公民,意味着达曼人必须重新定位自我的国民身份。国家权力推动下的国民身份构建,对于长期生活在中国境内的达曼人来说,似乎只是水到渠成的一个简单过程。如达多的母亲曾生育了15个儿女,7人已先后夭折,其余8人除了5人生活在吉隆,其他3人分散在印度、尼泊尔和上海。谈起过去,达多说:"1993年的时候我带着老婆去了尼泊尔,但是住了25天后就返回中国了。亲人希望我们留在尼泊尔,我却希望亲人能过来中国,但双方都不同意对方的意见。尼泊尔那边的物价太贵、生活成本高,两个土豆就要5元,还是中国好。"显然,中国相对较好的生活条件、生存环境最直接地促使达曼人在心理上更倾向中国,使他们产生了"还是中国好"的认同感。因为有了这样的认同感,他们在国家认同上很快就实现了国民意识上的转变。达曼人认为中国是个强大的国家,愿意接受中国政府的管理,并以成为中国人而自豪。

入籍后的达曼人响应政府号召,模范地遵守中国法律和法规,积极参与当地保护区的工作,得到当地政府的赞赏。尽管由于各种原因,目前达曼人改善自身生存条件的能力有限,但在当地政府和群众的帮扶下,达曼人的生活水平正在不断提高。现在达曼人的孩子到了年龄都可以到吉隆镇小学读书。达曼人相信,接受了国家现代正规教育的新一代,在未来的生存选择和文化发展上有着更多更好的前景。

四、达曼人族群身份的转变与族群意识的重构

在达曼人获得中国国籍的同时,当地政府也给予了他们新的族群身份——藏族。随遇而安、性格温和的达曼人,怀着感恩之心默默接受了藏族的称谓。

族群身份于个人和群体而言,其意义在于帮助个人和群体回答"从何处来,往何处去"这个问题,尽管很多时候对于个体而言"从何处来"是一种虚构的表达。笔者认为,

---

① 吉林省第三批援藏通化工作组:《西藏最后的秘境——吉隆》,西藏人民出版社2010年版。

族群身份更多的是一种非血缘的文化和社会认同感的外在表现，也标志着自我与他者的不同。个体族群身份的获得是个体归属感的需要，更是依附于群体生存发展的需要；群体族群身份的获得是群体对内凝聚、对外展示存在，争取各种资源的需要。

从文化适应角度看，入籍后的达曼人在政治层面上，享有中国公民基本的权利，也很快适应了身份的转变，他们通过国民身份的确认，在心理层面也迅速完成了这种适应。而在社会文化方面，如何实现与当地藏族的良性互动进而融入藏族，是达曼人不得不面对的现实。

达曼人在转变族群身份之前，之所以坚持自己是达曼人，就是因为他们与当地其他族群有着不同的历史传说、文化特征、社会角色。例如，达曼人有他们代代相传的打铁技艺，他们既信奉佛教又有血祭祖先的传统。正是这些独特之处，使他们在文化认同上与其他族群保持着一定的空间和心理上的距离。

因此，在现实生活中，达曼人依然清楚自己"达曼人"的族属文化身份。对达曼人而言，虽然乐于接受藏族的称谓，但日常生活中仍会意识到彼此的不同。两者原始的族群边界仍是存在的。在社会生活中，两者既有交流又各自保有自己的交流圈。以打铁为例，在达曼人认为天经地义的打铁生计方式，在当地藏民的传统观念中，却是与血腥杀戮有关的低贱职业①。显然，政府给予达曼人藏族身份，有利于实现达曼人获得与周边其他民族一样的平等权利，但达曼人根深蒂固的族群意识仍使他们保留着过去的记忆，并在不经意的言谈中透露出来。加入中国国籍后，官方统一称达曼人为藏族，达曼人的族群意识，在国家权力面前没有了任何表达的机会，性情平和的达曼人怀抱着对中国政府的感恩之情，也没有在公开场合直接表达族群自我情结的意愿。然而，实际上，"藏族是藏族，达曼人是达曼人"的观念仍存在于达曼人许多老人的思想深处。

尽管老一辈达曼人仍保留明确的族群意识，但长期的交错聚居和文化影响使得达曼人与藏族两者间的共性不断增加，且明显地反映在年轻的达曼人中间。长期的接触致使达曼人在经济、社会和文化等方面与藏族有着密切的联系。他们与藏族通婚，彼此在语言、宗教和生活习俗等方面都已相差无几。越来越多的达曼人认为，"我们是达曼人，也是藏族。"而新生的一代，尤其是彼此通婚家庭的新一代，他们已经完全在意识深处确认了"我们是藏族"的文化归属。现在的达曼人在日常生活中，除了保留偶尔转寺庙的习俗外，已不再进行任何其他宗教仪式活动。除了外貌仍保留尼泊尔人的一些特征外，从衣着服饰上，他们和藏族已经没有任何区别。在国家给予藏族称谓后，达曼人和藏族之间的族群边界进一步模糊，这既是国家权力推动的结果，也是达曼人原有文化适应过程的进一步延续。

国民身份和族群身份在法律文本上的改变，并不意味着文化载体的群体或个人的意识上的转变。虽然人的意识有很强的可塑性，但这仍需要时间来培育。

显然，达曼人在新的族群身份之下，既调整了自我定位，也自觉地顺应政府政策，积极重塑自我形象。以节日为例，达曼人历史上有在藏历八月过小边八节（音译）的传统。节日当天，族群成员要宰杀牲畜，以牲畜的鲜血（多为羊血）祭祀祖先。而他们现在因

---

① 德国登山家哈雷曾在其《西藏奇遇》中记载"宰牛这种活要由专门的屠夫来干。干这种行业的人，同铁匠一样，被看成是贱民。他们不能住在村子里，而必须住在郊外，成了被遗弃的人"（转引自《千年吉隆》第297页）。

为改变了族属,也就渐渐淡化了自己的传统节日。虽然传统节日承载了达曼人的文化血脉和族群意识,并由此展示其文化身份,但为了在新的环境中更好地生存发展,顺应国家政策的指向,成为名副其实的"当地人",他们在不断调整自我的适应策略。

达曼人生活在吉隆,它无形中成为了这个地方整体族群结构的一部分。一方面他们以自己是尼泊尔后裔为荣,并借助族群个体生命的延续代代相传;另一方面为了生存繁衍,交流沟通,力求获得当地藏族的认可,他们自觉地学习当地的语言、习俗、文化。在政府倡导民族平等的政策下,当地藏族对达曼人非常友好,达曼人入籍后,两个群体之间的关系比以往更为密切。

当然,在尊重达曼人意愿的前提下,族群身份的转变可以在政策层面短期内完成,但在族群意识重构上却需要一个代际的逐渐转变过程。政府将达曼人归入藏族,在法律上以永久的形式规定了他们的文化身份,意在人为提高该族群社会文化身份的地位。国家权力的进入加快了达曼人向藏族融合的速度。同时,他们取得了和藏族一样的社会文化地位,但他们独特的生计方式和文化模式,依然得到当地政府的支持和保护。例如当地政府为两户达曼人(传统打铁世家)专门修建了打铁作坊,支持他们继承和发扬这个传统。过去作为谋生手段的打铁技艺,如今更增添了几分区分本族群和其他族群的象征意义。从此方面而言,独特的生计方式和文化模式不仅使达曼人在潜意识中具有保持本族群边界的意识,也在生存发展中有了更多的选择,并且这些选择不与他们现在的藏族身份产生冲突。

五、结论

离散族群为了在新的环境中生存发展下去,往往要做出多种选择,而这些选择通常有深刻复杂的原因。达曼人的认同重构不仅反映了达曼人心理的变化,也有助于理解人类的文化适应与生存策略。

达曼人在离散迁徙的过程中,依然保持并坚守着自我的族群特性。但在定居吉隆后,他们在适应新环境的过程中,逐渐融入藏民社会。特别是入籍后的达曼人,在现代国家权力体系下,逐步加快了融入藏族的过程。从漂泊到根植,达曼人经历了从坚守自我到适应改变,最终到国民身份和族群身份的重构,其中展现了人类认同重构的一种普遍的文化适应过程,对于我们深刻认识民族过程的一般性规律具有重要意义。

达曼人虽然与一般的移民群体不同,但"移民必然要学习当地文化,或将自身文化嫁接在当地文化中,达到尽快融入迁入地的目的"[①],这是所有移民普遍遵循的规律和一般事实。达曼人迁入藏地居住,藏民人口规模在当地处于强势,其地域文化更是当地的主流文化,因此达曼人对藏族地域文化和民族文化的适应,属于"顺适应"。达曼人文化适应的主流是向前发展,在这个过程中,藏民文化对其产生了长期且巨大的影响。这是一种带有普遍性规律的人类社会发展的现象。

---

① 刘有安:《论民文化适应的心理类型及心理变化特征——以新中国成立后迁入宁夏的外地汉族移民为例》,《思想战线》2009年第6期。

达曼人对藏族文化的适应使其失去原生的地域文化和民族文化的某些特质,而获得了藏族文化中的一些新特质。在适应新的自然环境和社会环境的过程中,其独特的文化经历了迷茫、痛苦、抉择的过程,并最终通过扬弃与藏族文化不断实现融合。

达曼人的个案只是当今世界范围内离散族群生存发展的一个特例。达曼人在获得中国国籍的过程中,几乎同步实现了国民意识的转变,但在重新定位自我文化身份的过程中,经历了对当地地域文化和民族文化重新适应的过程。今后,各方面的因素仍会对达曼人的认同重构产生影响,与此同时,其文化适应的过程也仍在继续。

值得指出的是,达曼人的群体性入籍和族群身份转变,在当代主权国家体系下是少有的个案。可以说是中国政府以人为本、尊重人权,灵活运用政策解决民族问题的典型个案之一。

参考文献

[1] 李晓林:《边,边境的边》,民族出版社 2008 年版。

[2] 王宏伟:《尼泊尔》,社会科学文献出版社 2004 年版。

[3] 王明珂:《华夏边缘:历史记忆与族群认同》,社会科学文献出版社 2006 年版。

[4] 张蕙兰:《传统与现代:尼泊尔文化论述》,世界知识出版社 2003 年版。

[5] 张永发:《千年吉隆》,中国藏学出版社 2006 年版。

[6] 郭有新:《现代的离散者——对美国菲律宾裔移民的另一种解读》,《世界民族》2007 年第 5 期。

[7] David Holmberg, "Ritual Paradoxes in Nepal: Comparative Perspectives on Tamang Religion", The Joumal of Asian Studies, Vol. 43, No. 4, 1984, p. 700.

[8] 弗里德里克·巴斯:《族群与边界》,高崇译,《广西民族学院学报》(哲学社会科学版) 1999 年第 1 期。

[9] András Höfer, "Tamang Ritual Texts. Notes on the Interpretation of an Oral Tradition of Nepal", The Joumal of the Royal Asiatic Society of Great Britain and Ireland, No. 1, 1985, pp. 23 – 28.

[10] 刘有安:《论移民文化适应的心理类型及心理变化特征——以新中国成立后迁入宁夏的外地汉族移民为例》,《思想战线》2009 年第 6 期。

[11] David Holmberg, "Shamanic Soundings: Femaleness in the Tamang Ritual Structure", Women and Religion, Vol. 9, No. 1, 1983, pp. 40 – 58.

[12] 李晓林:《珠峰以西,有个吉隆沟——西藏边境记事之五》,《中国民族》2007 年第 2 期。

[13] 杨秉勇:《向吉隆出发》,《西藏人文地理》2007 年第 6 期。

[14] 张超音:《探访达玛人》,《中国西藏》(中文版) 2003 年第 4 期。

[15] 张超音:《达曼人:在幸福的山谷里》,《西藏人文地理》2007 年第 6 期。

[16] 周建新、柴可:《族群认同的人类学研究——理论与经验的双重视野》,《族群迁徙与文化认同》——第十届人类学高级论坛暨第二届客家文化高级论坛论文集。

[17] 周建新、严月华:《现代国家话语下的族群认同变迁——以广西龙州县金龙镇板外屯壮族傣人侬人为例》,《广西民族研究》2012 年第 1 期。

［18］Thomas E. Fricke, Arland Thornton, Dilli R. Dahal, "Family Organization and the Wage Labor Transition in a Tamang Community of Nepal", Human Ecology, Vol. 18, No. 3, 1990, pp. 283 – 313.

［19］Tom Fricke, William G. Axinn, Arland Thornton, "Marriage, Social Inequality, and Women's Contact with Their Natal Families in Alliance Societies: Two Tamang Examples", American Anthropologist, New Series, Vol. 95, No. 2, 1993, pp. 395 – 419.

［20］吉林省第三批援藏通化工作组:《西藏最后的秘境——吉隆》,西藏人民出版社2010年版。

唐朝北部疆域的变迁*
——兼论疆域问题的本质与属性

李鸿宾

中央民族大学历史学院

唐朝存续的 289 年，在它所依托的地理空间上，以王朝经营运转的方式展现出的格局之变化，吸引了我们的注意力，尤其当下社会政治与国际关系中衍生的疆界问题，更促使我们对这种疆域的早期衍变产生兴趣，其原因不言自明：当下的疆域问题几乎都不是当下本身的产物，而是历史遗留的结果。本文关注于唐朝的写作就是由此而产生的，但问题是：唐朝的所谓疆域或疆界问题，与今天存在前后延续的同时，果真是一回事吗？答案显然不是。本文首先要解释的就是二者之异同，以唐朝前期的疆域变迁作为线索进行阐释。①

一

唐朝的疆域表现在它既控制领土的中心又兼及四周，②本文关注的目标放在北方的周边地区。笔者的考虑是：北方草原地区原本不在唐朝的控属范围内，但唐征服东、西突厥尤其前者之后，这一带也成了朝廷的管辖区，然而此地后又脱离了控制，另行独立，相继演化成为另外的（游牧型）政治体属地。事实上，北部疆域的诸多变化已成为我们观察唐朝整体疆域变迁的一个缩影，它的意义就在于，北部疆域所映现出来的除农耕化了的中

---

* 本文系国家社科基金项目"墓志所见唐朝的民族关系与文化认同问题"（09BZS038）成果之一。

① 笔者在此文中将唐朝前期作为整体的考察对象而不是动态的分析，这种方式观察问题的好处是能脱离众多的具体细节，上升到一定的抽象程度，以便掌握问题的线索和本质。这也是马克斯·韦伯观察问题的方式。诚如洪天富所说："只有通过这种清晰的理想型之建构来分析社会现实或社会行动，社会学家才有可能从经常是互相抵触的、混乱的经验材料中理出个头绪来，从而精确地显示事实的最关键性的层面。"（洪天富：《译者序》，（德）马克斯·韦伯：《儒教与道教》，江苏人民出版社1993年版，第6页）本文涉及的唐朝边疆问题大体从这个角度出发，并非注重具体的个案，因而如何判定和论证，就需要从长时段整体王朝的角度着眼。由此，一定程度的抽象和形而上的观察方法可能就成为"不二法门"了。但它也易使我们忽略细节和具体事务，问题的关键还在于，这种抽象有时并非事实本身，而是事实之上的提炼。由此笔者对本文论述的方法总结为：并非对史事的澄清或钻研，而是对具体史事背后蕴含的观念、思想和行为进行判定和概括。易言之，本文多关注性质和价值型的判断，而非事实自身的认定。

② 这涉及唐朝疆域的基本特性，详见下文。

原王朝的自身场景之外，还常常展现出游牧政治体的社会活动，尤其是双方政治、军事、经济和贸易的交往，可以这样认为，"互动"是双方关系的核心属性。而二者的联系涉及的地区分布于欧亚大陆的整个地区，唐朝与其北方游牧人政权的交往只不过是其中的一个组成部分而已。① 这是我选择的目的。更本质的表述是，我认为北部疆域的价值主要体现在疆域变迁背后隐藏的含义。当我们将它描述为"疆域"，特别是"边疆"或"边界"乃至"长城地区"的时候，我们一定是建立在中原核心区的预设范围之内。这个预设蕴含的就是唐朝以前塑造的中国王朝地域的核心观念，即所谓的"中原中心说"的"二元制建构"。②

二元制建构与近代以来形成的民族—国家政治体之差别，不啻于性质，具体到诸项内容同样有本质之别。如果我们不能脱离后者的视域和观念，那么理解包括唐朝在内的疆域问题，就会变得很困难。③ 二元制建构的内涵主要体现在疆域和族群两个层面均由内外不同的部分所构成。④ 从地域角度讲，中原农耕区作为王朝立国的核心，是支撑王朝的本土腹地；其周边外围地区则多系游牧和半农半牧地区，形成王朝的次级外缘地带。这两个地域轻重之差别明显存在，毋庸置疑。与此对应的族群也呈现汉人定居于中原，从事农耕，构成了王朝政治体的支撑力量；周边非汉人（或胡人）群体则与外围地域重合，起着次级维系的作用。这两个群体在王朝的地位、作用也有所差别。⑤

---

① 涉及欧亚大陆东部地区以中国为中心的南北关系的论著，以拉铁摩尔的《中国的亚洲内陆边疆》（唐晓峰译，江苏人民出版社 2010 年版）为知名。此书从南部的中原和北部的草原相互交往的视角立论，突破了中原单一的观察传统。继此之后，从南北双向角度观察这一问题的还有：Sechin Jagchid, Van Jay Symons, "Peace, War, and Trade along the Great Wall: Nomadic-Chinese Interaction through Two Millennia", Indiana University Press, Bloomington and Indianapolis, 1989; Thomas J. Barfied, "The Perilous Frontier: Nomadic Empires and China", Blackwell Publishers Inc. Massachusetts, 1992; 巴菲尔德：《危险的边疆：游牧帝国与中国》，袁剑译，江苏人民出版社 2011 年版。聚焦于隋唐时段的南北关系的论著有：Pan Yihong, "Son of Heaven and Heavenly Qaghan: Sui-Tang China and its Neighbors", Western Washington University, Washington, 1997; Jonathan Karam Skaff, "Sui-Tang and Its Turko-Mongol Neighbors: Cultural, Power, and Connections", Oxford University Press, New York, 2012; 等等。

② 如同前述观察唐朝前期整体的那样，这个建构也是我们用以分析古代王朝地缘与族群的基本特性而做出的抽象和概括。但这样的建构具体落实在唐朝的某个特定的阶段或地区，情形就相当复杂而另当别论了。事实上，对这个结构的解释，许倬云、李大龙均提出了三个层级的划分。参见许倬云：《传统中国社会经济史的若干特性》，《求古编》，新星出版社 2006 年版；李大龙：《汉唐藩属体制研究》，中国社会科学出版社 2006 年版。

③ 民族—国家在疆域和族群方面的主要属性表现在：国家由固定的边界展现领土所属，在此范围内国家政治体实施统治和管理，疆界受国际法的承认和保护；疆土范围内的民众以公民身份显现。疆域、主权、公民这些要素构成了民族—国家的基本特质（参见宁骚：《民族国家辨析》，《民族与国家》，北京大学出版社 1995 年版）。此前王朝国家之疆域则存在着内外二元特性，内缘是其依凭的核心，且比较稳定，外缘处于变动之中；疆域内外缘的民众亦有主次之别，甚至采用法律手段将群体分层；其疆域的变动不受国际社会法规条文的干涉，事实上也不存在所谓的"国际社会"。这种传统与现代国家在疆域方面的显著差别，英国学者吉登斯认为是后者"具有明确边界的行政实体"（安东尼·吉登斯：《民族—国家与暴力》，胡宗泽、赵力涛译，生活·读书·新知三联书店 1998 年版）。如此追溯，王朝国家疆域的特性就是"边界"概念的不明确，甚至模糊。正因为这样，王朝国家政治体对双方之间的地区，常常表现出占领与放弃、关注又漠视的矛盾心理。整体而言，"疆界"始终处于遥远和摇摆的状态，亦常成为大国相互交织的缓冲地。

④ 疆域与族群是王朝国家构建的两个核心要素，诚如伊扎尔所说："对一个具体的国家的定义必定是与一片领土以及占据着这片领土的人口这两个方面有关的。"亚·库珀等：《社会科学百科全书》，上海译文出版社 1989 年版。

⑤ 有关这个问题，我曾在几篇文章中有所涉及，参见《"二元制构造"下的唐朝华夷观及其变化》，陈尚胜：《儒家文明与中国传统对外关系》，山东大学出版社 2008 年版；《王朝国家体系的构建与变更——以隋唐为例》，孙家洲、刘后滨：《汉唐盛世的历史解读——汉唐盛世学术研讨会论文集》，中国人民大学出版社 2009 年版。

具体到唐朝，北部疆域在这个定都长安、以关中为腹地制衡山东、宰制江南的王朝版图内，它虽是以维护北部边地的角色而显现，但因该地处于南北两大政治体之交会处，其地位早已超越区域性限制而具有王朝整盘战略的功能了。唐朝的北部疆域大体上是以长城为标志的长城沿线地区，这个地区以北则是游牧势力活跃的草原，与中原的农耕社会迥异，因而北部的疆域至少在唐朝决策集团的眼界里，它涉及的是南北对应的问题而绝非边地自身。现在我们的问题则是，为什么二元制建构是唐朝的基本特性？是历史自身的发展与变迁的轨迹，还是人为因素造成的？应当说，这种结构不始于唐，而是此前王朝政治体发展演变的延续，至少从秦朝立国始，这样的局面就已形成了。① 众所周知，秦朝的建立是战国诸雄之一的秦国通过武力的征服，由西向东、自北而南地逐步蚕食六国，最后构成了范围广阔的一统化王朝。其统治集团的西北特性和关中主宰全国的地域特征，就此而形成。取而代之的汉朝，同样走的是特定的政治集团与关中区位制衡全局的道路。② 这实际上涉及了中国王朝建立的根本特性。就隋唐二朝的建立而论，其统治集团均来自陈寅恪所刻画的关陇集团。这个集团是掌控西魏实权的宇文泰为与东魏抗衡而将入关的伐北虏姓军人、山东土豪、裹挟在西魏宗室属下的各路豪霸与关陇本土大族势力结合混杂而成的政治集团，它的建立旨在与东魏争雄。③ 当接续西魏之后的北周终于扭转乾坤征服北齐之后，北方中国的区域性政权内部又衍生了外戚杨坚的夺权禅位行动，④ 乃至李渊推翻杨隋建立李唐。导致这一系列禅位幌子映照下的王朝更替的原因，是篡位者对掌权者行使统治权的疑虑，取而代之的目的旨在恢复法统。⑤ 虽然旗号的招举目标不一，但这几个王朝创建者都来自关陇集团倒颇为一致。陈寅恪的贡献体现在他将王朝的创建归咎于特定的政治集团，而且这个政治集团是与其他政治势力相互角逐之后才确立的统治。这也正是这个早期王朝建构的模式——由若干政治势力角逐中战胜对手而建国的当下再现。

这种由多个势力角逐出现的政治势力，在建构王朝的过程中采取逐步的、一点一滴的

---

① 若进一步追溯，夏朝的建立标志着国家政权与确定的领土产生直接对应的关系了。参见谢维扬：《中国早期国家》，浙江人民出版社1995年版；唐晓峰：《中国早期国家地域的形成问题》，《人文地理随笔》，生活·读书·新知三联书店2005年版。

② 关于秦汉建朝方式和途径的专门性讨论，就我目力所及，似不多见。谢维扬的《中国早期国家》一书最后有一章《中国中原周边地区的国家进程》是就中原王朝与周边政权的相互影响进行了讨论，可视作国家进程和衍化的代表作。另一个关注此问题的领域是历史地理学，如谭其骧的《中国历史上的七大古都》（此据氏：《长水集续编》，人民出版社1994年版）即为其例，该文侧重于建都的地理要素。研究地缘政治学的作品如叶自成主编的《地缘政治与中国外交》（北京出版社1998年版）等书在涉及本文讨论的古代时期则无此说法。

③ 陈寅恪：《唐代政治史述论稿》，上海古籍出版社1980年版；张伟国：《关陇武将与周隋政权》，中山大学出版社1993年版。

④ "禅位"是此一时期篡夺政权的一种外在的表现形式，通常以攀附尧舜禅让而使禅位的政权建设合法化。清人赵翼曾说："古来只有禅让、征诛二局，其权臣夺国，则名篡弑，常相戒而不敢犯。王莽不得已讬于周公辅成王，以摄政践阼，然周公未尝有天下也。至曹魏则既欲移汉之天下，又不肯居篡弑之名，于是假禅让为攘夺。自此例一开，而晋、宋、齐、梁、北齐、后周，以及陈、隋皆效之。此外尚有司马伦、桓玄之徒，亦援以为例，甚至唐高祖本以征诛起，而亦假代王之禅；朱温更以盗贼起，而亦假哀帝之禅。至曹魏创此一局，而奉为成式者，且十数代，历七八百年，真所谓奸人之雄，能建非常之原者也。"《禅代》，《廿二史札记》（卷7），中华书局1963年版。参见（日）菊地大：《漢魏禪讓過程と皇帝即位》，《国学院大学大学院纪要（文学研究科）》（卷41），2010年。

⑤ 例如李渊即位的诏书就曾说："大业末年，纲维废弛，三光改耀，九服移心。……隋氏既以天禄永终，历数攸在，敬禅阙位，授于朕躬。……上答苍灵之眷，俯顺亿兆之心。"分明将自己视为拯救亿万百姓于生灵涂炭之中的救星一般。见《帝王·即位赦上·神尧即位赦》，《唐大诏令集》（卷2），学林出版社1992年版。

方式似乎是不可避免的，即建国的进展与该势力的逐步壮大同步。与此伴行的必然如同毛汉光所宣称的那样：试图建国的政治势力通常采取先行占有一个确定的根据地，再稳步扩展地域，最终达成建国的目标。这就是所谓核心集团、核心区域的创建模式。① 他在这里提出了政治集团与其发展地缘的有趣的转移图示，即以200年为时间段，拓跋氏的北魏至北齐期间，其统治区以云代为核心；此后的西魏至唐玄宗的天宝年间，是以关陇集团的关中为核心区；这以后直至北宋建国，魏博、汴梁则成为核心区。② 唐朝的建国就是其中的一个重要的环节。李渊所走的道路同样采取的是核心集团、核心区的战略。他从太原起兵，聚集力量后迅速向关中靠拢，通过扶持隋朝宗室然后再废黜（隋炀帝于江都被弑之后）傀儡皇帝的方式创建新朝，其布局如同上文所说，以长安为首都、以关中制衡山东，进而宰制江南的布局构建王朝，其核心集团同样是关陇势力。虽然到高宗、武则天之后政治势力出现转移，即朝向山东转轨，但这种核心集团、核心区的格局并未崩解。

二

上述核心集团与核心区的特质，是我们了解和分析唐朝政治结构的一个基本尺度。这种构造是中国传统在7世纪初期的延续和再现。二元制建构对唐朝建国的意义主要体现在它须通过核心集团、核心区的方式建构政权，我们看到，至少就包括唐朝在内的前后各个朝代而言，似乎舍此别无他法，亦即这是古典王朝建国的"必经之路"。③ 在这个构造中，边缘地区的位置是以次于核心区而呈现的。这也是我们对唐朝地缘格局的基本定位。譬如唐太宗就曾说："中国百姓，天下根本；四夷之人，乃同枝叶。扰其根本以厚枝叶，用求久安，未之有也。"④ 他在这里虽着眼于人群，但地域与人群的活动及其特质相互协调，同样具有主辅之区隔，这是上文强调的重心。王朝依托于不同的群体获得支持，首先体现在核心区的"中国百姓"即汉人群体身上，而周边的非汉群体则处于第二位。这样的区分只能从当时的社会环境解释才行得通。疆域问题正是建立在这种差异的基础上，这同样

---

① 这种模式并非中国独有，罗素曾说："一般说，统治者领导一个部落或一个宗派进行征服，跟从他的人觉得自己分享了他的光荣。"他对君主专制政体特点进行的描述，说明这种建国的方式乃是过去那个时代人类建构政治体的通行方法。见罗素：《权力论：新社会分析》，吴友三译，商务印书馆2012年版。

② 毛汉光：《中古核心区核心集团之转移——陈寅恪先生"关陇"理论之拓展》，《中国中古政治史论》，上海书店出版社2002年版。

③ 对这个问题的解释，王德权曾有如是的说法："在古代中国生产力相对微弱、各地域社会之间水平联系有限的背景下，国家权力的形成，多表现为一个核心地域集团通过军事征服与制度建构，联系核心权力与地域社会。在这个脉络下，政治过程表现为'核心—周边'的空间扩充，形成'王畿与四方'的政治空间格局，以及以'国'（城市）经'野'（农村）的政治控制体系。"（《"核心集团与核心区"理论的检讨——关于古代中国国家权力形成的一点思考》，《政治大学历史学报》2006年第25期，第148页）他将这种王朝建构的方式归咎于生产力水平的限制，我是认可这种解释的。

④ （唐）吴兢：《议安边第三十六》，《贞观政要集校》（卷9），谢保成集校，中华书局2003年版。太宗的"根本"、"枝叶"，采用唐高祖李渊的话，亦有"太阳"与"列星"的比附。参见《外臣部·备御第四》，《宋本册府元龟》（卷990），中华书局1989年版，第3989页。若用汉人的观点表述，又称为"腹心"与"肢体"。参见王利器：《诛秦》，《盐铁论校注》（卷8），天津古籍出版社1983年版，第497-498页。

是我们理解唐朝疆域概念的基本把握。① 那么在这个范畴内，北部在地缘的构建中其特点、本质又是什么呢？

与东南沿海地区不同的是，以北部为标志的唐朝内陆边缘地区，大致处在与其他政治体相互交织的地缘状态中。北部的表现之所以典型，是因为唐朝农耕本土面对的是广阔的草原，生活其上的游牧群体无论从何种角度讲，都与中原存有明显的差别。这个差别最本质地体现在两大族群的生活方式即南部的种植业和北部的游牧业特征方面。种植业需要开垦土地和挖渠灌溉，投入技术和施放肥料，从土地中获得粮食；草原的放养牲畜则需要保持草场的充足和自然相貌的完整，特别忌讳人工的开采，所以无论任何一方都不能在同一块土地上既开垦种植又保养放牧，两者不可兼容。受此生计的制约，农耕人对土地的利用与游牧人对草场的保持，以及由此衍生的文化、信仰等几乎都处于对峙的状态而不可兼容。然而，存在着如此迥异差别的农耕人与游牧人非但没有相互阻隔，而是相互交往。我们进而看到，中原、北方的对峙关系，其实只是欧亚大陆南北两种形态对应关系的组成部分，从南欧、西亚，到亚洲东部近海都是如此。唐朝时期的南北对应，是这个整体关系在公元7~10世纪的具体表现。简而言之，这两种对峙而不兼容的区域与群体，对唐朝而言（从游牧世界的角度讲同样如此）无疑是两个既相排斥，又脱离不了干系的矛盾体，② 实际上，双方结成的关系是欧亚大陆南北对峙的组成，是一种结构性的关系。就此而言，唐朝北部边地的地位就不能视为局域性问题，而是整体性的战略问题。进一步讲，假如我们认可唐朝地缘组合中存在的内外二元制建构，那么北方边地则是这个结构中具有全局性的角色。唐朝的北部地区所呈现的疆域特点，也具有形塑整个王朝边疆地缘的功能③。那么，这个地带的疆域特点是如何呈现出来的呢？

三

唐朝之所以重视北部疆域，与其统治集团的来源有直接的关联。如同陈寅恪所说的李唐皇室关陇集团的出身，说明李唐建国的统治集团与北方鲜卑拓跋的政治统续存在着密切的关系，用谷川道雄的话概括，就是包括唐朝在内的王朝，其政治端绪就是北魏以来演变

---

① 罗素曾说："每一国家的权力，多少都与地理有关：通常从一个中心向四周辐射，距离中心越远，权力也越弱。结果，在离开中心一定距离的地方，一个国家的权力就和其他国家的权力达成平衡，若没有传统力量的干扰，这里就成为它们的疆界。"（《权力论：新社会分析》，第131页）这个论述的实质与本文相似，但罗素的着眼点却具有普遍性，可见，古代王朝国家的建构形式虽有具体的诸多差异，但就其本质而言具有相似性。其背后的因由如同前述王德权的解释：出自生产力水平的制约。

② 当然就唐朝本土的西部而言，青藏高原在族群与疆域方面同样存在这类问题。中国古代尤其元朝以后，青藏的归属始终成为内地朝廷着手解决的重大问题之一，但直到清朝解体之前，内地政治集团对西藏的管辖始终未能达到直接设置同属于内地的行政和军事制度，以及建基于此的教育、文化等软实力设施的程度，这些都在1959以后才逐渐成为现实。有关隋唐时期南北之间的关系，新近出版的 Jonathan Karam Skaff, "Sui - Tang and Its Turko - Mongol Neighbors: Cultural, Power, and Connections", pp. 580 - 800 有系统的阐述，有兴趣者可自行参看。

③ 参见拙文：《北方边地在唐朝的战略地位及其变化》，刘庆主编：《孙子兵法论丛》（第1辑），解放军出版社2011年版，第143-154页；《唐朝的地缘政治与族群关系》，《人文杂志》2011年第2期。

的结果,"隋唐帝国的形成过程其实就是一个政治上的统一过程",这个过程发端于北魏末期的内乱,经过西魏、东魏的对峙,到北周兼并北齐,再衍生隋唐。① 这个过程也是北魏的拓跋文化与中原文化统合的过程,充满了北方文化的特色,超越了中原文化的窠臼。学界讨论的3~6世纪中国社会发展,诚如阎步克所说,魏晋南北朝帝国体制的衰败,最终以北朝为其"历史出口",② 从而又转成了隋唐两朝用以证明自身法统纯正的依凭。③ 如此看来,北朝系统的本质就是陈寅恪所概括的"胡"、"汉"之融合,"盖取塞外野蛮精悍之血,注入中原文化颓废之躯"。④ 顺着这样的思路上溯,北魏拓跋北方渊源的线索就与上面讨论的南北两个系统的血脉连接起来。问题至此,我们即可看出唐朝政治承接的体统实质是源自农耕自身及其对应的北方,即南北的结合汇聚形成的体系,是唐朝立国的政治和文化根基。处于二者之间的北方边缘地区所具有的意义遂超出了单个具体的位置,实与王朝的整体连接,北部边区的地缘战略之特色因而彰显无遗。那么,唐朝是如何处理北部的疆域问题的呢?

首先,我们看到,北部疆域对唐朝而言,并非是一条明确的界限将它自身与外界隔绝开来,相反,那里是一片充满了未知数的广阔地域。这个地域也不是没有人群活动的真空地带,而是游牧人驰骋的草原。早在6世纪中叶,突厥脱离柔然人的控制,建立了横亘草原的游牧帝国。唐朝与突厥的对峙,正是它建立中原统治之后的现实状态。简而言之,唐朝处理北部疆域问题,就是与突厥如何打交道的问题。这个地区的特点主要表现在两大势力对峙之间的缓冲,因而它经常受到两大势力的牵引和拉动,用拉铁摩尔的话说,就是接近南部汉地的群体倾向于中原,而接近草原腹地的群体则倾向于游牧。⑤

其次,对唐朝而言,北方长城地区是以边防或边缘的角色出现的,但对突厥来讲,长城地带则是它的南部边缘。北方边地在这里并非以单一角色呈现而具多元性,这正是两个以自我为中心王朝控辖地域交叉的结果。⑥ 如上所述,以中原为核心区建构的唐朝,长城地区只是它的边缘之一,同样,以草原(阿尔泰山至阴山)为中心的突厥,长城地区亦作为边缘而显现。但它在唐与突厥的视域里其作用和位置则有差异。在游牧王朝的眼界中,这里是通向农耕腹地的必经之路,如同学者们论述的那样,旨在以获得中原粮食、丝绸布帛为目的的游牧人南下,长城地区常常成为他们进攻的目标。⑦ 而从唐朝的角度出发,包括突厥人在内的游牧势力南下抢掠的行为,理应予以拒绝,于是防务就成为农耕王朝采取与游牧王朝的和亲、羁縻、互市等方式之外的对应手段,唐朝北部边地攻防战略布

---

① 谷川道雄:《隋唐帝国形成史论》,李济沧译,上海古籍出版社2004年版。Sanping Chen 进一步揭示了李唐宗室与拓跋鲜卑的联系,在笔者看来,至少唐玄宗以前的各位君主均与拓跋有干系。参见"The Legacy of the Tuoba Xianbei: The Tang Dynasty, Multicultural China in the Early Middle Ages", University of Pennsylvania Press, Philadelphia, 2012.
② 阎步克:《品位与职位:秦汉魏晋南北朝官阶制度研究》,中华书局2002年版。
③ 刘浦江:《南北朝的历史遗产与隋唐时代的正统论》,《文史》(第2辑),中华书局2013年版。
④ 《李唐氏族之推测后记》,《金明馆丛稿二编》,上海古籍出版社1980年版。
⑤ (美)拉铁摩尔:《中国的亚洲内陆边疆》,唐晓峰译,江苏人民出版社2005年版。
⑥ 突厥人自我中心观的描述,可参看(俄)李特文斯基:《文明的交汇:公元250年至750年》,《中亚文明史》(第3卷),马小鹤译,中国对外翻译出版公司2003年版,第367页。有关自我中心观的进一步论述,参阅(美)刘易士、魏根:《大陆的神话:元地理学批判》,杨瑾等译,上海人民出版社2011年版。
⑦ 参见萧启庆:《北亚游牧民族南侵各种原因的检讨》,《食货月刊》(复刊第1卷)1972年第12期;此据氏:《元代史新探》,新文丰出版公司1983年版。

局的安排就是如此考虑的。康乐撰写的《唐代前期的边防》从边防形势、政治策略到版图定型、军队建制等方面对唐朝前期的边防所做的研究，就是唐廷应对北方边务安排的典范揭示。①而唐朝为因应这种局面，出于各种考量，采取了攻势战略，主宰并支配了建国之后一个阶段的边地经营。②雷家骥教授说，唐朝国防军事采用的方略，是以居中制外、强干弱枝为特征，以外交、和亲、政治、军事各种方式达致联络其他外国以图另一外国之目标，进而确保国家安全，即唐太宗时期的"耀兵振武，慑服四夷"与"偃革兴文，布德施惠"的相互交替。③

最后，在这种战略支配下，北方边地的处置成为唐初朝廷重点关注并予以解决的主要对象。这是因为东突厥对长安朝廷构成的威胁和压力超出了其他地区。如上所述，突厥的建国早于唐朝，李渊起兵反隋之时，与其他各地反抗势力一样，都曾经向突厥臣服以获取支持，④达到战胜对手、独自建国的目标。然而一旦唐朝剿灭对手建立了实力强盛的帝国之后，唐朝就放弃了这种政策，突厥顿觉唐朝的威胁和敌意，它对唐朝的态度也就从支持、联合转向了对抗。显然，突厥更希望南部各个势力相互掣肘，求助于它，它从中渔利，达到控制南部或至少可以获得农耕区物质财富的目标。⑤唐朝的坐大破坏了突厥的愿望，双方的关系急转直下，突厥的进攻遂不可避免，唐朝北方面临的威胁日益凸显。针对这种情况，唐廷采取了驻扎边兵、修筑城堡和灵活调动军队等方略应对事变。⑥贞观四年（630年）征服东突厥之后，唐廷遂在长安以北地区建构了三道防线，即关中北部渭水盆地至横山山脉间设置原、鄜二州都督府，以洛水中上游接延水流域为第一道防线；又于河套南缘、横山北麓设灵、夏二州都督府，组成第二道防线；这之外则设置燕然都护府以统铁勒、回纥诸部，单于都护府以羁控突厥，又在丰、胜等州置都督府统军，阻河为守，内以巩固河防，外以支援两个都护府，这为第三道防线。这样，"南北三列军事防御层，而且东西相对呼应，外加东边隔河的河东道可以从东方随处支援"。⑦

由此可见，所谓唐朝的北方边地，是夹处在建国之后的唐朝与东突厥两大政治体之间的一片广袤的区域。这是我们了解唐朝北方疆域的基础。这片区域随着南北两大政治体即唐朝与东突厥交往、互动而日益凸显，成为双方争夺的焦点。正如我们理解近代民族—国

---

① 康乐：《唐代前期的边防》，台湾大学历史研究所硕士学位论文，1976年。
② 唐长孺：《唐代军事制度之演变》，《国立武汉大学社会科学季刊》1948年，此据氏：《山居存稿续编》，中华书局2011年版。
③ 雷家骥：《从战略发展看唐朝节度使体制的创建》，《简牍学报》1979年第8期，此据唐代学会编：《唐代研究论集》（第4辑），新文丰出版股份有限公司1992年版。
④ 《通典》记云："薛举、窦建德、王充、刘武周、梁师都、李轨、高开道之徒，虽僭尊号，北面称臣，受其可汗之号。……大唐起义太原，刘文静聘其国，引以为援。"王文锦：《通典》，《边防十三》（卷197），中华书局1988年版。
⑤ 游牧人对农耕地区物质资源的依赖，显然大于后者对前者的需求。关于这方面情况，参阅 A. M. Khazanov, "Translated by Julia Crookenden, Nomads and the Outside world", Cambridge University Press, London, New York, 1984.
⑥ 双方关系的交涉很复杂，且持续唐高祖一朝和太宗初期，具体过程可参见吴玉贵：《突厥汗国与隋唐关系史研究》，中国社会科学出版社1998年版；朱振宏：《隋唐与东突厥互动关系之研究（581~630）》，中正大学历史学研究所博士学位论文，2005年。
⑦ 严耕望：《唐代河套地区军事防御系统》，《唐代交通图考》（第1卷），中研院历史语言研究所专刊之八十三，1985年。

家以后的疆界作为一条明确界定的线索一样,① 此前的王朝国家如果有"疆界"的话,那么首先就是一片模糊且不固定的"地域"。贞观四年唐朝征服东突厥之后,这片地区连同东突厥的整个属地随之并入唐朝,即唐朝打破了旧有疆域的限制,深入漠北。此时,帝国的疆域就扩大为横跨长城南北了。

四

显然,"疆域"在唐朝的眼界里是个变动无常的"异数",它受制于唐与北方游牧势力政治、军事诸种因素的影响。贞观四年东突厥降附唐廷,并不意味着北方地区从此走向了稳定,相反,贞观十三年(639年)发生的突厥贵族未遂政变的九成宫事件,② 除了说明突厥上层对唐朝征服其国不满的情绪之外,也在很大程度上促使唐廷改变了纯粹依托羁縻府州进行控制的行政措施,唐廷一方面令部分突厥人北渡黄河进入阴山以南防遏其他游牧势力,另一方面则强化都督府、都护府的军事功能,试图采用震慑的方式巩固北方边地。然而这些都没能阻止突厥人复国的行动。在7世纪80年代,经过大规模且持续不断的抗争,降服的突厥人终于复辟建国,形成后突厥汗国。随后,双方再次于长城区域展开复杂的冲突和交往,这个地带又进入了两大政治体纵横捭阖的时代。中宗当政后,负责北部防务的将领张仁愿趁突厥西征而主力调离之机,调派唐军在今河套沿黄河北线修筑三座受降城,又于北部外围构筑了东西1800里之烽候警戒系统,形成了一道新的防线。③ 这就是我们从文献中见到的唐朝与突厥之间最明确的分界线,唐朝的北部疆域在此被明晰化了。

但这条防线并不是最终的分界点,事实上也没有获得突厥的认可。虽然后突厥初起之际给唐朝带来了不小的威胁,武则天对之亦无可奈何,但后突厥也没有持续坐大,终在天宝年间被回鹘帝国取代,草原南北随之进入到相对和缓的回鹘与唐朝的对峙时代。长城地区就是在这种互动的状态中维系的。除了1800里长的烽候警戒线索外,在长城南北交互的过程中,我们似乎看不出有一条阻隔双方的明确界限,而是模糊不定的广阔区域。唐朝从设置镇戍守捉系列的防边体系,到建立羁縻府州加以控制,再到加强军事职能的都护府体系的构建,直至玄宗天宝时期形成的以驻守特定区域为核心的节度使系统的完成,这些建制强化的目的都是围绕着这片不甚固定的地区而做出的刻意安排。我们看到,不论是早期的羁縻府州、都督府或都护府,还是后来演化而成的节度使,虽然有其相对稳定的区域,但与外族接界的地

---

① 吉登斯曾说:"社会科学家们习惯于把'社会'看成是具有明确边界的行政实体……那么一般而言,这并不是因为,具有明确边界的行政实体是社会联合所固有的一切属性,而是因为,它是与民族—国家相伴随的独特社会整合形式的产物。"参见《民族—国家与暴力》。

② 参见朱振宏:《论贞观十三年(639)"九成宫事件"及其影响》,《台湾师大历史学报》2010年第43期,此据氏:《隋唐政治、制度与对外关系》,文津出版社有限公司2010年版。拙文:《九成宫事变引发的突厥贵族政治认同问题——兼及〈阿史那(李)思摩墓志〉》,宝鸡市九成宫文化研究会编:《第二届全国九成宫文化研讨会论文集》,陕西人民出版社2012年版。

③ 参见拙文:《唐朝三受降城与北部防务问题》,中国城长学会编:《长城国际学术研讨会论文集》,吉林人民出版社1995年版。

点普遍不清晰,以节度使为例,我们先看《资治通鉴》相关的记载:

朔方节度捍御突厥,统经略、丰安、定远三军,三受降城,安北、单于二都护府,屯灵、夏、丰三州之境,治灵州,兵六万四千七百人。河东节度与朔方犄角以御突厥,统天兵、大同、横野、岢岚四军,云中守捉,屯太原府忻、代、岚三州之境,治太原府,兵五万五千人。范阳节度临制奚、契丹,统经略、威武、清夷、静塞、恒阳、北平、高阳、唐兴、横海九军,屯幽、蓟、妫、檀、易、定、漠、沧九州之境,治幽州,兵九万一千四百人。①

这段记载中的其他七个节度使的情形与此相似,我们看出节度使的治所、辖军、驻军地点以及兵力配置等项都有具体而清晰的描写,唯独没有辖区四至的精确介绍,这不应是书写者的忽略,而是辖区尤其是针对北方势力的模糊地带的真实反映。众所周知,即使在因固定而呈现出的地域区分越来越清晰的节度使体系下其北部疆界也尚不清楚,此前的都护府管控地带尤其是北部,其界限的模糊程度只能更为明显。这些情况都足以表明,至少本文论述的北方长城地带是以农耕、草原两大势力对峙的过渡性中间区域的相貌(或者说主要如此)而非相隔一条明确的界限而展现的。唐朝与突厥以及后来的薛延陀、回鹘等草原势力相互的角逐、抗衡、交往等都是围绕这个区域而展开的。

这个区位重要性体现在,倘若从南北任何一方的核心区角度考虑,似乎都是"无足轻重"的边鄙和外缘地带(较诸中原汉地,游牧势力对其南部边缘更加重视,乃出自这里是其经济资源获取途径的考量),而从超越双方的角度考虑,这里正如拉铁摩尔所描述的那样,因汇聚了多方势力及其文化、影响,反而成了促动四方发展的"贮存地",由此连接不同的政治和文化而变成了中心区。② 美国学者怀特在研究美国大湖区的印第安人与来到此地的欧洲人之关系时,提出了"中间地带"的概念,旨在揭示外来者与本土人相互接触和博弈而呈现出的通过变革与抗争架构形成的超越文化鸿沟之桥的时空互动之特质。③ 这表明"中间地带"已经超越了王朝核心区单级世界政治运作的关注,转而将各个政治体交叉博弈所蕴藏的相互关系摆到了议事的核心,进而从交互关系的尺度观察诸国整体互动的基本特点。怀特的"中间地带"是从北美的例子印证拉铁摩尔的亚洲东部南北交往的特性,这个特性也决定了唐朝与游牧帝国疆界的本质,那就是:所谓的疆界,是指两个政治体步入王朝之后的各自核心区的外围层面,其职责在拱卫和保护王朝核心区的同时,倘若王朝继续扩展,"外围"区域遂成为王朝交相作用而经营的地带,其作用彰显与否,受制于核心区稳定之后王朝扩展的幅度和程度,以及双方整体实力的对比。是维持平衡还是打破平衡?前者促成边缘即"中间地带"的相对稳定,后者则促使它流向攻击力强势的一方。

从唐朝与北方游牧势力的对峙关系看,贞观四年(630年)以前是双方角逐和较量的时代,夹处中间的长城地带成为双方争夺的焦点,但其指向则随强势的一方而从。突厥进攻的优势战略迫使唐廷在北部多以修筑城堡、调派军队予以防守,这是唐朝的被迫之

---

① 《资治通鉴》(卷215),唐玄宗天宝元年正月条,中华书局1956年版。
② 拉铁摩尔:《中国的亚洲内陆边疆》(第2版),2010年。
③ 纪若诚(C. Pat Giersch):《"混杂的人群":中国西南近代早期边疆的社会变迁(1700~1880)》,沈海梅译,陆韧主编:《现代西方学术视野中的中国西南边疆史》,云南大学出版社2007年版。

举。① 但这一年东突厥被唐朝征服后,中间地带便不复存在,唐廷既从理论上又从实践上占有了大漠南北。朝廷在这些地区普遍设置了羁縻府州,即如《新唐书》所说"虽贡赋版籍,多不上户部,然声教所暨,皆边州都督、都护所领",② 这意味着这些州县有别于朝廷直属的正州正县,而只有这些州县才谈得上疆界问题(详见下文),它们与朝廷的关系虽说列入国家疆域的范围,但界限模糊,且归属变动无常,采用谭其骧的说法,那些迁入唐朝原有界内的侨居州县,姑且有规范的行政畛域,置于唐朝的管辖之下殆属无疑;但设置于编外各族原住地的那些羁縻州,则在它们归属朝廷之后为唐土,反叛之后就与唐廷无关了,所以他认为是否属于唐朝的范围,关键就是唐廷对这些地区是否行使了明确的管辖权。③ 依此而定,被安置在灵州(治回乐,今宁夏吴忠西)至幽州(治蓟县,今北京城南)长城沿线羁縻州的这些突厥降户从此开始被纳入到唐朝的范围,其所在的地区也成为唐朝的领土,但北部原住地的界限仍旧不清,这些多为草原之地。然而到了高宗调露元年(679年)以后突厥降户相继叛乱复辟建国,成为独立的后突厥政治体,它所控制的地区就脱离了唐朝。唐与突厥仍旧回复到了贞观四年以前的状态,虽然存在诸多具体的差异。天宝年间回鹘帝国取代后突厥称霸草原,与唐廷维系的关系仍旧延续,双方间明目张胆的对抗有所缓和,回鹘出兵协助唐廷镇压安史叛乱,但这些形势的好转代替不了二者对峙的王朝状态。在此前后,唐朝针对北方形势巨变带来的压力,采取了一系列前后应接的防边措施,即如上文所述军镇守捉、羁縻府州,到都护府,再到节度使体系的变革,均能证明唐廷御边措置反映的边地的形势及边疆的本质,那就是本文强调的夹处双方之间变化无常的"中间地带"或者"缓冲区"的再现。这是我们了解唐朝边疆的特质之一。

唐朝的边疆特质还表现在唐廷经营该地的主要目的是治民而非治土之上。《资治通鉴》描写太宗军队攻灭高昌国之后于其地的措施有一段记载如下:

上欲以高昌为州县,魏徵谏曰:"陛下初即位,(麴)文泰夫妇首来朝,其后稍骄倨,故王诛加之。罪止文泰可矣,宜抚其百姓,存其社稷,复立其子,则威德被于遐荒,四夷皆悦服矣。今若利其土地以为州县,则常须千余人镇守,数年一易,往来死者什有三四,供办衣食,远离亲戚,十年之后,则陇右虚耗矣。陛下终不得高昌撮粟尺帛以佐中国,所谓散有用以事无用,臣未见其可。"上不从,(贞观十四年,640年)九月,以其地为西州。④

魏徵反对设置西州的理由:一是耗费人力,二是得不到物质利益。⑤ 这样的举措在他看来,就是"散有用以事无用",不值得。唐太宗没有采纳他的意见,是出于经略西域腹

---

① 参见康乐:《唐代前期的边防》,第11-21页;拙文:《唐初御敌弃修长城之检讨》,待刊。
② 《地理志·七下》,《新唐书》(卷43下),中华书局1975年版。
③ 谭其骧:《唐代羁縻州述论》,《长水集续编》,人民出版社1994年版。
④ 《资治通鉴》(卷195),唐太宗贞观十四年八月条,第6155-6156页。
⑤ 狄仁杰上述武则天的一道奏疏中也提及"若其用武荒外,邀功绝域,竭府库之实,以争硗确不毛之地,得其人不足以增赋,获其土不可以耕织。苟求冠带远夷之称,不务固本安人之术,此秦皇、汉武之所行,非五帝、三皇之事业也"。在他的眼里,中原以外地带之价值,除了耕种的属性之外,就是活跃在该地带之百姓是否向国家缴纳赋税及其尺度。而百姓之缴纳赋税还是依托于土地的耕作。这才是远夷、土地的价值所在。见《狄仁杰传》,《旧唐书》(卷89),第2889-2890页。

地整体战略的考量。① 双方在同一事上的态度相左，唐太宗执意在这里设置如同内地的行政和军事建制，② 魏徵的一意反对，其关注的核心似乎都集中在高昌这片土地之上，但仅仅是土地本身吗？《贞观政要》在描写东突厥降附唐朝后各部落酋长和首领纷纷称臣前往长安之时，尚有拓跋不至，唐屡次招慰，面对此种形势，凉州都督李大亮上书太宗说道：

中国百姓，天下根本；四夷之人，犹于枝叶。扰其根本以厚枝附，而求久安，未之有也。……且谓之荒服者，故臣而不内。……其自竖立称藩附庸者，请羁縻受之，使居塞外，必畏威怀德，永为藩臣，盖行虚惠而收实福矣。③

李大亮不主张将这些边夷之人迁往长安布列朝廷的理由是他们与汉人有别，汉人乃是王朝的正宗根本，而他们乃属化外之人，理应列置边鄙之地，这样才能做到内外有别而天下一统。可见，他所秉承的就是"华裔五方格局"的传统观念。④ 说到底，对边区的经营首先体现在民众群体身上，他们生活的地区因其而纳入到经营的范围之内，地域是以民众群体为依托的。换句话说，在本文论述的唐朝人的心目中，边疆的概念首先是针对着那个地区内的人群，其次才是他们活动的地区。经营那个地区的目的也是为了控制那里的群体，说到底，群体既是关注的起始点，也是终结点。既然为控制群体而经营地区，就势必出现如何经营的问题，也就是朝廷如何设置军事特别是行政体制的问题。上文所说的唐朝征服高昌后，主要从行政和军事建制两个层面采取诸多措施，将其纳入唐朝的直属范围，⑤ 而行政建设的实质就在于"分民而不分土"，⑥ 意思是说，行政建制的根本目的就是通过地区的划定达到治理的效果，而地区的划定就涉及了所谓的边界，用周振鹤的话说，"边界的概念也是随着行政区划的产生而出现"。⑦ 如果说战国以前的中原地区各个诸侯国之间普遍存在着缓冲地带，并且随着各国交往的加深，特别是竞争加剧导致缓冲区减小乃至消亡的话，那么秦始皇统一农耕区之后的王朝面临的则是与北方游牧势力的竞争，其间的缓冲区则由内地转向了边地，正如秦汉与匈奴之间的空地"瓯脱"那样，其性质亦随之发生了变化。与此同时，自战国开始以后，随着城邦国家向领土国家的转换，边境的概念逐渐形成，秦汉通过构建郡县行政区而强化了边界。⑧ 继承秦汉体系由隋直接衍化成的唐朝，其边界观念亦随之而得以承续。唐朝初起之后在北部边地构建的行政和军事设施即防御布局，就是加强边疆保护的具体体现。诚如上文所说，唐与突厥的中间区随着二者的博弈而不断出现南移或北转的趋向，贞观四年征服东突厥之后唐廷设置羁縻府州，这已经走向了行政建制的道路，边界的概念也早已形成，但即使如此，羁縻府州北部的界限仍旧模糊不清，即使张仁愿派人修筑三受降城和北部1800里的烽候防御警戒体系，应当说标志着前期唐朝划定最清晰的边界线，但也仅是一种象征，并非长久存世。就唐朝前后289年的历程而言，它与周边各外族势力地理区位的隔离，虽然不乏有中后期唐与吐蕃通

---

① 参见王永兴：《唐灭高昌及置西州、庭州考论》，《唐代前期西北军事研究》，中国社会科学出版社1994年版。
② 参见张广达：《唐灭高昌国后的西州形势》，《文书、典籍与西域史地》，广西师范大学出版社2008年版。
③ 《议安边第三十六》《贞观政要集校》（卷9），第503—504页。
④ 参见陈连开：《华夷五方格局与东夷、南蛮、西戎、北狄》，《中华民族研究初探》，知识出版社1994年版。
⑤ 参见张广达：《唐灭高昌国后的西州形势》，《文书、典籍与西域史地》，第114—152页。
⑥ 周振鹤：《体国经野之道：中国行政区划沿革》，上海书店出版社2009年版，第5页。
⑦ 周振鹤：《体国经野之道：中国行政区划沿革》，上海书店出版社2009年版，第57页。
⑧ 周振鹤：《体国经野之道：中国行政区划沿革》，上海书店出版社2009年版，第58—59页。

过清水会盟划定的分界，但这也不是具体而清晰的线条形状，① 而一如汉朝与匈奴那般"长城以北，引弓之国，受命单于；长城以内，冠带之室，朕（汉文帝）亦制之"，② 都是大致的划分且多系个案例证。总体讲，唐与周边外族之间的交界地基本是采用中间带和缓冲区的形式予以分别。究其原因，边缘区的不固定与其说是土地自身的问题，不如说是其地民众归附不固定的结果，只有他们进入唐境或脱离唐廷，该地区才有可能被纳入朝廷的管辖范围或脱离这个范围。

五

综上所述，笔者对唐朝的边疆观（概）念理解如下：

第一，唐朝是存在着边疆问题及其相关概念的。它建立在内地核心区与边缘外围区二元制的基础上。前者因处于农耕地带而成为王朝建构的基础并趋于稳定，后者则多系游牧或半农半牧状态处于以耕作为中心的王朝之边缘而存在。这种地缘内外有别，归根结底还是受制于活动在核心区、边缘区之上的民族群体的划分，即农耕区的汉人如前文所言如"中国根本"那样成为王朝依托的主体，边缘区的民众则是游走于王朝的外围群体，当其归附王朝之时，就成为王朝管辖的对象；反之，当他们脱离王朝时就转成了王朝攻击的对象。核心区与边缘区之划分，本质上就是活跃在这些地区人群划分的结果。

第二，唐朝的边缘区（主要表现在陆地而非海洋）实际上处在其他政治体边缘区的交叉与重合之处。以北方为例，如同唐朝中心、边缘的二元制建构一样，草原也早就形成了自身的势力范围，与南部农耕地域对峙。长城沿线地区就夹在中原王朝的唐与草原东西突厥、薛延陀、回鹘等帝国势力之间，呈现出来的是一片地区而非畛域分明的疆界线条，或者称为"中间地带"，或者称为"缓冲区"。边疆地区的含义，对与此有关的王朝而言，就是如何经营和控制这片地区，而经营的本质则是双方或多方在此地区展开的政治、军事、经济乃至文化的交往、对峙、抗衡、冲突和博弈。就唐朝而论，它经营这个地带，首要的动因就是处置它与北方政权的关系。当唐朝疲于对方的时候，它就采取守势，通过修筑城堡和调派军队等方式加强守护；一旦它强盛超越对手，它就如同贞观四年一样发兵征服东突厥，随后，唐朝采取行政性的诸如羁縻府州的设置加以控制。防守形势下的修筑城防和组建军队因应，更能增强疆域的概念，③ 边疆界限的观念就是在这些具体的对应处置的过程中形成并固定起来了。上文所谈到的唐廷于关内道内外三层的防御、张仁愿的三受降城与1800里烽候警戒系统的建立，就是这种疆界明晰的展现。所以说，唐朝北部疆域

---

① 《吐蕃传下》，《旧唐书》（卷196下），中华书局1975年。参见李方桂：《唐蕃会盟碑（821~822）考释》，吴玉贵译；耿昇：《国外藏学研究译文集》（第8辑），西藏人民出版社1992年版；陈楠：《论唐蕃清水会盟》，《藏史丛考》，民族出版社1998年版。

② 《匈奴列传》，《史记》（卷110），中华书局1959年版。

③ 如同唐人的民族观那样，当唐朝的势力膨胀壮大之时，他们就采取"天下主义"的彼此不分，一旦势力衰弱遇到异族的强有力挑战之时，就转为"华夷有别"的畛域自分。参见潘蛟：《"民族"的舶来及相关的争论》，中央民族大学民族学与社会学学院博士学位论文，2000年。

的观念是在与草原游牧政治体的纵横捭阖的博弈过程中产生,而在行政建制的设计中实施和兑现的。然而,这种明确的界限常常被双方的博弈所打破,事实上,它并不受构筑界限的对手所认可,一旦新的冲突发生,这种界限就会被打破,新的界限和区隔再次构筑。疆界就在彼此的博弈互动中变来变去,但其走向和划定,常由强者所决定。①

第三,疆界的划定由行政的划定而产生,行政的划定则出自朝廷对该地区的管控和经营,经管、控制又由朝廷与北方政治体的交往所决定。这三者之间是因果关系,后者决定前者,而不是相反。这表明,南北的互动是疆界划定的原始之因,但须经过行政治理这个层面,如果没有这个环节,疆界划定也不会必然出现,疆界划定的直接动因乃是行政划定。② 由于疆界所在的政治体之间的关系摇摆不定,疆域所在的区域因此而变化无常,这就决定了行政划定的反复无常,所以说到底,疆界划定本身也是不固定的、常常变化的。我们看到,唐朝的 290 年间,它与周边外族势力之间疆界的明确划定,远远少于疆界的模糊时段,其原因就在于双方关系的不确定。进入到民族—国家的时代后,由于疆界划定与国家主权和治权的联系进一步紧密,疆界划定的精确就成为处理国与国关系不可逾越的手段,精确的疆界才被一国和相邻的国家所承认,进而上升为国际法的规范,疆界的概念及其敏感,随之进入人们的视线之中。这是今人对疆域界限理解的基础,我们之所以常常自觉或不自觉地依此概念和范畴去讨论民族—国家以前的古典王朝时代的同类事务,是因为今日的民族—国家形态的政治体正是古代王朝国家的延续(以中国为典型),③ 这种性质上的差别丝毫掩盖不了前后的继承和延续关系,这也就是本文开头所说的今天的疆界问题不产生于今日而是古代遗留的结果。但若只考虑连续性而忽视概念的断裂和迥然有别的历史变迁,我们讨论的古今边疆、边界问题,也常会混淆而紊乱,④ 简而言之,如果不做清楚的区隔和自觉的辨识,终究解决不了古人面临的问题。这是需要我们特别警醒的。⑤

第四,必须再次说明,由"疆域"引申出来的上述论证,虽然自有一套体系,但这些都是建立在人群的活动与归属的基础之上。简而言之,"疆域"之出现既是以人群的活动为前提,也是以人群的活动为归宿。没有人,就没有"疆域"及其观念。这不是常识,

---

① 拉铁摩尔在《中国的亚洲内陆边疆》中专门辟出"固定边疆之不可能"一节,他的意思是说,正因为南部的汉人势力和北部草原的游牧势力处在对峙的状态中,"在这两个基本势力的冲突的基础上,又产生次级势力,对基本势力的活动产生影响,并使其更复杂化"(2010 年第 2 版),这种情形下的边疆之确定,显然是不可能的。
② 参见周振鹤:《体国经野之道:中国行政区划沿革》,第 57－59 页。
③ 另一个较特殊的例子是印度,它被印度学者概括为非欧洲意义下的民族国家,而是一个文明体。见张颂仁等:《杜赞奇读本》,南方日报出版社 2010 年版。
④ 这也就是我们在讨论古代疆域的问题时,认识的思路常常采用目前通用法则之缘由,这应当说是时代对我们的限定。正如华勒斯坦所说,我们常常不自知地将当下的规范和框架回溯至以前迥然有别的时代,"'民族'一词的界定或多或少要以一个国家的地理边界为准,已经存在或正在确立的国家边疆目前所占据的空间范围也从时间上被回溯至过去"(华勒斯坦:《开放社会科学》,刘锋译,生活·读书·新知三联书店 1997 年版)。为使讨论更切近目标,脱离民族—国家之窠臼,对此进行检讨和反思是必要的。
⑤ 民族—国家的观念对我们造成的冲击之强,已经到了我们在面对民族—国家以前时代的任何问题都不自觉地以其标准和界度进行考量的程度。英国哲学家罗素从道德准则的角度解释人们之所以对国家表现出忠诚乃是国家权力的增加所致(《权力论:新社会分析》)。的确,我之所以提出这个问题,是我们生活的周遭世界每天都在讨论国家与国家之间的各种关系,甚至在彼此的冲突中表现出来的包括民族主义情绪在内的思想和感情,无不与所在的国家本身联系在一起,以致到了国家政治体是解决一切问题的初始点和终结点的地步。我这样说的目的,还是在于从学理的层面思考本文开头提出的话题,即今日疆域问题之产生的逻辑系统与民族—国家之前语境的差异。这方面情形的细致梳理,仍需要学界同仁的共同努力。

而是值得我们重新反思的课题。于此，笔者不得不引证阿伦特林的一句话为之张本，"一切关于难民问题的讨论都围绕着一个问题：如何才能将难民再次递解出境？"① 她是针对20世纪两次大战带给欧洲各国的难民灾难而论，着眼的是民族国家语境下的无国籍群体和所谓少数民族的处置问题。在她看来，这是各个国家面临的难解而须直面的问题。我们所关注的则是：阿伦特林议论的问题之所以成为欧洲诸国的无解之难，就在于他们没有依凭的土地，他们居无定所，对各国而言，他们无疑已经成为极力推脱的束缚了。但这恰恰揭示出了土地为特征的国土地域是民族国家"唯一"诉求的真实本质。依此对照，本文讨论的唐朝国家追求的目标，与其说是"疆域"本身，不如说是活动其上的人群。② 正是对"人群"的兴趣才带动了他们对人群生活其上的地域的兴趣，否则，我们就无法解释840年回鹘政权解体之后"无主"地带的草原为什么不被纳入到唐朝控制的事实：显然，仅就那个地带而言，它对唐廷并不具有吸引力。③ 于此，我们看到唐朝疆域问题产生的实质，即人群才成为唐朝与北方草原政权相互联系的关键点，疆域背后隐藏的是族群实质。当时人们关注的问题，是以人群的走向而出现的地域问题，他们关注的重心与民族国家建构之后领土上升成为国家追求的第一要素形成的鲜明对照，是我们"破解"现代与王朝国家对同一问题之差异并进行诠释的重要尺度。

（本文发表于《中国边疆史地研究》2014年第2期）

---

① （美）汉娜·阿伦特林：《极权主义的起源》，骧华译，生活·读书·新知三联书店2008年版。
② Thomas J. Barfield, "Inner Asia and Cycles of Power in China's Imperial Dynastic History", Cary Seaman and Daniel Marks ed., "Rulers from the Steppe: State Formation on the Eurasian Periphery", Ethnographics Press, the University of Southern California, 1991.
③ 推翻回鹘政权的黠戛斯势力亦未发展到控制整个草原的程度，该地至后来则进入到崛起于东北部的契丹人的势力之内。参见 Sechin Jagchid, "The Historical Interaction Between the Nomadic People in Mongolia and the Sedentary Chinese", Cary Seaman and Daniel Marks ed., "Rulers From the Steppe: State Formation on the Eurasian Periphery".

试论西藏社会正义的内涵及其意义*

韩觉贤① 周润年②

西藏是中国人口最少、人口密度最小的省区,人口密度为平均每平方公里不到2.1人。据2010年11月的第六次全国人口普查:西藏自治区常住人口为3002166人,藏族人口为2716389人,其他少数民族人口为40514人,汉族人口为245263人。藏族和其他少数民族人口占91.83%。西藏在民主改革前的经济体制是以农、牧业为主的庄园制自然经济格局。现代工业、交通、能源等都是一片空白,当地的工业水平甚至连一根火柴都不能制造,有的只是手工作坊;120多万平方公里的土地上,没有一条正式公路,有的只是"羊肠小道猴子路,云梯溜索独木桥",从外地进藏少则个把月,多则一两年。西藏和平解放是西藏历史发展的一个重要转折点。实行民主改革后,由于废除了封建农奴制度,使得西藏从极其落后的封建农奴制直接跨入了社会大发展的历史时期。60多年来,经过全体西藏人民的辛勤努力,西藏社会业已发生了翻天覆地的变化,取得了举世瞩目的成就。

一、西藏经济的发展为社会正义提供了重要的支柱

近些年来,西藏经济结构调整取得了历史性突破,产业结构类型由"一三二"型转变为"三一二"型,第一产业的主导地位逐步被第二、第三产业所替代。农牧业的基础地位也进一步得到了增强,主要农畜产品的有效供给不断增加,实现了自给有余。工业经济在改革中逐步走强,经济效益明显改善。西藏的国民生产总值从1965年的3.27亿元增长到2005年的250.6亿元,是和平解放前的近200倍。2006年更达到290.3亿元,人均GDP由1965年的241元增长到2005年的9098元,2006年首次突破10000元。2010年,实现全区生产总值(GDP)507.46亿元,按可比价格计算,比上年增长12.3%。其中:第一产业增加值68.13亿元,增长3.1%;第二产业增加值163.92亿元,增长14.1%;

---

* 基金项目:本文系2014年度教育部民族教育研究课题(重大项目)"藏传佛教对学校教育的影响研究"(项目编号:mjzxzd1408)的阶段性成果之一。
① 韩觉贤,中央民族大学藏学研究院博士生。
② 周润年,中央民族大学藏学研究院教授,博士生导师。

第三产业增加值275.41亿元,增长13.7%。①人均地区生产总值17319元,增长11.2%,现代工业从无到有,建立起包括20多个门类、富有西藏地方特色的现代工业体系。现代商业、旅游、邮电、饮食服务、文化娱乐、IT等在旧西藏闻所未闻的新兴产业迅猛发展。

根据最新的统计资料显示,即使是在不寻常的2008年,在世界金融危机与"5·12"汶川大地震的双重考验与重压之下,西藏的经济建设与社会发展仍然在稳步前行,并取得了可喜的建设成就。2008年西藏地区的国民生产总值达到了395.91亿元,按照可比价格计算,比上年增长了10.1%。其中,第一产业增加值为60.51亿元,增长6.0%;第二产业115.76亿元,增长7.9%;第三产业219.64亿元,增长12.4%。人均地区生产总值达到了1.39万元,增长9.0%。在全区的生产总值中,第一、第二、第三产业增加值所占比重分别为15.3%、29.2%、55.5%,与上年相比,第一产业比重下降了0.7个百分点,第二产业提高了0.4个百分点,第三产业提高了0.3个百分点。②而且在整个"十一五"期间,国家计划投资778.8亿元在西藏重点建设180个项目,截至2008年底,有170个项目已经开工,已完成了76个,累计3年来已完成了投资372亿元。③

西藏经济的快速发展必然为社会正义事业提供了重要的支柱,1993年12月29日,西藏自治区社会治安见义勇为奖励基金会正式成立,1993年基金会成立时,区党委、区人民政府在财力十分紧张的情况下,一次性拨出200万元作为基金会本金。截至2004年,基金会现有基金已达359万元,不仅保证了成立以来历年表彰奖励先进个人和集体的资金,而且实现了基金的不断增值,为弘扬社会正气、激浊扬清、扶正祛邪,鼓励公民见义勇为,维护良好的社会治安环境和稳定的政治局势起到了积极的推动作用。

基金会始终坚持社会治安综合治理的各项方针,为维护西藏地区社会政治局势的稳定和社会治安的秩序的好转,广泛动员、号召全区各族人民、社会各界人士参与社会治安的综合治理,鼓励人们积极同违法犯罪和灾害事故作斗争。按照基金会章程管理、筹集、使用见义勇为基金,对敢于同违法犯罪行为作斗争及舍己救人、抢险救灾事迹突出的见义勇为积极分子及时给予表彰奖励。例如那曲地区聂荣县达众乡牧民轮祖,为了抢救被刹车失灵的吉普车撞压的一名两岁儿童阿布,身受重伤,髋骨骨折,腹中胎儿流产,一个纯朴的牧区妇女不顾个人安危,冒着生命危险,挺身而出,为抢救别人而自己身负重伤,体现了一个新时代农牧区妇女的崇高品德。轮祖的事迹受到社会的广泛关注和有关部门的表扬和奖励,并经西藏自治区社会治安见义勇为奖励基金会推荐,受到中华见义勇为基金会的表彰和奖励。④

此外,在西藏不少城市和农牧区都设立了"见义勇为基金会",表彰为西藏社会正义事业做出贡献者。为弘扬正气,安抚见义勇为先进人物及家属,在藏历新年及节假日期间,西藏各地的"见义勇为基金会"对在见义勇为中牺牲或致伤的家属或本人进行了慰问,送去节日慰问金和慰问品,并想方设法帮助解决他们生活中的困难。

---

① 此数据来自西藏自治区统计局,2015年8月笔者亲自前往西藏拉萨调查所得。
②③ 国家民族事务委员会、民族文化宫:《中国民族年鉴——民族经济》,2009年总期第15期,第167页,中国民族年鉴社2009年版。
④ http://www.sina.com.cn,中国西藏新闻网,2004年9月28日。

二、西藏法律的完善为社会正义提供了可靠的保障

进入20世纪80年代以后,西藏的相关法律法规进一步建立。据统计,自治区成立以来,西藏自治区人民代表大会及其常务委员会共制定了220个地方性法规和单行条例,内容涉及政治、经济、文化、教育等各个方面,包括文物保护、环境保护、学习使用和发展藏语文等各个方面。这些地方性法规的制定和实施,为维护西藏社会正义的特殊权益,促进西藏各项事业的发展,提供了重要的法律保障。2002年7月26日西藏自治区第七届人民代表大会常务委员会第27次会议通过了《西藏自治区人大常委会关于严厉打击"赔命金"违法犯罪行为的决定》,针对近年来,自治区少数偏远地方相继出现的"帕措"等封建宗族势力和少数僧尼操纵、参与"赔命金"的违法犯罪活动做出了专门规定。"赔命金"是旧西藏政教合一封建农奴制法律的内容①,1959年平叛、民主改革后,随着政教合一②封建农奴制度的灭亡,已被彻底废止,但近年来有所抬头。这种违法犯罪行为主要表现为由封建宗族势力和少数僧尼操纵、以旧有的"赔命金"替代刑事法律制裁,其结果是干预国家司法、损害群众利益,危害基层政权、经济建设和局势稳定,严重破坏了社会主义法制的统一和尊严,是对国家司法权的严重侵害。因此,该决定明确规定:"为掩盖犯罪事实、逃避法律制裁,被告人或其亲属贿买赔偿'赔命金',阻止证人作证或者指使他人作伪证;收受被告方的'赔命金',帮助其毁灭、伪造证据,情节严重的,要追究刑事责任。"这些法律法规的制定与完善,有效地防止了犯罪行为的出现,并为社会正义事业提供了可靠的保障。

以2008年为例,此年中西藏自治区人大研究通过了共计六项法案,分别为《西藏自治区实施〈中华人民共和国义务教育法〉办法》、《西藏自治区人民代表大会常务委员会关于废止〈西藏自治区各级人民代表大会常务委员会监督工作暂行条例〉的决议》、《西藏自治区人民代表大会常务委员会专项工作评议条例》、《西藏自治区人民代表大会常务委员会关于对法律、法规实施情况检查监督的规定》、《西藏自治区人民代表大会常务委员会议事规则(修订)》、《西藏自治区人民代表大会常务委员会地区工作委员会工作条例(修订)》③。这些法案的通过,对于进一步巩固西藏的法制建设,促进西藏的社会稳定、进步与弘扬社会正义,都具有十分重要的意义。

---

① "赔命金"在西藏民主改革前的封建法典中又被称为"赔命价"和"赔血价",是指在发生杀人案后,受害人的家属向侵害人或其家属要求一定数量的财物或是金钱的赔偿,并且在得到了相应的财物或金钱后双方彼此达成和解。"命价"在此可以理解为是与被害人生命价值相当的等价钱财。此外,与"赔命价"性质相当的还有"赔血价",即发生人身伤残案件后,受伤害者向侵害者提出的钱财赔偿。这些做法曾经广泛地存在于我国少数民族地区,而且在藏族地区比较显著,属于一种长期以来形成的解决杀人、伤害纠纷事件的习俗惯制。

② "在政教合一制度产生以前,世俗和宗教两方面的领导是分离的,这一制度逐步发生变化,最后形成世俗与宗教两方面的领导由一个人同时担任的政教合一制度。"东噶·洛桑赤列:《论西藏政教合一制度》,陈庆英译,中国藏学出版社2001年版。

③ 国家民族事务委员会、民族文化宫:《中国民族年鉴——民族自治地方法规简目》,中国民族年鉴社2009年版。

三、西藏宗教信仰自由为社会正义提供了坚实的基础

"藏传佛教有诸多派别,主要有宁玛派、噶当派、噶举派、萨迦派、觉囊派、格鲁派等。其中,宁玛(红教)、噶举(白教)、萨迦(花教)、格鲁(黄教)四个教派成为大的教派。目前,西藏共有1787座寺庙和宗教活动场所,住寺僧尼约4.6万人;"① 清真寺4座,伊斯兰教信徒约3000余人;天主教堂1座,信徒700余人。② 现行的《民族区域自治法》第十一条规定:"民族自治地方的自治机关保障各民族公民有宗教信仰自由。任何国家机关、社会团体和个人不得强制公民信仰宗教或者不信仰宗教,不得歧视信仰宗教的公民和不信仰宗教的公民。国家保护正常的宗教活动。任何人不得利用宗教进行破坏社会秩序、损害公民身体健康、妨碍国家教育制度的活动。宗教团体和宗教事务不受外国势力的支配。"③ "据统计,20世纪80年代以来,政府已拨款3亿多元及大量黄金、白银等物资,用于西藏寺庙的维修和保护。其中,对布达拉宫的维修,国家拨款5500多万元,历时5年多,是几百年来耗资最多、规模最大的布达拉宫维修工程。"在拉萨、日喀则、泽当、昌都等西藏的主要城镇中,如今的标志性建筑依然是布达拉宫和一些金碧辉煌的寺院。出生于后藏日喀则的,现任西藏自治区民族宗教事务委员会宗教处处长才巴感慨地说:"西藏200多万信教群众拥有这么多宗教场所,这在中国其他省市绝无仅有,恐怕全世界也少有。信教群众感到更满意的是,他们除了随时到寺庙点灯、拜佛外,按照藏族习俗,家里有人过世,从去世那天起每逢七,直到七七四十九天,都可以请喇嘛到家里念经超度。"在西藏处处可以看到善男信女悬挂的经幡,堆积的玛尼堆④。藏传佛教信教者家中几乎都设有小经堂或佛龛,每年到拉萨朝佛敬香的信教群众达百万人以上。一年一度的雪顿节⑤中的宗教活动及传统的马年转冈波仁钦、羊年转纳木错⑥等宗教活动,都得以正常进行并受到社会各方面的尊重。

佛教戒律是释迦牟尼为协调僧人之间、僧人与民众之间和谐、友善的关系,所制定的行为规矩。制定以后,佛教戒律也在不断发展、不断完善。可以这样讲,佛教戒律中

---

① 中华人民共和国国务院新闻办公室:《西藏的现代化发展》白皮书,新星出版社2001年版。
② 中华人民共和国国务院新闻办公室:《西藏的民族区域自治》,新星出版社2004年版。
③ 《中华人民共和国民族区域自治法》,法律出版社2001年版。
④ 玛尼堆多为堆积的白色石头,常常呈方形或圆形置于山顶、山口、路口、渡口、湖边或寺庙、墓地,用于祈福,成为当地人们的保护神。藏传佛教兴起制定以后,人们又在石头上刻下了佛经、佛像,以祈求神灵的佑护。见李涛、江红英:《西藏民俗》,五洲传播出版社2004年版。
⑤ 雪顿节又称"藏戏节",系藏族传统节日,意为"吃酸奶子的节日",每年藏历七月初一举行,历时5天。17世纪以前,属于纯宗教活动,而17世纪中叶以后,随着政教合一制度的加强,遂演进成为一个固定的节日。见郑传寅、张健:《中国民俗词典》,湖北辞书出版社1987年版。
⑥ 据传,莲花生大师曾言佛祖留有如下的旨意:"羊年转湖,马年转山,猴年转森林。"譬如纳木错湖,蒙语是"腾格里海",意为"天边的海",乃是佛教身、语、意之圣地,在此修行一年可抵其他地方一百年。见张鹰:《节庆礼仪》,世纪出版集团2009年版。

"五戒"和"十善"① 对当今社会来说，都具有积极意义。佛教戒律既是人的道德准则，又是法律的滥觞，它适合于现实社会在思想道德方面的需求，对人的行为起到了积极的约束作用。其中的不杀生、不偷盗、不邪淫，对社会治安方面提供了帮助，在现实社会中，杀人越货、各类盗窃和侮辱妇女现象还是存在的，把佛教戒律引进来，对"性相似，习相远"者进行早期告诫，可杜绝犯罪心理的形成，避免犯罪事实成立；不妄语、不两舌（不挑拨是非）、不恶口（不骂人、说人坏话）、不绮语（不花言巧语）、不贪欲、不饮酒。关于饮酒的过失，佛教认为不仅会导致生活的颓废、财富的得失，还会影响到追求佛果，对出世的终极解脱造成极大危害。酒作为残贤毁圣、败乱道德的恶源，佛教戒律不但严禁饮酒，而且还禁止操持、沾染任何与酒有关的活动。对人格的培养提出了具体要求，人之所以存有妄语、两舌、恶口等不良习气，原因是多方面的，只要坚持自身修养，努力克服，为自己树立一个崇高的目标，制定一个严格的道德行为准则，问题是可以解决的。在这方面，佛教对人可能出现的言行问题分析得非常具体，并制订了戒律，很值得借鉴。

阿里普兰县②的楚果谢珠林寺在回报社会方面也做出了榜样，寺院僧人在民管会主任的带领下先后两次出资架桥，又兴办敬老院，至今收留孤寡老人数十名。该寺为不同国籍的旅游者提供诸如交通援救、应急医药等免费服务。那曲地区安多县赛鸥乡兴建希望小学时，仅西藏自治区政协副主席、中国佛协西藏分会会长珠康·土登克珠活佛一人就捐款10万元。始于2006年藏历新年前夕的扶贫捐赠活动，至今仍在西藏各寺庙中开展。截至目前，寺庙和僧尼捐款已超过10万元，中国佛教协会西藏分会将把这笔资金用于资助贫困农牧民。2004年东南亚发生海啸，大昭、色拉、哲蚌、甘丹等寺庙及宗教界人士踊跃义捐28万余元。

四、西藏风俗习惯的尊重为社会正义提供了牢固的基石

西藏风俗习惯主要是指当地民间衣食住行与婚丧嫁娶的习俗。藏民族多信仰藏传佛教，性格热情开朗、能歌善舞。传统服饰为宽腰、长袖、大襟长袍。穿用这种服装夜间和衣而眠可以当被。袍袖宽敞，臂膀伸缩自如，既防寒保暖又便于起居、旅行，白天气温上升时还可脱出一个臂膀，方便散热，调节体温。藏族男女老少都特别讲究饰物，饰品的质地较多，有银、金、珍珠、玛瑙、玉、松耳石、翡翠、珊瑚、琥珀等。运用广泛，有头饰、胸饰、腰饰等。造型美观，多为自然形状。喜欢佩戴珊瑚、玛瑙、项链、护身佛盒

---

① 五戒乃是佛教最基本的信条，包括戒杀生、戒偷盗、戒邪淫、戒妄语、戒饮酒。十善即是所谓十善圣德，据《华严经》卷三五所言，即是如下十项：一是不杀生而具足仁恕、不怀怨恨；二是不偷盗而于他慈愍；三是不淫邪而于他妻不生贪染；四是不妄语而实语、真语；五是不两舌而不喜离间；六是不恶口而常作润泽语、柔软语、悦意语、风雅典则语等；七是不绮语而长乐思审语、时语实语、义语法语等；八是不贪欲而离愿求；九是不瞋恚而恒起慈心、利益心、哀愍心、欢喜心、和润心、摄受心；十是不邪见而住于正见，决定信佛法僧。见罗桑开珠：《佛学原理概述》，民族出版社2005年版。

② "普兰"系藏语译音，本意为"独毛"。地处西藏自治区西南部、喜马拉雅山南侧的峡谷地带、阿里地区南部。西与噶尔县、札达县相连，北与革吉县相接，东与仲巴县为邻，南与印度、尼泊尔国接壤，该县是西藏自治区边境县之一。总面积12497平方公里，辖3个区、10个乡、51个村民委员会，总人口0.73万人。

(藏语叫"嘎乌")、腰刀、火镰及耳环、戒指和手镯等。主食以糌粑(用青稞或豌豆炒熟后磨成的面粉。青稞是一种大麦)为主,喜喝酥油茶(酥油是人工打制的奶油)、奶茶和青稞酒,爱吃牛羊肉,但不食蹄类兽肉(如马肉、驴肉、狗肉)。旧西藏一些地方存在一夫多妻或一妻多夫现象,今日西藏已经实行一夫一妻制。古代曾实行土葬,现多为天葬、火葬和水葬。藏族十分讲究礼仪,重视亲情友情,热情好客,礼貌待人。人们常常使用互送哈达这种形式以表达彼此之间的敬意,这也是西藏文化的独特礼仪,所以洁白的哈达已经成为了西藏人民礼仪文化的象征性符号。

西藏政府特别注意尊重和保护藏族的传统风俗习惯。西藏自治区人民政府按照《民族区域自治法》的规定,尊重和保障藏族的传统风俗习惯和进行社会活动的权利,尊重和保障他们按照自己的意愿参加民间节日活动的自由。藏族有保持自己民族服饰、饮食、住房的传统风格和方式,西藏每年都如期举行藏历新年、沐浴节、望果节、赛马会等各种传统节日。他们在保持本民族服饰、饮食、住房的传统风格和方式的同时,在衣食住行、婚丧嫁娶各方面也吸收了一些体现现代文明、健康生活的新的习俗。

在长期的历史发展进程中,西藏传统文化始终在凝聚民族精神、提高藏族和西藏其他各民族精神文化素质方面,扮演着相当重要的角色。而且为了弘扬民族文化,发展区域经济,促进物质文明与精神文明的相互推动、人的发展与自然发展和谐共存,2008年9月23日《西藏自治区旅游发展总体规划(2005~2020)》专家评审会在北京召开,会议一致通过以"打造世界一流高原生态与藏文化特色旅游目的地"为引领,围绕精品景区、精品旅游线路和特色旅游区,集中打造拉萨历史文化、阿里神山、山南雅砻等多个文化品牌。[①] 相信随着这些开发项目的逐渐展开,在国家的投资与引领之下,藏族的传统文化必将得到进一步的弘传与巩固,藏文化必将成为中国文化的特色品牌,成为中国文化向心力的不竭源泉之一。

总之,藏族是一个具有悠久历史和灿烂文化的民族,藏民族在长期的历史发展过程中,以勤劳和勇敢创造了民族赖以生存的物质文明,以智慧和心灵创造了自己特有的精神文明,在人类发展史上占有极为重要的地位。西藏传统文化为人类认识世界和自身做出了可贵的探索。第一,对自然的认识。西藏传统文化很尊重自然,比较注意人和自然的和谐,在西藏这个生态环境比较脆弱的地区,人们如何保护自然,最终保护自己,传统文化给出了相对令人满意的答案,使人们在崇拜自然的同时,也为自己赢得了良好的生存环境。第二,对于财富的认识。西藏传统文化很重视施舍,藏族历来有将自己的财富布施出去的传统,他们宁愿自己不吃不穿也要将财物布施给寺院以及穷人。因此,藏族社会已形成了乐于布施、救济贫穷的优良传统。第三,对社会人生的认识。西藏传统文化很重视对人的精神上的关怀,比如一人有难大家帮助;重视协调社会群体和成员之间的关系,西藏地区淳朴的民风和良好的礼貌习惯,都与这种文化影响不无关系。

① 国家民族事务委员会、民族文化宫:《中国民族年鉴》,中国民族年鉴社2009年版。

"一带一路"视角下的跨界民族与边疆治理问题研究

刘 稚

云南大学国际关系研究院研究员

建设"一带一路"是新时期党中央、国务院统揽政治、外交、经济、社会发展全局做出的重大战略决策,其核心内涵在于:统筹国内国际两个大局,以地缘相邻、历史人文交往悠久的周边国家和地区为战略依托,以政策沟通、设施连通、贸易畅通、资金融通、民心相通为重点,推进区域经济一体化,构建区域安全新架构、地缘政治新格局,打造我国深度参与全球治理、提升全球竞争优势的重要平台。我国拥有 2.2 万多公里的陆地边界线,与 14 个国家接壤,有 30 多个民族跨国界而居;相关各国边疆地区地处"一带一路"建设的通道前沿和关键枢纽,既是国际交流合作的重要平台和基地,同时也是国家间、区域间地缘经济利益、地缘政治利益、地缘战略利益交织、竞争的复杂地带。在全球化、区域化深入发展的背景下,周边国家边疆民族问题的外溢对我边疆民族地区及"一带一路"建设有着不可忽视的影响。有鉴于此,以国际视野对"一带一路"建设中的相关各国跨界民族及边疆治理问题进行深入研究是十分必要和迫切的,本文试着就"一带一路"视野下跨界民族与边疆治理问题的研究维度、主要内容和研究意义提出一些见解。

一、研究背景和研究范畴

1. 研究背景

近年来,在全球经济一体化影响下形成和发展起来的区域经济一体化,正在促使各国接壤的边疆地区成为区域经济合作的前沿和界面,中国与周边国家的互动也更为频繁,边疆地区的全球性、跨国性事务开始大量显现,边疆地区的地缘属性使其成为中国发展与周边国家间关系的重要场所和平台。与此同时,边疆地区是我国连接亚欧大陆和东南亚、南亚的陆上通道,处于地缘政治、地缘经济斗争的前沿,民族、宗教关系十分复杂,也是境内外民族分裂势力、宗教极端势力、暴力恐怖势力活动和渗透的重点地区。在此背景下,边疆治理的内涵和外延也将发生重大的变化。一般来说,"国家运用政权的力量,动员其他社会力量,运用国家和社会的资源,去解决边疆问题,这就形成了边疆治理。从本质上看，边疆治理是一个运用国家权力并动员社会力量解决边疆问题的过程"。① 但在全球化、区域化迅猛发展的背景下，一些地缘跨国性的问题仅仅凭借一国之力已无法治理，实际上近年来边疆治理的国际合作已成为实现中国有效参与全球治理的有机组成部分。

进入21世纪以来，中国已成为全球治理的重要参与者和治理机制变革的重要推动者，积极向周边地区提供区域性"公共产品"，并提出构建丝绸之路经济带、21世纪海上丝绸之路，孟中印缅经济走廊、中巴经济走廊等重大倡议。同时，积极推动大湄公河次区域合作，充实和完善上合组织、亚信峰会、APEC及东亚峰会机制。在安全上，中国倡议建立亚太区域安全架构，提出亚洲新安全观。"一带一路"在某种意义上可以说就是一个以边疆为依托，以周边国家和地区为主要合作伙伴的国际合作发展战略，是国际合作以及全球治理新模式的积极探索。我们研究"一带一路"视角下的边疆治理问题，目的就是要探讨新形势下如何为边疆治理开辟出一条国际合作、共同治理、互利共赢的新路径，使边疆地区成为"一带一路"和命运共同体建设的先行示范区。

2. 研究范畴

"一带一路"建设是本文的出发点和分析视角，相关国家和地区的边疆治理问题是研究的重点，并按以下两个基本维度确立研究坐标。

一是研究的地理维度。根据2015年3月28日国家发展改革委、外交部、商务部联合发布的《推动共建丝绸之路经济带和21世纪海上丝绸之路的愿景与行动》这一纲领性文件，"一带一路"的走向和范围是："丝绸之路经济带重点畅通中国经中亚、俄罗斯至欧洲（波罗的海）；中国经中亚、西亚至波斯湾、地中海；中国至东南亚、南亚、印度洋。21世纪海上丝绸之路重点方向是从中国沿海港口过南海到印度洋，延伸至欧洲；从中国沿海港口过南海到南太平洋；其中重点是打造新亚欧大陆桥、中蒙俄、中国—中亚—西亚、中国—中南半岛、孟中印缅等国际经济合作走廊。"该文件还首次圈定了国内重点涉及的18个省区市，其中西北和东北部的新疆、内蒙古、黑龙江、吉林、辽宁，西南部的广西、云南、西藏等边疆8个省区全部包括在内。② 按照这一蓝图，"一带一路"国内段覆盖了我国整个内陆边疆，与之毗邻的中亚、东北亚、东南亚和南亚等地区则是"一带一路"主要的战略指向，"一带一路"规划中的中国和巴基斯坦、孟加拉国、缅甸、老挝、越南、蒙古国、塔吉克斯坦等邻国的铁路、公路互联互通项目，都是从边疆地区跨出国门，从而将边疆民族地区从对外开放的后方、边缘、末梢，推向了最前沿、重要节点和关键枢纽，在深刻改变边疆民族地区经济坐标和发展定位的同时，也使我国跨界民族与边疆治理面临着新的国际风险和挑战，需要研究在此新形势下中国的边疆治理面临着哪些新机遇、新问题、新任务，并提出解决的思路和对策。在境外，与中国接壤的东北亚、中亚、南亚和东南亚相关国家跨界民族与边疆治理问题对"一带一路"建设的影响最为直接和重大，也应成为研究的重点。

二是研究服务于"一带一路"建设的战略维度。建设"一带一路"是新时期我国实施新一轮扩大开放、营造有利周边环境的重要举措，对于形成全方位对外开放新格局，加

---

① 周平：《我国的边疆与边疆治理》，《政治学研究》2008年第2期。
② 新华社授权发布：《推动共建丝绸之路经济带和21世纪海上丝绸之路的愿景与行动》，国家发改委、外交部、商务部，新华网，2015年3月28日。

快边疆民族地区经济社会的发展,以及巩固和提升中国与周边国家的睦邻友好合作关系具有十分重大和深远的战略意义。"一带一路"是合作发展的理念和倡议,其核心内涵是依托地缘相邻和历史人文交往的优势,加强中国与各国的政策沟通、道路连通、贸易畅通、货币流通、民心相通的"互联互通",共同打造政治互信、经济融合、文化包容的利益共同体、命运共同体和责任共同体。"一带一路"视野即是将相关国家和地区的跨界民族与边疆治理问题置于国际合作以及全球治理的大背景下来看待,对相关国家跨界民族边疆治理问题研究并非是对基本情况和治理模式的一般性概述和简单的类比,而是根据"一带一路"建设的战略需求,结合中国自身边疆治理的理论与实践,深入梳理与总结相关国家边疆治理存在的问题和可能产生的影响,研究相关治理体系和治理模式、民族政策与边疆政策发展变化的过程和治理绩效,在国际比较的基础上,提炼出规律性的认识,探索建构相关理论分析框架,把握全球化、区域化下边疆治理的发展趋势,并提出具有前瞻性、指导性的工作思路和对策建议。

二、研究价值和意义

作为地理概念的"边疆"和作为边疆居民且民族分布地域被国界所分隔的"跨界民族"两者之间存在着密不可分的关系:边疆是跨界民族的主要载体,跨界民族是边疆治理的重要对象。但长期以来国内的相关成果主要偏重于族际主义视角的跨界民族研究或偏重于区域主义视角的边疆治理研究,将两者作为一个整体进行治理理论探讨或实证研究的成果还不多见,而且主要是侧重于对中国自身情况的研究,对"一带一路"战略相关国家和地区跨界民族和边疆治理问题的研究更十分欠缺,已不能适应形势发展的需要。有鉴于此,在"一带一路"视野下将族际政治与地缘政治、族际主义与区域主义的研究视角相结合,将国内治理与国际合作治理相结合,对相关国家的跨界民族与边疆治理的互动性、关联性进行探讨,对相关国际经验进行总结和比较,有助于深化和丰富跨界民族与边疆治理研究的范畴和内涵,有助于拓展研究的国际视野,整合民族学、政治学、国际关系学等学科资源,构建出具有创新性的理论分析框架,并在此基础上提出更具有针对性、前瞻性、指导性的治理策略。其研究价值和意义体现在以下几个方面:

1. 有助于对跨界民族和边疆治理问题进行分类指导

从跨界民族与边疆治理的关系来看,我国拥有2.2万多公里的陆地边界线,与14个国家接壤;从东北鸭绿江起,北至黑龙江、内蒙古,西至新疆、西藏,西南到云南、广西,在陆路边境地区有30多个民族跨国界而居。作为世界上邻国和跨界民族最多的国家之一,跨界民族与中国的边疆问题有着密切的互动关系,是影响我国边疆治理的重要因素,族际政治、地缘政治在很大程度上塑造着边疆问题和形势的面貌和走向。然而,由于跨界民族类型不同、境外同一民族情况不同,族际政治、地缘政治的表现形式也不同,各国各边疆地区治理面临的形势和任务也有所不同。

在东北方向上,我国东北部的辽宁、吉林、黑龙江3省和内蒙古自治区的东部分别与朝鲜、俄罗斯、蒙古国3国接壤,有朝鲜族、赫哲族、鄂伦春族、鄂温克族和蒙古族5个跨界民族。蒙古族是跨中国、蒙古国和俄罗斯3国的跨界民族，而且蒙古国是蒙古族的主权国家，蒙古族在中国和俄罗斯均有政治实体（共和国、自治区与自治州），以"三蒙统一"为号召的大蒙古主义对东北亚的政治稳定有潜在的影响。朝鲜半岛是朝鲜族主体聚居之地，目前又有两个主权国家：朝鲜和韩国。

在西北方向上，我国的新疆与蒙古国、俄罗斯、哈萨克斯坦、吉尔吉斯斯坦、塔吉克斯坦、阿富汗、巴基斯坦、印度8国接壤，其间存在着蒙古族、俄罗斯族、哈萨克族、维吾尔族、塔塔尔族、柯尔克孜族、塔吉克族7个跨界民族，其中蒙古族、俄罗斯族、哈萨克族、柯尔克孜族、塔吉克族的主体均在国外且建有主权国家，在地缘政治上主要受中亚的影响。暴力恐怖势力、民族分裂势力、宗教极端势力是该地区面临的主要威胁，边疆民族问题具有"高政治"性。

在西南方向上，我国与东南亚国家的大多数跨界民族主体在境内，且境外基本上不存在跨界民族政治实体。因此，西南方向上跨界民族问题主要表现为毒品及艾滋病泛滥、非法移民、跨国犯罪等非传统安全问题。由此可见，族际政治、地缘政治在很大程度上塑造着边疆问题和形势的面貌，因此边疆治理的政策措施也应根据各地区跨界民族类型和地缘政治的情况实行分类指导，因地制宜，才能做到有的放矢。

2. 有助于以更广阔的国际视野建构新的边疆观及边疆治理观

从全球治理和地缘政治、地缘经济的角度来看，边疆民族地区资源富集、地域辽阔，又是我国连接亚欧大陆和东南亚、南亚的重要通道，随着冷战后地缘政治格局的变化和中国陆路边疆成为对外开放的前沿，边疆民族地区日益凸显为国家最具发展潜力的区域和新的增长极。在全球化、区域化背景下，各国相互毗邻的边疆在经济和安全上的共同利益增多，相互依存加深；各国边疆的发展、稳定和安全是在动态的、开放的过程中实现的，寻求发展和安全的手段趋向国际化、多元化，加强对话与合作成为寻求共同发展、共同安全的重要途径，边疆治理问题的解决也就与周边国家和地区越来越紧密地联系在一起。一个稳定的周边是边疆稳定的外部保障，而稳定的边疆是构建睦邻友好周边的内部依托，两者相辅相成、不可分割。"一带一路"是国际合作以及全球治理新模式的积极探索，对于边疆民族地区来说，在"一带一路"战略下依托地缘人文优势大力加强与周边国家的互利合作，推进区域经济一体化进程，以开放促开发，以合作促发展，与周边国家实现共同发展和繁荣就成为新时期实现边疆发展与稳定的重要战略抉择。通过这一研究，把握全球化、区域化下跨界民族与边疆治理的发展趋势，有助于以更广阔的国际视野建构新的边疆观及边疆治理观，为中国的跨界民族和边疆治理开辟出一条国际合作、共同治理、互利共赢的新路径。

3. 有助于为"一带一路"建设提供周边关系和边疆治理方面的理论参考

如前文所述，"一带一路"国内段覆盖了我国内陆边疆，其实质是一个以边疆为依托，以周边国家和地区为主要合作伙伴的国际合作发展战略。然而，"一带一路"战略沿线经过多个地缘政治破碎带，民族宗教文化多样性突出、大国利益交织，周边国家大都处在社会转型期，政权更迭、社会动荡、民族矛盾激化、宗教冲突、利益冲突，都可能使"一带一路"战略受到影响。如近年缅北民族冲突升温已影响到缅甸与中国的关系，危及中国在该区域的投资和重大项目建设，而印度之所以对孟中印缅经济走廊建设疑虑重重，也是为因该项目直接关涉的印度东北部是印度在政治、安全和经济上都比较脆弱和敏感的边疆民族地区。通过对相关国家跨界民族与边疆治理问题和经验的研究，将对这些风险和问题进行充分评估和预测，并探讨"一带一路"建设在加强各国经济联系的同时，如何发挥跨界民族语言文化相通的优势，消除各民族、宗教间的隔阂和误解，促进民心相通，为"一带一路"建设创造一个良好的外部环境。因此，本文可为"一带一路"建设化解风险、增进互信、加强不同文明之间的对话和兼容，打造中国与周边国家的命运共同体提供一定的理论依据和学术支撑。

三、研究的主要问题

本文研究的总体问题，是以丝绸之路经济带和21世纪海上丝绸之路建设为视角，对中国和相关主要国家和地区的跨界民族及边疆治理问题进行全面系统的研究和比较。研究的逻辑是，首先在"一带一路"涉及的60多个国家和地区中，确定跨界民族与边疆问题较为突出，对"一带一路"建设影响最为直接、最为重大的中亚、东北亚、南亚和东南亚与中国相互毗邻国家作为研究对象，从民族学、边疆学和国际关系理论多学科的角度对这些国家和地区跨界民族与边疆治理问题进行深入系统的理论分析和实证研究，包括其问题的由来和发展、主要表现和影响、制度模式、采取的政策措施及实施效果等，结合中国自身跨界民族与边疆治理的理论与实践，深入梳理与总结相关国家跨界民族及边疆治理的经验和教训，探索建构相关理论分析框架，并就在"一带一路"战略框架下如何与周边国家共同治理跨界民族问题和边疆问题，建设命运共同体提出相关策略和政策建议。

1. *中国跨界民族及边疆治理问题及经验研究*

中国是世界上最早重视边疆治理的国家，在长期的历史发展中历代中央王朝形成了一整套传统的治边理念与治边方略，主要有以处理族际关系为主的中国古代族际主义取向治理模式、以处理边疆区域性问题为主的近代区域主义取向治理模式。新中国成立以来，中国的边疆治理经历了从传统国防和以民族政策为重点的安边稳边转向现在的综合治理和全面发展，民族区域自治制度成为解决中国民族问题的基本政策。近年来，边疆民族地区治理模式开始向族际主义取向与族际主义取向和区域主义取向两者并重、相互兼顾、相互结合的方向转变。

中国是"一带一路"的倡导者、发起国，在推进"一带一路"的战略背景下，有必要对我国跨界民族与边疆治理的历史经验进行全面的梳理和总结，结合20世纪90年代兴起的地方治理和全球治理理论，并借鉴我国传统民族边疆问题治理模式和经验，挖掘本土性、族群性治理资源，研究当代中国边疆问题、民族问题治理体系和治理能力现代化问题，为新形势下的边疆治理提供理论参考。

2. *俄罗斯、蒙古国和中亚国家跨界民族及边疆治理问题研究*

俄罗斯、蒙古国和中亚五国是丝绸之路经济带建设重要的战略支点国家，丝绸之路经济带重点打造的新亚欧大陆桥、中蒙俄、中国—中亚—西亚国际经济合作走廊即以这一地区为战略依托，而该地区各国跨界民族、边疆问题复杂多变，且与地缘政治、大国战略博弈相互交织。从某种意义上说，这些国家和地区的跨界民族问题与边疆治理的走向将直接影响到丝绸之路经济带建设的成败。研究内容包括这些国家历史上与丝绸之路的相互关系、从民族到国家的历史发展进程，俄罗斯相关治理思路从族际主义取向向区域主义取向转变的动因和趋势，蒙古族作为单边主体跨界民族对地缘政治的影响，中亚各国从苏联的加盟共和国转变为独立主权国家后奉行的"主体民族化政策"评估及其对丝绸之路经济带建设的影响，以及在"一带一路"及"上海合作组织"框架下如何进一步加强各国边疆民族宗教问题的共同治理，有效地打击了"三股势力"，促进共同安全与共同发展，等等。

3. 南亚地区跨界民族及边疆治理问题研究

南亚在"一带一路"战略中具有极为重要的地位，中巴、孟中印缅两大国际经济走廊即以南亚为共建伙伴。其中印度作为南亚地区唯一的大国，是直接影响21世纪海上丝绸之路计划实施的关键国家，也是丝绸之路经济带建设的一个重要方向，而印度东北部的边疆、民族问题是影响"一带一路"在南亚推进的重要因素。基于此，研究的主要问题是历史上印度、巴基斯坦等国对丝绸之路活动的影响，这些国家与中国接壤地区的跨界民族状况和边疆治理进程及发展趋势，及其对"一路一带"建设的对应政策和民间互动。重点研究内容是印度边疆治理的理论与实践，南亚跨界民族问题和边境冲突对地缘政治、区域合作的影响，以准确把握"一路一带"战略在南亚推进面临的形势与任务，提出相应的合作策略与思路。

4. 东南亚中南半岛国家跨界民族及边疆治理问题研究

在我国推动的"一带一路"建设战略规划中，"中国—中南半岛国际经济合作走廊"既是"中国至东南亚、南亚、印度洋"方向丝绸之路经济带的桥梁，也是南下连接21世纪海上丝绸之路的纽带，从而使中南半岛地区成为"一带一路"建设陆海交汇的战略支点，具有十分重要的战略地位。中南半岛的缅甸、老挝、越南三国与中国接壤，漫长的边境线和众多跨界民族构成了特殊的地缘政治和地缘经济文化格局。拟解决的主要问题是缅甸、老挝、越南等中南半岛国家跨界民族与边疆治理问题的由来与发展、治理的传统模式与现实发展的经验探析及其对"一带一路"建设可能产生的影响；重点研究内容是从相关国家跨界民族与边疆问题的治理模式与基本要素分析，国际国内环境、相关政策发展变化进程、治理成效评估等入手，深入研究这些国家的相关经验并进行国际比较；探讨在"一带一路"框架下，中南半岛各国与中国毗邻的边疆民族地区如何在国际合作、共同治理的背景下实现共同发展。

5. 相关国家和地区跨界民族及边疆治理国际经验的比较研究

以"一带一路"建设的战略需求为出发点，对相关国家和地区跨界民族及边疆治理的经验进行全面系统的比较研究，包括治理理念、制度的比较研究，相关民族政策、治理策略和治理模式的比较研究，政策实施的内外环境条件、发展进程和治理绩效的比较研究，在国际经验比较的基础上，总结出我国借鉴与吸纳的经验和教训，探索世界跨界民族及边疆治理的内在规律，为新形势下中国制定、调整边疆民族政策和边疆治理方略提供更为坚实的参照物和事实基础，并就我国在"一带一路"战略框架下如何与周边国家共同治理跨界民族问题和边疆问题，建设命运共同体提出具有前瞻性、指导性的策略建议。

东北跨境民族民俗文化资源开发研究
——以延边朝鲜族为例

朴美兰

延边大学人文学院社会学系

中共十八大报告中指出:"文化是民族的血脉,是人民的精神家园。全面建成小康社会,实现中华民族伟大复兴,必须推动社会主义文化大发展大繁荣,兴起社会主义文化建设新高潮,提高国家文化软实力,发挥文化引领风尚、教育人民、服务社会、推动发展的作用。"

跨境民族是指相邻国家间跨国境而居的同一民族,亦称跨界民族或跨国界民族。与我国西南、西北跨境民族一样,东北跨境民族也是一个相对独立的民族群落:在总长约4800公里的中国东北边境两侧,由南向北再从东向西依次居住着朝鲜族、满族、赫哲族、鄂温克族、俄罗斯族和蒙古族等多个跨境民族。东北跨境民族长期居住、生活在中国东北的边疆边境地区,地理生态与人文历史积淀具有自身丰富的地域特色和民族特色。东北跨境民族的民俗文化既是中华民族的重要组成部分,同时又是东北传统跨境民族文化的活性载体,蕴含着独特的精神文化价值。在日益快速的城市化进程中,充分挖掘、开发东北跨境民族民俗文化资源,不仅有助于保护、传承中华各民族的传统文化,也有助于多元和谐社会的构建。

延边朝鲜族自治州作为中国境内最大的朝鲜族聚集地,延边境内朝鲜族民俗文化完好地保留了朝鲜民族的文化风貌。本文拟通过笔者的实地调查结果,分析探索东北跨境民族民俗文化资源开发现状及相关问题。

一、延边跨境民族民俗文化资源概况

民俗是一个国家或民族中广大人民群众所创造、享用和传承的生活文化。它起源于人类社会群体生活的需要,在特定的民族、时代和地域中不断形成、扩展和演变为民众的日常生活服务。民俗文化是依附于人们的生活、习惯、情感与信仰产生的一种社会性的趋同性生活模式,经过历史的积淀而成。民俗文化资源包括物质民俗、游艺民俗、社会民俗、信仰民俗、节庆礼仪民俗等。

延边朝鲜族自治州地处吉林省东部,中国、俄罗斯、朝鲜3国交界,边境线总长

755.2公里，其中，中朝边境线522.5公里，中俄边境线232.7公里。吉、黑、辽3省广阔的腹地，是东北三省沟通海内外的重要窗口，也是东北亚区域经济、人口、地理3个重心的交会点，在联结亚、欧、美海陆运输格局中居于重要的枢纽地位。同时，延边地区又是朝鲜族的主要聚居地，是朝鲜族人民民族区域自治的地方。2014年，区域总人口为214.6万人，其中朝鲜族人口77.8万人，占延边地区人口总数的36.3%，延边朝鲜族较完整地保留了富有特色的朝鲜民族的物质民俗文化、社会民俗文化和节庆礼仪等民俗文化。

就自然生态文化资源来看，延边地区是著名的旅游风景区，境内有被联合国确定为"人与生物自然保护区"，列入中国十大名山的长白山。千里图们江畔独特的自然风光。别具一格的"一眼望三国"的边境风光。珍贵的古渤海遗址等。就社会民俗文化来看，延边朝鲜族婚丧嫁娶等人生礼仪方面仍然延续着传统的仪式与风格，此外，在岁时节庆方面，如岁首节、上元节、寒日、老人节和自治州成立日等，都要举行各种盛大的庆祝和纪念活动，举办各种联欢会和运动会。在朝鲜族的饮食、歌舞、婚嫁等仪式方面无不渗透着朝鲜族特殊的民俗文化。此外，近几年，覆盖民族民俗文化全貌的朝鲜族民俗村也不断被建设成为靓丽的风景。就朝鲜族民俗村而言，笔者根据延边地区民俗村各自不同的历史与发展现状，主要考察了延边境内的4个民俗村，即安图万宝红旗村、图们月晴镇白龙村朝鲜族百年部落、延吉小营镇小和龙民俗村、延吉帽儿山下海兰江中国民俗园。这些民俗村不论其建立的历史、承载的文化资源，还是现在的发展态势都具有不同特点。

安图万宝红旗村位于吉林省延边朝鲜族自治州安图县西南，是前往长白山旅游的必经之路，也是安图境内唯一的朝鲜族民俗村。村内86户居民全部是朝鲜族，且保留着古老的朝鲜族民俗风情。安图万宝红旗村形成于20世纪30年代，始称"二号部落"，1958年定为红旗大队，1983年改名为红旗村，1985年开始重新规划建设。1995年，时任延边州委书记的张德江为红旗村题名"红旗朝鲜族民俗村"，2005年10月，正式更名为"中国朝鲜族第一村"。

图们月晴镇白龙村朝鲜族百年部落，距图们市区10公里，是具有鲜明的朝鲜族建筑特点的仿古部落群，在始建于1891年的百年老宅基础上，现又已建成13座风格各异、用途别样的朝鲜族房屋，院落内可以见到各种朝鲜族农业生活用品如牛车、辘轳、坛子等农耕器具和物品，同时还可品尝到打糕、米肠、泡茶等朝鲜族特色饮食，并体验农耕生活，还可欣赏民俗表演。所有的房屋都可供游客参观居住。

延吉小和龙民俗村位于延吉市小营镇内，目前除各种民族传统住宅、饮食之外，还有千年松等自然景观。

延边中国朝鲜族民俗风情园位于延吉市帽儿山脚下，距延吉市区5公里，距龙井市区20公里，具备得天独厚的区位优势。海兰江中国朝鲜族民俗风情园将建成包括朝鲜族民俗风情街、民俗村、民俗广场以及各种现代游乐设施的特色功能产业项目，进而打造中国乃至世界朝鲜族民族文化的精神堡垒和心灵归属地。这些调查点的民俗建设目前都在积极进行当中。

二、延边朝鲜族民俗文化资源优势

纵观延边朝鲜族民俗文化，延边朝鲜族民俗文化作为朝鲜族生活和生产的活性载体，具有其独特的文化资源优势，主要表现在：

1. 独特性

中国的朝鲜族民俗最初属于朝鲜王朝时期最穷苦阶层的风俗，他们当初从朝鲜半岛带来的风俗属于穷苦的庶民阶层简单、朴实的风俗，并讲究实效。延边地区朝鲜族祖籍多为朝鲜咸镜北道，经过长时期同汉族及其他民族杂居，又或多或少地融入了汉族和其他民族的民俗文化。所以延边地区的民俗旅游资源具有鲜明的地方特色和不可替代性。

延边境内的朝鲜族民俗所承载的各种文化资源都是独一无二、弥足珍贵的。如图们月晴镇白龙村朝鲜族百年部落的老宅里，至今仍然保留有早期朝鲜移民最初的居住模式，即在一个大的平房里分成四个小屋，其中与灶台相连的大屋为主人夫妻居住，在大屋的西侧分出三个小屋，分别为儿子、女儿居住，而其中给女儿居住的小屋在整个房屋的最里面。在房屋居住的位置安排上表现出朝鲜族生活中始终尊奉严格的等级制度。老宅后面的牛舍、老宅前的古井都反映了朝鲜族作为农业民族的生活实态。据百年部落的主人介绍，老宅屋顶的瓦片即使掉落也不会摔坏。这种建筑格局以及建筑模式无疑是研究朝鲜族建筑文化的珍贵"活化石"，对研究朝鲜族家庭结构、家庭模式、建筑起源、建筑风格等问题都有极高的学术价值。

同时，图们月晴镇白龙村百年部落作为中国境内朝鲜族民族教育的起源地，还留有早期朝鲜移民学校的校址，白龙村百年部落至今还留有当时的学生资料，这些宝贵的历史文本资料对于朝鲜族早期教育活动的研究弥足珍贵。

调查发现，安图和图们的朝鲜族民俗村落的居民都有出门不锁门的习俗，这一现象也表明了传统农村村落的典型的社会网络特点，即农村聚居是指一定规模与从事农业生产密切相关的人群，在一定地域范围内集中居住的现象、过程与形态。这一过程中往往会形成村庄、集市、集镇等小规模的地域空间形态，以及由血缘、姻亲、宗族、地缘等交织的熟人社会网络形态特点。这对于生活在现代化场景下竞争激烈的游客来说无疑是一种很好的心灵放松与回归。这种独特的生活实态对游客具有强烈的吸引力。

2. 原生性

延边朝鲜族民俗村所承载的文化资源的原生性是十分突出的。如朝鲜族民俗村落，多依山傍水，有些村落与水田紧密相连，如安图万宝红旗村村民住宅后面不到100米就是一片广阔的水田，既表明朝鲜族逐水而居的农业民族的生活历史，同时体现了朝鲜族民俗村的形成与发展深受自然地理环境的影响，且蕴藏着人类适应自然环境的朴素生存法则。朝鲜族婚俗礼仪经过百年的历史发展与世代传承，朝鲜族婚俗本身就涵盖了本民族的服饰、饮食、居住、歌舞、生活情调、民族价值观等文化理念。朝鲜族婚俗较其他民族，不论是华丽高贵的婚服，还是各种婚俗礼仪，都体现了这个民族深厚的文化积淀，因此具有更为集中鲜明的民族特色，而且带有很强的趣味性和知识性，对于长期生活在紧张而文化同质环境中的各地游客具有极强的吸引力,容易激发旅游者亲身体验的动机。此外,朝鲜族饮食民俗里至今保留着饮食多崇尚绿色、健康食品的特点,延边朝鲜族可以说是中国朝鲜族的一个缩影,在饮食文化方面尤为如此。延边朝鲜族在特殊的地理、历史、经济条件下,继承了传统饮食习惯,融合了东北汉族饮食风味、汲取了半岛南部的饮食风格,形成独具特色的延边朝鲜族饮食文化风俗。各种朝鲜族饮食,如纳豆、辣白菜、松茸、木耳、狗肉、酱汤等,不仅具有丰富的营养价值,而且对于现代人长期不良饮食习惯所导致的各种慢性病有良好的食疗作用。可以说,朝鲜族民俗文化所保留的这些生活礼仪与生活习俗都是原汁原味的文化实态。

3. 多样性与休闲性

延边地区朝鲜族从衣、食、住、行的物质文化到生产、交易的经济文化以及人生礼仪和民间艺术的精神文化等,内容丰富、门类齐全。如图们非物质文化遗产展览馆以现代科技的方式鲜活地展示了朝鲜民族生活的各种状态,如朝鲜族灶台、大铁锅、火炕,还有鹤舞的服装,洞箫、伽倻琴表演,婚丧民俗等。这种丰富多样的民俗文化生态可以满足全球化时代下各种游客的文化、心理需求。

张国洪在《中国文化旅游》一书中指出:"文化旅游就是旅游者涉足、接触、观赏、体验异地文化及其环境氛围的过程。这一行为过程的文化性质,是对异地文化及其环境氛围的憧憬、遐想等的文化介入冲动所导致的文化需求的满足。"①

源于传统农耕社会的朝鲜族传统饮食,如各种色彩鲜艳的糕点、营养健康的石锅饭等饮食也满足了快节奏下城市人群通过旅游达到休闲、放松的目的,这符合慢城理念。

慢城理念源于慢食运动的"慢"哲学。1989 年发源于意大利的慢食运动以抵制快餐文化、保护原生态的传统食品并对传统生态型农业的精髓加以挖掘和保护为宗旨,提倡享受生活和美食,推行慢餐文化和品位教育。慢城是指人口在 5 万人以下,节奏悠闲舒适,支持都市绿化和绿色能源,积极利用现代科技改善城市生活环境,支持本地传统手工工艺与传统美食,充分利用资源来实现地方感和经济可持续发展的城镇、村庄或社区②。

综上所述,作为中国朝鲜族唯一的传统聚集地,延边朝鲜族民俗村更多地保留了朝鲜族各种传统文化资源,具有丰富的民族特色,各种民俗文化资源,经过加工再创造,可以满足旅游者怀旧、寻根、求异、求知、娱乐休闲等多层次、多样性的需求。

三、朝鲜族民俗村文化资源开发中的主要问题

作为一种文化资源,延边朝鲜族各地民俗文化资源的保护与开发不断得到强化,然而,在发展过程中,尤其是在现代化和城镇化过程中,朝鲜族民俗文化资源的保护、开发也面临着一些无法回避的障碍因素。这些障碍主要包括:

---

① 张国洪:《中国文化旅游:理论、战略、实践》,南开大学出版社 2001 年版。
② Slow Food,"What We Do",(2014 - 06 - 11),http://www.slowfood.com/international/9/what - we - do。

1. 文化资源的纵深开发

朝鲜族民俗村本身,无论其建筑风格,还是饮食习惯、饮食产品,以及与人生各个生命阶段相联系的人生礼仪,都蕴藏着丰富的文化资源。这些文化资源体现着这个民族的历史记忆与民族性格。然而,目前对朝鲜族民俗村的文化资源开发不够,仅仅限于静态的文化展示,而缺少纵深的文化含量和精致的文化创意。如安图红旗村虽已建成洁白整齐的朝鲜族传统民居,但对这种民居的产生历史以及功能缺少阐释。对朝鲜族饮食产品中所含有的丰富的营养价值和健身价值更缺少合理性和专业性的说明。根据一些学者的研究发现,前来延边进行旅游的客人多为文化程度较高的公司职员、公务员和较成功私营业主,这些人的文化品位高,更加追求自由、健康、高品质的文化生活。朝鲜族民俗文化资源中的简单操作缺少对文化的深入阐释,既不利于朝鲜族文化的传承,对于前来观光旅游的游客也缺少吸引力。如图们的非物质文化遗产馆,耗费巨资建成规模较大、装饰华丽的文化馆,并在文化馆里设置了现代传媒技术,如在传统的朝鲜族铁锅里设置触摸开关用于客人点菜,但由于整个文化馆里缺少意义深远、文化内容丰富的文化产品,游客在非物质文化遗产馆里驻留、观光的时间不足 1 个小时就会结束整个观光过程。这种对文化资源的单薄的回放,仅仅是展示了文化的静态内容,而没有对民俗文化资源的纵深开发,不利于促进文化资源的产业化进程。

2. 文化资源开发的主体缺失

调查发现,各地朝鲜族民俗村由于受到全球化和市场经济因素的影响,日益趋向人口减少和人口老龄化。文化资源的开发不仅需要年轻人的积极参与,更需要专业人士的仔细研究。然而,目前在民俗村里生活的基本上都是老年人,甚至一些民俗村里负责接待客人的人员也不是朝鲜族,据图们朝鲜族百年部落的负责人介绍,有时突然来很多客人要求看朝鲜族舞蹈节目,但由于附近朝鲜族人都出去打工,根本找不到符合需要的专业人员进行民俗节目的表演。目前在旅游业中比较活跃的是年龄在 25~45 岁的游客,这些游客更加追求体验奇异、新奇的异质文化,日益减少的民族人口和老龄化的人口现象会给传统文化资源的开发带来负面影响。

3. 文化资源开发中的政府投入

文化资源中的政府投入不仅包括经济投入,还包括政策与人力投入。首先,朝鲜族民俗村的维持与建设无疑需要大量的资金投入,目前,由于朝鲜族民俗村各方面的建设尚未走向全面和深入,因此,将民俗文化资源转化为文化产业,即将民族传统文化资本化还存在着一定的困难,这就需要政府在财力上的大力支援。然而,在具体的资金落实方面,各个民俗村仍然面临着资金缺失和难以到位的问题。其次,政府的投入还包括人力支援与政策支援。目前,国内的旅游机制对边境民俗村旅游也造成一定的负面作用。据调查,目前延边州国内旅游者的旅游方式主要以单位组织和旅行社组织为主,分别占 38.8% 和 30.6%,合计占 69.4%,这种旅游机制不利于广大游客深入朝鲜族民俗村落进行文化体验。据延边朝鲜族民俗村落中的居民介绍,来村里的游客都是被旅行社带来的,但是这些民俗村的门票价格低廉,多为 20 元左右,其中导游能拿到的提成仅为 10 元,加上这些民俗村落里缺少游客可以采购并让导游受惠的价格高昂的纪念品,因此,一般的导游或旅行社在安排旅行线路时更多地倾向于选择那些路途方便同时占用游客时间不多而又有良好购物环境和设施的景点,对于这些传统民俗村不做宣传或少做宣传,这就使这些民俗村失去了吸纳资金的机会,使资金链处于紧张状态,这不利于下一步的扩大建设。

综上所述,朝鲜族民俗文化资源既包括物态的民族文化实体,如建筑、饮食产品,也包括精神产品,如民族传统礼仪、传统民俗舞蹈等文艺节目。然而,由于各种因素的综合作用,朝鲜族民俗文化资源的开发利用面临着一定的困难。

四、结论

中国朝鲜族文化作为中华民族文化的一部分,也是社会主义大文化的重要内容之一。延边朝鲜族自治州是东北亚文化交缘地带,这里既是中国境内最大的朝鲜族自治州,又是我国朝鲜族唯一的传统聚居地。朝鲜族人始终与世界各地的朝鲜民族处于各种经济、文化互动交往之中,朝鲜族文化始终以其极富特色的民族文化丰富并滋养着区域多元文化。这种特殊的地缘、血缘关系决定了延边朝鲜族民俗文化的传承与发展意义重大。朝鲜族民俗文化作为传统文化的最重要的载体之一,是朝鲜族传统民族文化的活性载体,深入开发和利用民俗文化资源,进而实现民族文化资本的产业化,对于促进民族文化的产业化来说,既有助于推动朝鲜族社会不断走向文明和进步,同时也有利于实现和谐边疆文化大发展、大繁荣,进而更好地实现区域各族群文化繁荣绽放,将有助于区域和谐社会的构建。

累积的现实：观察文化的历史眼光

何 群

内蒙古师范大学

随着我国和谐社会建设进程的推进，小民族生存发展问题已经引起政府和学界广泛重视。对社会急剧变化以及传统文化特点共同促成的前途命运问题的忧虑成为关注热点。本文提出一个观点即：考察和预测小民族文化的现实和重建，不能脱离"累积的现实"的历史眼光，应将他们当前的"文化"形态看作一条线而非一个点。"线"即时间隧道，即"累积"；而"点"，只是标志一个特定时空。那么，以累积—历史的、变化的眼光看今天小民族文化及构建，其传统文化动态状况如何？在传统文化体系和社会结构都已经发生动摇的情况下，他们新的困难和难题是什么？按照此一思路，本文从以下两个侧面进行尝试性探讨。

一、小民族"原生态"是否依然

以目前的考古学资料可知，人类有近450万年的历史，而449万年的历史是以采集、狩猎、捕鱼为基础生活的。即使是今天，在一些地区，仍然有一定数量的人们以采集狩猎为生，或保留有该传统文化不同程度的遗存。采集狩猎的"初民社会"，往往被"工业文明"社会的人们想象成"与自然共生"、"与地球和谐相处"的其乐无穷的丰饶社会。问题是，历史演进到今天，"初民社会"目前的实际生活已和我们的想象相去甚远。特别是在最近几十年，全球范围内的采集狩猎社会几乎都面临一些共同问题，包括一些国家和地区从法律上禁止采集狩猎活动；一些温暖地带由于开发农田和耕地，使得当地森林、草原等资源环境受到严重破坏，失去了狩猎的家园；一些国家和地方政府采取的定居化政策以及社会福利政策，使狩猎民趋于集中于城镇，各种扶持政策，使他们脱离传统生计，远离传统居住地；等等。在外部因素直接作用和间接裹挟下，小民族的传统文化已经很难有真正的"原生态"。

仅就笔者一直所关注的大小兴安岭地区鄂伦春人、使鹿鄂温克人而言，虽然猎民大多数时间仍然在山上生产和生活，住"撮罗子"，吃兽肉，逐鹿迁徙，但他们这种传统生产和生活方式的外部环境和内部因素已经不能与过去同日而语。他们对外界的了解，已经远不是过去的程度，在应对外界变化、冲击的思考、选择上，其理性水平已经远远超越半个世纪之前。这似乎是不需要在此专门郑重提出而早已为人所共知的问题。事实的确如此。而问题更在于,外部社会对其文化内部的变化——动态的状况,对其所经历和面临的外部环境以及与之互动状况,确实所知不少。凡此种种,长此以往,均构成某种"累积的现实"。如他们滋生出的某些积习、依赖、盲目优越感;他们的成长和进步如已经具有的文化自觉,对外部社会变化与自身位置、利益的清醒认识。因此,政府在规划其发展远景和选择政策时,不能无视这些群体社会与心灵的变化。如发生在敖鲁古雅传统使鹿鄂温克社会,在老敖乡已经与异文化有近半个世纪接触、吸收并业已形成很好的交流的文化和社会建构的情况下,2003年8月"生态移民"搬迁到根河市郊的现址——新敖乡后,政府单独给他们建立社区——"新敖乡"的办法,使鹿的鄂温克人饱受了"失去老邻居"、"感觉不习惯"的苦恼和孤单。原来,搬迁工作完成后,62户猎民搬迁至新乡,其他居民移民至根河周边其他乡镇。新敖乡社区62户,由过去老敖乡社区中挑出清一色的鄂温克猎民组成。政府分配新住房的原则就是分给鄂温克猎民,因此,周围熟悉的邻居变了,过去熟悉的邻里关系被截断,由此意味着需要新的邻里关系的重新开始。进一步扩大,新社区与周围社区、社会的关系也面临新一轮接触、整合问题。

同样是发生在敖鹿古雅2003年8月的搬迁,政府考虑鄂温克族干部职工不在分房之列。那么,住房怎样分配,政府该找谁商量?关于此,还引起过纷乱。猎民群体认为,既然住房是分配给猎民住,为什么政府在商量一些相关大事时总爱找干部而不找猎民?谁是猎民?谁能代表猎民主体?结合上述迁移引起的"失去老邻居"的失落,不难发现,围绕迁移和分房,一个业已形成的吸收了多文化因素的使鹿社会结构发生动摇;同时,又使业已分化的传统社会进一步走向解构。移民后新敖乡辖区面积由搬迁前的1096平方公里增加到17672平方公里。社区辖区面积扩大了10余倍。而从鄂温克人口占所在地区总人口比例看,由于人口少所带来的地区影响上的弱势,新社区有可能进一步淡化使鹿传统文化的特色。

我们看到,搬迁结束后,上级政府下拨专款为猎民准备了生产生活必需品,并为每户发放了生活补助费300元,无偿为猎民提供了液化气炉具和小灵通手机,同时为62户猎民的院落进行了平整并铺设了砖道。但笔者认为,一个群体,他们最关注与自身生存和未来有关的重大问题,如果政府在这一点上让群众失望,零零碎碎的工作不会提升政府威信,而且有可能让群众滋生与政府玩"捉迷藏"游戏的兴趣。或许,这些优惠政策一时会有短期效果,然因核心问题并未解决好,如规划的驯鹿圈养计划的失败——重又放归山林。在没有周到考虑到饲料来源与猎民经济承受能力、半野生的驯鹿是否适应圈养的环境(驯鹿的蹄掌早已适应了苔原、林间那略有弹性的地衣或厚厚的积雪,而不是这些平整的"硬地"①)以及如果实现圈养那么是否经过实验且已经成熟等,这些均造成"夹生饭",为新问题的衍生埋下伏笔。

我们看到,就使鹿鄂温克人而言,50多年来历史累积形成的发展负担,如驯鹿的圈养和我国唯一的传统驯鹿业的前景问题,年轻人因观念、习惯、技能等因素出现的迁移后的就业难问题,猎民的依赖感与传统驯鹿文化的未来问题。这些问题并没有因生态移民而获得淡化,反而在新的时空中更为凸显。至于"依赖感",或者是一种社会病,也是历史

---

① 郝时远:《传统的生产方式需要科学的现代化改造》,《中国民族报》2007年10月19日。

累积的现实：观察文化的历史眼光

累积出的一种痼疾，是长期以来小民族不甚理解外部社会环境的急剧变化，被动接受、消极承受长此以往形成的心理学上的"习得性无能为力"的结果。关于此点，笔者在另一项研究中，通过生活于内蒙古自治区和黑龙江省两地鄂伦春族社会的比较，分析因两地制度环境的某些差异形成的鄂伦春族自立、自强方面表现出的程度上的差距。①

不仅如此，生活于现代社会的使鹿鄂温克人，日益感受到被边缘化的境况。因驯鹿生活环境恶化、驯鹿种群的退化，从事驯鹿饲养的人员日益减少，如果不通过有力而符合实际的外部干预，传统驯鹿业实际上在滑向自生自灭的结局。地方政府目前正想办法扭转这一局面。问题是驯鹿的习性是需要无地域限制的游走与寻找苔藓，这与界限明确的林场、农场地界划分形成严重冲突。据知情人士讲，改革开放后，林业、农业企业管理和体制建设加强，各家都很强调各自的责、权、利，只是因使鹿鄂温克部落与当地农林企业一直关系比较好，企业多照顾、让利给他们，即允许猎民在林场、农场属地上放养驯鹿。所以，实际上，猎民和驯鹿是在"人家"的地盘上生活。即使这在相当长的时期内不成问题，但是，现代的森林保护与传统驯鹿饲养确实存在矛盾，如火灾的隐患等，尽管盲流和企业职工也是引发森林火灾的人为因素。另外，我们看到，尽管对外树立着"敖乡"——使鹿鄂温克文化特色的招牌，而敖乡的收入大户以及木材公司，实际处于社会经济、社会生活的主导地位，而这些大户以及在公司里从业的人员又少有猎民。由100多人构成的使鹿鄂温克群体，一部分在山上，另一部分在乡里闲逛，最后一部分当干部职工。

著名历史学家胡适曾说：做学问要在不疑处有疑。目前，确实应对民族研究中一些传统概念和话语提出质疑，要反思旧有的思路是否已经与社会变化发生错位，比如对可能存在的社会事实的重新体会之必要。变化了的传统社会，现实中真实的社会、文化"图像"到底是怎样的？这是相对能够实现对话和理解的前提。如政府施与的照顾、优惠，出于尊重他们"传统文化"的善意的想象和考虑，或许已经滞后于他们从自身利益出发的现实选择，他们对外部社会的认识，可能已经超过了外界对他们的估计。如2003年搬迁新址后敖鲁古雅乡猎民对政府试图将驯鹿所有权完全归个人主张的抵制。猎民从个人实际利益和外部条件出发，斟酌结果，还是把负担推给政府撑着己有利。而政府和外人从他们的传统文化和心理判断，以为完全让猎民回归"传统"，自己拥有驯鹿使用发展的全部权利，岂不是他们内心所渴望的！？②

---

① 何群：《环境与小民族生存——鄂伦春文化的变迁》，社会科学文献出版社2006年版。
② 此部分论述资料来源：第一手资料：笔者2003年8月在新敖乡的实地社会调查经验；2006年7月笔者在新敖乡进行的分阶层的使鹿鄂温克族问卷调查；笔者与内蒙古社会科学院有关学者进行的交流访谈以及与数位使鹿鄂温克人的访谈。第二手资料：郝时远：《传统的生产方式需要科学的现代化改造》，《中国民族报》2007年10月19日；2004年5月8日敖乡人民政府文件《敖乡基本情况》；2004年根河市委文件《敖乡生态移民的背景和意义》；《首批搬迁者重返故土 鄂温克人走出大山之路有多长》，人民网，2003年8月15日；谢元媛：《敖鲁古雅鄂温克猎民生态移民后的状况调查——边缘少数族群的发展道路调查》，人大复印报刊资料《民族问题研究》2006年第4期。原载《民俗研究》（济南），2005年，第50-60页。

二、"民族旅游业"是"福"是"祸"

民族地区旅游业的兴起,被认为是现代化的标志之一,日益成为当地政府探索发展出路的首选。不同于一般意义的旅游业,民族旅游业的走红,来自特有的人文—文化资源魅力,"民族旅游业"表述中"民族"概念揭示了这一点。然而,民族旅游业热在当今似乎有必要加以反思,即:"民族旅游业"之于传统文化和传统社会可持续发展是"福"还是"祸"?一个时期以来,因为它对小民族社会影响甚大,所以也引发出不少争论,就民族旅游业之于当事民族的是非功过等问题进行论辩。据来自少数民族众多、旅游资源丰富的云南省的一份资料:"多数学者认为在少数民族地区发展旅游业会给当地文化带来一定的负面影响(马晓京,2000;杨福权,2001;李伟,2004;等等),但发展旅游业又是促进少数民族地区发展的最佳途径之一(李伟,2004;冯莉,2000;甘雪春等,2000),因此,大多数学者同意不能因噎废食,限制旅游业发展,而应在大力发展旅游业的同时,采取各种措施,保护好少数民族传统文化。但应采取何种措施才能有效地保护好少数民族传统文化,学者们仁者见仁、智者见智。"[①]

国外一些研究案例,同样喜欢从旅游业给当地族群带来的积极和消极影响展开分析:1974年秋,罗瓦林第一次接待了大批外国游客,在旅游高峰季节,他们的人数甚至比当地居民还多。从那以后,罗瓦林蜚声国外,成为尼泊尔最有地方特色、最美丽的旅游胜地之一,游客蜂拥而至。旅游业对经济发生了十分显著的影响,工资增加,物价螺旋式上升,而且工资一直比物价增加得更多。旅游业还使罗瓦林人特别是妇女和少年可以在家乡干活,不必再到其他地区找工作。这样,旅游业又保持了社会和家庭生活的连续性,不仅有较好的经济效益,而且有较好的社会效益。这些新经济机会最惊人的影响是,给最贫穷的社区成员提供了经济发展的良机。1974~1977年,最明显的社会变化是,政治权力从老一代手里转到年轻一代手里。1974年两代人的关系相当紧张,老人苦苦抱怨:"年轻人才挣了几百卢比,就像当了皇上似的。"到1977年,这场冲突已在有利于年轻人的情况下解决了,尤其是大多数村民都开始认为,为了应付多变的世界,最好还是让具有从事旅游业和登山运动经历的人掌握权力。尽管如此,人们越来越忙,开始不参加时逢旅游季节高峰的某些传统节日,传统习惯日渐受到非常微妙的侵蚀。而峡谷里最惊人的世俗化的事情是,10个僧徒有9个在20多岁时结了婚。倘若没有旅游业的影响,他们不可能如此之多、如此之快地结婚。今天,通过为游客做向导的有偿劳动,可以有足够的钱购买食物和牦牛、建造房子,添补以前缺少的家产。结婚增多相应地引起了婴儿增加,人口统计成了一个重要的问题。1974年时,峡谷人口还处于负增长状态,但仅仅过去3年,其净增长就达到11%。很清楚,如果允许人口继续增长,在不再有旅游业的情况下,必将导致严重的经济混乱。旅游业被迫停止,这一直是可能发生的。

---

① 张均:《旅游业发展与少数民族文化保护研究综述》,见云南大学法学院:《"经济发展与民族文化保护"专题文献综述》(内部刊印),2004年11月,第91-92页。

上述个案表明，旅游业带给传统社会的变化喜忧参半。在此，民族的东西、传统文化的持续和改观，都在现代化意向下被置于同一个过程中，成为一种"动态民族志"形态。"变"是必然的，发达地区人们旅游愿望的膨胀，旅游胜地人们出于人性趋利避害和向往富裕、美好生活的自然法则，也会抓住游客带给他们的经济机会。学者对一种传统样式的偏爱以及保护的理想主义，抵不过当事人生存需要之急切。与学者的"画饼充饥"或"望梅止渴"形成对照，政府、社会规划者的无文化、对人性无知的不适当决策，则会改写当事人的命运。

另有研究通过对民族旅游开发背景的分析，提出了一些较为尖锐的观点。认为旅游开发，不过是一种现象，更为重要的是其背后的动向，也就是由政府引发的政治和文化的再组合问题。因此，必须把它理解为针对国家开发、国民文化而创造的"文化政治学"。"在这里，文化不是作为生活方式而存在的，而是以经得起外部视线和鉴赏的真实素材来表现。……旅游开发路线作为文化政策是一种'文化的博物馆化'，是政府对国民文化的掌握。文化达到这一步，它就脱离了各种各样的社会温床，而以独立变数开始其自身的运动。"①

与旅游、"文化政治学"命题密切相关，近年我国就非物质文化遗产保护以及以何种方式保护，已成为学界和社会热议的话题。如同民族旅游业的繁荣关键得益于异文化的魅力，在于外界对"他者"——"原生态"的猎奇和向往。它迎合了现代都市人在饱受现代化—单一文化窒息后，急于潜入异文化的海洋进行调整的心理—精神需求。而就少数民族—文化当事人而言，传统文化或文化遗产之于他们，并不是人们通常所理解的文化遗产之于他们是历史留下的精神财富，属于过去时。实际上，所有这些文化遗产往往在当事民族现实生活中存在着痕迹，有的甚至生命力相当旺盛。这一点决定了我们在保护中存在诸多两难的问题。例如：当我们谈保护的问题时，为了保护的方便和有效，往往要把保护对象从一种完整的、庞大的体系中抽绎出来，给予特别的关注。这实际上是采取一种解构的办法来对待文化遗产。非物质文化遗产非常重要的特点就在于它的发生和构成中的混元性、现实存在的共生性，以及和民众生活的不可分割的关系。而对于对象的解构或所谓保护，却意味着完整性的破坏；保护一种传统文化不让它受到市场经济的影响是不大可能的。非物质文化遗产本来是民众的一种生活方式，当一种生活方式变成商品时就很难再完好保持原来的功能了，例如旅游业使非物质文化的各种表现形式在性质、功能等方面发生了根本性的改变。有时为了某种需要，有关行政部门会采取一些办法，功利地对待和利用非物质文化遗产。这样做不是从文化发展的规律本身出发，因而不能真正地起到保护非物质文化遗产的作用，反而会对优秀传统文化的传承和延续产生负面的影响。实行时间不短的"文化搭台、经济唱戏"的口号至今还有市场，还在社会实践中占有相当的地位。在很多地方，民众的生活方式被当作旅游的资源加以推销，庄重的仪式、礼俗成为日复一日的表演，寄寓其中的民众情感自然就会逐渐淡化，这些非物质文化遗产的功能发生了根本的转变，虽然在形式上仍然保持着原来的面貌，但被抽掉了情感和灵魂，被空洞化了，被

---

① （日）山下晋司：《国家意向下的民族文化的重新组合——托拉查地区的旅游开发》，郑信哲译，《土著民族与小民族生存发展问题研究》，中央民族大学出版社2006年版。

异化了。① 这种情况我们在实地不难发现。

2006年9月笔者在黑龙江省同江市街津口赫哲族乡调查以及参加市、乡政府联合组织的一个纪念仪式时对此深有感触。民俗旅游文化村为庆典、为新一拨游客进行的"民族传统文化演出"的"台前"表演，与毗邻的生活中的"台后的"猎民村、渔业村村民的实际生活景象相去甚远。当然，民族传统文化表演者深知自己的"表演"在一些情况下是出于完成政府安排的"任务"，另一些时候是出于生计——经济收入考虑，而不是试图全身心地重归祖辈们的文化、社会时空。既然如此，没有表演任务也缺乏表演才能的猎民、渔民，当然对"台前的"表演活动不感兴趣，觉得那是"热闹"，与己无关。当然，就体现或弘扬一种文化样式的现代价值和精神品质、巩固或提升一个族群的民族自尊，一定程度上唤起文化中人的集体意识和历史记忆、提高其与现代社会接触的"软"实力而言，似乎传统文化被"表演"总比连表演也没有好。除了上述功能，在带动地方和民族经济并促进边缘、传统社会介入主流社会方面亦具有明显成效。

上述分析无论是国家意志下的"文化博物馆化"，还是"台前的"表演和"台后的"生活景象之间的差异，都与"结构式"保护等尖锐问题的讨论一脉相承，在讨论"民族旅游"时，人们难以理清的纠缠之一，即在难以抵挡的现代化潮流中"如何保护"传统文化。有的主张原汁原味的保护，也有的认为少数民族文化本身就处在变化之中，因此，保护工作应该是动态的保护。如果单纯强调对少数民族衣食住行等传统文化进行原汁原味的静态保护，那么，如何体现少数民族拥有和全国人民一道享受现代生活的权利？他们不应该成为现代社会"文化保护"理念的牺牲品，实质上是意味着话语权的失落和被一种外部意志所掌控。这或许也是他们所不喜欢接受的；但是，如果不进行原汁原味的保护，一些小民族的传统文化就可能存在消失的危险。这于当事民族于整个社会也是不可估量的损失。两者的关系如何处理？再者，少数民族传统文化本身就处在变迁之中，在保护工作中如何体现这种发展变化？②

看来，在观察和判断少数传统文化变化的形态问题上，针对已经发生的大面积吸收和整合的文化变迁实际，我们需要走出"传统"——"原汁原味"或"非传统"——"现代化"两者"非此即彼"这一存留有某种文化霸权残迹的二元思维模式。这已经牵涉到保护与政治权利等诸多复杂而敏感因素，少数民族作为现实生活中的人和人的共同体，生存下去并获得更好的生存，永远是他们的生活目标，他们不希望成为政府或学者或什么保护主义者的"文化人质"，在他们已经穿用习惯现代服饰、知道服饰之象征意义的情况下，不再希望扮演外界认为下的"赤身裸体的原始人"。从国家和社会整体利益考虑，外界能够给予的"最好保护"，即呵护他们生活着的传统，并重新估计传统文化之于现代社会可持续发展的有益启发和重要弥补作用，重新挖掘和强调传统文化的现代价值。

当代著名社会学家安东尼·吉登斯指出："生活中被称为'天意'的东西其实主要是历史和社会力量的产物。个体复杂而微妙的生活方式能够反映我们的社会经历。"③ 我国

---

① 刘魁立：《非物质文化遗产保护的理论与实践》，中国社会科学院网站，2007年6月12日。
② 参阅方慧：《云南关于文化保护的政策与法律》，见云南大学法学院：《"经济发展与民族文化保护"专题文献综述》（内部刊印），2004年。
③ 安东尼·吉登斯：《社会学》，赵旭东等译，北京大学出版社2003年版。

著名历史学家顾颉刚先生认为,中国传说时代的历史是"累积"的历史。他感受到的"历史意味"并不生涩难解:"我的意识中发生了历史的意味,我得到了最低的历史的认识:知道凡是眼前所见的东西都是慢慢地积累起来的,不是在古代已尽有,也不是到了现在刚有。"① 借助于历史学的眼光,今日谈小民族为"原始落后"或处于"原始社会末期",首先在观念领域应该明确,这些概念加在今天这些族群上,希望所概括的社会事实已经远远超出了这些概念所能够囊括的范围。小传统文化经过吸收和重构,在技术、组织和精神等文化各个层面已经发生巨大变化,也已经结构成为"累积的现实"。

---

① 顾颉刚:《走在历史的路上——顾颉刚自述》,江苏教育出版社2005年版。

清代"一国多制"边疆管理格局中的督抚体制
——以云南督抚体制为中心的考察

邹建达

云南民族大学

一、"一国多制"的边疆管理格局

清朝是由满洲入主中原而建立的封建王朝,也是中国历史上最后一个封建王朝,在明末纷乱的局势下实现了国家新的统一,不仅继承了明朝的疆域,还统一了台湾,并陆续将西北额鲁特蒙古、喀尔喀蒙古、漠西、青海蒙古以及西藏、回部等地收入版图,形成一个空前规模的"大一统"的多民族国家,版图之广,为历代所不及。① 由于各边疆地区所固有的政治体制、历史传统、民族构成、文化经济发展状况以及完成统一的方式各不相同,面对辽阔的疆域和多元化的边疆格局,在"修其教不易其俗,齐其政不易其宜"的思想指导下,在统治形式上,清王朝根据各边疆地区的不同特点,采取灵活而多样的管理方法,其核心是"因俗而治"、"从俗从宜"、"因地制宜",即根据不同地区的不同情况,"画土分疆,多沿明制;历年损益,代有不同"②,形成"一国多制"的管理格局③。大体上看,清王朝把疆域分为内地和边疆两个部分,在地方行政区划上分为两大系统。《(光绪)大清会典》云:"乃经天下之疆理,凡总督巡抚所统曰府、厅、州、县,将军大臣所统曰城,各治其所隶之地,以分井里而任众庶。"④ 李兆洛在《皇朝藩部要略·序》中也进行了高度概括:"其于诸藩也,容之如天地,养之如父母,照之如日月,威之如雷霆;饥则哺之,寒则衣之,劳则慰之,患则救之。量材而授任,疏之以爵土,分之以人民,教之以字畜,申之以制度。一民尺土,天子无所利焉,寸赏斗罚,天子无有私焉。修其教不

---

① 参见李治亭:《康雍乾盛世·自序》,江苏教育出版社2005年。
② 《志二十九·地理一》,《清史稿》(卷54),第1892页。
③ 周振鹤先生将其称为"边疆地区军事型或监护型的特殊政区制度",参见周振鹤:《地方行政制度志》,上海人民出版社1998年版。有学者称之为"边疆特别行政体制",参见白刚主编:《中国政治制度通史·清代卷》,人民出版社1996年版。
④ 《(光绪)大清会典》(卷13)。

易其俗,齐其政不易其宜,旷然更始而不惊,靡然向风而自化。"① 清朝对各边疆地区的管理,相关情况略述于下:

东北地区:东北为满洲的发祥地,对清朝统治者具有特殊的意义,故清政府十分重视对该地区的管理,施行军府体制,设置盛京将军、吉林将军、黑龙江将军三个辖区,分别驻扎盛京(今沈阳)、吉林乌喇和齐齐哈尔,掌管辖区内军、民诸政。将军辖区之内又分置副都统若干,分辖各处。将军、副都统辖区内实行旗、民分治。将军衙门、副都统衙门以及下属的旗佐衙门,是专治旗人的机构,只理旗务而不问民人。民人即汉人,在各将军衙门辖区内设府州县衙门治理。如盛京设有奉天府、锦州府等,统附近之州县,专管汉人事务。

蒙古地区:在清朝的边疆政策中,蒙古问题始终处于核心地位。漠南、漠北(内外蒙古)及青海大部分地区为蒙古民族的游牧地,清朝在这些地区设置绥远将军、察哈尔都统、热河都统、乌里雅苏台定边左副将军、呼伦贝尔副都统、科布多参赞大臣、库伦办事大臣,推行盟旗制度。盟旗制度为仿满洲八旗制度并略加改造而成,旗以下各编佐领,一旗设一旗长,称扎萨克,掌管一旗的军政、民政诸务,合数旗为一盟,设盟长管理。

新疆地区:新疆区域广阔,设有伊犁将军,统辖天山南北两路准部、回部军政、戍务各事;又设西宁办事大臣、塔尔巴哈台参赞大臣、喀什噶尔参赞大臣以及都统、副都统、领队大臣等。新疆境内民族众多,清朝根据各个集聚区的民族分布情况,采取多种不同的管理制度,施行军民分治:汉族集聚区实行郡县制,如在天山北路设有镇西府(巴里坤)、迪化直隶州(乌鲁木齐);维吾尔族集聚区推行伯克制,掌综回务;对游牧的哈萨克、布鲁特蒙古诸部及哈密、吐鲁番维吾尔人实行扎萨克管理。

西藏地区:置驻藏大臣、帮办大臣各一人,分驻拉萨和日喀则,与西藏噶厦地方政府共同管理,并实行政教合一体制。分西藏为卫(前藏)、藏(后藏)、喀木(康)、阿里四区,各置噶伦分治,由四噶伦组成西藏噶厦地方政府。

滇桂地区:设置总督、巡抚,施行与内地一体化的直省管理体制,设置府、厅、州、县分管地方,在部分少数民族聚居区实行土司制度。云南、广西两省是清代"内地十八省"中唯一具有陆路边境线的省份。

二、清代云南的边疆特征与直省管理体制的确立

云南地处中国之西南,《(嘉庆)大清一统志》叙云南地理形势为:"东接黔蜀,东川、曲靖二府之东接贵州,昭通府西北接四川,东南接贵州;又武定、姚州之北及永宁土府之东,皆于四川接界。南控交阯,临安、开化二府与安南接界。西拥诸甸,永昌以西皆蛮甸也。北距吐蕃,丽江府及永宁土府之北与西蕃接界。……西南之重镇也。"② 或称"滇南越在边荒,居天下之西南,为中国之犄角。……全滇之境,东向黔阳,西通缅甸,

---

① 祁韵士:《皇朝藩部要略·序》,转引自马大正主编:《中国边疆经略史》,中州古籍出版社2000年版。
② 《形势》,《(嘉庆)大清一统志》(卷475)。

南达两粤、交阯,北距西蜀、吐蕃,山尽连绵,水多溪峡,无百里之方舟"。①

清朝的官方文书提及云南时经常用"边疆"、"边疆要地"、"边徼"、"边地"、"距京遥远"、"边险"、"地处天末"、"地属严疆"等指称。云南境内不仅"跬步皆山,不通舟楫",且民族构成十分复杂,至乾隆年间,仍是"夷猓杂居之区,内改流未久及新辟苗疆地方夷多汉少,其余汉夷参半,大率汉民俱住城市,夷猓住居山乡。其种类不一,有白人、㑩夷、白猓、黑猓、沙人、侬人等类,而猓猓一种最多"。② 此类描述,不可胜数,如"滇省东接东川,西连猛缅,北距蒙蕃,南达安南,四围边险而中间百蛮错处,如猓猡、㑩民、野苗等,种类繁多,最为叵测"。③ "云南山川峻险,幅员辽阔,非腹里地方可必"④;"滇土,天下之远藩,处夷落之中,为中国之屏蔽";"云南孤悬天末,外则三面临边,形势险要,猝遇缓急,难待邻境声援";⑤ 等等。无论从地理、历史还是政治、经济、军事、文化、民族构成等任何一方面进行考察,云南均属于边疆。

对于"最称难治"的云南边疆,清政府并未采取如管理东北、北方、西北、青藏等边疆的特殊管理模式,而是将其纳入"内地十八省"之内,采取与内地一体化的直省管理方式,一攻占其地,"遂设院、司、道衙门"⑥,并设置总督、巡抚管理云南地方。个中原因固然是由于元明两代数百年的统治经营,使云南社会经济文化得到了极大发展,境内汉族人口已超过其他民族人口的总和,靠内的府州县已几同内地,云南边疆与内地的联系日益紧密等,而其中最大的原因是,元明两代对云南地方的统治方式对当地产生了深刻影响。这表明清朝统治者继承和吸收了元、明两代对云南的统治方式,并贯彻"从俗从宜"的治理思想。元明两代对云南边疆的统治方式已呈现出与内地一体化的特征。

元朝十分重视对云南的统治,其对云南边疆的统治和经营,成为云南边疆发展史上一个重要的转折点。元宪宗三年(1253年),忽必烈率蒙古军攻灭大理后,设大元帅府,统十九万户府。至元十一年,设云南行中书省,改万户、千户为路、府、州、县。据《元史·地理志四》的记载:"云南行省为路三十七,属府二,属州五十四,属县四十七。其余甸寨军民等府不在此数。"并将"羁縻治策"发展成"土司土官制度",在云南设置了土司土官,同时还设置了许多与行省配套和相关的机构,其中"宗王出镇"体制成为元代云南地方管理的重要部分。宗王体制与行省体制并行,成为元代管理和控制云南地方的重要制度安排,由此所形成的云南地方管理中的多头政治,使地方管控机构重叠交叉,相互牵制,关系复杂。夏光南先生认为:"元代其于滇之政治设施,颇形复杂,约而言之,可分为省政、王政、藩政、土司四部。四者虽并听命于中央,实各具有统治之权利,而无殊条共贯之组织。"⑦ 可谓一语中的。尽管如此,我们仍应看到,元代云南行省的设置,意义重大。元以前各朝代对云南的统治,从统治的深度和地域的广阔上都未达到元代的水

---

① (清)师范:《滇系》,清光绪十三年(1887年)刻本。
② 乾隆十七年十二月初四,云贵总督硕色奏报《滇省两迤地方风土情形折》,《宫中档乾隆朝奏折》(第4辑),第512页。
③ 蔡毓荣:《酌定全滇营制疏》,《武备志》,见《(光绪)续云南通志稿》(卷70)。
④ 《清世祖实录》(卷124),顺治十六年三月甲寅条。
⑤ (明)章潢:《图书编六则·入滇之路》,转引自李春龙:《正续云南备征志精选点校》,云南民族出版社2000年版。
⑥ 倪蜕:《滇云历年传》(卷10),云南大学出版社1992年版。
⑦ 夏光南:《元代云南史地丛考》,中华书局1935年版。

平，蒙元的经营为明清两代在西南边疆实施全面的统治与开发奠定了坚实的基础。

明代承袭元代对云南的统治方式，因革损益，遣亲信率重兵戍守，变元代的宗王出镇体制"亚分封制"，以朱元璋义子黔宁王沐英及其子孙世镇云南，实行大规模的卫所屯田；改云南行省为云南等处承宣布政使司，与按察使司、督指挥使司一起组成云南地方高层管理机构，进一步完善土司制度，设置了数量众多的府、州、县及土司。据《明史·地理七》所载：云南布政使司"领府五十八，州七十五，县五十五，蛮部六。后领府十九，御夷府二，州四十，御夷州三，县三十，宣慰司八，宣抚司四，安抚司五，长官司三十三，御夷长官司二"。① 正统五年（1440年）开始设置云南巡抚，成化十六年（1480年）至崇祯十七年（1644年），云南巡抚常设不废。在明代所设众多巡抚中，云南巡抚是唯一设在既有勋王世代镇守，同时又是边疆民族地区的巡抚。明代中后期，巡抚已凌驾于三司之上，但三司仍是法定的地方最高行政机构。明代云南省级地方政治设施虽不似元代复杂，却仍然是多头共管，勋王、巡抚、三司之间互相牵制，巡抚并未取得对地方的绝对领导地位。然而明代云南巡抚的常设，为清代在云南边疆施行完全意义上的督抚管理体制奠定了基础。

顺治十六年三月，清军攻占云南，清廷以"云南山川峻险，幅员辽阔，非腹里地方可比"②，且此时永历帝逃入缅甸，"滇黔虽入版图，而伏莽未靖，征调犹繁。"遂"踵明故事"，命平西王吴三桂驻镇云南，"凡该省文武官贤否，甄别举劾，民间利病，因革兴除及一切兵马、钱粮事务，俱暂著该藩总管，奏请施行，内外衙门不得掣肘。"③ 吴三桂遂开始在云南"称藩专制"。康熙元年十二月又谕令："贵州接壤云南，皆系岩疆要地，且苗蛮杂居，与云南无二。其一切文武官员、兵民各项事务，俱照云南例，著平西亲王管理。"④ 吴三桂遂坐镇云南，总制滇、黔两省。康熙二年，又令"将云、贵二省总督、巡抚敕书，撰入'听王节制'四字"。⑤ 显然，此时期云南虽设有总督、巡抚，其作用的发挥十分有限，在平定"三藩之乱"后，督抚才真正成为云南地方政治核心和督滇治滇的主要力量。

三、清代的"直省"建制及云南督抚体制特征

"清承明制"，其"直省"建制为明朝制度损益而成。明朝分全国为两京十三布政使司辖区，两京包括：京师、南京；十三布政使司包括：山东、山西、河南、陕西、四川、江西、湖广、浙江、福建、广东、广西、云南、贵州。入清后将京师改为直隶，将南京改为江南布政使司，形成1个直隶、14个布政使司，合称"十五省"。康熙三年（1664年），分湖广为湖北、湖南二省；康熙六年（1667年），又分江南省为江苏、安徽两省，

---

① 《志第二十二·地理七》，《明史》（卷46），第1171页。
② 《清世祖实录》（卷124），顺治十六年三月甲寅条。
③ 《清世祖实录》（卷129），顺治十六年十月己酉条。
④ 《清圣祖实录》（卷7），康熙元年十二月辛酉条。
⑤ 《清世祖实录》（卷8），康熙二年二月丁巳条。

分陕西省为陕西、甘肃两省,自此形成"内地十八省"的格局,并一直保持到光绪九年(1883 年)。"十八省"的区划延续 200 余年而无所更改,成为中国历史上稳定时间最长的高级政区体系。光绪十年(1884 年)新疆建省,光绪十一年(1885 年)台湾建省,光绪三十三年(1907 年)于东北设奉天、吉林、黑龙江三省。故 1911 年清朝覆亡时,全国共有 23 省。

清朝"内地十八省"的地方管理制度,多沿袭明朝的制度,以省为高级政区,省以下有府、州、县,为省—府(直隶州、直隶厅)—(州)县(厅)三级地方管理体制。① 清代在省级政权机构中,裁撤了明代三司之一的都指挥使司,保留了布政使司、按察使司,并以总督、巡抚作为省的最高长官,布、按两司成为督抚的属官,加上学政一官,构成了省级政权机构,巡抚的辖区统称为"省"。明清两代"省"的含义的变化是与督抚的制度化相联系的。清代的督抚体制是施行于"内地十八省"的一项普遍的制度。虽然明代中后期督抚已趋于常设,布、按两司受其节制,巡抚的辖区与布政使的辖区也多有重合,但督抚还没有完成制度化的构建,设置还不稳定,辖区未完全固定,且所辖区域相互之间还有重叠交叉的现象,并未彻底脱离其临时差遣官的性质,布政使依然是法定的地方最高行政长官。故在明代,巡抚的辖区不能看作是一级政区,而以布政使的辖区为一级政区,十三布政使辖区通称为"省"。

清代,随着督抚制度的完善,督抚成为地方最高军政长官。总督、巡抚、布政使虽同为一个行政层级内的官员,但布政使已隶属于总督、巡抚,成为督抚的属官,不便再以布政使的辖区作为一级政区。而总督的设置特点之一为,总督一般辖有二三省(只有直隶、四川为一省设一总督),且总督辖区并不完全涵盖"十八省"之地,山东、山西、河南三省只设巡抚治理,而不受任何总督节制。因此,也不便以总督辖区作为一级政区。巡抚则逐渐由临时差遣变为固定设置,一般一省设一巡抚,即使不设巡抚之甘肃、直隶、四川三地,也以陕甘总督、直隶总督、四川总督兼巡抚事,似可视为全国设有十八巡抚,且巡抚辖区固定,以其辖区为一级行政区,通称为"省",因有"十八巡抚",故称为"内地十八省"。《皇朝文献通考·舆地考》中的一段文字,最能说明这一问题:"至于省之为名,始于元之中书省及行中书省。明代于两京之外分置十三布政使司,而亦得称为十三省,以省为官司之署,其名原可以通用。皇清抚有区宇,仍各布政使司之名……统计有布政使之地凡一十九。(按:乾隆二十五年(1760 年),增设江宁布政使司,形成全国 19 布政使司格局)唯是旧时《一统志》诸书即称为各布政使司,盖沿明统志之例。明之巡抚多寡无定,有一布政使之地而多至数巡抚者,有事则设,无事则罢,但为持节奉使之臣。我朝则巡抚各有定员,分寄以守土之责,以京朝官之衔而兼民事,略如古行台及元行中书省。其有专设总督者,也必以督臣兼巡抚事。至于布政使司,但与按察司分理钱谷刑名,自不应专书于各省之首,且如江苏一省,以两布政使而总隶于一巡抚,势不得更将两布政分列也。国家创制县庸,务从实政,凡在诏谕所颁,文移所用,并称各省。兹编纂《舆地

---

① 有关清代地方行政机构是三级还是四级,甚或是五级,学界众说纷纭,主要集中在"督抚"和"道"是否作为单独的一级政区展开争论,此不再赘述。此处从周振鹤先生之说,"道"仅为一级准政区,清代的地方行政体系为三级(周振鹤:《地方行政制度志》,上海人民出版社 1998 年版)。

志》，亦概书省焉。"①

需要说明的是，政区是一个现代概念，以"省"作为一级政区，清代官方对此并无制度上的规定，也无成文法甚至习惯性的规定。有学者认为："省在清代实际上也不是正式称呼，故《嘉庆重修一统志》将十八省与边区地方行政单位均称为统部，就是此理。"②有学者指出："'统部'只是一通志中'统括一省'、'总叙一省大要'的部分，与各府、厅、直隶州的'分卷'相对应，因此'统部'并不是清代的政区或者通称。'省'在清代官方文书中已经成为习惯用语，但'省'只是一种区域的通称，不是巡抚辖区的专称，更不是正式的政区。除了称'十八省'外，还有'十五省'、'十七省'、'十九省'等不同称谓，代表全国的'十五省'、'十七省'、'十九省'的存在，说明整个清代'十八省'即18个巡抚辖区也未获得全国的垄断地位，甚至还不如以前的15个布政使即'十五省'作为一级政区的地位明确，只是《大清一统志》、《皇朝文献通考》、《皇朝通志》均列举了'十八省'，标志着到乾隆晚期，清朝官方遵从实际，认定'省'作为18个巡抚辖区的官方称谓，并取代布政使成为志书、政书体系的一级政区，'十八省'体系终于建构完成。"③因此，把光绪十年设立新疆巡抚，光绪十一年设立台湾巡抚，光绪三十三年设立奉天巡抚、吉林巡抚、黑龙江巡抚，均视为上述五个地方建省的标志。

对于云南而言，因其为边疆，而清朝设置督抚管理地方，施以内地一体化的管理方式，但云南督抚体制的内涵并不完全同于内地其他省份，有其特殊性。

督抚同城，且境内无八旗驻防。整个清代，云南巡抚驻扎云南府城，云贵总督的驻地，除清初吴三桂称藩时期曾短暂驻扎于贵阳府城外，自康熙二十二年后，也驻扎于云南府城，形成云贵总督与云南巡抚同城驻扎。清代总督、巡抚的设置，经康熙年间的调整变化后，自雍正二年始，在相当长时期内在全国保持8总督15巡抚的设置。其中，有5处地方总督、巡抚同处一省，两江总督与江苏巡抚同省却不同城，两江总督驻江宁，江苏巡抚驻苏州，除此而外，督抚同城者4处：云贵总督与云南巡抚，驻云南府；闽浙总督与福建巡抚，驻福州城；湖广总督与湖北巡抚，驻武昌城；两广总督与广州巡抚，驻广州城。同时，在福州府城、武昌府城、广州府城，还分别有驻防的福州将军、荆州将军、广州将军。在云贵总督所辖的滇黔境内，无八旗兵驻防，云南府城并无驻防将军。

清初，在云南曾驻有平西王吴三桂藩下所领汉军八旗。顺治十七年（1660年），"以平西王吴三桂移镇云南，设左、右固山各一员，都统、副都统各一员，佐领牛录章京四十二员，甲兵八千四百名。"④顺治十八年二月，在清军即将恢复云贵之际，议政王大臣会议："其大兵进讨云贵，宜设将军、总督、巡抚、提督随大兵进征，吏部、兵部开列应补者以闻。"寻吏部、兵部以应补官列名具奏。上谕："云南将军不必添设，可调湖广提督桑峨为云南提督，湖南提督赵赖为贵州提督，四川总督周有德为云贵总督，以原任云南巡抚李天浴为云南巡抚，副都御使杨雍建为贵州巡抚。"⑤自此，确立了云南不设八旗兵驻防，而以督、抚、提、镇统领绿营兵防控的军事驻防体制，云贵总督成为本辖区内绿营的

---

① 《舆地考·直隶省》，《皇朝文献通考》（卷275）。
② 周振鹤：《地方行政制度志》，上海人民出版社1998年版。
③ 侯杨方：《清代十八省的形成》，《中国历史地理论丛》（第25卷第3辑），2010年7月。
④ 《（雍正）云南通志》（卷16上）。
⑤ 《清圣祖实录》（卷79），康熙十八年二月辛巳条；王先谦：《东华录》（第2册），康熙二十三年，第41页。

最高统帅。

督抚同城体制历来被人诟病,清末的薛福成更是督抚同城的坚决反对者,其谓:"然一城中主大政者二人,志不齐,权不一,其势不得不出于争。若督抚二人皆不肖,则互相容隐以便私图,仍难收牵制之益。……若一贤一不贤,则小人惎君子力常有余,以君子抗小人势常不足,即久而是非自明,赏罚不爽,而国计民生之受病已深。……若督抚皆贤,则本无所用其牵制。然或意见不同,性情不同,因而不能相安者,虽贤者不免。"此种制度,有时的确会造成"贤者永不得有为,中材亦因以自废"。① 有清一代,由于同城督抚不合而引起的矛盾以及对地方管理造成伤害的案例可谓多矣,对此,统治者并非不知道。乾隆年间清高宗就曾说:"督抚共事一省,每以意见不同参商偏执,甚至各立门户,引用私人,暗挟猜嫌,互相疑忌,此所奖而彼恶之,彼所喜而此嫉之,其于地方公事则又彼此推诿,以致属员无所适从,政令每至躭误。此督抚不和之弊也。若其朋比为奸,则又讬和衷之名,各自营私,彼此瞻循(狥)回护致使不职属员皆得姑容,以贻地方之害,此又合和之不以正者。"② 然而督抚同城的状况从清初就一直存在,直到清末督抚权力膨胀得厉害后才有所改变,其中必有深意。

在督抚同城的4个地方,云南为西南边疆重镇,广东、福建为海防重地,武昌为南北水陆要冲,都是统治与治理难度较大的地方,加强对这些地方的统治力量,也是统治者的必然选择;且边疆重地,一人专擅终非美事。清代的总督、巡抚并非军政、民政完全分途,而是你中有我、我中有你,权力互相渗透。③ 将其置于一地,权力分散,彼此牵制,互相监督,难以擅权一方,也应是清统治者的初衷之一。乾隆皇帝说得明白:"设立督抚原令相互稽查④。"《(雍正)大清会典》则说:"国家设将帅之臣以守封疆,又遣都察院堂官为总督、巡抚,总督节制全省,巡抚专司粮饷而赞理焉。"⑤ 督抚又都具有单独具折的权力,军国大政、有司贤否、雨水粮价、小民疾苦等,凡地方一应事务,不论大小,皇帝都要求详明陈奏,随时禀报。但"督抚同事一方,稍有成见,于地方公事甚为无益"⑥,统治者强调两者"谊属同寅","地方事务宜互相商榷,各本虚公",具奏时"勿苟且雷同,勿偏执意见",更"不当存彼此之见"。通过这样的方式,端坐深宫中的皇帝不仅能了解地方的真实情况,督抚的一切活动都能在其严密的监控下进行。清朝皇帝和中央"即意图通过督抚之间职权与任务的重复,形成督抚之间的互相牵制;同时,督抚间辖地的重叠,则又是达到相互间牵制的另一种方式"。⑦ 牵制的目的是为了制衡。督抚同处一城,矛盾确实难以避免,甚至动静闹得很大,这时就需要皇帝与中央出面调停或裁判。正是通过这样的方式,显示了皇帝和中央的权威,以达到控制督抚,进而控制地方的目的。

督抚同城在清代不是普遍现象,以云南和广西相比较,两省同处西南边陲并同时拥有陆地边疆,清王朝以云贵总督和云南巡抚同城的方式管控云南,而广西属两广总督辖区,

---

① 《职官十八》,《清续文献通考》(卷132)。
② 王先谦:《东华录》(第4册),乾隆十三年,第54-55页。
③ 王跃生:《清代督抚体制特征探微》,《社会科学辑刊》1993年第4期。
④ 王先谦:《东华录》(第5册),乾隆九九年,第749页。
⑤ (雍正)《大清会典》(卷139)。
⑥ 《清高宗实录》(卷380),乾隆十六年正月丙午条。
⑦ 林涓:《清代行政区划变迁研究》,复旦大学博士学位论文,2004年。

两广总督驻广州，设广西巡抚驻桂林，就两广地区而言，清朝更注重其海防，故将两广总督与广州巡抚置于一地；对云贵而言，其更注重陆地边疆的防控，故将云贵总督与云南巡抚同城驻扎。就对陆地边疆的管理控制而言，清王朝对云南的重视程度明显超过广西。这主要是因为，广西仅与越南接壤，而云南除了与越南接壤外，还与缅甸、老挝等国壤地相接。不仅如此，越南自宋朝时期摆脱了中国的封建统治后，中、越之间就建立起"宗藩关系"，清王朝统一全国后，即先后册封高平莫氏、安南黎氏，越南境内各势力均视清朝为宗主国，双方确立起了"宗藩关系"。① 在清代，中越之间的关系相较于中缅之间的关系而言，更为亲近。清代前期，与越南接壤的边境防守并不是清廷的重点。相对于广西而言，云南不仅边境线更长，且与多国接壤，边疆情势更为复杂，战略地位更为重要，边疆事务殷繁、军事行动频繁，加之地方辽阔、舟楫不通，控制需要人，且将边疆管控大权交与一人之手，朝廷终不放心。将督抚置于一地，在增强统治力量的同时又使其相互牵制，既是形势使然，也体现出与其他直省在地方管理体制上的不同特点。

督抚体制是清王朝边疆管理体制一个重要类别

督、抚、藩、臬、提、镇同为地方军政大员，同称为封疆大吏，督抚与藩臬及提镇的关系，能很好地反映督抚在清代云南督抚地方事务中的权力角色地位。清代官修典章政书中对督抚的职权叙述笼统："总督，掌综治军民，统辖文武，考核官吏，修饬封疆。……巡抚，掌宣布德意，抚安齐民，修明政刑，兴革利弊，考核群吏。会总督以昭废之。"②在制度设计和实践中，督抚无疑是地方政治和权力的核心。早在康熙十二年（1673年），玄烨即说："国家大小事务，在内责成部院，在外责成督抚。"③ 乾隆十三年（1748年），更是明确："外官官制，向以布政司领之。但督抚总制百官，布、按而司皆其属吏，应首列督抚，次列布按。"这样，督、抚、藩、臬虽同为省一级行政大员，而藩臬成为了督抚的属官，受总督、巡抚节制。在清代的典章中即称："承宣布政使司布政使……掌一省之政事，钱谷之出纳。朝廷有德泽禁令，承流宣布以达于有司。阖省僚属，以时颁其俸禄，满秩，廉其称职不称职，报督抚以达于吏部。十年会户版，均税役，登民数、田数以达于户部。凡诸政务，与督抚会议，经画而行之。""提刑按察使司按察使，掌全省刑名按劾之事。振扬风纪，澄清吏治，大者与藩司会议以听于部。理阖省之驿传，三年大比为监试官，大计为考核官，秋审为主稿官。"在实际的地方行政运行中，属于布、按两司管辖范围的地方行政事务，最后都须经过督抚核查，或由其直接裁决，或经其手上报部院衙门或奏达皇帝。从《朱批谕旨》、《宫中档乾隆朝奏折》以及第一历史档案馆馆藏的奏折中我们看到，许多年终汇奏事件，如民数、谷数、财政收支、城垣完固、命盗案件审理已未完结数目、抓获逃犯数目、属员有无亏空等，都是由两司汇总后申报督抚确核后奏报，而不由两司直接上报。每月地方粮价，也由抚臣奏报，地方政事的实际权力已被督抚控制。至于治吏之权，更为督抚把持，两司无从侵染。不仅如此，两司的考语都要由督抚出具。乾

---

① 此时期，越南境内另一大势力——广南阮氏也试图与清朝建立宗藩关系，但清廷未予册封。见孙宏年：《清代中越宗藩关系研究》，黑龙江教育出版社2006年版。
② 《志九十一·职官三·总督巡抚》，《清史稿》（卷116），第3336页。
③ 王先谦：《东华录》（第4册），乾隆十三年，康熙十二年五月乙卯条，第54-55页。

隆三十七年（1772年），清高宗以云南巡抚李湖奏报滇省各员贤否一折，只载知府各员，而未将司道姓名、考语列入单内而加申斥。李湖回奏，是因为自己为新任巡抚，不谙成式所致。① 对于地方兴革、厘定地方章程之事，也基本上为督抚所垄断，两司偶有建言上奏，皇帝也会著令其"交督抚，听其议奏"。如乾隆二十五年（1760年），云南布政使顾济美奏请"将镇雄分防彝良州同、威信州判铸给关防"一折，此事本属早就应办之事，循例奏报，高宗却朱批："交督抚，听其议奏。"其议奏的结果自然是"似应如该布政使所请"。② 再如乾隆三十年（1765年），云南按察使良卿奏报："请嗣后到滇军流，除带有赀财、家口并手艺，自可谋食，及年老有疾易于管束者，仍令发各府州县安置外，如单身少壮穷苦不能谋食，尚可力作者，饬令首府首县验明，详请分发各厂硐安插，充当砂丁，责成厂员交与课长、厂役等严加管束，令其佣作，给予工食，倘有疏虞，即将厂员照例议处，以专责成。"清高宗仍令"交督臣，听其议奏。"云贵总督刘藻议复，提出了反对理由。高宗朱批："如所议行。"③ 说明清朝皇帝不仅对督抚的信任远超过两司，督抚更具行政权力，且皇帝也有意在地方树立督抚的权威。

督抚与提镇的关系，《（康熙）大清会典》载："国家军旅之事，专任武臣，其在直省者以文臣监督，曰总督，曰巡抚。"④ 即中央将部分权力分寄于督抚，以文臣节制武臣。云贵总督、云南巡抚同驻云南府城，云南提督驻扎大理府城，各镇总兵分驻各地，均有各自的标兵。就云南督抚与提镇关系而言，与其他各省并无二致。云贵总督乃为云南绿营的统帅，节制境内提镇。但云南毕竟是边疆，不仅营制、汛塘与其他省有差异，其他军营事务也与其他省略有区别，此不再赘述。需要补充的是，云南督抚具有其他内地督抚所不具备的"整饬边防、抚驭外藩"的职责。前文已提及，在清代督抚管辖的地方，只有云南、广西与外藩壤地相接。而云南与广西相较，云南不仅边疆辽阔，边境线长，而且外藩众多，情况复杂，清朝与境外各国的关系复杂，且境外各国内部以及各个国家之间的关系也较复杂，加之边境一线气候、水土恶劣，沿边土司又具有摇摆性⑤，影响着清朝与这些国家之间的关系，因此边防、边务事务更为殷繁。

可见，从制度层面看，督抚是皇帝在地方的代理人，总揽一方军政大权，督抚体制已成为部分边疆地方最重要的制度，这些边疆地方督抚的设置、职权、事务与其他直省督抚不尽相同，且具有其独特性；从实践层面看，军旅重务、兴革大事，也都系于督抚。所以，清代施行于边疆地方的督抚体制，也是清王朝边疆管理体制一个重要类别，其与军府制、盟旗制、伊犁将军与西宁办事大臣、驻藏大臣制等边疆特殊管理体制一起，构成清代边疆管理的完整体系。

然而，学者们在叙述清朝设置于边疆或边区的行政制度时，均不叙督抚体制；论及清

---

① 乾隆三十七年十二月初四，云南巡抚李湖：《奏为未将司道姓名、考语汇列于知府考语之前，蒙恩训诲事》，中国第一历史档案馆藏，档号：04－01－12－0154－055；缩微号04－01－12－026－2626。
② 乾隆二十六年五月二十八，云南巡抚刘藻：《奏为遵旨议奏颁给镇雄州分防彝良州同、威信州判关防折》，中国第一历史档案馆藏，档号：04－01－12－0107；缩微号：04－01－12－018－1835。
③ 乾隆三十年七月二十八，云贵总督刘藻：《遵旨议覆到滇军流安插折》，《宫中档乾隆朝奏折》（第25辑），第613－615页。
④ 《（康熙）大清会典》（卷93）。
⑤ 这些沿边土司虽为清朝所控制，向朝廷交纳赋税，而同时又向境外势力如缅甸交"花马礼"，甚至有土司逃往境外等。

代诸如对云南边疆的管控时,只谈土司制度和"改土归流",几乎不提督抚体制。如李世愉先生所论:"清前期对云南的管理与控制,主要是通过解决土司问题,亦即改土归流而达到目的的。"或称"清政府对云南边疆地区实行直接的、有效的统治,从严格意义上来说,应该从雍正改土归流完成之后"。①

土司制度和"改土归流"固然是清王朝治理包括云南在内的西南边疆民族地区的一项重要治策,确实使得清王朝对包括云南在内的西南边疆地区的管理和控制更为直接和有效。但清王朝在云南这样的边疆地区施行与内地一体化的督抚体制,从整体上将云南纳入了与内地一体化的管理体制之中,督抚成为清王朝管理和控制云南边疆的最高军政长官,这是清王朝管理和控制云南边疆的重要制度安排,也是清王朝对云南边疆管理和控制更加直接和有效的制度因素。因此,不能因督抚体制是清王朝施行于内地十八省的地方管理制度,忽视其在云南边疆治理中的特殊地位和作用,仅以土司制度或"改土归流"代替整个清王朝管控和治理云南边疆的制度安排,应将清王朝施行于云南的督抚体制纳入清代边疆政治的体系中加以研究。另外,清王朝不断推进边疆与内地的一体化进程,在东北、新疆部分地区较早时设置有府州县,并不断扩大府州县的设置,这也为清末新疆建省以及"东三省"的设置奠定了基础。

---

① 李世愉:《清政府对云南的管理与控制》,《中国边疆史地研究》2000年第4期。

"中国世界秩序"观之影响及其与中国古代边疆研究

——对费正清《中国世界秩序：中国传统的对外关系》的研究及其意义

许建英

中国社会科学院边疆所

作为美国著名的中国学家，费正清在中国学的研究和世界中国学建设上都做出了杰出的贡献。他的一生著述丰富，就其对中国的研究来看，包括利用一手档案资料对中国历史，特别是中国近代史的研究，如《中国沿海的贸易与外交》；同时编辑了多种研究中国历史的文献提要和目录，如《近代中国：1898年至1937年中国著述指南》、《中国对西方的反应：文献通考》、《中国对西方的反应：研究指南》；广泛吸收和融合各种最新研究成果撰写而成的介绍中国历史的普及性著作，例如《中国与美国》；以及直接论述中美关系、提出政策建议的文章。费正清诸多观点和著作在美国影响深广，他的多部著作被翻译成中文后，在中国也产生了巨大影响。

在费正清研究中国对外关系的著作中，《中国世界秩序：中国传统的对外关系》是值得重视的一本书。该书共分为14章，由包括费正清在内的美国历史学家、华裔历史学家、日本及韩国历史学家共同完成。该书不但系统研究了费正清长期关注的朝贡制度，而且正式提出并阐述了"中国世界秩序"的理论框架，对其形成、实质、演变及其在清代之状况分别进行了考察，可以说它是费氏研究朝贡制度的总结和升华。关于费氏的这一理论，以往论者多从中国古代对外关系角度进行关注，笔者认为它对研究中国古代疆域的形成与演变有着重要意义。兹借助翻译该书的机会，对该书内容及其所涉及理论的影响作简要介绍，同时初步探讨该理论在中国古代边疆研究中的意义。不当之处，恳请指正。

费正清之"中国世界秩序"观

在《中国世界秩序：中国传统的对外关系》开篇中，费正清正式提出关于"中国世界秩序"的理论框架，该框架是费正清研究中国历史，特别是中国近代史所依赖的研究取向（Approach）① 和思想资源。在该理论框架中，费氏提出"中国中心主义（Sinocentrism）"的概念，并概括了其基本理论和问题，阐述了该理论的起源与发展。

费正清认为，无论是从历史发展、面积大小还是财富等方面看，古代中国都是东亚地区的中心，故称之为"中国中心主义"。中国古代文明对朝鲜、越南、日本以及琉球王国影响巨大，例如中国表意文字书写体系、儒家关于家庭及社会秩序的经典教义、科举考试制度以及中国皇朝君主制度与官僚制度等都深刻地影响着东亚。在地理上，该地区和西方及南亚分离开来，使其在所有伟大文化区域中最具特点。这个近代欧洲人所说的"远东"世界是以中国为中心的"天下"，而且"天下"都在天子管辖之内；或者说当时人类已知世界的大部分都在中华帝国的管辖之内。

费正清认为，在处理与其周边地区关系或者说与"非中国"民族关系时，中国都带有中国中心主义观念和中国优越自负的色彩。像中国的社会本身一样，中国对外关系因此是等级制的和不平等的。在漫长的历史发展过程中，在东亚形成一种中国对外关系的网状结构，它大致与欧洲所发展起来的国际秩序相当。费正清将这种关系称之为"中国世界秩序"。

费正清所勾勒的古代"中国世界秩序"是等级制的，又是同中心的。他将其划分为三个主要地带：第一，中国化地带，是由最邻近的、文化上最相似的朝贡国越南和朝鲜组成，它们的部分地区曾经在古代被纳入到中国的统治之内；琉球群岛也包括在内，并且在有些短暂的时期内，日本也属于该地带。第二，内陆亚洲地带，由内陆亚洲游牧民族或者半游牧民族的朝贡部落及朝贡国所组成。第三，外围地带，一般是由"外夷"组成，处在海外或者陆地外围更远的地方，包括后来的日本和东南亚、南亚的其他国家以及欧洲的国家。费正清认为，从理论上讲，所有这些"非中国"的国家和民族都要向中央之国的天子朝贡，但是事实上，该理论经常得不到落实。费正清认为中国对外关系的主要问题实际上是如何使理论和事实相符，如何使意识形态上的主张和实际实践相符。此外，中国对外秩序与其对内秩序密切相连。

费正清认为以中国为中心的世界秩序和中国文化区域并不相关联。一方面，东亚的中国化地带，例如朝鲜、日本、越南和琉球等，通过诸如中国书面语言和儒教等文化纽带被维系在中国之上；另一方面，内陆亚洲地带的民族，诸如满族人、蒙古族人、维吾尔族人、藏族人等民族，虽然社会和文化基本上和中国不同，但是，他们也在中国世界秩序之列。费正清认为，中国文化方面和经济方面比内陆亚洲优越，这常常是控制拥有强大军事力量内陆诸民族的手段。但是，这种手段也有不足为恃的时候，从汉代起，元朝和清朝都是由内陆亚洲民族建立起来的王朝。这些王朝在体制上虽然有颇多创新，但是总的来说，它们以中国传统统治中国，并且在很大程度上其对外关系亦是如此，朝贡制度被严格地维系下来。

在勾勒出古代中国中心主义的基本框架后，费正清从15个方面描述了中国世界秩序的起源和历史发展。这些方面分别是中国的世界秩序起源于以农业为本的古代社会的扩张、中国的天下观从未丧失其统一的意义和文化完整性、等级制的中国世界秩序理论核心是以孔子哲学为基础而形成上统下属的"三纲"论、维持中国世界秩序和天地和谐的是

---

① 为便于和前人的研究呼应，本文采用研究取向译法，笔者认为译为研究路径或者方法似乎更明确。

具有无限权能的主宰者——天子、以高尚的德行来表现正确的义理并以此强调正统思想、以经典和教义灌输来维持正确的标准和以有效的法规与奖惩制度来维持社会秩序、天子是"礼治"和"法治"的掌控者、君臣关系和官僚体制是皇帝所依赖的两种行政统治机构等。概括地讲,他对"中国世界秩序"产生的客观环境、政治背景、"天下"观、万能的天子、儒教文化、礼治体制、行政体制、朝贡制度及其作用、朝贡贸易、夷夏关系、藩属制度等进行了广泛而全面的论证,几乎涉及中国政治、制度、文化、经济和民族等各个方面。

此外,费正清还论述了中国为维护这种世界秩序所采取的手段,他认为主要有武力、礼与法、文与德、利益、宗教和外交等手段,其目的主要是要达到控制、吸引和应付。作者还特别就中国化地带、内陆亚洲地带和外部地带所要达到的目的及所采取的手段进行了分类。

"中国世界秩序"之构建及影响

从 20 世纪 30 年代末费正清阐述"朝贡制度"开始,"中国世界秩序"理论就逐渐在西方产生巨大影响。它不但是西方理解近代中国社会变迁的重要视点,而且还与学者们研究中国历史的模式密切相关。

1. "中国世界秩序"的构建过程

费正清构建"中国世界秩序"理论体系是从阐述朝贡制度开始的,并且使后者成为前者的核心。我们知道,费正清在 20 世纪 30 年代求学于清华大学,学习和研究中国近代史。受蒋廷黻的影响,费正清对中国古代朝贡制度逐步进行系统阐述和理论性的概括,其开创性研究的成果影响广泛而深远。20 世纪 30 年代,费正清在撰写博士论文时首次涉及朝贡制度;1941 年他又与美籍华裔学者邓嗣禹合作,发表《论清代的朝贡制度》一文,系统论述了清代的朝贡制度;1942 年,在对该文主要论点加工和提炼后,他又发表《朝贡贸易与中西关系》,从中西关系角度探讨朝贡贸易。1953 年,经过近 20 年的修改后,费正清的博士论文《中国沿海的贸易与外交(1842~1854)》正式出版,朝贡制度被费正清正式阐释为一种和西方"条约体系(Treaty System)"相对应的"国际体系"。

在这些研究中,费正清关注的核心是朝贡制度,并对其进行了系统研究,深入探讨了朝贡制度的理论依据、仪式、作用和朝贡贸易。我们知道费正清受马士著作的影响,开始研究中国对外关系史和中国近代史。他最先关注的是中国 19 世纪四五十年代沿海贸易,此时期为中国和西方激烈碰撞之时,出于对中国拒绝和西方进行平等贸易的困惑,费正清决意探究其中原因。费正清从贸易和外交入手,深入研究英法及中国清廷有关档案,不但注重分析中英双方的利益,而且更注重双方的体制,详细探究西方"条约体制"在中国各通商口岸的建立过程。费正清认为,近代西方所赖以扩张的是"条约体制"(即"威斯特法利亚体系"),而中国所依赖的是朝贡制度,① 双方用以交流的话语体系迥异。虽然朝

---

① 朝贡制度(Tribute System,或者 Tributary System),有的将其译为"朝贡体系"或者"贡纳体系"。

贡制度最早是由蒋廷黻提出，但却是费正清详加研究和系统论述的。① 在费正清上述的著作中，他初步建立起朝贡制度的理论体系，并与"条约体制"相对比。费正清认为中国这种传统制度是以中国为中心的、自足的和不平等的，因此当时中国与西方的冲突为制度之冲突。在《中国沿海的贸易与外交（1842～1854）》中，费正清清晰地描述了中国朝贡制度和西方"条约体制"的冲突，以及逐渐被后者取代的过程。这成为费正清理解与研究中国近代史乃至中国历史的钥匙，甚至也成为其研究中国现当代历史的基石。在现当代西方研究中国历史的三大模式中，不但"冲突—回应模式（Impact - response Model）"由此产生，而且"传统—现代模式（Tradition - modernity Model）"和"帝国主义模式（Imperialism Model）"也均与此密切相关。因此，从这个角度说费正清是西方研究中国近代史和中国史方法的集大成者似不为过。

费正清关于中国朝贡制度的理论影响了西方一批学者，不少历史学家都以此为视角探索中国历史。但是，费正清认为朝贡制度并不足以表达和西方"条约体制"相对抗的中国传统体制的全貌，为了深入研究这个"模糊的、多文化的和多解的主题"，② 费正清随后组织召开或参与了一系列研讨会，就有关术语和问题进行更为详细的探讨。1963年美国"亚洲研究会"在费城举办了"东亚传统国际秩序"研讨会，1965年"美国历史学会"在旧金山举办"中国世界秩序"国际研讨会。费正清、法库哈尔、弗莱彻、曼考尔和威尔斯等学者都出席了这两个会议。这些会议的视点更高，视野更开阔，其研究重点也更集中，从朝贡制度转移到中国或东亚世界秩序上。

1965年9月，费正清在美国马萨诸塞州技术研究所召开为期一周的会议，与来自不同国家的有关学者继续研究该问题。在此次长会上，与会学者长时间、系统地交换了意见，对许多术语的定义达成一致。在此基础上，各位学者又对自己的论文作了相当大程度的修改。1968年，经过费正清整理和编辑后，这些论文被结集出版，这就是《中国世界秩序：中国传统的对外关系》。在该书中，费正清系统、完整地阐述了"中国中心主义"和"中国世界秩序"的理论架构，并对其起源和发展作了深入研究。此外，以朝贡贸易为核心，以历代，特别是清代为主，进行较全面的案例剖析。该书是费正清"中国世界秩序"和朝贡制度的集成性作品，也可以说标志着费正清"中国世界秩序"正式构建完毕。

可见费正清从研究中国古代朝贡制度入手，逐渐构建出"中国世界秩序"。因为在费正清看来，"中国世界秩序"的核心是朝贡制度，加之其建立始于朝贡制度，所以人们常将朝贡制度等同于"中国世界秩序"观。但是，笔者认为这两者不能完全相提并论，除了其内涵上的区别外，"中国世界秩序"观是有待深入和全面研究的一个体系。特别是在当代全球化进程加快和酝酿建立国际新秩序的过程中，其内涵和当代意义也有待新的阐释。

2. "刺激—回应模式"的理论基础

费正清朝贡理论的影响随后继续扩大，欧美研究中国历史，特别是中国对外关系的学

---

① 余英时：《费正清与中国》，见费正清：《费正清自转》，黎明、贾玉文等译，天津人民出版社1993年版。
② John K. Fairbank, "The Chinese World Order, Traditional China's Foreign Relations", Harvard University Press, 1968.

者大都接受其该理论。就亚洲而言,中、日、韩学者也深受其影响,朝贡制度、朝贡贸易等词语几乎成为近些年中国学者进行有关研究的常用术语,日本虽然多用"册封体制"、"华夷体制",但是其实质和"中国世界秩序"名异实同,而且滨下武志等学者则直接用朝贡制度一词;韩国学者则全面接受朝贡制度理论。中国学者对该问题的研究趋于深化,对费正清"中国世界秩序"的理论框架中所涉及的问题进行细化,例如中国香港黄枝连《天朝礼治秩序研究》(上中下三卷)① 专门从华夏礼治的层面,系统研究了中国传统文化在东亚的影响及其所形成的"天朝礼治体系"。中国台湾学者接受该理论更早,如张存武《清代中韩关系论文集》② 和《清韩宗藩贸易》③ 分别从对外关系和贸易角度探讨了清代中朝关系,其中受费正清影响之处颇多。学者黎虎《汉唐外交制度史》、④ 李金明《明代海外贸易史》、⑤ 陈尚胜《闭关与开放——中国封建晚期对外关系研究》、⑥ 万明等则分别从中国古代外交、对外贸易和对外关系等角度进行研究,其中与朝贡制度问题相关之处颇多。

除了"中国世界秩序"和朝贡制度的概念和理论被广泛接受外,另一个重要的影响是研究中国近代史"刺激—回应模式"的产生。该研究模式认为19世纪中叶前的中国社会长期处于一种循环状态,而维持这种状态的核心是费正清所谓的"中华世界秩序"。这种社会状态内部缺乏突破既有框架的动力,基本停滞不前。以中英鸦片战争为起点,西方列强对中国及其既定秩序产生巨大冲击,"对古老的秩序进行挑战,展开进攻,削弱它的基础,乃至把它制服。"在政治、经济、军事、外交、文化和教育等各方面产生巨变,中国历史开始向现代转变。"中国国内的这些进程是由一个更加强大的外来社会入侵所推动的。它的庞大的传统结构被砸得粉碎。"⑦ 费正清描述了西方对中国的冲击,也展现中国面对冲击所做的无奈应对和无力反抗,⑧ 并分析了中国未能更早、更有力地应对西方冲击的原因。⑨ 费正清后来在一系列著作中继续强化其上述观点,将鸦片战争后到义和团运动这段激荡的时期概括为"西方冲击"和"中国回应"的过程。而克莱德和比尔斯则不但全面吸收费正清研究模式的概念,而且进一步将这种"西方冲击"、"中国回应"的历史时段上限追溯到1830年,下限延长到20世纪中叶以后。⑩ 由于该书为教科书,其发行量巨大,影响深远。

---

① 黄枝连:《天朝礼治秩序研究》(上中下三卷),中国人民大学出版社1992年、1994年、1995年版。
② 张存武:《清代中韩关系论文集》,台湾商务出版社1987年版。
③ 张存武:《清代宗藩贸易》,台湾中央研究院近代史研究所1987年版。
④ 黎虎:《汉唐外交制度史》,兰州大学出版社1998年版。
⑤ 李金明:《明代海外贸易史》,中国社会科学出版社1990年版。
⑥ 陈尚胜:《闭关与开放——中国封建晚期对外关系研究》,山东人民出版社1993年版。
⑦ Ssu - Yu Teng, John K., "Fairbank, China's Response to the West: A Documentary Survey", Harvard University Press, 1954.
⑧ John K. Fairbank, Su - Yu Teng, "Research for China's Response to the West: A Documentary Survey, 1839 - 1923" Harvard University Press, 1954.
⑨ John K. Fairbank, E. O., "Reischauer, East Asia: The Great Tradition", Harvard University Press, 1960; John K. Fairbank, A. Craig, "East Asia: The Modern Transformation", Harvard University Press, 1965; John K. Fairbak, E. O. Reischauer, and A. Craig, "Tradition and Transformation", Harvard University Press, 1973.
⑩ Paul H. Clyde and Burton F. Beers, "The Far East: A History of the Western Impact and the East Response (1830 - 1965)", 4th rev. ed. Englewood Cliffs, N. J.: Prentice - Hall, 1966.

这种"冲击—回应模式"以费正清"中国世界秩序"说为理论基础，严重夸大西方在中国近代史中的作用，也隐含着"西方先进"、"中国落后"的预设观念。这是西方殖民主义者"殖民地史"观的一种表现形式。在美国中国史研究中，这种模式于20世纪五六十年代达到鼎盛，后来虽然受到一些批评，但由于作为教科书的核心概念，其影响可谓根深蒂固，至今不断。

3. "中国中心观"的解构对象

如前所述，费正清以其"中国世界秩序"为理论基础奠定的"冲击—回应模式"，成为20世纪西方研究中国近代史三种模式的代表，另外两种模式即前面所述的"传统—近代模式"和"帝国主义模式"，① 而费正清本人则可以说是这三种研究模式的集大成者。从实质上看，后两种模式和费正清的模式没有区别，都是以西方为中心的模式，认为处于停滞状态的中国在西方的刺激下才发生改变，才由传统向西方近代的标准转变，西方是中国近代变化的原因。正是因为如此，20世纪70年代后，费正清的理论和模式首当其冲开始受到批评，其中批评最烈、影响最大的当属柯文。

柯文在其代表性著作《在中国发现历史——中国中心观在美国的兴起》一书中认为，费正清"刺激—回应模式"的问题首先在于预设西方先进、中国落后的前提，其次是以西方为中心来研究其殖民地史的扩展过程，最后是将其作为中国近代史研究中"足以说明全部问题"和"囊括一切思想框架"。柯文提出"中国中心观"（China - centered Approach），试图摆脱"从外国输入的衡量历史重要性的准绳"，② 主张"以中国为出发点，深入精密地探索中国社会内部的变化动力与形态结构，并力主进行多学科性的协作研究"。③ 就研究方法而言，柯文本身并不否定理论框架的必要性，而且其"中国中心观"本身也初步成为一种研究框架，他所反对的是将理论框架封闭化和扩大化。笔者认为，尽管如此，柯文倡导从中国本身来研究中国历史变迁，批判费正清等所建构的理论体系，意味着反对当时西方史学的"现代"模式和标准，意味着对所谓现代理论体系的解构，这也暗合了后现代主义史学研究方法。

20世纪90年代中期，何伟亚出版了引起争论的《怀柔远人——马嘎尔尼使华的中英礼仪冲突》，试图以后现代研究方法解构西方既定的中国近代史研究准则和体系。他批评西方近代赖以扩张的国际关系理论是"自然化了的霸权话语"，反对西方研究中国历史的三种既定模式；认为这些模式隐含着"西方先进/优越"、"中国落后/低劣"的观念；他对"现代"及"现代化"也持保留态度；提出要动摇史料（事实）与解释之间被人们通常认可的关系，采取更为开放的思维，超越既定的界限；他甚至对柯文"中国中心观"仅仅注意内部变化而忽视外部因素也提出批评。他几乎遍批既定的研究模式和体系，试图寻求一种既非"西方中心"也非"中国中心"的研究取向。

因此，对费正清用朝贡制度解释"中国世界秩序"的系统，何伟亚批评尤为强烈。他以后现代主义的史学观，以中西关系中典型事件作为其个案研究突破口，"反现代"、

---

① "传统—近代模式"认为西方近代社会是世界各国的规范，也是中国所必须走的道路；处于停滞状态的中国，在近代受到西方的刺激才走上近代化的道路。"帝国主义模式"认为近代中国社会的崩溃、灾难和难以发展的根源在于帝国主义的入侵。

② 柯文：《在中国发现历史——中国中心观在美国的兴起》，林同奇译，中华书局1989年版。

③ 林同奇：《译者代序》，柯文：《在中国发现历史——中国中心观在美国的兴起》，林同奇译。

"反权威"、"反系统",费正清的庞大体系成为其首要的解构对象。所以,如果我们从"解构史学重构"的角度来看,费正清的理论体系既是后现代史学批评的靶子和解构的对象,也成为后现代史学所赖以产生的基础和参照的目标。这也从另一个角度说明了费正清理论体系影响之大。

"中国世界秩序"观在中国古代边疆研究中的意义

近些年来,一些中国边疆历史研究的学者,间接或者直接地受费正清"中国中心主义"理论框架影响,或者其研究暗合费正清的理论架构,或者深入研究了其中的一些问题。在朝贡制度、民族关系和民族政策等方面发表不少论文,限于篇幅,此处就不再一一赘述。一批研究专著也相继出版,如:马汝珩、马大正主编《清代的边疆政策》① 对清代的边疆政策做了全面的综合研究,薛宗正《安西与北庭——唐代西陲边政研究》② 探讨了唐代西北都护制度,赵云田《中国边疆民族管理机构沿革史》③ 对历代中央政府管理边疆民族的机构发展进行了研究,王静《中国古代中央客馆制度研究》④ 研究了历代中央政府接待贡使的馆待和制度,李大龙《都护制度研究》⑤ 研究了唐代管理边疆事务的都护及都护制度,李大龙《唐朝和边疆民族使者往来研究》⑥ 探讨了唐代中央政府使者往来情况,刘为《清代中朝使者往来研究》⑦ 研究了清代中朝使者来往情况,张永江《清代藩部研究——以政治变迁为中心》⑧ 研究了清代藩部的政治变迁,李云泉《朝贡制度史论——中国古代对外关系体制研究》⑨ 考察了朝贡制度的起源与发展史,彭建英《中国古代羁縻政策的演变》⑩ 探索了中国古代治边政策的演变历程。

上面这些研究或直接或间接都涉及"中国世界秩序"观,有的则是对费正清"中国世界秩序"理论体系某些方面进行深入研究。但是,笔者认为,虽然这些研究直接或者间接受费正清理论影响,但仍都缺乏从中国疆域形成及中国边疆发展的整体角度对费正清理论作全面的研究与检讨。就目前来说,费正清"中国世界秩序"对中国边疆史地研究甚至中国边疆学的建构有着积极意义,其理论体系的"结构"价值远远大于其"解构"的意义。在此笔者不冒昧将一些初步感想陈述如下:

第一,从意识形态上讲,费正清的"中国世界秩序"观较好地阐述了中华共同意识的形成过程。费正清的"中国世界秩序"观将中国分为三个地带,即"中国化"地带

---

① 马汝珩、马大正:《清代的边疆政策》,中国社会科学出版社1994年版。
② 薛宗正:《安西与北庭——唐代西陲边政研究》,黑龙江教育出版社1995年版。
③ 赵云田:《中国边疆民族管理机构沿革史》,中国社会科学出版社1993年版。
④ 王静:《中国古代中央客馆制度研究》,黑龙江教育出版社2002年版。
⑤ 李大龙:《都护制度研究》,黑龙江教育出版社2003年版。
⑥ 李大龙:《唐朝和边疆民族使者往来研究》,黑龙江教育出版社2001年版。
⑦ 刘为:《清代中朝使者往来研究》,黑龙江教育出版社2002年版。
⑧ 张永江:《清代藩部研究——以政治变迁为中心》,黑龙江教育出版2001年版。
⑨ 李云泉:《朝贡制度史论——中国古代对外关系体制研究》,新华出版社2004年版。
⑩ 彭建英:《中国古代羁縻政策的演变》,中国社会科学出版社2004年版。

（或称为"汉字书写系统"地带）、"内陆亚洲"地带和"外围"地带，而这个体系的中心拥有文化、制度和经济优越性，并以此形成对核心的"朝贡"。

这种理论架构较好地描述了"中华意识"演进历程。我们知道上古时期华夏之邦发源于黄河中下游地区，在向外围扩展的时候，强调"华夷之辩"，反映的是华夏民族身份的自我认同及其与周围其他族体的差异。① 以王畿为中心，划分所谓的"五服"②、"六服"及"九服"③，则突出了对中华意识原始母体的认同形式和差异。周王朝衰落时，周围较为落后的夷狄纷纷涌入中原，"夷狄之防"的观念得到加强，从另一个角度讲，这意味着中华意识得以凸显。汉代以后是漫长的民族交流和融合时期，强调"以夏变夷"，彰显了民族融合时期中华意识的主导作用。至唐代，太宗则称"自古皆贵中华，贱夷狄，朕独爱之如一"，④ 突出"华夏一家"。宋元时期，王朝分立、冲突、征服与历史认可，则反映出"中华意识"的另一表现形式。明清时期的"土司制度"和"藩部制度"及清代中期后的"改土归流"和建省高潮，则凸显出"中华意识"的空前高涨。到清末，随着民族革命的兴起，梁启超则又率先提出"中华民族"的概念，初步将"中华意识"和现代民族国家概念相结合⑤；经过辛亥革命的洗礼，"中华民族"之内涵逐渐丰富和清晰。⑥ 随后经历民主主义革命、抗日战争和新民主主义革命的锻铸，在保留中华意识传统意蕴和吸收现代民族国家理念的基础上，"中华民族"融合创新，成为包含56个民族在内的多元一体中国的代称。"中华意识"贯穿整个中国历史发展，为各民族所共同认同，成为中华民族认同的核心。

第二，从政治观念上，费正清"中国世界秩序"观描述了多元一体中国共同价值观的形成过程。在费正清所描述的"中国世界秩序"中，作为"世界秩序"最高顶点和联系天地的"天子"及其无限权威，不但为汉民族所坚信不疑，而且也得到广大边疆地区少数民族的认同；不但汉族王朝的"天子"为"天下"所认可，而且由边疆地区少数民族所建立的中央王朝之"天子"，也得到广泛的认同。

以儒教经典教义为核心，以指导社会关系榜样为外在表现的"德"，"共同构成了向全人类（包括夷狄）行使政治权力的道德基础"。⑦ 这种理论是如何合乎逻辑的延伸，使边疆地区"夷狄"对可以教化自己的皇帝之"德"倾慕不已，成为"德化"边疆的教义，所谓"先王修文德以柔远人，而夷狄朝觐其来尚已"。⑧ 同时，"德"是皇帝能否为天子的重要标准，也是其能否抚临天下之准则；君临天下者不在乎其是否为"华夏"之人抑或是边疆"夷狄"之族，而在乎其"德"是否合乎天道，所谓"惟有德者为君"。所以，"中国世界秩序"观所包含的共同的价值观，成为中国多民族国家形成的基础，历

---

① 何芳川：《"华夷秩序"论》，《北京大学学报》（哲学社会科学版）1998年第6期。
② 《尚书·禹贡》。
③ 《周礼·夏官司马·装方》。
④ 《资治通鉴》（卷一百九十八）。
⑤ 梁启超：《中国学术思想变迁之大势》（1902年）；又见梁启超：《历史上中国民族之观察》，《新民丛报》第65-66号，1905年3~4月连载。
⑥ 黄兴涛：《现代"中华民族"观念形成的历史考察》，《浙江社会科学》2002年第1期。
⑦ John King Fairbank, "Trade and Diplomacy on the China Coast: The Opening of the Treaty Ports 1842-1854", Harvard University Press, 1953, p. 27.
⑧ 费正清、邓嗣禹：《论清代的朝贡制度》，《哈佛亚洲学报》，1941年，第14页。

史上无论是汉民族建立的王朝或者是少数民族建立的王朝，无论是汉民族统治全中国或者是少数民族统治全中国，其王朝和皇帝都得到中国历史和各民族的认同。

第三，从政治制度和政策上看，费正清"中国世界秩序"观概括总结了中国边疆治理的制度。这种制度为历代所沿用并时有创新，为广大边疆地区所认同。这些制度包括朝贡制度、羁縻制度、藩属制度和朝贡贸易制度。

朝贡制度。虽然后来不少人将费正清"中国世界秩序"简单地等同于朝贡制度，但是无论是费正清的本意，抑或是其实际内涵和功用，两者是不能够等量齐观的；而且从中国边疆史研究的角度来看，就更不能简单划一，前者是后者的思想基础，而后者不过是前者在边疆治理上的制度化表现。

羁縻制度。中国历代王朝都对边疆地区实行羁縻统治，虽然有人将其作为政策，① 但考虑到历代基本都沿用，笔者认为可将其视为一种治边制度，其思想基础也是基于"中国世界秩序"之上。

藩属制度。与中国宗法制度密切相关的藩属制度，是中国历代王朝治理边疆的一种制度，费正清"中国世界秩序"对其予以特别关注，将藩属划分为内藩、外藩②。虽然有论者认为其划分的依据和关注的内涵值得商榷，③ 但是笔者认为费正清"中国世界秩序"并非未注意到中国古代藩属的复杂性，特别是他认为"外藩"可以转变成"内藩"的总结④，对研究中国边疆演变颇有借鉴意义。

朝贡贸易。费正清"中国世界秩序"对朝贡所伴随的贸易活动着笔颇多，称之为"朝贡贸易"。费正清为西方学者，其中国近代史研究始于探索近代中国沿海对外贸易，因此他以其研究贸易的敏锐嗅觉，考察中国古代朝贡"厚往薄来"及边疆地区的"互市"问题，并将其概括为"朝贡贸易"。"朝贡贸易"一词因深得这种贸易活动的精髓而被广泛接受和深入研究，日本学者滨下武志从经济贸易角度出发，甚至称之为"朝贡贸易体系"，将其与近代西方的自由贸易体系相提并论⑤。滨下武志所构建的体系颇得费正清研究方法之神，从全球范围和近代世界历史演进的视角构建中国"朝贡贸易体系"，并探究其在近代中国和亚洲发展中的意义。笔者认为，在中国疆域的形成中，以贸易为视点研究边疆与内地经济关系的朝贡贸易，而不是仅仅将其作为王朝政治活动的点缀和附庸，有着重要意义，值得我们借鉴和深入研究。

第四，从文化角度看，费正清"中国世界秩序"提出的内地王朝用以"强化"边疆的中国"文化主义"，描述了历史上内地与边疆文化交流和融合的手段。当代学者认为认同标准可分为归属性、文化性、疆域性、政治性、经济性和社会性六类，其中文化认同是民族或国家认同的重要方面，⑥ 而中国古代对以服饰和礼仪为代表的中华文化的认同与否

---

① 彭建英：《中国古代羁縻政策的演变》，中国社会科学出版社2004年版。
② 费正清：《剑桥中国晚清史》（上册），中国社会科学院历史所编译室译，中国社会科学出版社1985年版，第32－33页。
③ 张永江：《清代藩部研究——以政治变迁为中心》，黑龙江教育出版社2001年版。
④ Fairbank John King, "The Chinese World Order: Traditional China's Foreign Relations", Harvard University Press, 1968.
⑤ 滨下武志：《近代中国的国际契机——朝贡贸易体系与近代亚洲经济圈》，朱荫贵、欧阳菲译，中国社会科学出版社1999年版。
⑥ 塞缪尔·亨廷顿：《美国国家特性面临的挑战》，称克雄译，新华出版社2005年版。

是划分"夷夏"的极为重要的标准。孔子所感叹"微管仲,吾其被发左衽矣",①不只是反映服饰爱好问题,其实代表着认同的文化符号;《春秋左传·正义》称"有服章之美谓之华,有礼仪之大故称夏",显示对"服章"和"礼仪"的强调;进而以服饰区别华夷,所谓"袭冠带以辨诸华,限要荒以殊遐裔,区分中外,其来尚矣";②甚至以"冠带"指代"华夏",所谓"内冠带,外夷狄",③可见服饰文化的认同成为区别"夷夏"的象征。

第五,从现代中国疆域形成与结构看,费正清的"中国世界秩序"观对我们认识和描述中国边疆地区和中国多元一体国家的构成,有着重要的启示意义。费正清以旁观者的身份,从外部描述中国多民族历史的融合进程,概括中国疆域的形成,虽然他的一些观点并不全都为我们所赞成,一些理论构成也存在问题,有的问题尚缺乏深入研究,但是他的"外藩"向"内藩"的转换论、带有民族主义色彩的"文化主义"论等,说明了中国多民族国家的构成和多元一体的国家形态是中国历史发展的必然结果。

笔者认为,就现代中国的最终确立来看,费正清所描述的"中国世界秩序"逐渐为西方"条约体系"所取代的过程,也就是传统的"文化中国"逐步为"领土中国"所取代的进程。"中国世界秩序"缺乏清晰的领土和主权观念,所谓"普天之下,莫非王土,率土之滨,莫非王臣",④只要承认天朝的礼仪文化,就可被纳入到天朝中来,从这个意义上说古代中国或可称为"文化中国"。费正清则描述了西方"条约体制"取代"中国世界秩序"的过程,从西方人最初在中国建立的"广州体制"到"条约体制"下的共管,直至"条约体系"最后取代"中国世界秩序"。⑤虽然费正清着重从政治、外交和贸易等方面研究这个取代过程,但是笔者认为,考虑到此期间中国边疆多次陷入危机,多次被割让领土,签订不平等条约确认边界,以及中国边疆地区的建省高潮等,这都意味着中国传统的边疆意识受到挑战,被迫产生重大转变。这个中国领土主权在西方"条约体制"之下再"确认"的过程,也是中国传统边疆和内地一体化的改造过程,实际上正是中国传统模糊的"文化中国"向界定清晰的"领土中国"转变,尽管这种屈服于他人"规则"的过程中伴随着痛苦、抗争和大片传统领土的丧失。所以,就中国边疆研究而言,费正清"中国世界秩序"观及其用以对比的西方"条约体系"提供了一个更为宏观的视角,使我们可以在多种体系中研究中国疆域发展进程,研究中国边疆和内地关系的演进历程,研究中国疆域在现代国际体系中的最后确认过程。

---

① 《论语·宪问》。
② 《晋书卷九十七·四夷》。
③ 《史记卷二十七·天官书第五》。
④ 《春秋分记》(卷七十六)。
⑤ John King Fairbank, "Trade and Diplomacy on the China Coast: The Opening of the Treaty Ports 1842 – 1854", pp. 462 – 468; John King Fairbank, "The Chinese World Order: Traditional China's Foreign Relations", pp. 257 – 276. 又见费正清、赖肖尔:《中国:传统与变革》,陈仲丹等译,江苏人民出版社1992年版。

民国时期康巴人物研究的现状及重要性

万代吉

西藏大学

康巴地区位于川藏、滇藏、青藏地缘交会的地带,紧连内地与西藏。历史上一直是汉藏民族间交流与合作的平台、是藏区诸社会形态与文化类型的复合区,也是汉藏政治、经济、文化发展交流的桥梁地带。"稳藏必先安康",康巴地区在中央与西藏地方政府的关系中发挥着重要的作用。特殊的地理位置决定着康区多元的文化特征以及复杂的政治环境。民国时期中国社会处于社会形态的更替中,中国大地发生着社会剧变,康巴地区由于特殊的地理位置,注定是一个兵戈、纷争不断的区域。这些充分证明研究康巴的重要性和必要性。

由于特殊的地理位置,康巴地区历来在不同权力角逐的控制下。民国时期中国社会刚从封建统治下脱胎而出,社会发展充满着不确定的因素。在这特殊的时期康巴地区发生了一系列的冲突、战争、改革,康巴人在这一时期扮演着重要的角色,出现了一批各具特色的人物与事件,譬如,1932年格桑泽仁领导的"巴塘事变";1934年在江卡发生的邦达多吉反叛西藏噶厦的兵变;1935年在康北发生的"诺那事变";1939年在甘孜发生的"班辕事件"等。这些事件的背后都有当时复杂的历史背景,更有康巴人谋求自身的权益及地方利益的目的。

一、民国时期康巴人物研究的重要性

首先,民国时期在康藏地区发生过一系列冲突、战争和改革、建设,比如改土归流、三次康藏纠纷、西康建省、康人治康、甘孜事件、红军北上等。这些事件折射出中央与西藏地方之间、西藏各地区之间"碰撞中构建,良治求稳定"的脉络,也是西藏近代史中比较典型的事件,在学术界受到重视,研究的成果也较多。长期以来,学术界对于民国时期的康藏研究多关注于中央与西藏的关系,论者大多瞩目于中央政府对西藏的政策和措施,以及外国势力在其中所起的作用。这一时期,西藏地区具有相对的自主性,中央政府对边疆的统治相对薄弱,军阀在康区拥有较大的统治权。在复杂的政治背景下,康巴人的政治选择和行动对西藏与中央的关系产生过相当大的作用和重要的影响。因此,定位康巴人在民国时期所扮演的社会角色,梳理分析他们的诉求、地方的利益、政治主张等,有助于我们更全面深入地了解民国时期康巴地区的历史事实。从康巴人物的角度，叙述探讨这段历史，是我们认识民国时期康巴治理与发展的另一有效途径。

其次，在中国这个统一的多民族国家中，历代王朝均面临着复杂的民族问题。民族政策制定得是否成功，影响着王朝的兴衰存亡以及社会的发展。因此，中国历代王朝的统治者和政治家都结合自身的利益，制定了各具时代特色的民族政策。民国时期中国社会刚从封建社会中脱胎而出，面临着复杂的国际、国内政治环境，如何在这样的环境下维护祖国主权，治理边疆地区是当时面临的一个突出的问题。国民政府的涉藏政策中，除了设立专门的政府机构，制定相关的民族政策外，积极利用当地人投身到康藏地区的治理，借以牵制地方军阀的势力，加强中央对边疆的统治是另一措施。虽然几起事件都遭遇到不同程度的挫折，但对后来的民族自治等都产生了深远的影响。

最后，我国是统一的多民族国家，也是世界文明古国之一。在历史的长河中谱写过壮丽辉煌的篇章，也孕育了许多杰出的人物。藏族历史上也有许多杰出的名人，有造诣精深的思想家、改革家、史学家，佛学高僧，有著名的诗人、文学家，还有反帝爱国的历史名人。其中民国时期涌现出的一批人物，虽然遭遇不同，其事迹也慷慨激昂，可圈可点。康巴人是民国时期各种事件的参与者，他们的活动也是这些事件的重要组成部分。如果在论述民国时期康巴的重要事件时缺少康巴人物活动的研究以及他们的声音，那么对这一时代的认识将是不全面的。以历史主要人物的命运为研究的突破点，也可以让我们深切地体会到，在中国政治社会剧变的时代人物与时代的关系。康巴人与中国历史息息相关，是中国历史不可缺少的记录，也是藏族近代史的缔造者之一。因此对民国时期康巴人物的研究，有助于我们更加清楚地认识到中央政府对藏区一贯的统治权。"以史为鉴"，研究康巴人在新旧社会更替中的个人命运，也有助于我们认识到民族历史人物在时代巨浪中的个人命运。

二、研究相关动态

民国时期，康巴研究在学术界受到重视，前人的研究颇丰，有档案材料整理、论文、著作等。但是研究多关注于中央与西藏的关系、涉藏政策，以及外国势力的渗透。较少以人物群体在社会剧变中的个人思考与行动进行系统的专门研究。从研究的成果中分析，缺乏民国时期关于康巴人物的专题研究，只有部分学者在相关专著或文章中涉及。现将研究现状分析如下：

（一）国外研究综述

国外在几个世纪中对藏学研究一直保持着持续的热忱，研究成果可观，涉及的研究范围也比较广。特别是对藏族近代史的研究更是观点各异、众说纷纭。与本题相关的研究成果有：美国著名人类学家和藏学家梅·戈尔斯坦（Melvyn C. Goldstein）的《近代西藏史（1913~1951）：喇嘛王国的覆灭》，是西方研究西藏近现代史的权威著作。该书不仅大量使用英印政府及美国政府的外交政治档案，而且还引用大量的原西藏地方政府官员的回忆录及原始档案、历史见证人的口述访问材料以及拉萨街头的民谣等丰富的资料，论述了西藏在 1913～1951 年的社会政治状况。该书以西藏社会为核心进行探讨，对康巴地区的人物事件涉及不多。林孝庭（2006）的《西藏和国民党统治中国的边界：阴谋与民族政治，1928～1949》，以翔实的史料，论述了民国时期中央政府与边疆政策，它的实际效力以及边疆的实际治理状况。查尔斯·贝尔的《十三世达赖喇嘛传》，主要叙述了十三世达赖喇嘛的日常生活与治理西藏事务的情况，对康巴地区的人物没有专门的论述。在国外的研究中大多关注西藏社会历史的研究，对康巴地区以及康巴人物的研究比较少。

（二）国内研究综述

国内关于民国时期康巴人物的研究主要是以论文的形式，论述个别人物的生平、事迹，还没有形成系统全面的专题研究。其中涉及的研究成果有：喜饶尼玛（2000）的《近代藏事研究》，论述了西藏近代史上的抗英斗争、藏族精英人物和西藏人民为维护祖国统一做出的贡献、中央政府一贯对西藏行使主权以及西藏地方的政治制度等，从不同角度反映了近代藏事的基本史实。其中论述了十三世达赖喇嘛、贡觉仲尼、龙厦、刘曼卿、格桑泽仁等藏族精英人物及其政治活动。罗绍明的博士论文《民国时期西藏政策研究——兼论涉藏事务中的藏族精英》，其中有一节谈到"康藏精英与'康人治康'"，论述了邦达多吉反叛西藏噶厦，"西康宣慰使"与"诺那事变"，刘家驹与"甘孜事变"。该文重点论述了民国时期的西藏政策，结合探讨民国时期民族理论的演变，以及康藏第三次纠纷中的藏族人士在"中华民族"国家建构过程中，做出的政治选择和政治行动。曾国庆、郭卫平编著的《历代藏族名人传》，介绍了藏族历史上从松赞干布时期到近代第十世班禅活佛的历史名人。其中涉及的康巴名人有格桑泽仁、格达等。论文类：王川的《格桑泽仁传略》回顾了格桑泽仁的早年生涯、在南京的从政、1932 年"格桑泽仁事件"、回到中央国民政府等历史过程，证明除了政治外，格桑泽仁对于四川藏区传统文化的整理也有所作为。黄天华（2009）的《民国西康格桑泽仁事件研究》，指出格桑泽仁事件是国民政府、西藏地方政府与川康滇地方当局等政治势力在该地区相互博弈的产物。也和晚清以来的西康建省筹议以及 1930 年爆发的第三次康藏纠纷密切相关。对第三次康藏纠纷、"诺那事变"、西康正式建省和"甘孜事变"等一系列事件的发展演化都产生了重要影响。对邦达昌的研究主要有美郎宗贞所撰写的几篇论文以及在此基础上完成的著作《近代西藏巨商"邦达昌"之邦达·多吉的政治生涯与商业历程》，分别通过《"邦达昌"家族名称及有关问题研究》、《"邦达昌"在康定设立商号后的第二次复兴》、《"邦达昌"反叛噶厦政府始末考》等探讨了"邦达昌"家族的历史、发展，以及论述了"邦达昌"反叛噶厦的经过、原因、结果等。刘淼的《邦达昌的崛起及与西藏和内地的关系》，分析研究了邦达昌家族崛起的地理、历史及政治因素，并对邦达昌家族与西藏和内地的关系，特别是其对祖国抗日战争和革命事业的影响作了简要的评述。友珍（2010）的《权力政治与地方自治：20 世纪 30 年代的"康人治康"运动》，探讨了 20 世纪 30 年代，曾经震撼了当时西康政坛的一系列康人自治事件。王川（2008）的《诺那活佛在内地的活动及对康藏关系的影响》，主要分析了诺那在内地的活动及其影响。张践（2007）的《班辕返藏与"甘孜事变"》通过对"甘孜事变"的论述，指出了中央对西藏的政策与西康之间的关联等。以上研究成果中可以看出对十三世达赖喇嘛及班辕返藏的研究比较多，对康巴人物的研究较少。马守平、喜饶尼玛的《国民政府"班禅问题"得失谈》，论述了1923年九世班禅离开西藏，积极与国民政府联系，为西藏问题的解决做了诸多贡献。马守平、喜饶尼玛的《试析国民政府支持九世班禅在内地活动的历史内涵》。朱文惠的《1912~1940年康藏纠纷的多方对话——以康巴观点为例》。此文运用翔实的史料，从多个视角对1940年以前康藏发生的三次纠纷的成因及背景条件作了探讨和剖析，尤其注意分析底层百姓的态度对康藏纠纷的影响。

当事人的著述是对当时时局的认识以及自身的经历、思考，都有很大的参考价值。如：刘文辉的《建设新西康十讲》以10章内容来讲治理西康的策略、基本认识、理论体系、三化政策、三进原则、四力政纲、六项任务、干部政策、心理建设、建设新西康与复兴民族等内容。刘曼卿的《康藏轺征》，是以著者1929年7月由四川入藏1年多以及1932年由云南入藏时的所见所闻撰写而成的，以细腻的笔触描写了当时康藏的政治、军事、民族、宗教、历史、经济、风俗、社会、地理、名胜、古迹等。格桑泽仁的《边人刍言》、《康藏概况报告》内有关于康藏事件的来往电文、珍贵图片，以及对康区的实况报道。特别是他作为一个康巴藏族人对"康人治康"的阐述在其文章著述中均有表述，不可多得，是研究康藏历史的珍贵资料。

在学术界人士的不断努力下，民国时期康巴人物研究有了一定的成果：首先，将人物放在时代背景下论述，对人物的思想、行为等做了比较准确的分析，对时代背景的分析比较透彻。其次，学术界对康巴研究保持着持久的研究热情，这必将对民国时期康巴人物的研究有推动作用。但对民国时期康巴人物的研究也有其不足之处，譬如人物研究的不全面性，好多比较重要的人物还没得到系统的研究，对个别人物重复性研究的现象比较多，如：对格桑泽仁、诺那、邦达多吉等人的研究比较丰富，但还有许多材料有待挖掘。最后，民国时期康巴地区的研究大多以事件为研究的主要内容，人物研究相对不足。通常在叙述事件的过程中，提及一些主要人物的情况。缺乏从康巴人物的角度及各界主要人士在此社会剧变中的个人思考与行动进行系统的专门研究。总体上看对民国时期康巴人物的研究还未形成比较系统、全面的专题研究。

参考文献

[1] 中国第二历史档案馆、中国藏学研究中心：《康藏纠纷档案选编》，中国藏学出版社2000年版。

[2] 中国藏学研究中心、中国第一历史档案馆等：《元以来西藏地方与中央政府关系档案史料汇编》，中国藏学出版社1994年版。

[3] 张羽新、张双志：《民国藏事史料汇编》，学苑出版社2005年版。

[4] [加] 谭·戈伦夫：《现代西藏的诞生》，伍昆明、王宝玉译，中国藏学出版社1990年版。

[5] [美] 梅·戈尔斯坦：《喇嘛王国的覆灭》，杜永彬译，时事出版社1995年版、中国藏学出版社2005年版。

[6] [英] 查尔斯·贝尔：《西藏之过去与现在》，宫廷璋译，商务印书馆1930年版。

[7] [英] 查尔斯·贝尔：《十三世达赖喇嘛传》，冯其友等合译，西藏社会科学院西藏学汉文文献编辑室，1985年。

［8］［意］毕达克：《西藏的贵族和政府：1728～1959》，沈卫荣、宋黎明译，中国藏学出版社 2008 年版。

［9］任乃强：《康藏史地大纲》，西藏藏文古籍出版社 2000 年版。

［10］任乃强：《西康图经》，新亚细亚学会，1933 年、1934 年，西藏古籍出版社 2000 年版。

［11］刘文辉：《建设新西康十讲》，建康书局 1943 年版。

［12］傅嵩炑：《西康建省记》，台北成文出版社 1968 年版。

［13］刘曼卿：《康藏轺征》，商务印书馆 1933 年版。

房名、空间结构与社会秩序
——西藏农村社会史研究的新路径

白赛藏草[①]

西南民族大学

人类学（民族学）关于藏区房名的研究，早在20世纪40年代就已经开始了，代表论著有陈永龄《四川理县藏族（嘉戎）土司制度下的社会》[②]、林耀华《川康嘉戎的家族和婚姻》[③]和阮怀昫《由克村之住居看戎民社区组织》[④]。这些研究一方面肯定了家屋作为嘉绒社会的基本单位所发挥的功能和作用，另一方面也认识到了房名与世袭关系、财产继承、社会地位等有内在关联[⑤]。20世纪70年代以后，美国人类学家、藏学家阿齐兹在其《藏边人家》等论著中也涉及了生活在尼泊尔境内定日人的房名，认为"定日人的家庭观念中居于中心地位的是居住原则"，而房名则正是这种居住原则的外在体现，房名的占有使居住者拥有某种经济和社会地位[⑥]。此后，出现了房名的专题研究和一些硕士博士学位论文，诸如《嘉绒藏族命名的文化阐释》[⑦]、《嘉绒藏族房名初探——以雅安市硗碛藏族乡嘎日村为例》[⑧]、《土地制度与嘉绒藏族房名的获得——对四川省雅安市宝兴县硗碛藏族乡的田野调查》[⑨]、《卡布阿乌：嘉绒藏族老人超越家屋的权威》[⑩]、《锅庄石信仰、房名与藏区社会组织的变迁——以川西鱼通地区为例》[⑪]、《人神分界和僧俗分类：家屋空间的上下秩序——对雅安市宝兴县硗碛藏族乡的田野调查》[⑫]、《神山与家屋——嘉绒藏人的神

[①] 白赛藏草，女，民族学博士，藏族，1983年1月生，甘肃天祝人，现工作单位为西南民族大学藏学学院。
[②] 陈永龄：《四川理县藏族（嘉戎）土司制度下的社会》，《民族学浅论文集》，台北弘毅出版社1995年版，第354-361页。
[③] 林耀华：《川康嘉戎的家族和婚姻》，《民族学研究》，中国社会科学出版社1985年版。
[④] 阮怀昫：《由克村之住居看戎民社区组织》，《边政公论》（第6卷）1947年第1期。
[⑤] 邹立波：《嘉绒藏族房名初探——以雅安市硗碛藏族乡嘎日村为例》，《藏学学刊》（第六辑），2010年，第192页。
[⑥] Barbara Nimri Aziz, "Tibetan Frontier Families", New Delhi: Vikas Publishing House PVT LTD, 1978, p.163.
[⑦] 刘亚玲：《嘉绒藏族命名的文化阐释》，《宗教学研究》2009年第2期。
[⑧] 邹立波：《嘉绒藏族房名初探——以雅安市硗碛藏族乡嘎日村为例》，《藏学学刊》（第六辑），2010年。
[⑨] 李锦：《土地制度与嘉绒藏族房名的获得——对四川省雅安市宝兴县硗碛藏族乡的田野调查》，《西南民族大学学报》2010年第5期。
[⑩] 李锦：《卡布阿乌：嘉绒藏族老人超越家屋的权威》，《西藏民族学院学报》2011年第5期。
[⑪] 郭建勋：《锅庄石信仰、房名与藏区社会组织的变迁——以川西鱼通地区为例》，青海民族研究2011年第2期。
[⑫] 李锦：《人神分界和僧俗分类：家屋空间的上下秩序——对雅安市宝兴县硗碛藏族乡的田野调查》，《西南民族大学学报》2012年第8期。

圣历史和社会结构》①、《阿坝藏族羌族自治州黑水县朱坝村房名调查报告》② 和《松潘藏族的亲属称谓、房名及其文化意涵文化》③ 等，研究生学位论文涉及房名的有《嘉绒藏族村落人际关系探析——西索藏寨个案》④ 和《家屋与嘉绒藏族社会结构》⑤。这些文章将房名的研究延伸到了社会结构的层面，或认为房名制度是与土地制度及依附于其的土地神紧密相连，或认为嘉绒的房名（家屋）与神山信仰连接着社会秩序的动态生成，亦有人将房名制度理解为嘉绒社会中继嗣制度的象征体系，并在当地人的社会生活中影响着婚姻关系的缔结和亲属关系的实践。关于房名的研究，学界已经从早期的"别婚姻"以及单一的命名文化研究转向了关注其与婚姻制度、继嗣制度、亲属关系以及社会秩序、社会结构等各个层面的关系研究，极大地丰富了房名的研究成果。但是以往学者的研究都将房名作为一个静态的研究对象，本文以位于西藏雅隆河谷山南曲松县的拉加里为个案，谈论房名在拉加里社会的变迁与异化，并通过这一动态历史的呈现和描述，来反映少数民族地区特别是西藏社会在近代以来结构上的变化及其调整。

一、拉加里的房名

在拉加里，房名已慢慢淡出了人们的生活，只有一些中老年人还依稀记得自己的旧房子以及附于旧房子之上的房名。我在田野点上调查亲属称谓的那些日子里，会特别注意房名，因为房名对我而言，一直都是具有诱惑力的。每一栋房子都有一个美丽的名字，这些名字生动地记载着其创建者的传奇，同时也形象地讲述着住在这个房子里的人们或甜美或辛酸的故事。

（一）差康与房名

LSQP 是我在茹果曲德的一位报道人，田野期间为我的调查起到了关键作用。受母亲的影响，他对当地的房名有深刻的记忆。因为以前有在茹果雪念经的经历，他帮我回忆和讲述了当时在茹果雪的房名，据他讲这些房子的主人在当时都属于拉加里地方的米仓钦博（Mi-thsang-chen-po），即大户人家。

萨玛家（Gsar-dmar），是一家差康（Khral-khang）⑥，其名下大约有 4 户，现在其后代大多数居住于拉加里村。其中有些人家是从拉加里产房洛村（Klogs）⑦ 等地方前来

---

① 张原：《神山与家屋——嘉绒藏人的神圣历史和社会结构》，《宗教人类学》（第四辑），2013 年。
② 罗泽龙：《阿坝藏族羌族自治州黑水县朱坝村房名调查报告》，《西藏民族学院学报》2014 年第 4 期。
③ 更登磋：《松潘藏族的亲属称谓、房名及其文化意涵》，《民族研究》2015 年第 3 期。
④ 陈睿：《嘉绒藏族村落人际关系探析——西索藏寨个案》，四川大学 2007 年版。
⑤ 李锦：《家屋与嘉绒藏族社会结构》，中山大学 2008 年版。
⑥ 差康，即藏文 Khral-khang 之音译，直译为纳税的房子或纳税的家户。
⑦ 拉加里王室在以前有产房，被当地人称为崇康（Vkhrungs-khang，意即生产的房子）。产房在洛村，距离拉加里王宫大约两小时车程，属于另外一个乡镇。

拉加里王官干活，干活期间暂居此处。他们主要负责纺织氆氇和绒垫（Rong - gdan）、卡垫（Kha - gdan），有时还需要完成木匠活。

康巴（Khang - pa）：原意为房子，至于为何得来"房子"之名，拉加里村已经无人能够解释。这个房名的主人也是差康，其下面大约有3户人家，其后裔现在居住于拉加里村。

琮康（Tshong - khang）：原意为商店，因为前主人经商而得此房名。据报道人LSQP介绍，这是个大户人家，有5户人家租住他家的房子。

萨康（Za - khang）：房主以前是做饼子的，他们从别人手里购买一些粮食等原材料，然后磨成面粉做成饼子卖出去。萨康原意为吃饭的地方，因为主人从事的工作而得名。这户人家以前很富裕，后来没落了。现在其后裔只剩下一户人家，生活在邻村。

娜莱（Snya - leb）：关于藏语中娜莱的具体含义，很少有人知道。但是据他们家的后裔以及我的几个报道人讲述，娜莱家以前①是古扎②（Sku - drag，贵族），也是拉加里村庄的大户人家，其后裔现在住在拉加里村。

乃毛（Sne - mo）：这户人家以前曾是赤钦的仲有（Drung - yig），即文书，他们家以前在措堆（Mthso - stod）地方，后来搬到这里，建立了一座房子，房子在初建之时还曾是那位文书员办公的地方，后来逐渐变成了大户人家。

森康卓涅（Gzim - khang - mgron - gyer）：森康是指睡觉的地方，一般是出于敬语，卓涅是对接待官员的称呼。以前有人来晋见或拜访拉加里赤钦，都需要经过卓涅，他们把要办的事情或要说的话说给卓涅，然后卓涅又把来访者的话转达于赤钦。他们家是拉加里王府的官员，一般被称为是夏布翟（Zhabs - gras），也可以算是拉加里赤钦的臣属或随从之列。这座房子里住着大约4户人家，现在已经没有人说是这些人家的后裔，因为民主改革以后这些房子被租给了一些临时居住的人家，其中有经商的，也有牧人，这些人都是流动的人口。因为这小房子是属于拉加里的公房，因而一旦没有人居住，这些房子就会被重新分配给另一些人，而民改以后房子没有了主人，所以这些流动的、没有固定居所的人员就成为了受惠者。

古扎（Sku - drag）是指在第巴雄里边有职位的人，而夏布翟（Zhabs - gras）是指在拉加里王府任职的人员。所谓夏布翟是指在拉加里王官里面任职或干活的人，就像今天人们常说的上班，有固定的办公地点，但下面的扎西唐噶并不属于这一类。

扎西唐噶（Bkra - shis - thang - dkar）：只有一户人家是拉加里王府所需氆氇的主要提供者。他们每年给拉加里王府纺织氆氇，拉加里赤钦给他们发放工资，此外，他们并不需要为拉加里赤钦。曾在这里居住过的人现在居住于炯嘎塘。

盖热布，不知道具体是什么意思，但是里面居住的两户均为屠户，也都属于吉萨麦巴。两户人家都居住在拉加里村。

---

① 此处之"以前"，是当地人畅游的表述，其实是指1959年民主改革之前的西藏。也有当地人将此称为"解放时候"。
② 据一些研究表明，在民主改革之前，西藏社会有很多的贵族家庭，人们会将这些贵族分成四个等级或四种类型，即亚豁（Yab - gzhis）家族、代本家族（Sde - dpon）、米扎家族（Mi - drag）和古扎家族（Sku - drag）。详见次仁央宗：《西藏贵族世家》，中国藏学出版社2006年版；毕达克：《1728～1959西藏的贵族和政府》，中国藏学出版社2008年版。

森豁（Gzim-gzhis）：森指森夏，藏文 Gzims-shag 之音译，其本意为睡觉的房子，豁是指豁卡。这户人家原先是下江一个豁卡的主人，房主还是下江的夏布翟。森豁的旧址在寺院门口北边，以前在这个房子里住着6户人家，房子很大，有很多房间，也很富裕。他在拉加里也是有权又有地位的一户人家。

噶伦夏（Bkav-blun-shag）：关于噶伦夏的藏文书写方式，在拉加里为 Bkav-blon-shag，也不知道为什么起了这个名字，也许没有具体的意思。我们来的时候，这个地方已经修了一个打场的地方，也不知道以前有几户人家，现在只有1户人家，他们应该是从早前就住在这里的。或许他们也不知道他们家族的历史，以及名称的缘由和意义等。现在这户人家应该就是以前居住在这所房子里的后代，这所房子位于拉加里王宫和茹果曲德的中间。

此外还有几个房名，即嘉巴夏、盖夏卜和甲米豁卡。嘉巴夏是藏语 Rgyab-pa-shag 之音译，盖夏卜则是藏语 Gad-shag-bug 之音译。正如老人们所讲的，嘉巴夏位于拉加里王宫后面的一处，而盖夏卜则在王宫里面，曾是王府清洁人员的住处，也是他们的劳动休息室。甲米豁卡，是藏文 Rgya-mivi-gzhis-ka 之音译，甲米为汉人之意，豁卡则是庄园之意。拥有甲米豁卡房名的人家有2户，两家是甘雄即兄弟姐妹关系。

案例1：其美拉姆，女，今年64岁，出生在昌都地区的类乌齐（Ri-bo-che），现在属于拉加里村1组。老人的父亲是拉加里人，母亲是昌都人，其美拉姆老人4岁的时候，与父母一起回到了拉加里，住进了茹果雪。据老人回忆，她和父母回到拉加里还是在1949年西藏民主改革之前。

老人说他们当时居住的地方叫盖夏卜，因而当时他们家的房名也是盖夏卜。"盖"可以理解为"盖巴"，是指为拉加里王府打扫卫生的人，"夏"，是指人们居住的房子。盖夏卜是当时拉加里王分给他们那些专门为王府打扫卫生的人的居住地。因为不是自己的房子，当这些打扫卫生的人老了不能干活的时候，王府就不让他们继续居住，而要把这些房子发放给另一批打扫卫生的人居住。但是在任职期间，王府管家是不会向居住在这里的人们收取房租的。

在上述有房名的人家中，现在仍在使用的只有2户人家。一户是现居于拉加里王宫和茹果曲德之间的罗布啦家。

案例2：罗布啦，全名罗布次仁，今年50岁。他们家的房名为噶伦夏，据罗布啦说，他们的祖上曾有人是拉萨的，支差也都是向第巴雄支差，而不向拉加里王室支差，一般男的每人每年要上交藏银1个松（Srang），而妇女得上交藏银2个松。噶伦夏，是唯一一个还住在原来茹果雪房子里的农户，他的房名也依然有效，村里很多人找他们家的人，并不直接称呼名字，而是唤作噶伦夏。我们访谈的那天，噶伦夏的管事者罗布啦，似乎喝了点酒，因此还没等我们问为什么没有搬到嘎布塘，他就开始跟我们讲他们家的故事。他说父母临终的时候，叮嘱他们甘雄几个，说以后不要搬到其他地方，就住在噶伦夏里。如果搬到其他地方会有不好的事情发生。因此，他们当时拥有的其他几处房产，包括政府给批的拉加里村的地皮他们都退回去了，有的送给了别人。安居工程项目开始的时候，工作人员几次催促他们统一搬到王宫附近的坝子上，他们也没有理会，后来就在噶伦夏的旧院子里，又新盖了几间房子。

另外一户就是我在拉加里田野期间的房东之一奥觉次仁卓嘎家。几年前奥觉一家已不再居住于老房子里，新世纪伊始，他们举家搬迁到了如今的拉加里村。在茹果雪依稀还能看见被遗弃的房子旧址和残壁。

案例3：奥觉次仁卓嘎，被噶布塘的人称为奥觉伉巴，我们住进他们家以后，有人问我们住哪里，我说住在奥觉次仁卓嘎家，那个人又继续问是奥觉伉巴家吗？我说我不知道是不是，那个时候我还不知道我们认识的奥觉就是奥觉伉巴，而伉巴是他们家以前的房名。再后来去人家家里做访谈，别人问我住哪里的时候，我就会回答在奥觉伉巴家。听别人说，伉巴家以前也是一个比较显赫的家庭。

奥觉对我们的调研和访谈提供了很大的帮助。进村以后没多久，就听见有人说村里来了几个贩卖古董的人，到处打听谁家有值钱的老货（Ca‑lag‑rnying‑pa）。还有人说我们是政府派来暗访的，有些人不敢让我们进家门访谈。后来奥觉碰见人就会说我们是从北京来的学生，还是安多地方的藏族，没有其他目的，只是想了解拉加里的历史和风俗习惯，他还会解释说"她们姐妹俩现在就住在我们家"，希望大家能帮忙。

（二）房名的获得与继承

房名的命名与起源，从拉加里的案例来看，有三种类型：第一种是以房主的职位命名的类型，譬如森豁、森夏卓涅。这一类的房名在西藏中部农业地区比较典型，特别是在拉萨的贵族家庭中比较显著。第二种是以房主从事的职业种类作为房名的类型，例如琮康、萨康等。在拉加里的房名中，此类房名的比率并不是很高，但是在西藏农区的贵族群体中，以房屋主人所从事的活动或职业作为房名的案例同样较多。第三种是房名与地名、归属地相联系的类型，例如噶伦夏。这一类型反映在其他地区的形式，则是与房屋修建地的地势特征有关联的。

关于房名如何继承的问题，我曾请教过几位老人，他们的说法也不尽相同。有人认为，旧房子及其带有的房名理所当然地属于老大孩子，无论男女；也有人认为不一定，与今天拉加里地方的继嗣制度一样，父母与哪个孩子住在一起，房子就归属于谁。

案例4：萨玛原来是他母亲家的房名，后来就把旧的房子传给了他的妹妹。妹妹与其阿酷卡图以后留在了家里，与父母生活在一起，而他在阿姐卡图以后从原生家庭搬出来单独居住，因而未能继承父母的房名。现在的萨玛有两户，另一家是他母亲阿加的儿子们。母亲阿加有两个儿子，大的已经去世，就是我们在田野期间房东家的男主人，小儿子现在在曲松县税务局任职，正是他介绍我们住到了奥觉伉巴家的。扎西顿珠的阿妈有三个孩子，他是家里兄妹三人中的老大，跟他母亲住在一起。此外他还有一个妹妹和一个弟弟。如今萨玛家的两个老姐妹都已经去世了，只剩下她们的孩子们了，也就是扎西顿珠老人和她的几个苯加了。

此外,《拉加里地区调查报告》中人名之前的冠名也曾出现了那惹、强绿、友香、色工、埋娘、贡康、格明、云卧、尺云、索觉、比交、孕夏、江热、虫苏等①。由于报告中没有详细的调查地点和人物情况,如今也是无从查起,我在拉加里的田野调研期间,也试图揭开这些名字背后的谜底,最终还是没有成功。

现在的拉加里村已不再广泛地使用房名,房名也不再像过去那样在人们的日常生活中占据重要的位置。无论在过去房名是如何代表了这群居住其中的人们的社会地位,又或者产生了多么重大的意义和影响,毕竟这个时代已一去不复返了,它留在拉加里的只是对过去的记忆,还有一抹淡淡的忧郁。

(三) 伪房名的出现

在访谈中还有一些报道人使用类似于房名的家户代名词,但当被问及这些词汇是不是房名时,他们的回答是否定的。另外上述拥有真正意义上房名的那些老人也会坚定地否认它们,并认为二者是有巨大的区别的。我将这些新出现的名称称为伪房名②,因为就严格的意义而言,老人们并不承认这些是房名,即使是当事人也会解释"这并不是我们家的房名"、"我们没有房名"。但在某些时候,他们的家庭也会被这些名称替代,从而起到了房名的作用。这些伪房名是阿瓦强巴、翟加布、奇布热、督康顶和加布热。

阿瓦强巴,是藏语 A – ba – byams – pa 之音译,具体是什么意思,大家都不知道,他们只知道曾经住在这个叫阿瓦强巴的地方,有时候也会被外边的人称他们为阿瓦强巴。今年 72 岁的塔尔琴说,他们家以前的房名是阿瓦强巴,这是以前阿妈住过的房子。至于这个房名有什么历史和说法,老人已经说不出什么了,他只记得阿瓦强巴是当时他们居住的那个地方的名字。同一个名下有 3 户人家,除了他们家,还有曲珍家和白玛家。

翟加布是藏文(Kre – rgyab)③,意思是翟这个地方的背后,具体位置在原阿奶贡巴(A – ne – dgon – pa,即尼姑寺)的后面。曾被称为翟加布的人家有 6 户,现在仍然住在这个地方的就只有央宗老人 1 家了。这 6 户之间也没有苯加的关系。

奇布热,是藏文 Chibs – ra 之音译,意思是马厩。这几户人家搬迁到了原拉加里王府马厩的地方,因而得了奇布热的名称。据 86 岁的老人东珠回忆,10 多年前和他们一起住在奇布热这个地方、被称为奇布热的有七八户,其余几户是奥觉白玛、香白玛、阿妈次仁、阿妈德吉和兆毛卓嘎。

督康顶,是藏文 Vdu – khang – steng 之音译,意为经堂的楼上。被称为督康顶的只有 1 户人家,就是我在前 1 年认识并为我们介绍拉加里地方风土人情的波平措。据他讲,他们家原先住在拉加里王府每年念经的地方,因为是在二楼,所以被称为督康顶。

加布热,是藏文 rgyab – ra 之音译,意为后面、背后的院子或者地方,因为这个地方

---

① 李有义、郭冠忠、扎错:《拉加里地区调查》,《藏族社会历史调查》(二),民族出版社 2009 年版。
② 我将这一时期出现的类似于房名的名称,称为伪房名,并没有丝毫贬低它们的意思。
③ 关于翟加布,当地人说意思是翟这个地方的背后,因此藏文应该为 Kre – rgyal,而在拉加里最后一任赤钦的《拉加里世系史》中翟加布的藏文形式是 Bkras – skyabs,具体意思不清楚。

位于拉加里王宫的东侧北面而得名。被称为加布热的只有一户人家，就是住在村子西头靠近拉加里王宫的索南拉卓家。据她讲，加布热是她母亲家的房名，他们在加布热居住的房子是母亲的父母留下来的，因而也沿袭了这一称呼。

至于为什么这几个房子的名称在拉加里不能称为是真正意义上的房名，支书格桑给了很好的答案。他解释说在旧社会，贵族和有钱的人家都有房名，因为只有他们才能修建真正属于自己的房子。因此，在西藏，房名的产生有一个很重要的前提，就是必须得先有房子，并且是自己修建的，或者说房子的产权是属于自己的。一般而言，大户人家即有房子的、富裕的人家才有房名。穷苦人家因为没有自己的房子，居所也都是从别人那里借来的，所以通常情况下都是没有房名的。支书还说米仓钦博，并不是说人多就能称得上，富裕的人家才被当地人称为是米仓钦博。

二、拉加里的搬迁与空间秩序的变化

（一）民主改革以来的三次搬迁

在 1959 年西藏民主改革以前，拉加里王宫只有茹果雪这个地方有人居住，现今的拉加里村那时还是个平坦的赛马场，没有一户人家。据老人回忆，那个时候在茹果雪的家户也只有三四十户，每家的住房面积并不宽裕。大多家庭都是两层格局，二楼住人，一楼为储物室、马棚等。

拉加里人从茹果雪到现今的拉加里村的搬迁史，可以分为三个阶段。第一阶段是在 1959 年西藏民主改革时期，第二阶段开始于包产到户政策的贯彻落实，第三阶段是进入 21 世纪以来西藏实行安居工程项目以来。

第一阶段，即 1959 年在全西藏地区推行民主改革的时期，拉加里百姓的住房搬迁主要是相对于那些没房没有土地的家户，是一种空前的解放和名副其实的当家做主。这些分配到房屋的家户，继承了依附于这些房屋上的美丽名称甚至背后的故事。这部分人是第一次向拉加里的赤钦及其王氏家族靠拢和挑战的人群。

第二阶段，20 世纪 80 年代风行于中国农村的是包产到户，全国人民放弃了公社的大锅饭，自立门户，自己主宰自己的命运。在拉加里，这个时候有了第一户将自己的新房子修在了东边距离王宫 10 分钟脚程的拉加里村，举家从拉加里王宫脚下搬迁到了昔日空旷的赛马场。随后又有零零散散的几户人家从王宫脚下的茹果雪搬到了现今的拉加里村，也有为数不多的人家从茹果雪搬到了县城附近的罗布林卡地方。这是拉加里村的第二次搬迁活动。

第三阶段，是拉加里村搬迁规模最大、也是最彻底的。2006 年，西藏开始大面积地实行安居工程项目，沐浴着党和政府的阳光，拉加里人民开始了大举的迁徙活动。在这一时期，从较早的支书格桑家到最近才建好的次仁家，前后七八年的时间中，几乎所有茹果雪的农户都搬出了这个拥挤的地方，在拉加里的 3 个坝子，即东噶塘、炯噶塘和拉加里村的所在地安了新家。

如今仍然居住在茹果雪的只有 1 户人家,即是上面提过的噶伦夏罗布家,而他们家没有参加政府的安居工程项目搬到拉加里村是有原因的,如前文所述。

(二) 空间秩序和社会结构的变化

伴随着拉加里村居民的三次搬迁,不仅房名制度发生了巨大的变化,拉加里的空间秩序和社会结构也发生了空前的变化。在第一次搬迁之前,也就是在 1959 年西藏民主改革之前,拉加里的居民都集中居住在那个叫作茹果雪(Ru – sgo – zhol)的地方。茹果雪位于拉加里王宫和寺院茹果曲德(Ru – sgo – chos – sde)之间。茹果是这一带地方的名称,而雪则是下面、下方以及地势较低的地方,例如山脚下被称为日雪(Rivi – zhol),宫殿脚下则被称为是颇章格雪(Po – brang – gi – zhol)。因而,在西藏有数不清的雪村,几乎每一座寺院、每一座宫殿和宗堡下面都会有一个叫雪的地方。茹果雪的地势较之拉加里王宫和茹果曲德都低,如今站在拉加里王宫的西门口,对茹果雪地方一览无余。看着这些残垣断壁,似乎就能看到昔日住在这里的人们俯首称臣、卑躬屈膝的样子。

图 1　民主改革前的拉加里村落布局

在那时,拉加里的王被封为赤钦(Khri – chen),成为了五世达赖喇嘛时期(1617 ~ 1682 年)的四大赤钦之一,其家族被封为代本贵族。根据《拉加里地区调查报告》的记载,拉加里赤钦的金印由达赖喇嘛授予,并要赐以称为"杰察协邦"的铁卷封文。拉加里赤钦一年一度去拉萨朝拜时,噶厦要派礼宾官率僧俗官员 8 人到拉萨渡口迎接,并举行隆重的欢迎仪式。朝拜达赖喇嘛时,噶厦官员要向喇嘛下跪,而拉加里赤钦则可只欠身而不下跪。每逢新的拉加里赤钦登位或举行娶妻仪式,噶厦还要派四品官前往祝贺,并明令拉加里地区的行政归赤钦私人管理,宗本等行政人员由赤钦委任。在拉加里的府邸内设有监狱和囚笼、脚镣、手铐、皮鞭、皮巴掌等刑具,赤钦在司法上也享有许多特权。①

---

① 李有义:《拉加里地区调查报告》,《藏族社会历史调查》(二),民族出版社 2009 年版。

图 2　第二次搬迁后的拉加里村落布局

拉加里赤钦的权力和地位是毋庸置疑的。他虽不能呼风唤雨，却承继了松赞干布法王的神圣光环，管辖着生活在这片土地上的黎民百姓，同时所有的豁卡草场及其牛羊也都归赤钦所有。住在茹果雪这个地方的人，不是拉加里赤钦的夏布翟官员、随从，就是为王室提供纺织、工艺的劳动者，还有一些前来出差役的流民临时居住于此。夏布翟官员和一部分随从人员在茹果雪有自己的房子，还有一个美丽的名字，这些房名不仅是他们身份的象征，也是经济势力和社会地位的外在表现和标榜。无论是赤钦，还是拥有房名的贵胄，在婚姻的选择上都讲究门第的匹配和血统上的纯净性。处于社会底层和边缘的吉萨麦巴①（Skyes‐sa‐med‐pa）人群，则因为他们从事的职业，被认为是危险和不洁的。这群人也因此被排除在通婚范围之外，并为他们戴上了不能与之共同进食或者同杯饮酒、避免身体接触的禁忌枷锁。

1959年西藏实行民主改革，3月拉加里最后一任赤钦朗杰嘉措被捕入狱。之后，政府将拉加里王宫里的一部分房子以及旧时夏布翟官员的住房分配给了流民和无家可归的人们。人们第一次分享了赤钦曾经拥有过的财产，包括房屋和其他财产。人们开始使用和占有赤钦的东西，这意味着对赤钦的权威进行了挑战。土地、羊群以及草场不再是拉加里赤钦及其王室的私人财产，而归公社集体所有，夏布翟官员也再无特权，与他人一样成为建设社会主义大家庭的一分子。那些无家可归的流民从此有了真正属于自己的房子。正是在这一过程中，拉加里地方出现了上述之伪房名，看似房名却没有房名之实，亦不被当地人认可。

20世纪80年代，我国农村开始实行家庭联产承包责任制，这个政策也惠及拉加里地方。一部分人不再眷恋房名，跨过拉加里王宫的界限，在如今拉加里村的地方另建居所。土地政策的变化改变了以往修建房屋困难的情况，为那些努力想拥有自己的新房屋的人们

---

① 吉萨麦巴，是当地方言Skyes‐sa‐med‐pa之音译，是针对一个特殊群体专门的称谓。这一人群是指在当地被视为血统和身份不干净之人，他们中有些是屠夫、猎人等世袭的职业者，也有一些是"血亲之间不能结婚"禁忌违反者之子嗣。

带来了希望和憧憬。只是房名渐渐失去了昔日的光彩,一部分人从"雪"这个地方慢慢靠近拉加里王宫。不需要仰望,就可以看得到拉加里王宫。此时的赤钦已移居国外①,王室其他成员也陆续搬到了拉萨。甚至在后来,王宫成为了政府办公的地方,成为了小孩子捉迷藏玩游戏的地方。拉加里赤钦被架空,王宫内部也是空空如也,形同虚设。吉萨麦巴之人也渐渐与他人拉近了距离,对于拉加里而言,他们已不再被视为像瘟疫一样避而远之的群体。尽管祖先不洁净的身份带给他们的负面影响依然存在,但情况已有了好转,吉萨麦巴的身份在婚配对象的选择上虽有顾虑,但不再是禁忌。

第三次搬迁,对于拉加里空间布局的影响是至关重要的。西藏政府大面积地实行安居工程项目,除了房名为噶伦夏的一家人外,全部搬到了与拉加里王宫处于水平线上的拉加里村,甚至更远的地方。这次的大举搬迁最终也导致了房名制度的彻底消失,人们不再使用这些美丽的符号来指代彼此的名称。这些符号依附的房屋建筑连同昔日的辉煌和历史,都被留在了那个叫雪的地方。吉萨麦巴的孩子也能与其他小孩一样,上学、毕业、选择自己喜欢的职业,不再被认为与他人有别。另外,因为职业选择不像往昔一样受到限制,在婚配对象的选择上他们也有了充分的自由,只要两个人愿意、两情相悦,无论吉萨约巴还是吉萨麦巴都能够有情人终成眷属。

图3 第三次搬迁之后的拉加里村落布局

参考文献

[1] Barbara Nimri Aziz, "Tibetan Frontier Families", New Delhi: Vikas Publishing House PVT LTD, 1978.

[2] 毕达克:《1728~1959 西藏的贵族和政府》,中国藏学出版社 2008 年版。

[3] 陈睿:《嘉绒藏族村落人际关系探析——西索藏寨个案》,四川大学硕士学位论

---

① 根据藏文《拉加里世系史》的记载,拉加里赤钦于 1982 年逃往印度。2006 年,赤钦在印度德吉林藏人居住区去世。

文，2007 年。

［4］陈永龄：《四川理县藏族（嘉戎）土司制度下的社会》，《民族学浅论文集》，台北弘毅出版社 1995 年版。

［5］次仁央宗：《西藏贵族世家》，中国藏学出版社 2006 年版。

［6］更登磋：《松潘藏族的亲属称谓、房名及其文化意涵》，《民族研究》2015 年第 3 期。

［7］郭建勋：《锅庄石信仰、房名与藏区社会组织的变迁——以川西鱼通地区为例》，青海民族研究 2011 年第 2 期。

［8］李有义：《拉加里地区调查报告》，《藏族社会历史调查》（二），民族出版社 2009 年版。

［9］李锦：《家屋与嘉绒藏族社会结构》，中山大学 2008 年版。

［10］李锦：《卡布阿乌：嘉绒藏族老人超越家屋的权威》，《西藏民族学院学报》2011 年第 5 期。

［11］李锦：《土地制度与嘉绒藏族房名的获得——对四川省雅安市宝兴县硗碛藏族乡的田野调查》，《西南民族大学学报》2010 年第 5 期。

［12］李锦：《人神分界和僧俗分类：家屋空间的上下秩序——对雅安市宝兴县硗碛藏族乡的田野调查》，《西南民族大学学报》2012 年第 8 期。

［13］刘亚玲：《嘉绒藏族命名的文化阐释》，《宗教学研究》2009 年第 2 期。

［14］林耀华：《川康嘉戎的家族和婚姻》，《民族学研究》，中国社会科学出版社 1985 年版。

［15］罗泽龙：《阿坝藏族羌族自治州黑水县朱坝村房名调查报告》，《西藏民族学院学报》2014 年第 4 期。

［16］阮怀昫：《由克村之住居看戎民社区组织》，《边政公论》（第 6 卷）1947 年第 1 期。

［17］张原：《神山与家屋——嘉绒藏人的神圣历史和社会结构》，《宗教人类学》（第四辑），2013 年。

［18］邹立波：《嘉绒藏族房名初探——以雅安市硗碛藏族乡嘎日村为例》，《藏学学刊》（第六辑），2010 年，第 192 页。

南海主权争端的国际法问题分析

王倩[①]

公安海警学院 船艇指挥系海上执法教研室

一、南海地缘政治及争端由来

南海又称南中国海,因洋流等温度的变化又可称沸海,南海面积约为350万平方公里,共有岛、礁、沙、滩200多个,由北向南,大致可分为东沙、西沙、中沙和南沙4个群岛。目前最为瞩目的是南沙群岛争端,"南沙群岛位于南中国海南部,东经109°30′~117°50′,北纬3°40′~11°55′,由大大小小92个岛、礁、沙、洲、滩组成,其中多数不具备适宜人类居住的自然条件。"[②]南沙海域资源丰富,据预测南海的石油资源为367.8亿吨,天然气为75539亿立方米。[③]这里又是一个重要的渔场,我国渔民千百年来世代相传在此捕捞海参、海龟、贝藻等海珍品,还在此采集珊瑚,南海拥有丰富的渔业资源,维持着沿海居民的生产生活。此外,南沙群岛位于连接亚、欧、非、澳四大洲海空交通的要冲,海上交通便利。

自2009年提交外大陆架申请及2010年美国重返东南亚以来,南海局势持续动荡,2011年,菲律宾、越南等一些周边国家采取单方面的行动,损害了中国主权和海洋权利,除了南沙群岛的主权争端日益激化外,油气资源与渔业纠纷也不断。越南和菲律宾引入西方国家和印度等国的油气公司到南海争议区开展油气资源勘探活动。2011年5月26日,越南指责中国海监船干扰越南在南海争议区开展油气勘探作业活动,损害了中国在南海的权益和管辖权。[④]菲律宾也单方面授权西方油气公司在礼乐滩进行油气勘探开发。据农业部南海区渔政局不完全统计,1989~2010年,周边国家在南沙海域袭击、抢劫、抓扣、枪杀我渔民渔船事件达380多宗,涉及渔船750多艘、渔民11300人。其中,25名渔民被

---

① 王倩(1980—),公安海警学院船艇指挥系海上执法教研室讲师,主要研究方向为海洋法、海洋安全。联系方式:qianw2016@163.com.,15058298969。
② 张植荣:《中国边疆与民族问题》,北京大学出版社2005年版。
③ 吕华:《中国石油天然气的勘查与发现》,地质出版社1992年版。
④ 海洋发展战略研究所课题组:《中国海洋发展报告(2012)》,海洋出版社2012年版。

打死或失踪，24 名渔民被打伤，800 多名渔民被抓扣判刑。①

这些纠纷的背后，最为关键的就是南沙群岛的主权归属问题。美国海洋法专家拉尔德·曼贡在谈到南沙群岛问题时也明确指出："主权问题并不能完全用《联合国海洋法公约》来解决的，而取决于广义的国际法。"②"解决岛屿领土争端和解决海域划界争端时所适用的国际原则是有区别的。其中最根本的区别是《联合国海洋法公约》确立的基本原则只适用于解决海域划界争端，并不适用于解决领土主权类型争端。适用于解决岛屿领土主权类型争端的法律依据是国际法中关于领土取得的原则。"③

二、国际法中领土取得的依据及原则

传统国际法与现代国际法对国家领土的取得的方式看法不一，传统国际法中领土取得的方式主要有先占、添附、时效、割让、征服。实质上，以传统国际法的视角来分析现代国家领土取得的方式本身就应受到质疑。但是依据国际法和国际判例，本部分可从国际曾用的原则来分析岛屿主权问题，即遵循先占、添附、时效、割让、征服、国家继承和禁止反言原则来探讨主权归属问题。

（一）先占

国际法上的先占必须真实有效才发生效力。所谓"先占"意指对于不属于任何国家主权下的土地，一个国家通过占有的方式将其真实有效地置于该国主权下的行为。"真实有效"强调国家须在占领行为之后，在该土地上实施管理措施或展现国家的统治行为。国家以先占方式取得领土主权，必须符合下列原则：其一，被先占的领土必须为"无主地"，例如新发现的或被他国所放弃的土地。其二，对无主地的先占必须符合"有效原则"，根据国际法院之规定，"有效原则"必须满足两个条件：一方面，必须有该领土行使主权的意向或意愿。此种意向或意愿可由一些事实加以推断，有时也可借官方宣告或通知，向其他相关国家明确表达。但无论如何必须具有永久控制该领土的证据。单纯的"发现"只能取得原始的权利名义，发现后，必须有继续占有的行为，不能仅依发现而取得对该无主地的主权。另一方面，必须在该无主地有效和适当地行使或展示主权，即具有有效控制该领土的确切证据，或以行为表明对该领土实际行使主权。如采取涉及该领土的立法或行政措施（包括将该领土划入该国的领土版图，或为该领土设置专有的行政管理机构）、勘划该领土的疆界，或与其他国家缔结条约，就其对该领土主权加以规定等。

此外，从国际法的发展历程而言，先占原则随着历史条件不同，国家对于领土取得的表现也各异，更凸显其法律的价值与意义，尤其是当前在众多国家间领土争端的案例中，

---

① 新华网，中国渔民 http://news.xinhuanet.com/herald/2011-11/21/c_131252872.htm，检索日期2013年6月5日。
② 张良福：《中国与邻国海洋划界争端问题》，海洋出版社2006年版。
③ 国家海洋局综合管理司：《海洋管理的若干问题——美国海洋法学家杰拉尔德·曼贡访华报告》，1996年2月，第31页。参见张良福：《中国与邻国海洋划界争端问题》，海洋出版社2006年版。

先占是否有效？经常是各方辩论的重点。早期只要是发现不属于任何国家的无主地，对其表示占有的意向，并继续有公开象征性的行为，即使没有真正加以统治，也可以被认定为先占。直到 19 世纪末，由于时代的变迁，国际法更进一步地发展，对于"先占"成立的要件也较为严格，"有效先占"遂成为现代国际法对于领土取得的重要原则之一。

（二）添附

添附是指由于自然的或者人为的原因而形成的新的土地，从而使国家领土增加。这种情形多数是由于自然因素产生的，所以不需要形式上宣布或主张对它的权利。但添附也有人工造成的结果，如填海造地使领海外伸，从而增加领土。在一般的情况下，人工添附也是取得领土的合法方式。然而，如果一国在人为添附时，损害了相邻国家的权利，就不能认为是合法的。早在罗马时代就有添附的规范了，认为添附物随着主体物的命运而定，国际法沿用此法理，认为一国领土周边新增的土地应由该国获得主权。

（三）时效

国际法上时效的概念，即指一国对原属他国主权所有的领土，继续和平、有效和不受打扰地长期行使事实主权而取得该领土的主权。因此时效取得须具备四个要件：一是被取得的领土原为在他国主权之下的"有主地"。二是必须以有效控制为基础，并有明显的行使主权的意向。三是所谓的有效控制，必须是持续和平进行，并且不受该地原属国家之干扰，也即必须有原属国家之默许。抗议并非为缺乏默许的唯一表现，只要是反对他国控制行为者皆足以构成缺乏默许，阻止时效的完成。四是持续和平地有效控制，必须经历很长的时间，但究竟为多久，则无定论。"问题是哪些条件足以阻止和平的、无间断的占有？原则上，答案是很明确的；任何表明缺少默许的行为。因此，抗议就已足够。"① 然而时效取得原则，在国际法上一直存有许多的争议，迄今在国际社会中有关于时效的法律效力，未见学者与国际判例方面有统一的解释。而时效与先占的根本区别在于先占的对象是无主地，而依时效取得的是别国的领土。因此有些国际法学者并不同意"时效取得领域主权"的说法②，所持的观点是认为它并不应该被适用于国家领域主权的取得过程中。"当今，由于互相尊重主权和领土完整已成为一项基本原则，以时效取得领土无疑是违反这一原则的，因此，在现代国际法中以时效作为取得领土的方式已失去其现实意义了。"③由此可知，在国际社会有关领域主权取得的规范中，"时效原则"可说是国家领土取得的另一种方式，但却不能作为单一取得领土的方式，因为如果要以此原则作为领土归属的效用时，仍必须考量历史的证据、斟酌地区所发生特殊情况的具体事实以及结合相关的法律原则加以综合评估。因为在实践上，时效与先占时常有所混淆而导致争端，且到目前为止，尚未有一个判决或仲裁裁决是主要以时效为理由确认领土主权的。因此当国际法庭遇到此种案情时，通常会视"有效控制"的程度而加以判定。

---

① （英）伊恩·布朗利：《国际公法原理》，曾令良等译，法律出版社 2007 年版。
② Brierly, "The Law of Nations", Oxford: Clarendon Press, (6thed.) Waldock, 1963, pp. 167 – 171, 转引自傅崐成：《南（中国）海法律地位之研究》，123 资讯 1995 年版，第 8 页。
③ 杨泽伟：《主权论——国际法上的主权问题及其发展趋势研究》，北京大学出版社 2006 年版。

(四) 割让

割让是另一种取得领土主权的重要方式,是指一国根据条约将其领土的一部分转移给另一个国家。国际法之所以承认此种领土取得方式,乃基于一项传统原则,即一个国家有权将其领土正式转移给他国。所谓"正式转移",就是由割让国与受让国缔结条约,对被割让之领土范围、转让的条件及割让地人民的国籍与公有债务等,精确地加以规定。割让的类型有两类,一是强制性割让。多为军事征服或者战争的结果如甲午中日战争,中国根据1895年的《马关条约》被迫将台湾割让给日本。这就是一种强制性割让。传统的国际法承认强制性割让是领土取得的方式。但是现代国际法中,强制性割让已经失去其合法性,比如在《维也纳条约法公约》第52条就明确规定:"条约系违反联合国宪章所含国际法原则以威胁或使用武力而获缔结者无效。"二是非强制性割让。即国家以平等自愿为基础,通过协商或缔结条约转移部分领土,它通常带有交易的、交换的或者赠送的性质。如1867年沙皇俄国以720万美元将阿拉斯加卖给美国。① 目前这种情况已经非常少见。

(五) 征服

征服是指一国以武力兼并他国的全部或部分领土。征服与割让的不同之处在于:征服并不缔结条约,而将战时所占领的别国领土,在战时或者战后宣布予以兼并;如果签订有条约,则征服变为割让。但根据现代国际法,征服是侵犯他国主权的不法行为,以此获得的土地在法律上是没有效果的。然而,在国际社会中这一行为却不罕见,如1990年,伊拉克对科威特的武力兼并。这些都是践踏现代国际法基本原则的。②

(六) 国家继承

国家继承是指一国在国际关系对其领土范围内所享有的国际权利和承担的国际义务被另一国取代时而产生的一种法律关系的转移。"甲国之领土主权全部或部分转移给乙国时,甲国就该领土在国际关系中所负担之责任或义务以及所享之权利等,也可由乙国取代。这种'取代'(Replacement)在国际法上称为'国家继承'(State Succession)。取得领土的乙国为'继承国'(Successor State);丧失领土的甲国为'被继承国'(Predecessor State)。③"领土继承常常因为继承范围的不同,又可区分为"全部继承"及"部分继承"。在实践上,国家在国际组织的成员有资格发生继承的规则有:在国家分离或分立的情况下,如原被继承国继续存在,则分离或分立出来的国家要履行重新加入的手续,才能取得国际组织成员国的资格。在成员国合并的情况下,应作为单一的国家继续保留成员国的资格。对于新独立的国家,则需要履行加入手续才能成为国际组织的成员国。

(七) 禁止反言原则

所谓禁止反言,亦称排除原则,是指基于一方由于其自身的行为使之不得主张有损他方的权利,他方有权信赖这种行为而行事,此时允诺方不得反悔。当法律禁止一方采

---

① ② 梁西:《国际法》,武汉大学出版社2011年版。
③ 俞宽赐:《国际法新论》,启英文化事业有限公司2002年版。

取前后矛盾的立场、态度或行为而使得他方遭受损失或伤害时，禁止反言得以产生。①《布莱克法律词典》的解释："一方由于他自身的行为使之不得主张有损于它方的权利，它方有权依信赖此种行为，从而这样行事。当法律禁止一个人言行不一时，发生禁止反言。"

禁止反言原则渊源于中世纪的英国，是由以公平、正义为本质格言的衡平法发展而来的。在英美普通法体系中，"禁止反言原则"常作为法律的基本准则而存在，19 世纪中期后，英美法系国家的法官或律师在国际仲裁或国际法案件中，经常援引禁止反言原则作为论断的依据。事实上，该原则并非英美法系所独有的原则。"虽然严格说来还不能确定该原则是属于国际习惯法还是国际法的一般原则，但是从国际实践来看，该原则却得到了国际法院等重要国际司法机构的支持与确认。"② 禁止反言原则具有一般法律制度所应具有的特性，因此同样应适用于国际法和海洋法体系。在 1929 年国际常设法院所受理的塞尔维亚贷款案中，禁止反言首次出现在国际法中。在 1933 年的东格陵兰岛案中，丹麦即引用禁止反言原则，驳斥挪威对东格陵兰岛拥有主权的主张。国际常设法院在审查后认为，一个国家在国际关系中基于善意和公正的要求，对于任何具体的事实或法律情况，应当采取前后一致的立场，以避免其他国家信赖其行为或行动而遭受利益损失。因此，爱赫伦代表挪威政府而发表的口头声明对该国有约束力，从而认定丹麦的主张成立。

三、中国和越南南海岛礁主权类型争端

越南位于中南半岛，东侧与我国大陆仅有北部湾相隔，海岸线约 3000 公里，就中越两国而言，两国南海争端的范围主要在南沙群岛和西沙群岛，就时间而言，可以追溯到 20 世纪 50 年代，越南政府对西沙群岛的争夺。1956 年 4 月 1 日，越南政府派遣越军接替驻守在珊瑚岛的法军；1957 年 5 月 8 日，越南政府派出一个连的海军陆战队至永乐群岛换防。1966 年 8 月，越南政府因兵力不足，除在珊瑚岛继续留下驻军外，其余驻防在西沙群岛的军队全部撤出。在南沙群岛方面，1956 年 8 月 22 日，越南政府派军登陆南威岛；同年 10 月 22 日，越南将西沙群岛与南沙群岛纳入其福绥省的管辖范围。进入 20 世纪 70 年代，中国与越南爆发了一场西沙群岛的争夺战。1973 年 9 月，越南政府对外宣称正式将西沙群岛与南沙群岛的南威岛等 10 个岛屿纳入越南版图，此举，给中国和国际社会造成了极为恶劣的影响。1974 年 1 月 11 日，中国发表声明，宣称对南沙群岛的主权，并从 1 月 11 日～16 日派军轰炸西沙群岛；在南沙虽然中越两国曾在 1988 年因南沙群岛发生过海战，并造成一定程度的伤亡。但是，从 20 世纪 90 年代初开始，由于冷战形势造成的国际情势复杂多变，受到各种因素的影响，中越两国的关系实现了正常化，开始在各个领域迅速恢复关系，并且中越两国再也没有发生过直接的军事对抗。但是在 2009 年 5 月 13 日前夕，马来西亚、越南和我国相继向联合国大陆架界限委员会提交有关海域的"外

---

① 张卫彬：《论海洋划界中的禁止反言原则》，《常熟理工学院学报》（哲学社会科学版）2008 年第 1 期。
② 朱文奇：《国际法学原理与案例教程》，中国人民大学出版社 2009 年版。

大陆架"权利主张，南海岛屿问题又引起多方关注和广泛争议。由此可见，探讨南海主权问题不仅是影响中越两国安全关系的核心，而且具有极大的现实意义。

（一）越南的主张与理由——历史上的占有与国家继承原则

1. 历史上的占有

前南越政府提出的证据是，早在 1802 年安南帝国时期，嘉隆帝曾派"黄沙队（Doi Hoang Sa Society）"的人员前往西沙群岛从事商业性的探查，且 1816 年在西沙群岛树立安南国旗。此事件，中、越（安南国）双方的官方文书均无正式的历史记载。

"而越南外交部白皮书强调最多的是，一位法国传教士塔伯尔神父（Jean-Louis Taberd）于 1837 年所写的一篇文章，标题是《交趾支那地理考释》（"Note on the Geography of Cochin china"）。塔伯尔在文中写道："帕拉赛尔或普拉塞尔①是由小岛、岩石和沙滩组成的迷宫，延伸到北纬 11°和从巴黎算起的东经 107°。一些航海家勇敢地越过部分沙洲，与其说是小心谨慎，不如说是侥幸成功，而另一些人的尝试却失败了。交趾支那人称这些岛为 Conuang②。虽然这些群岛除了岩石和深海之外别无他物，且唯有造成不便而无其他好处，然而嘉隆皇帝却认为，增地虽小，但也扩大其领土。1816 年，他庄严地在那里插上旗帜，并占有这些岩石，估计不会有任何人对之提出异议。"③ 此段的历史记载使越南始终坚持西沙群岛因"先占"而成为越南的领土了。另外，越南外交部白皮书还抛出一张《大南一统全图》（见 19 世纪阮朝国史馆刊行的《大南一统全图》④）称该图所绘的黄沙、万里长沙就是中国的西沙、南沙群岛。越南学者武龙犀认为"其实这幅图是原负责文化事务的国务卿府办公厅主任、现任负责国家发展计划的副总理助理兼国会联络员朱玉崔先生很久以前搜集到的一个抄本，并有雅意供我们使用"⑤。细致分析越南的上述理由，不难发现，其上述种种的所谓用历史记录来主张其对西沙群岛和南沙群岛的主权，乃至声称西沙群岛及南沙群岛为其领土的一部分的依据，均不构成先占和历史上占有的条件；也当然没有法理和事实依据。

2. 国家继承原则

越南对南沙群岛提出主权要求的另一个依据是"国家继承"，即越南作为殖民地继承了前宗主国法国在殖民地的一切权利义务，从而也继承了法国对南沙的主权。在上一问题中本文已论述过法国不能根据"时效"原则取得南沙的主权，从国际承认的角度来看，法国对南沙拥有主权的说法也是站不住脚的。越南特别强调"法国以越南国家的名义继续行使对黄沙群岛和长沙群岛的主权"。关于国家继承方面，越南主张继承法属安南时期的领土，从而拥有西沙与南沙群岛的主权。此外，越南除坚持《中法界约》国际条约的约束力外，甚至引述在西沙群岛海域所发生两起的海难事件来支持其主张，因此，越南根据《中法续议界务专条》的签订而主张中国应受条约之约束，同时也引证海难事实表明中国也已承认对西沙群岛并不具有主权等法理依据，而主张西沙群岛应属越南所有，而非

---

① 即西沙或西沙群岛。
② 即昆仑。
③④ 李金明：《中国南海疆域研究》，福建人民出版社 1999 年版。
⑤ ［越］武龙犀：《黄沙和长沙两群岛的地名学问题》，转引自（越）阮雅等：《黄沙和长沙特考》，商务印书馆 1978 年版。李金明：《中国南海疆域研究》，福建人民出版社 1999 年版。

中国所有。由于发现石油，20世纪70年代南越宣称继承法国的权利，并开始侵占南沙岛礁。1975年4月，北越在即将攻占西贡前，派兵占领南越政府所占领的南沙群岛部分岛屿，不久后，统一后的越南政府即发表一份官方白皮书，指称西沙群岛与南沙群岛自古即属于越南所有，同时修改国内地图，将西沙与南沙群岛标示于其所属版图内。

我们对照领土主权继承原则的相关原理和规定，也可以发现，越南政府的上述主张是不能成立的。

（二）禁止反言的适用

20世纪60年代以前，越南政府均承认中国对西沙及南沙群岛的主权。1956年6月15日，当时的越南外交部副部长会见我国驻越南大使馆临时代办时表示："根据越南方面的资料，从历史上来看，西沙、南沙群岛应属于中国领土"，当时在座的越外交部亚洲司代司长黎禄说，从历史上看，西沙、南沙群岛早在宋朝时就已属中国了。① 1958年9月14日，越南总理范文同致函中国总理周恩来时表示，"越南民主共和国政府承认和赞同中华人民共和国政府1958年9月4日关于领海决定的声明"。② 1975年后，这种立场产生相当大的变化，因为北越政府已取得对南越政府战争的胜利，在不需中国的协助后，完全改变其对南海主权的立场。

如上所述，前南越政府及现在的越南政府，两者分别发表白皮书，宣称拥有南沙及西沙群岛的主权，然而，现在的越南政府早已在公开声明及文书中承认，中国拥有这些岛屿的主权，这也是越南主权论述最为薄弱之处。1988年5月12日《中华人民共和国外交部关于西沙群岛、南沙群岛的备忘录》中指出："与中国的有效管辖情况相反，越南方面过去不仅从未在南沙群岛存在过，而且直至1974年以前它所发表的政府声明、正式照会和公开出版的地图和教科书中，都一直承认西沙群岛与南沙群岛自古以来就是中国的领土……。"上述越南政府及其代表的声明，就南海主权类型争端而言，当然拘束越南政府。如上文所述，越南所提出的主权论述中最为薄弱之处即在于，早已承认中国对南海诸岛的主权主张。对于此点，越南政府做了响应，认为当时承认中国政府的主权主张主要是基于两国间的同盟情谊，在反抗美国干涉与入侵越南的战争中，为顾全大局，所以才做此反应。

越南的这种理由似乎在国际法上欠缺合理性且太过牵强，因为领土主权在国际法上是相当敏感的议题，政府首长在其职权范围内的谈话应相当谨慎，不得任意改变所做的承诺，国际法上关于领土的取得方式中，政治决定将产生法律效果，从而约束当事国。若领土争端发生后，有关国家即推翻其原有的承诺，国家间的疆界可能因此呈现不稳定的状态。每个国家都有自身的特殊历史发展经验，笔者以为，除非相关国家以违反国际法强制规范的行为造成一种非法事实（例如使用或威胁使用武力），否则任何国家均不应片面地

---

① 2007年6月15日越南在南沙群岛"国会选举"宣示主权，http://bbs.gxbs.net/showtopic-195528.aspx，检索日期2009-07-27。

② 1958年9月4日，中华人民共和国发表关于领海声明，其中提及"……西沙群岛、东沙群岛、中沙群岛与南沙群岛等南海诸岛属于中国领土……"，越南共和国总理表示承认并支持该领海声明。《中华人民共和国政府关于领海声明》，详见《人民日报》1958年9月5日；关于越南总理致函周恩来总理的部分，详见《人民日报》1958年9月22日，第3版；《中华人民共和国对外关系文集》（第五集），第162-163页。

推翻其所做的承诺。

(三) 分析与结论

越南方面主张,根据历史文献,在法国人统治越南前,越南已在西沙群岛行使主权,认为就国家继承的法理而言,1954年法国结束其在中南半岛的殖民统治后,越南即继承法国在西沙及南沙的控制权。中国虽然最早发现西沙群岛和南沙群岛,但这仅限于发现,并不构成中国对该区主权的合法主张。

针对这一点,首先必须指出的是,从中国的历史而言,相关文献并未有安南曾控制西沙群岛的记载,事实上,如上述越南所提出的历史文献也存在许多错误;更重要的是,20世纪30年代以前,法国殖民当局并未主张西沙群岛为越南领土的一部分,而承认中国对这些岛屿的主权。就国际法上的国家继承而言,当殖民母国法国撤出越南时,即产生了越南内部国家继承问题之争,众所周知的是越南内部同时有两个政府。诚然,无论是当时的南越或北越政府,其所继承的领土范围是法国统治期间的越南领土,就国际法而言,这是一个国家内部政府的代表权之争,这一点并未引起争议。问题在于,即使在法国统治期间,其所主张的西沙群岛与南沙群岛的主权也是有所争议的,当时的中国政府也不断抗议法国侵占中国的领土,换言之,当时的法国政府其主权范围并不及于西沙群岛与南沙群岛,其强占领土的行为并未获得包括中国在内国际社会的普遍承认。

此外,法国以征服与兼并的方式占有南海岛屿,其行径也不符合当时的国际法与国际关系的实践,法国从未在这些小岛上建立合法有效的领土主权,越南所说法国对南海岛屿的合法权利根本不存在,正如同"帕尔玛斯岛案",西班牙无权将不属于自己的领土割让给其他国家,法律上有所谓的"继承人无权主张被继承人没有的物品"原则,按照这个公认而有效的国际法准则,越南又怎能以国家继承作为拥有这些岛屿的主权依据,所以其主张的合法性基础相当薄弱与牵强,且不能成立。

另外,就国际法而言,每个国家的主权应在其疆界内行使,至其边界为止,国际法的理论与实践均重视边界的明确性与稳定性,当发生国家继承的问题时,相关决定边界的条约也须一并继承,当然有些条约可以因为情势变迁原则而加以解除,但这个原则并不适用于边界条约。① 法国殖民越南时期,对南沙群岛与西沙群岛的占有行为从未取得合法承认,在法律上,这些岛屿不能被划归为当时越南领土的一部分,依据国际法上关于殖民地独立时所适用的"保持占有主义",独立后的越南无权将原不属于自己的领土纳入其管辖范围内。

1974年后,越南即将重心转移至南沙群岛,尽管1988年中越双方再度发生冲突,但迄今为止,南沙群岛以越南所占据的岛礁数量最多。1992年后,越南加速石油探勘与开采的工作,因此,其开始了强力抢占南沙群岛西侧对其有重要性的岛礁,与西方大型石油公司签订合作协议,加速在这个区域从事探勘、开发、生产的工作。2010年越南政府的电视和电台还多次声明南沙群岛是其领土,其策略是强化其现有的岛屿主权,并将外国私人公司引入争议中的海域与岛屿,借以合理化其占有行为与主权主张。此外越南政府还一

---

① 关于国家边界的继承,可参见国际法院1990年利比亚与乍得领土边界案。http://212.153.43.18/icjwww/icases/idt_ijudgments/idt_ijudgment_19940203.pdf,检索日期:2009年6月10日。

直在非法侵占的岛礁上建造基础设施,2010年5月,越南政府宣布了一项总金额高达85亿美元的海岛防务与开发计划,将在2010~2020年发展从西南部靠近柬埔寨的富国岛到北部吉婆岛的一连串岛屿,其中包括与中国有主权争议的南沙群岛。① 越南政府的上述行为和依据显然是为法理所不容的。

四、中国与菲律宾岛屿主权争端的分析

菲律宾对南沙群岛的主权要求最早始于1933年8月,菲律宾的前参议员陆斯雷伊认为法国出兵强占的南海9小岛,应为菲律宾所有,并向美国驻菲律宾总督提出异议,美国测量人员测量后认为法国所占的小岛在领海之外200里,因此不属于菲律宾的领土范围。此外,以南沙群岛邻近菲律宾为由,主张适用所谓的邻近原则。第二次世界大战结束后不久,菲律宾外长季理诺于1947年7月23日表示,菲律宾欲将南沙群岛并入该国的国防范围内,对于菲律宾的主张,当时的中国政府提出严正的外交抗议,菲律宾也暂时停止侵犯中国南海主权的行径。菲律宾宣布发现并占有卡拉扬群岛,即"自由王国",依国际法上无主地先占的原则,由菲律宾合法拥有其主权。1956年菲律宾海洋研究所的主任科洛马率队到达南沙群岛,并将所占岛屿改名为卡拉延群岛。他将南沙群岛中的南威岛、太平岛、鸿麻岛等都包括在他所谓的卡拉延群岛中。而菲律宾的主权主张是根据国际法上无主地先占的原则。1956年5月19日,菲律宾外长季理诺认为南沙群岛中的太平岛与南威岛邻近该国领土,因此应为菲律宾所有。值得注意的是,事件发生时,菲律宾官方宣称科洛马的行动纯属个人行为,并非代表菲律宾政府。菲律宾的主张遭到中国的抗议与反对,并且两国重申拥有南沙群岛主权的立场。

1971年7月菲律宾发布命令,正式将南沙群岛的53个岛屿划入其领土。1974年,菲律宾提出根据1951年的《旧金山和约》,日本放弃对西沙群岛及南沙群岛的一切权利,而未明文规定主权的归属或交还何国,所以南沙群岛是国际法上的无主地,并应由所有第二次世界大战的战胜国决定其归属,或由联合国交付有关国家实行托管。1978年6月11日,菲律宾发布总统令第1596号,将大部分南沙群岛及其周边海域划入菲律宾版图,并将其行政权交由巴拉望省管辖,在该令中,菲律宾认为其拥有的所谓卡拉扬群岛的依据为:该群岛构成菲律宾大陆架边缘的一部分;这些地区不属于任何国家或民族,或虽有些国家宣称这些地区拥有主权,但他们的主张已经因放弃而失效,无论在法理或衡平原则上,都不能胜过菲律宾基于历史、不可缺少的需要,以及基于国际法的有效占领和控制。② 1987年11月19日,菲律宾外长以总统紧急法案的形式向菲律宾上议院提出了菲律宾群岛领域界限法案,再次确认卡拉延群岛是菲律宾领土的一部分。1999年3月,当时的菲律宾总统埃斯特拉达声称:"至于米斯奇夫礁(即中国的美济礁)确实是属于我们的,因为他在我们的专属经济区内。"此外,菲总统府文官长埃尔米塔2009年3月11日

---

① 海洋发展战略研究所课题组:《中国海洋发展报告(2012)》,海洋出版社2012年版。
② 李金明:《美济礁事件的前前后后》,《南洋问题研究》2000年第2期。

宣布，尽管中国抗议并坚称对南沙群岛拥有主权，但阿罗约还是于前一天签署了第9522号共和国法案，即"菲律宾领海基线法"。他告诉媒体，"领海基线法"并未特别宣称斯普拉特利群岛（指南沙群岛）和斯卡伯勒浅滩（指黄岩岛）归属菲律宾，因为菲律宾对这两个岛屿的主权主张"已经在现存法律中得到体现"，"不需要再在新签署的法案中得到体现了"。

菲律宾主张南沙群岛为无主地，适用国际法中关于无主地先占的原则，然而，南沙群岛主权归属目前虽有争议，但可以确定的是，南沙群岛并非国际法上的无主地。南海部分国家质疑，虽然历史上中国渔民及商人经常使用这些小岛作为基地，但这些岛屿多数是无人居住的海中小岛。这种说法是有意将无人岛等同无主地，事实上，两者在国际法领域中是两种截然不同的概念。前者所指的是不适合人类居住的岛屿，后者强调的是那些尚未被人们以国家名义占有的岛屿，无论中国或越南均主张对南沙群岛拥有主权，中国长期以来均以国家名义将南海诸岛划入版图，其历史文献可追溯至19世纪甚至更早的时期，因此，菲律宾所谓的无主地原则在南海问题上是不适用的，其主张在法理上缺乏依据。

就国际法而言，先占只能以无主地为客体，如以有主地为对象则不是国际法所指的先占，除非原主权国有明白放弃主权的表示，事实上，中国对南海诸岛的主权并未消失也从未放弃，即使无力抵抗外国的非法侵占，亦持续表达外交抗议。此外，必须指出的一点是，当科洛马宣布发现并占有所谓的卡拉扬群岛之际，菲律宾官方并未认可或授权其行为，换言之，当时科洛马的行为仅被菲律宾政府视为其私人行为。诚然，如果先占是以无主地为对象，在某种程度上并不排除私人行为的法律效力，问题在于，本文已一再论证南沙并非无主地，依据以上分析，菲律宾所主张的无主地先占并不适用于南沙群岛。

（一）邻近原则适用问题

1956年，菲律宾外长加西亚在一次记者招待会上声称，南中国海上包括太平岛和南威岛在内的一些岛礁，距菲律宾最近，理应属于菲律宾。菲律宾总统季里诺在记者招待会上说："如果（中国）国民党军队真的占领着南沙群岛，则菲律宾就必须要求占领该地。如果在敌人手里，即威胁我们国家的安全。"他还说："根据国际公法，该群岛应该属于最邻近的国家，而距离南沙群岛最近的国家就是菲律宾。"[①] 菲律宾对南沙群岛若干岛屿及中沙群岛中的黄岩岛提出主权主张的依据之一，就是这些岛屿位于菲律宾的200海里专属经济区内。按照菲律宾的这种观点，任何岛屿只要位于菲律宾200海里经济区内，不管原来归哪一国所有，现在都应该归菲律宾所有。这种观点是完全站不住脚的，也是根本不符合《联合国海洋法公约》有关专属经济区的规定的。1978年7月15日，菲律宾发布总统令第1599号，片面主张卡拉扬群岛与巴拉望群岛间为其内水，外国船只不得进入。菲律宾认为这些群岛对该国有重大安全及战略利益，此外，认为卡拉扬群岛在地理位置上距菲律宾较近，根据国际法上邻近原则可以强化菲律宾对卡拉扬群岛的主权。事实上，邻近原则作为取得领土的依据，这种起源于西方殖民时期的理论，早已被国际法的实践与国际社会所否定。"帕尔玛斯岛"案中，法院否认美国所提出的邻近原则可以作为领土主权取

---

① 《中华人民共和国对外关系史料汇编》第682－683页；张明亮：《南中国海争端与中菲关系》，《中国边疆史地研究》2003年第2期。

得的依据的主张，这种仅以地理上的邻近性，作为主张权利的基础，这种主张在国际法上缺乏法律依据。实践上，国际社会认为这种取得领土的方式缺乏法律依据与正当性。事实上，世界上许多国家的领土均相连，无论是以陆地还是海洋为界，如果邻近原则可以作为国际法上取得领土的依据，那么国家间疆界就可能因为某国的片面主张而呈现高度不稳定状态。无论就法理与实际的层面分析，邻近原则作为国家取得领土的依据，这种主张并不被国际法所接受。因此，菲律宾以此作为取得南海岛屿主权的依据，这种主张并不具备法律效力。

（二）国家继承原则

除了无主地先占以及邻近原则外，菲律宾认为其对南沙群岛拥有主权是根据国际条约及法律而来，分别是1898年的美西《巴黎和约》、1900年的美西《华盛顿条约》、1930年的《英美协议》、1932年的《英美公约》以及1935年的《菲律宾自治宪法》，这些条约均由当时菲律宾未独立前的宗主国美国所签订，菲律宾主张1946年独立时继承前述条约，从而对所划领土行使主权。如同"帕尔玛斯岛案"法院的裁决，国家无权割让不属于自己的领土，同样的道理，当时南沙群岛并非西班牙的领土，该国无权处分不属于自己的权利。尽管菲律宾对条约水域的界定并不符合《联合国海洋法公约》的规定，但菲律宾依据上述条约取得领土的部分则较无争议，问题在于，依据《巴黎和约》所标绘的经纬线，南沙群岛并不在该条约所划定的范围内，当然也就不属于当时菲律宾的领土。另外，西班牙于《华盛顿和约》中表示，将不属于《巴黎和约》但附属于菲律宾群岛范围内的岛屿让予美国，南沙群岛并不附属于菲律宾群岛。就国际法而言，西班牙无权处分不属于该国管辖境内的领土，美国也无法经由上述两项条约取得对南沙群岛的主权。而且就黄岩岛问题而言，1898年的《巴黎和约》、1900年的《华盛顿条约》、1932年的《英美公约》、1947年的《一般关系条约》、1952年的《军事同盟条约》以及1961年6月17日菲律宾确定领海基线的第3046号法令和1968年9月18日第5446号法案《菲律宾领海基线界定法案》所确定或包括的菲律宾领土范围都不包括现在菲律宾所占领的南沙岛礁和所主张主权的黄岩岛。①

（三）分析和结论

菲律宾主张经由国家继承所承袭而来的领土，其范围并不包括今日的南沙群岛，美国也从不承认其统治菲律宾期间的领土主权及于南沙群岛。② 从另一个角度而言，前文曾论及，菲律宾提出《旧金山和约》后，南海应为无主地故适用先占的原则，如果南沙群岛确实如菲律宾所述，包含于上述美西与美英相关条约中，那么南沙群岛就不是菲律宾所谓国际法上的无主地，而应是日本自菲律宾强占而来的领土。依据《旧金山和约》的规定，日本放弃在西沙、东沙与南沙的一切权利与要求，即便并未明言归还何国，但也可充分表示当时南沙并非所谓菲律宾的领土。从以上分析可以发现，菲律宾关于南沙岛屿的主张有互相冲突之处，且前后说法不一。就禁止反言原则的适用而言，菲律宾官方的态度前后不

---

① 邹立刚：《关于南海若干重大法律问题的探讨？》，《法治研究》2013年第6期。
② 韩振华：《我国南海诸岛史料汇编》，东方出版社1988年版。

一，最初否认科洛玛的行为获得菲律宾政府的认可，自 1971 年后方主张南沙为其领土，对于取得领土的方式则分别主张无主地先占、国家继承以及邻近原则等。

目前，菲律宾将南沙群岛中大部分岛礁划为该国领土，宣称拥有领土主权，并命名为"卡拉扬岛"，但实际派军进驻或控制的部分只有 8 个岛礁，并在此范围内行使渔业权及探勘油气。而近年来的美济礁和黄岩岛上主权争执不断，严重影响我国渔民的生产生活。相较于南海其他争端国家，菲律宾本身并不出产石油，因此相当重视南海潜在的能源矿藏。菲律宾在南沙群岛的军事指挥所在地为中业岛，中业岛有短场飞机跑道及码头等设施，此外，菲律宾有意开放靠近菲律宾群岛的南海海域，提供海上观光旅游，作为强化主权的宣示。菲律宾对于越南开放南海岛屿观光的做法也表达关切但低调的响应，其目的即在于为日后可能的发展留下弹性空间。

跨界民族的社会适应研究维度

——一个新的研究视域

徐 芳

北华大学 法学院

一、跨界民族的研究次序——从国家到个体

当下中国的跨界民族研究侧重于民族学、人类学、社会学、历史学、政治学、地理学的研究解释，主要关注的领域在以下几个方面：一是跨界民族学理上的研究，其本身作为一个研究对象被确立，其概念、类型、形成原因、影响因素、发展趋势等方面的研究。二是基于多民族和复杂的周边关系，重新审视运用地缘政治学、国际关系学处理国内及国际民族关系的视角，集中探讨跨界民族认同、跨国流动、政治安全、国家稳定、边疆经济发展、周边国家关系等方面。这类研究是基于现实的边界冲突、边民叛逃、"藏独"、"疆独"等问题衍生出来的现实需求。三是跨界民族问题，即宗教问题、突发事件，文化差异及冲突、经济发展区域不平等、族群关系、民族主义、人口流动、毒品贩卖、跨国犯罪、恐怖与分裂活动等问题。四是跨界民族的社会治理策略，指结合边疆治理中华民族这一"国家民族"的建设问题。

从以上研究主题中我们看到，宏大的政治主题、中观的问题视域都非常明显，对跨界民族作为安全威胁的政治化思考跃然纸上。笔者认为，对跨界民族的研究需要走一条去政治化的个体化之路，民族与国家都是现代性的概念，而根本上是人的现代性的问题，少数民族在发展过程中遇到了个体现代化的危机，他们在自身现代性适应中出现了困境，需要寻求解决之道。所以，很多安全问题其实质上是发展问题，根本上是适应问题与少数民族个体成长的问题。他们的个体抗争或族群抗争大多是为了寻求一些现代化适应过程中的环境支持、资源支持、制度支持，最终完成自身的现代化进程。现代化本身充满痛苦，对个体充满危机，整个族群都有在这一过程中消亡的危险，他们需要一些合理的释放情绪的渠道和转化危机的方法。本文将沿着个体化之路解构一个宏大的主题，将跨界民族从安全视角转移到发展视角，再将发展视角转化成个体适应和成长的视角。

社会治理的视角已经从国家成功转移到社会和制度安排这样的中观层次，但研究的方向依然是居高临下，将跨界民族作为客体来关怀，以制度和策略为主体，体现了一种国家

作为强势力量的主导与控制。而社会适应视角是从每一个跨界民族的个体出发，他们带着不同的文化、不同的族群记忆、不同的历史走来，且要在这个社会和国家生存下来，就需要努力地融入，以及学习主体民族的语言，理解国家的一系列制度和规则，利用一切可资利用的资源，满足自身不同层次的需要（生存、安全、爱与归属、尊重、自我实现），直到他们觉得生活在这个国家和社会是幸福的，就可以安居乐业。对于每个拥有跨界民族身份的个体而言，这是一个漫长的社会适应过程，可能充满痛苦和危机，也可能充满机遇和挑战，而这个过程恰是笔者认为我们需要重点关注的领域。

在国家现代化、市场化的大背景下，全球化和市场化使族群开启了日益扁平化、个体化之路。族际冲突日益被个体竞争取代，生存与安全问题逐渐被职业适应取代，文化的冲突日益被跨文化适应取代，即便是个体族群身份这样的政治符号，其聚合能力也会慢慢地与地域、阶层、社区等符号处于同一层次，问题只是适应失败的一种结果。人的现代性是在每天的职业生活中实现的，人的适应性是在环境中不断地寻求中出现的，过去我们过于聚焦于环境，而今要打开另一个面向，即跨界民族人口学意义上的每一个个体。

二、跨界民族的社会适应研究框架

跨界民族在人口学意义上可以以年龄（青少年、中年、老年）、性别（男、女）、流动特征（流动、留守、稳定）、职业、民族、分布国家等情况进行类型学的划分。不同类别的社会适应情况是不一样的，比如跨界民族中流动儿童和留守儿童遭遇的社会适应困境是不一样的，朝鲜族和藏族遭遇的社会机遇和选择空间也是不一样的，其社会适应的过程和结果也必然不一样，所以进行类型化区分和比较研究是必要的。跨界民族有更多的跨国流动机会，他们倾向于流动，在全球范围内寻找资源，而流动的跨界民族的适应问题就是更需要研究的问题。

表1 跨界民族的社会适应框架

维度	细化	解释	问题	解决路径
经济维度	就业机会	就业现状、就业渠道、工作保障、市场	就业歧视，机会有限，渠道狭窄，工作不稳定，短期工作较多，跨界民族的市场竞争劣势	消除就业歧视，制定制度增加就业机会，拓宽就业渠道，增加职业稳定性，降低职业风险，善用市场优势
	职业声望	职业类型、层次、转换、升迁机会	跨界民族的职业偏好、职业层次较低、职业转换难度较大、职业升迁机会狭窄	拓宽职业偏好、提升职业层次、促进职业自由流通、增加职业升迁空间，增加职业培训和生涯规划指导，增强其职业能力
	工作环境	每周工作天数、小时、条件、强度	跨界民族工作天数和时数较多，工作条件较差，地处偏远地区，工作强度较大，工作的自然环境恶劣	按照劳动法约束工作天数和时数，及时给付加班费，改善工作条件和工作环境，加大对边远山区的投资力度，改善基础设施

续表

维度	细化	解释	问题	解决路径
经济维度	收入与消费水平	收入水平、工资发放状况、消费水平、消费结构、积累水平	跨界民族收入水平较低，工资拖欠，发放不稳定，消费水平较低，消费集中于生存物资，积累水平较低	提升收入水平，用劳动法规范工资发放，促进积极合理消费，提升积累水平
	社会福利与社会保障	五险一金缴纳情况、劳动合同履行情况	缺乏社会保障，五险一金缴纳不全或者没有，劳动合同不履行或者没有劳动合同	在跨界民族地区普及社会保险的概念，普及劳动法，增强劳动者个体的法制观念；强化企业的法律责任和社会责任，并履行劳动法
	居住环境	地点、条件、面积、费用、交通、流动	居住地偏远，条件恶劣，面积狭小，交通不便，青壮年流动，老少留守	改善跨界民族地区的基础设施，对流动和留守人员给予居住方面的政策倾斜
	教育培训	教育、培训、子女教育	受教育程度较低，没有或缺乏持续的培训，缺乏人力资源的增进资本，不重视下一代的教育，留守儿童偏多，留守儿童心理问题严重	教育优先政策，加大成人教育力度，增加针对少数民族的短期职业培训和语言培训，增加其市场竞争力，重视下一代的教育以及亲子关系和陪伴，重视依恋关系与心理建构
社会维度	社会交往	人际交往对象、频度、模式、范围、朋辈群体、支持网络	本民族内交往明显，跨民族交往频度低，交往范围狭小，社会资本匮乏，社会支持网络匮乏	混杂居与流动有助于跨民族交往，也有助于提升适应力，提升跨文化交往能力，增加社会支持网络的建立、拓展和使用的能力
	婚姻选择	婚育年龄、婚育选择、通婚范围、子女数量、子女性别选择	婚育年龄较低，通婚范围狭小，婚育选择本民族优先，子女性别选择明显	扩大通婚圈范围、鼓励异族通婚，降低子女性别选择的可能性，增强生育意愿，鼓励生育
	社会参与	参与社区活动、职工代表大会、工会、选举、城市管理	社会排斥明显，难以融入现象明显	政治代表中的民族配额制，积极鼓励跨界民族的社会参与
	社会身份	市民身份获得、文化身份获得、职业身份获得	身份获得障碍、身份歧视、身份认同危机	平等化，减少社会污名，身份取得的渠道制度化、公开化、平等化
文化维度	文化接纳	饮食、服饰、婚育、丧葬、节庆、娱乐、礼节、禁忌、健康	文化中心主义明显，跨文化沟通和理解不够	增进跨文化沟通和理解，秉承文化相对主义，尊重彼此的文化和价值
	价值观念	信仰、文化习惯	信仰极端化	尊重信仰自由，避免原教旨主义
心理维度	人际适应性	乐群性、社会接纳性、利他倾向、怀疑倾向	自我限制明显，心理建设过程中负性事件较多，不利于成功地适应社会	潜能激发与个体成长，团体辅导与心理治疗，教练技术培训与辅导
	心理能量	勤奋、进取、聪慧性和活力	同上	同上
	心理控制感	自信、责任心、控制信念、自主性	同上	同上
	心理弹性	乐观主义、适应灵活性、适应挑战性、冲击性、内抑性	同上	同上

具体的研究路径可以利用社会学的方法，以这个研究框架为蓝本，对跨界民族展开大规模的社会调查，发现不同的跨界民族在社会适应过程存在的适应困难，有针对性地从个体和制度两个层面介入，以求帮助跨界民族个体成功地适应社会。

三、跨界民族社会适应的研究重点

1. 职业适应困境

跨界民族的职业适应是个体社会适应能力的非常重要的方面，甚至是该跨界民族整体对这个国家的适应情况的缩影。职业适应是指个人与某一特定的职业环境进行互动、调整，以达到和谐的过程，以求达致个人方面的满足（职务满意度和工作积极性）和组织方面的满意（完成经营的产值、销售额等生产量并通过人事考核）。中国的跨界民族个体在适应过程中会遇到心理、经济、健康、民族、语言、生活及社交等问题。男性、高龄、未婚者、受教育程度偏低的个体适应水平偏低，需要研究如何帮助跨界民族人口成功度过适应U形曲线的低谷期，并提升适应中处于弱势地位的群体的职业适应能力。女性可以通过与当地的异族杂居通婚，文化接纳速度快于男性；年轻人接受新事物的能力较强，适应速度快；"内部潜能"比较高，早期依恋关系较好，比较坚忍的个体，性格弹性比较大，跨文化适应能力很强，职业适应速度快。

不同的跨界民族会有不同的职业偏好，比如撒拉族在全国有很多拉面馆。但跨界民族从事的职业范围有限，这与受教育水平和汉语言水平直接相关。提升跨界民族人口的职业适应能力首要需要解决的问题就是提升其受教育水平的能力和汉语言人际沟通能力。

2. 汉文化适应困境

对于跨界民族而言，他们有自己较为明确的民族认同，有几个民族有自己的语言，比如朝鲜族、蒙古族、俄罗斯族，由于境外有主体民族国家，他们的语言保持得更为完好，也有保持自身民族语言的强大动力，他们更不易接受汉文化和汉语言。跨界民族人口社会认同"内卷化"非常明显，他们在居住区间上容易形成小聚居，与外界隔离，形成"孤岛化"；在社会交往上，容易有民族选择，出现"内卷化"，"强关系"都在民族内部形成，跨民族交往多为"弱关系"，工具性支持和表达性支持多来自本民族内部，社会关系网络出现"族内化"倾向，就业形态比较单一。跨界民族多处于自我限制状态，不能主动开放地接纳汉文化，出现一系列汉文化适应困难。

跨界民族人口的汉语学习不仅包括发音、词汇、句法等的了解和掌握，还包括对汉文化社会组织、价值观念等方面的了解，对于汉文化的理解有助于推动汉语的学习，同时对汉语的学习也有助于学习者增进对汉文化的理解，这也是全世界孔子学院建设的初衷，两者是相辅相成的。汉语沟通能力直接影响跨界民族人口的劳动力市场价值和竞争力，也直接影响其职业适应。所以要鼓励跨界民族学生接受高等教育和汉语教育，推进其跨文化的交往和跨文化学习，打破"内卷化"现象。

3. 心理成长困境

由于跨界民族近年来高度的流动性，很多子女成为留守儿童和流动儿童，留守儿童由于早年缺乏父母的陪伴，心理能量缺失成为比较普遍的现象，流动儿童由于社会关系群体频繁变更，社交容易出现困难。跨界民族处于社会适应、文化适应的双重压力下，心理能量不足的个体更容易出现心理问题，甚至有严重的心理障碍。很多跨界民族个体由于自身面临现代化、全球化、市场化、城市化、汉化等多重压力，在流动的社会，原有的社会支持网络出现问题，新的社会支持系统又很难建立起来，一旦身心成长出现困境，很难有力量克服。笔者的一个朝鲜族学生就出现严重的精神抑郁，有强烈的攻击倾向，与早年父亲的暴力、赴韩国打工、父母离异、小学转汉校、同伴关系紧张等问题息息相关。由于较难找到朝鲜族的心理治疗师，其身心疾病短期内无法得到很好的治疗，其个人成长出现危机和困境，而无法得到专业机构的照顾。

所以，建立各种主题的针对跨界民族的成长团体，可以更好地帮助他们建立起自己的社会支持网络，增强他们的心理适应度。对已经出现适应困境、心理问题的跨界民族个体，需要寻求专业的心理机构的帮助，国家也需要及时培养一批专业的跨界民族为主体的心理学、社会工作等相关学科的学生，尤其是民族心理学和民族社会工作等交叉学科，成为解决自身民族人口心理适应困境的主要力量。

四、结语与讨论

笔者从社会适应的角度阐述了跨界民族研究的一个新视角，探讨社会学、心理学、人口学、社会工作等专业与民族学、人类学有机结合的可能路径，力图推动相应的交叉学科大力发展，以求针对目前跨界民族人口在高度流动社会中出现的社会适应困境，给出及时和满意的解答。

参考文献

［1］李学保：《国内学术界关于跨界民族问题研究中的分歧与思考》，《中南民族大学报》2011年第9期。

［2］王军：《跨界民族的政治：一个新的研究视域》，《黑龙江民族丛刊》2015年第2期。

"学科殖民"与构建中国边疆学的困境

朱金春[①]

四川大学社会发展与西部开发研究院

随着中国边疆研究的不断深入，有学者呼吁建立中国边疆学学科体系，并就中国边疆学的研究对象、主要内容与方法以及所要研究的主要课题进行论述。但是由于边疆在世界范围的普遍存在与中国边疆以及边疆问题的特殊性，构建这一学科面临着重重困难。本文就从学科建立自身的规律出发，讨论在边疆研究中的"学科殖民"以及理论殖民问题，以此来揭示中国边疆学学科构建存在的困境。

一、关于中国边疆学学科构建的研究及其特征

中国的边疆研究有着较长时间的历史，仅近代以来就形成了边疆研究的三个高潮：19世纪中叶至19世纪末，西北边疆史地学的兴起；20世纪20年代至40年代边政学的提出与展开；20世纪80年代以来，中国边疆研究在研究格局与研究范围上的突破[②]。边疆研究无论是在范围还是在深度上都有了较大的发展，但是正如某些学者所指出的那样，在学科建设上进展不足。随着边疆研究的进展与积累，许多学者呼吁构建中国边疆学的学科体系，如邢玉林、马大正、方铁、周伟洲等学者纷纷撰写文章，对中国边疆学的研究对象、内容体系、研究方法、学科特点等展开论述。诸如邢玉林指出，"中国边疆学是运用马克思主义的世界观和方法论揭示中国边疆及其硬系统和软系统及其形成、演变和发展规律以及中国边疆及其各系统相互关系的科学……中国边疆学是一门综合的、交叉的、边缘的学科"[③]；马大正先生指出，"中国边疆学的定位与功能，即中国边疆学是一门研究中国边疆形成和发展规律的多学科交叉的边缘学科"，其研究领域包含基础研究与应用研究[④]；方铁教授指出，"中国边疆学以中国边疆地区的历史与现状为研究对象"，具有"基础研究与应用研究并重、边疆理论与治边实践并重、边疆历史与边疆现实并重、人文社会科学与

[①] 朱金春（1984—），男，山东聊城人，四川大学社会发展与西部开发研究院助理研究员，主要从事中国边疆政治学研究。
[②][④] 马大正：《关于中国边疆学构筑的几个问题》，《东北史地》2011年第6期。
[③] 邢玉林：《中国边疆学及其研究的若干问题》，《中国边疆史地研究》1992年第1期。

自然科学结合、研究成果既有学术意义也有应用价值等特点",并指出学科相互交叉、相互渗透、相互交融是边疆研究的突出特点①;此外,周伟洲、李国强等也对中国边疆学学科构建提出了自己的意见。在他们看来,构建中国边疆学,不仅是学科发展的需要,而且更是中国边疆现实发展的需要。

总体来看,当前学者们关于中国边疆学构建的讨论有三个突出特点:其一,认识到传统的边疆史地研究的内容与方法难以适应近代以来中国边疆发生的现实巨变,特别是难以适应当代边疆现实的需要,构建中国边疆学是理论发展与现实需求的必要之举;其二,认为中国边疆学是一个交叉学科,多学科与跨学科的研究视角与研究方法是中国边疆学学科构建不可或缺的部分;其三,强调中国边疆学构建既要进行理论研究同时也要面向现实问题,而且现实问题更具有紧迫性。上述三个特点表明了相关学者对于构建中国边疆学的基本认识,也是当前倡导构建中国边疆学的学者所形成的基本共识,可以说是从一个侧面表明了近些年在边疆研究以及学科构建认识上的总体进展。

虽然对中国边疆学建构形成了比较成熟的认识,但是事实上的学科建构却进展不大。事实上,直至今天也难以断定中国边疆学的这一学科是否已经构建完成,学科体系是否已经基本成型②。从当前中国边疆研究现状来看,并没有一本真正意义上的能够展现中国边疆学学科体系的著作或者教材出版③,也没有一个比较成熟的关于中国边疆本土理论成型。

中国边疆研究已经取得了长足的发展,而且从当前中国边疆的现实发展以及边疆研究的进展来看,也迫切需要理论范式以及在学科建构上有所突破,但是中国边疆学这一学科体系为何难以建立起来呢?

的确,正如一些学者指出的那样,一个学科体系的建构并被承认,对于该学科研究的发展是极为关键的,因为这不仅是在学科体系上搭建了框架并且确定了该学科的主要内容与研究方法,而且在人才的培养、获得国家资助与社会支持上都具有十分重要的意义。但是学者们的认识与呼吁并不能直接建构形成一个中国边疆学学科,而且,中国边疆学的学科建构之所以进展缓慢,应该是有着更深层次的原因。其中除了中国边疆研究的传统路径的影响,诸如传统的中国边疆研究以史地研究为主,偏重历史而忽视现实,侧重事实呈现而忽视理论建构等,对于学科发展与建构规律的认识不足应该是一个重要原因。

事实上,一个学科体系的形成其关键在于两个因素:其一,有着确定的、独特的研究对象;其二,对这一对象形成了特定的理论范式与研究方法。而正是这两个因素使得一个学科与其他学科区别开来,学科之间界限也可以进行较为清晰的划定。从学科发展史可以得知,学科的发展其实是一个不断分化然后又相互交叉的过程,社会科学的所有领域一开

---

① 方铁:《试论中国边疆学的研究方法》,《云南师范大学学报》(哲学社会科学版)2008年第5期。
② 虽然周伟洲将中国边疆学的发展历程划分为三个时期,并将今后的中国边疆学建设称之为"重新构建的现代中国边疆学",但是事实上,作为一个基本成熟的中国边疆学的学科体系依然没有完成。《关于构建中国边疆学的几点思考》。
③ 郑汕编著的《中国边疆学概论》,是国内第一本以概论形式出版的中国边疆学著述,但是实际上依然是在传统边政学的研究框架下对中国边疆的诸多方面的梳理,其中着重论述的是底定边疆与经略边疆,具有传统边疆研究的实用倾向。在中国边疆学学科构建上,该书可以看作是一个有益的尝试,但是在作为核心概念的"边疆"的界定与属性、理论演绎、体系构建与方法论等方面还有待深入讨论。参见郑汕:《中国边疆学概论》,云南人民出版社2012年版。

始都是在哲学的笼罩之下，然后出现分化，文学、政治学、历史学等渐次出现，直到资本主义兴起之后，经济学、社会学等社会科学学科才出现。但是，后来就逐渐出现了学科交叉的情形，研究中不同学科理论与方法的迁移与应用非常普遍，多学科、跨学科对某一对象进行研究已经成为一种必要的趋势，这些交叉性学科与原来从哲学分化出来的学科有较大差异，学科之间的界限变得十分模糊。这种状况一方面为交叉学科的创建提供了非常便利的条件，另一方面也带来了新的困难，其中最重要的就是如何建构与其他学科的边界，如何让其他学科的研究对象与研究方法区别开来并凸显该学科的独特性。否则就可能出现学科的名称不同但是研究对象、研究方法却相同的状况，而且往往就会形成"学科殖民"。

正如诸多学者们指出的那样，边疆研究的一个重要特点就是多学科、跨学科的理论与方法被应用到这一领域，这有助于深化对边疆的多元认识，但是也有可能成为其他学科在边疆研究这一领域的延伸，并造成事实上的"学科殖民"，这可能是建构中国边疆学、形成自身独特的研究方法所面临的一个难题。事实上，跨学科研究建立在学科界线划分清晰的基础上，交叉学科建构的前提也是学科边界清晰。目前可以说所要建构的中国边疆学的研究对象是十分确定的，但是其学科边界并未划清。在这种状况下，对边疆的多学科与跨学科研究其实就是在进行"学科殖民"，而且边疆研究被多"学科殖民"也是一个基本现实。

二、边疆研究的"学科殖民"以及"理论殖民"

从不同的学科角度使用不同学科的理论与方法来对一个对象进行研究，往往可以得出对该对象多角度而全面的认识，而且在跨学科的激荡之下，学术研究也容易出现创新。但是对于一个处在构建之中有着特定研究对象的学科而言，这往往则是意味着多种学科对该研究领域的殖民。

所谓"学科殖民"，指的是以某个学科的理论与方法来对传统上属于其他学科的研究对象进行研究，主要突出的是该学科的理论视角与研究方法，被认为是侵占了其他学科的研究领域。其中典型的就是对经济学关于"经济学帝国主义"的批评。传统的经济学是研究人类的经济行为以及经济运行规律的，主要有三大分析方法，即成本收益分析方法、均衡分析方法和边际分析方法。但是当这些方法被用来分析其他社会科学传统上所研究的问题时，得出其他学科所不能得出的富有新意的结论，并且具备很强的解释力。这样，经济学被认为侵占了其他社会科学学科的传统领地，是经济学理论与方法在其他领域的应用，经济学的这一扩张被称为"经济学帝国主义"。的确如此，当以经济学的视角分析社会、宗教、政治等政治学、宗教学、社会学的传统领域时，得出了对这些对象的全新认识。

应该看到，被称为"学科殖民"的跨学科研究，实际上学科之间研究的领域相互交叉、彼此渗透，而且往往有创新之处，称之为"学科殖民"似乎有不当之处。但是对于边疆这样还没有任何一个学科将之视为独占性的研究领地时，边疆研究所面临的是否是其他学科的殖民呢？诚然，对于一个还没有形成自己学科体系与理论方法的研究领域，多学科研究可以深化认识，这不仅是必要的而且是应该值得鼓励的，但是对于一个力图构建起自己独立的学科体系的领域而言，那就可能是十分严重的"学科殖民"。所以，这里对"学科殖民"的批评主要是在构建学科的意义上展开的。

在新兴学科构建的意义上，"学科殖民"在深化研究对象认识的同时，也产生了一系列的问题，这些将对学科构建产生重要的影响。就以所要创建的中国边疆学而言，其一，多个学科从自己的学科角度对边疆进行研究，其实所研究的只是边疆的某个属性，诸如社会学就会关注边疆地区的社会结构、社会关系以及社会变迁等，经济学研究边疆地区的经济运行机制与规律，政治学则是研究边疆地区的政治制度与政治过程，其实是分别从自身学科的角度来讨论边疆的某些属性，这诚然可以增加我们对边疆的多角度认识，但是这些都是以自身的角度对边疆属性的截取与切割，难以对边疆的全部属性进行研究，这些研究可能作为边疆学构建基础，但是其集合并不能够成为一门中国边疆学。其二，很多学科并没有在一开始就关注边疆地区，而是发展到一定程度并扩展其研究领域的时候，边疆才纳入其视野，特别是很多研究边疆的学者其关注的主要是人，关注人的不同属性，诸如政治学关注人的政治性，社会学关注人的社会性，而经济学关注人的理性，人类学关注人类自我的他性，而对于空间的关注不足，而空间属性是边疆最为基础的属性，这样其实是在片面地研究边疆。其三，"学科殖民"带来理论殖民。"学科殖民"最为严重的后果并不是以学科的界线对边疆研究进行切割，而是顺延着"学科殖民"而来的理论殖民。当前构建中国边疆学所面临的最大问题可能就是理论构建不足。事实上，我们今天力图所构建的中国边疆学，自身并没有现成解释力强且具有广泛影响力的论范式。当前对于边疆理论研究，国外基本上是形成了自然疆界论、科学疆界论和互相边疆论三种解释理论①，而在中国研究领域内，从历史研究层面来看，在西方对华边疆研究中，以拉铁摩尔为代表的"内陆亚洲"范式、以施坚雅为代表的中国西南研究范式以及以费正清为代表的"冲击—回应"范式分别构成了西北—内亚、西南、东南面向的边疆研究范式②。这些理论成为从历史角度研究中国边疆主要范式，而中国本土学者进行理论构建与范式创新的空间被大大压缩了。除了从历史角度出发的理论解释之外，主要是国外相关理论的应用，从政治、经济角度的研究则是着眼于国家之间边界的刚性或者弹性，历史上传统边疆的延展性被极大忽视了。任何一个学科建立都伴随着理论解释或者方法论范式的创新，但是对于中国边疆学这一学科而言，这一方面的积累远远不足。

其实，无论是"学科殖民"还是理论殖民，不仅反映在中国边疆学的学科构建上，而且也反映了整个中国社会科学研究所面临的普遍困境。当前的社会科学实际上是围绕民族国家的社会科学。华勒斯坦指出，"社会科学即使不是国家的造物，至少在很大程度上也是由国家一手提携起来的，它要以国家的疆界来作为最重要的社会容器。"③ 而民族国家的起源是在欧洲，社会科学的发展也就不可避免地受到了欧洲的影响。其实，欧洲的民

---

① 张世明：《边疆民族》，《法律、资源与时空建构：1644～1945年的中国》（第二卷），广东人民出版社2012年版。
② 袁剑：《边疆理论话语的梳理与中国边疆学的可能路径》，《中国边疆史地研究》2014年第1期。
③ 华勒斯坦等：《开放社会科学——重建社会科学报告书》，生活·读书·新知三联书店1997年版。

族国家及其附带的政治文化有其特殊性，但是民族国家作为一种现代社会最有效率的组织形式，以及在这一组织形式之下所形成的技术创新与巨大财富，使其在世界范围内得到扩张，最终形成一个由民族国家所构成的世界。伴随着民族国家的兴起与扩张，社会科学也在形成并逐步扩张。应该注意到，与民族国家兴起与扩张一样，社会科学发展也经历了一个从特殊化到普遍化的过程。这样中国的学术界只能在整体上处于被殖民的地位。虽然我们现在强调中国人自身的问题意识，但是事实上我们在表达或者阐释自己时不得不借助西方的概念、理论与话语，否则就面临着"失语"的尴尬境地。

三、中国边疆学：学科体系还是学科领域

边疆学的建构面临着"学科殖民"与理论殖民的状况，那么为什么会出现这种状况呢？其中一个重要的原因在于边疆这一现象的普遍性与中国边疆的特殊性。

构建中国边疆的大力呼吁者马大正先生在论述中国边疆学的学科性质与特点时指出，"人们一般将学术的分类称为学科，指一定的科学领域或一门科学的分支……在现代学术研究领域还可常见另一种学术分类与发展的情况，这就是在特定的学术领域将相关部门的知识结合起来而形成的学科。例如人们所熟悉的满学、蒙古学、阿尔泰学、藏学、傣学、敦煌学、吐鲁番学等就是这一类型的学术分类。"他还指出，"在研究对象方面，前者针对的是抽象的领域，而后者有具体的范围；在研究方法上，前者有独特的学科方法体系，而后者则多利用多种前一类学科方法组合而成；在科学价值方面，前者在其特定的及其相关领域具有普通的价值，而后者则在明确的范围内具有特殊的价值"[①]。

从马大正先生的学科分类来看，中国边疆学是属于在特定领域所形成的学科：有着独一无二的具体范围，运用多种学科方法，具有特殊的研究价值与意义。马大正先生的学科分类是无可厚非的，也符合某些学科发展的实际。但是需要指出的是，中国边疆学并不像蒙古学、阿尔泰学、藏学、傣学、敦煌学等这些学科那样有着唯一的特殊的研究范围。蒙古学、阿尔泰学、藏学、傣学、敦煌学等学科，虽然学科体系不像政治学、历史学等如此严密，在方法上也更为多元，但是从现有的知识领域来看，这些学科有着十分明确的研究对象，而且这些对象是独一无二的，并不会在世界的其他国家和地区存在。而中国边疆学所研究的边疆，确切地说是中国的边疆，虽然在中国范围内有着明确的对象，但是边疆并不是一个仅仅存在于中国的现象，而是在世界许多国家都存在着边疆：无论是历史上帝国延伸而来的边疆，还是近代以来民族国家边界所圈定的边疆，边疆是在世界范围内普遍存在的。所以中国边疆是人类社会边疆现象的具体表现，虽然有其特殊性，但是并不是唯一的存在。边疆的这一特性决定了在中国边疆学的建构上，存在着一般边疆学与中国边疆学的区分。这样在学科建构上，就面临着构建边疆学还是中国边疆学的问题，以及边疆学与中国边疆学的关系问题。

所以，马大正先生将中国边疆学与蒙古学、阿尔泰学、藏学、傣学、敦煌学等在特定

---

① 马大正、刘逖：《20世纪的中国边疆研究》，黑龙江教育出版社1997年版。

的学术领域将相关部门的知识结合起来而形成的学科并置，以此来确定中国边疆学的学科性质与地位，是值得商榷的。虽然中国的边疆有其特殊性，这种特殊性可以说在世界各国各个时代的边疆中都是十分显著的，而且中国边疆有其特殊的形态与历史，将其仅仅视为一个整合相关知识的特定学术领域，事实上就是将中国边疆的特殊性推向极端。这样，在学术研究上也就割裂了中国边疆与世界其他边疆存在的共通性。

中国边疆的确有其特殊性，但是对这种特殊性的研究并不能诸如蒙古学、阿尔泰学、藏学、傣学、敦煌学那样，而是要在近代科学发展的历史中寻找其坐标。边疆事实上是建立在国家的基础上，国家出现才有边疆的产生。传统国家对应的是传统的边疆形态，现代民族国家对应的则是由国界所圈定的边疆形式，边疆随着国家形态变化而变化。而正如华勒斯坦所指出的，近代社会科学实际上是以国家为分析单位的，是关于现代民族国家的社会科学。"社会科学即使不是国家的造物，至少在很大程度上也是由国家一手提携起来的，它要以国家的疆界来作为最重要的社会容器①。"边疆在国家之中的特殊地位也决定了在关于国家的社会科学中应有其一席之地，边疆学的建构是对国家学说的延伸与发展。这是边疆学建构的第一重坐标。

边疆的确是从属于国家的，但是国家的存在与发展却不是孤立的，而是存在于一个多个国家组成的国家体系之中，再加上边疆在国家之间的特殊地位，边疆也不仅表现为一国的特定区域，而且还在世界体系之中具有重要的地位。这是边疆所处的基本环境，也是边疆学建构的第二重坐标。

这两重坐标不仅标示了边疆所处的地位，而且还是边疆学建构坐标体系。边疆学的学科建构是符合近代社会科学发展逻辑的。而且，由于其独特的地位，边疆学的建构不仅可以反映国家发展的历史，而且也是可以展现其发展趋势的。边疆学建构天然具有国家特性，因此在不同的国家可能会出现不同形态的边疆学。

由此观之，按照马大正先生的学科分类，中国边疆学的构建既不能像一般学科如政治学、历史学等那样形成一个抽象的、具有一般解释力与特殊研究方法的学科，也不能像蒙古学、阿尔泰学、藏学、傣学、敦煌学等学科那样只能借助其他学科的理论与方法，而是首先建立一个一般意义上的对人类社会边疆现象进行研究的边疆学学科，并形成一定理论解释与研究方法，最重要的是要形成一种从边疆出发的视角，然后以此研究中国边疆，形成对中国边疆的特殊认识，并构建出中国边疆学。

四、从边疆学到中国边疆学：构建中国边疆学的应然路径

构建中国边疆学面临着边疆的一般属性与中国边疆特殊属性的矛盾。由此，我们可以看到，当前学者们所孜孜以求构建的中国边疆学，之所以进展如此缓慢，就现在已经提出的构建的理论与方法而言，主要是对中国边疆学的研究的领域、内容以及方法等进行梳理，是逻辑上的归纳，但是这种逻辑归纳并不能形成一个学科体系。

---

① 华勒斯坦等：《开放社会科学——重建社会科学报告书》，生活·读书·新知三联书店1997年版。

从现有已经十分成熟的学科来看，学科的构建往往是一个逻辑演绎而非归纳的过程。诸如被称为"社会科学王冠"的经济学，研究人类的经济行为，到今天已经形成了包含多个分支学科并形成诸多理论范式与方法论体系的庞杂体系，但是支撑起这一庞杂体系的则是"理性人"假设。从这一基本假设出发，通过一系列的逻辑演绎与推理，并形成了一系列的命题，并将之应用到研究人类的各种经济行为以及各个领域，就形成了今天我们所看到的经济学体系乃至"经济学帝国"。社会学也是如此，社会学形成了从微观、中观到宏观的庞大体系，但是在社会学学科形成初期，也是基于非常简单的假设。诸如社会学奠基人之一的涂尔干就提出了"社会事实"（客观事实：社会行为、社会结构、社会问题等；主观事实：人性、社会学心理等）这一社会学的核心概念，并发展出以"社会事实"来解释"社会事实"的方法论准则，这就形成了社会学研究的实证范式。而马克斯·韦伯等则侧重以个人及其社会行动为研究对象，强调对行动背后意义的解释，形成了社会学研究的理解解释范式。诸如政治学、人类学、历史学等已经十分成熟并发展出诸多分支的学科，都是从一个基本的假设发展并扩展成为一个具有多个分支学科的体系。

因此，构建中国边疆学，应该从知识系统化的路径与学科体系发展的规律出发，首先，构建一个更具有一般意义的边疆学，从边疆属性出发，通过逻辑演绎，形成一个有着核心概念、基本假设、主要命题、合理外延的学科，这一边疆学学科是对边疆这一现象的在最大程度上的抽象，因此具有最为基础的解释力；其次，在构建边疆学的基础上，讨论中国边疆的特殊性，这种特殊性可以是中国边疆历史发展的特殊性、边疆形态的特殊性以及中国边疆转型的特殊性，并以此来构建中国边疆学。由此视之，中国边疆学的构建是一个在理论演绎基础上的归纳过程，这样既能界定中国边疆学的内涵，也能清晰地界定其外延。所以，中国边疆学不仅是一个学科领域，而且应该是一个学科体系，至少是边疆学学科体系的构成部分与特殊形式。

中越边境便道管理与边疆安全
——以广西凭祥为例

雷韵[①] 罗柳宁[②]

一、问题的提出

国际关系学界习惯以"传统安全"与"非传统安全"划分安全的领域,按照这一分类,传统意义上的边疆安全是强调国家运用军事力量和军事手段维护国家主权、领土、人口和政权的安全。随着经济、环境、医疗健康、社会等领域的安全问题在全球范围内蔓延,"边疆安全"的内容不再意味着保障边境地区的整体安全,同时还要谋求边疆地区的政治、经济、军事和社会的全面发展。

中越边境地区山峦叠嶂,两国边民在历史上的交往中因碍于正规出入境口岸和检查站的偏远,于是在山间开辟出成百上千条出国便道。有些便道因过于隐蔽且杂草丛生,如今已经弃用,有些便道因其距离短、路况平整仍是跨境民族出入境的首选。

从中越两国有边界开始,两国边民为图方便,出入皆以便道为主。现代民族国家建立之后,国家各项公共事务治理趋于完善,但仍旧难以扭转边民的传统习惯,因此历史上便利边民生活的便道在制度规范化的今天也成为影响边疆安全的一个潜在因素。目前,国内相关学科对便道管理的研究尚未成体系,主要见诸各类以"边境管理"为主题的文章中。如尹彦[③]、李兴林[④]、冯一新[⑤]、罗刚[⑥]等在论述中越边境的管理和治安问题时都不约而同地谈及这一区域内在便道管理上存在的困难,并提出相应的对策。广西针对边境便道的管理推行"路长"工作制,取得了一定效果。但是,中越边境便道管理存在的困境是一个

[①] 雷韵(1985—),海南三亚人,广西民族大学民族学与社会学学院教师,研究方向为中国南方与东南亚跨国民族。
[②] 罗柳宁(1981—),广西柳州人,广西壮族自治区民族问题研究中心,研究方向为中国南方与东南亚跨国民族。
[③] 尹彦:《广西边境管理面临的挑战及对策》,《广西警官高等专科学校学报》2012年第3期。
[④] 李兴林:《广西边境地区治安问题探析》,《广西社会科学》2014年第5期。
[⑤] 冯一新:《广西边境的"三非"问题及管理对策研究——以广西那坡县为例》2013年第2期。
[⑥] 罗刚:《云南边境民族地区人口非法流动法治对策研究》2011年第9期。

历史遗留问题，与这一地区的自然环境和族群关系有一定的联系。如今中越边境地区的形势总体稳定，但治安形势严峻，笔者认为有必要对这一地区的便道管理模式进行探索。

二、历史上的出入境管理及其影响

有国才有边，从秦始皇平定百越设立郡县至宋开宝元年（968年），广西与越南同属一个行政区域，不存在国家边界。公元968年，宋太祖册封安南王，越南始与中国分离，列为外藩，广西与越南的边界遂成形。从此以后，中原王朝便在广西边境地区筑寨驻兵、设立关隘管理边境，这在一定程度上对两国边民的出入境政策造成一定的影响。

自越南独立成国以来，历朝根据实际情况调整中越边境的治边策略。宋朝在广西边境地区实施"以其故俗治"的抚绥政策，同时利用本地士兵戍边，并通过对互市开放地点的限制来控制出入境的人口。元朝募集大批民众到广西边境地区屯田定居；明朝对广西边境地区的管理则依赖士兵守卫关卡。由于明朝后期，广西腹地各族人民起义此起彼伏，军队主要调往中、东部镇压，边境地区的防守衰弱。清政府在《大清律例》中也对边民私自到国境外打猎、砍伐等行为做出严惩的规定，并在广西中越边境设置"三关百隘一百二十余卡"，派官兵士兵巡查，对边民、客商出入境实行印票腰牌制度。1894年中越边境划定后，清政府在边境地区设对汛机构，在广西边境线上的12个地点（今天的口岸）设置对汛分署，边民进出凭中法两国发放的过界长行准单。辛亥革命后，桂系军阀仍旧沿袭对汛机构，强调边民凭护照进出国境。

尽管历朝历代对中越边境的管理非常严格，然而受制于边境特殊地形和人文环境的影响，广大边民依旧按传统习俗，自由出入国境。这一历史原因对今天边民对"便道"的认识产生深远的影响，这主要体现在以下两个方面：

一方面，虽然中央王朝对边境地区的治理逐渐加强，但中越边境的复杂地形致使"处处设防"的边境管理计划付诸东流。中越边境两侧的村落，鸡犬之声相闻，边民间的交通往来无须经过关隘凭证出入，只需从房前屋后的山上捷径出入便可到达邻国，这是导致边境管理制度难以严格执行的重要原因。

另一方面，两国边境一线的边民皆为享有共同祖先的同源跨国民族。越南的许多少数民族还是由于战争、民族排挤等历史原因迁徙到越南，在国界确定后成为越南人。两国边民基于族群原生情感从古至今保持婚姻、经商、相互救助、跨国务工、日常走访等交往方式，这种情感在中越两国关系友好时甚至超越了国家地理疆域的界限，在边境地区形成了一个以族群文化为核心的社会。中越两国处于战争交锋时期，跨国民族可以自觉地将国家政治认同置于一切认同之首。和平年代，两国将跨国民族之间的亲缘纽带视为维系两国友好关系的一座桥梁，在边境政策上给予边民一定的优待，如简化出入境的手续。在双边友好的氛围中，跨国民族内部的交往也会超越地理疆界，如此一来就对当今社会的便道管理带来一系列的问题。

三、当前中越边境便道管理现状及其隐患

(一) 借便道之"便"进行的违法行为

根据《中华人民共和国公民出入境管理法》、《中华人民共和国外国人出入境管理法》及《中华人民共和国外国人出入境管理法实施细则》的相关规定,出入中国国境的中国公民和外国人必须持有相关有效的证件从对外开放的或指定的口岸出入境,并接受检查机关的检查。针对中越两国边民友好交往的历史事实,国家通过简化手续、缩小边境管理区、边民过境不必办理护照和签证等方式为其交往提供便利。为了保证边境地区的正常管理秩序,中国与相邻国家对边民过境的活动范围有规定,如以相对应的边境县或乡级的行政区域为限,或在双方边境一定的纵深地带。在中越边境,这一活动范围是边境线 0~20 公里以内。在这一地理范围内边民可在两国指定的开放地点或集市上,在不超过规定的交易金额或数量内同对方边民进行商品交换活动。边民在正常情况下出入边境要到边防派出所和所在村委会开具相关的边民出入境证明。每逢中越边境地区民间举行盛大节日时,边境一线的边民可凭本地身份证在出入境处进行登记后出国参加节日盛会,但必须在当天往返。但是,受便捷和历史习惯的影响,绝大部分的边民进出国境皆从山间便道通行。如凭祥市友谊镇英阳村上阳屯与越南邻近的便道平坦宽阔,轿车可以通行,成为边民出入国境的首选。每天早晨,上阳屯的村民都到越南的集市运回一头活猪在屯里贩卖,村民不用到凭祥市区就能买到新鲜便宜的猪肉。英阳村的边民互市点与上阳屯约有 4 公里的路程,若从互市点进入越南不仅要备齐手续,而且花费时间长。

但是,便道在便利两国边民交往的同时,也为违法犯罪分子躲避警方视线,进行犯罪行为提供便利。这些犯罪行为可归结为以下几类:

1. 走私

走私一般指以牟取非法利润为目的,违反海关管理规则,非法进出口国家禁止的商品、货物的行为,从本质上说,走私就是逃避关税和海关监管的行为。中越边境的走私主要是指进出口中越两国明文禁止的物资商品以及在这一过程中的偷税漏税行为。中越边境的圩场自北宋形成以来就对商贩和货物的出入境做出明确的规定。如清政府在镇南关、平而关和水口关三条固定边境贸易交易通道的管理中实行"凡遇商贩出关,给予司颁印结,并印烙腰牌,注明年貌、籍贯,照验放行。回日将牌照呈缴,照例收税"①。然而中越边境的山区便道发达,不仅缩短中越两国间的往返距离,还能免去繁杂的出入境手续,成为从古至今边民和商贩出入境的首选。即便是 20 世纪 80 年代中期,中越两国边境地区硝烟未散、地雷遍布的环境下,边民还是冒险通过便道互通有无。由于双方边民的生活在中越战争结束后的很长一段时间内都非常艰苦,中国政府对于边民间的私自交易不但没有明文禁止,反而持鼓励的态度。"与其让自发的黑市存在,不如因势利导,在边界我方一侧确

---

① 萧德浩、黄铮:《中越边界历史资料选编》(上册),社会科学出版社 1992 年版。

定几个集市点，非正式地允许越南边民前来参加集市贸易"，1983年9月，广西边境一线开设了9个临时边贸点，非正式地允许越南边民前来赶集。1988年，虽然中越两国军队还在边境对峙，但边境贸易的势头发展迅猛。这一年广西边境的草皮街有40多个，边民出入境通道103条，边民互市贸易额约2700多万元，已经远远超过"文化大革命"之前的规模。①

但是必须指出，由于边民互市的历史非常悠久，加之国家在特殊时期为改善边民生活对边民互市采取了宽松的管理方式，造成边民混淆了"边境贸易"和"走私"两者在本质上的区别，认为只要是从越南进入中国的货物都可称得上是边境贸易。这种错误的观念始于20世纪80年代中越两国恢复边境贸易初期，一直到今天都未被纠正，这对边境便道的管理造成严重影响。

2. 贩毒

缅甸、老挝和泰国三国交界的"金三角"地区是世界闻名的毒源产地，依靠地理上的便利条件，中国的云南和广西成为毒品的集散地，"金三角—越南—凭祥—南宁—广东—国内—国际市场"这条路线已成为一条国际贩毒通道。贩毒带来的经济利益与风险呈正比。凭祥市友谊镇镇政府去往浦寨互市点沿途经过礼茶、隘口和卡凤等一些自然村，道路两旁一栋栋外观精致气派的楼房特别吸引路人的目光。在本地人眼中，这些楼房是金玉其外败絮其中，并认为"这些楼很多都是白粉楼。90年代我们这里贩毒很严重，好多人那时赚大钱了，所以才能盖楼房"。毒品泛滥、吸毒人员增加、参与贩毒人数增多，三者形成一个环形链条。许多人在染上毒品后，为了凑集毒资，往往陷入以毒养吸的恶性循环中。与走私一样，边民利用身份的便利，将毒品从山间小道或用伪装的方式从正规口岸进出。甚至每晚穿梭于中越边境的走私车辆也可能成为运毒的工具，村民表示，如果毒品夹杂在卡车货物中间是很难发现的。

3. 非正常人口流动

中越边境地区的非正常人口流动主要以拐卖人口、非法务工及东突分子出入境三种情况为主。拐卖人口现象历史上一直存在，中国改革开放后经济发展迅速，而越南刚结束战争，国内男女比例失调，国家经济萧条，许多不法分子就以介绍工作为名将越南女性经便道骗入广西境内，或强迫其卖淫，或卖到其他地区嫁做人妇。由于中越两国在经济发展上的差距悬殊，中国东南沿海一带的工厂对劳动力的需求紧迫，一些人以此为商机到中越边境地区招揽越南边民到中国沿海城镇打工。而东突分子经广西边境地区进入东南亚国家再辗转到中东地区接受基地组织培训是近年来广西非正常人口流动的一个突出现象。随着伊斯兰极端恐怖主义在全球的发展趋势日益激烈，中国的东突分子开始积极响应。中越边境地区复杂地形和山上数不清的便道为他们出入境提供了便利。据一些边境地区的基层干部反映，东突分子从广西边境去越南的情况频繁，特别是国内其他地区发生暴力恐怖袭击时，包括边境村庄的干部在内的基层干部都要分组到便道设卡。而我国一些边民在经济利益的诱惑下，伙同越南人以协助东突分子偷越国境为商机赚钱。

---

① 范宏贵、刘志强：《中越边境贸易研究》，民族出版社2006年版。

（二）当前便道管理方式及其缺陷

目前，广西边境地区对便道的管理主要是通过边防部队不定期的巡查和发动边民监控两种方式。便道与各村庄的衔接密切，发动边民协管便道的一大优势在于，他们可以随时将便道的异常情况及时向边防部队做汇报。"路长"是顺应这一形势诞生的、依靠群众力量管理边境便道的制度。"路长"顾名思义就是由安保部门聘请边境一线地区的群众，辅助公安边防部门对陆地便道、海防地区通道进行管控，及时发现、举报和制止偷渡、贩枪贩毒、走私、拐卖妇女儿童和海上违法犯罪活动。担任路长的群众具有以下两个特征：一是，家庭邻近边境一线人货出入频繁的便道；二是，政治觉悟高、责任心强、获取信息能力强、在村民中间有一定的威信。路长制度的实施对广西边境地区的社会治安起到一定的作用，但这一制度尚有许多可以完善的地方。

自从广西推行"两长一员"①制度后，一些媒体在进行报道时为强调路长的作用，在文章中具体指明某县某村的某个人，这对路长的人身安全造成一定困扰。调研之前，笔者从网络上获悉广西边境地区推行路长制，一些文章进行甚至以某位路长的事例作为典型进行报道。在凭祥市友谊镇，笔者向政府接待人员表示希望寻找路长做访问，他有些为难，笔者这才明白原来路长的身份在地方上是保密的。幸运的是，笔者最后借做项目的契机问到了几位路长，最终成功做了访谈。

案例1 边境路长（一）

C 生于 1960 年，是凭祥市友谊镇某村的村干部。他是个幽默健谈的人，小酌两杯后还会哼上几句地方民歌，在村里人缘很好。也许是从小在边境地区生活的关系，C 对凭祥边境一带的地形和局势非常了解。他曾为笔者绘制友谊镇人货进出最活跃的边境便道地图和镇上 9 个村庄的分布地图，这个本事使他成为最近一次友谊镇和龙州县边境立碑工作中的一名负责人，这个本事还使他成为村中路长的不二人选。2008 年奥运会开幕前期，中越边境开始严打走私，C 参与了友谊关的守卡工作。在连续几晚的守卡中，他注意到一辆军车非常可疑。由于这次守卡的行动有边防部队参与，进出的军车司机都与守卡人员打招呼，唯独这辆车的司机是个例外。于是 C 向领导报告这一情况后，发现在军车管理记录中并没有该车的记录，于是一起伪造军车的走私案被破获。这件事情过去后不久，C 年仅 17 岁的小儿子从广州打工回家。一群毒贩找到他，用丰厚的酬金说服年轻人为其运送毒品。刚开始年轻人还义正词严地以"运毒是违法的"为由拒绝，但在高额酬金的诱惑下，他还是决定铤而走险试一回。而正是这一回，他在交易的时候被公安机关现场抓获，以带毒的罪名判处死刑，缓期两年执行。C 非常着急，但儿子运毒的数量巨大，无法挽救。在为儿子的事情奔波时，C 慢慢相信这件事情是犯罪分子的报复。

这件事对 C 的打击很大，C 有两个儿子，如今老大已经结婚育有两子，与 C 夫妻同住。小儿子的事情让 C 对路长的身份和职责产生一些矛盾的看法。

在他尚未告诉笔者这件事情之前，C 表示自己监管的这条路是走私分子最常出入的便道之一，同村的村民甚至以此为商机在路上放钉板收买路钱。从越南进入便道后先经过林

---

① "两长一员"指路长、海长和护碑员。

场才到 C 的村庄，于是 C 找到在林场工作的哥哥，告诉他这段时间经常有人在半夜到林场伐木，让他通知林场封锁这条便道。这样一来，C 成功堵截了走私行为。C 强硬的作风自然引起一些人的不满，一些走私老板登门出重金希望 C 能够放松对便道的管辖，也有人威胁过他。C 一面向派出所报备、一面向边防支队报备，保证自己和家人的安全。但在他向笔者透露了儿子坐牢这件事后，笔者发现 C 的家庭遭遇使得他有些时候在家庭与义务之间难以抉择。

这个案例反映了路长制的一个缺陷，即路长的个人信息与人身安全缺乏相应的保障制度，这为犯罪分子提供了打击报复的机会。边境基层社会中有许多熟悉当地边境情况的边民，他们对边境走私行为深恶痛绝，但却畏惧犯罪分子的打击报复只能不作为。路长作为边防部队在边境地区布下的一个监控器，唯有得到安全部门的保护才能充分发挥作用。C 的案例有些特殊，拦截走私车和儿子入狱两件事情之间是否有必然的联系难以确定，但可以肯定的是 C 的个人经历及其在打击走私行动过程中的完全暴露导致他的生活遭受威胁。C 在访谈中还告诉笔者，宁明县的路长已经开始领取补助，但凭祥市的路长至今还未得到任何补助，只是边防部队的领导在节假日会到家慰问。

边境各县市对路长的经济补贴并不一致，由各地的边防大队制定，这在一定程度上打击了路长的积极性，进而影响到便道的管控。

案例 2 边境路长（二）

M 是个 80 后，如今已成家立业，是两个孩子的爸爸。他的二爷爷在上海淞沪战役中牺牲，父亲做过入越向导。受家中长辈的影响，M 从小的愿望就是参军，如今是村委中的一员。M 所居住的村庄与通往凭祥市的马路有一定距离，但与越南村庄的交通非常方便，因此成为走私猖獗的地区之一。工作经历使 M 比其他人对边境事务更加敏感。笔者与 M 的第一次见面在村委会，当时所有村干都在办公室闲聊。笔者与他说明希望就他路长的身份进行访谈时，他立即警惕地问道："你怎么知道路长？这是保密的。"笔者说是从网上看到的新闻，并用手机打开网络给他看了，他才相信。M 表示，路长的职责是严守便道，防止人、货非法出入，他还特别强调："我们屯非法入境的越南人很多，但走私的没有。"M 表示，普通边民看着越南边民衣衫褴褛，觉得可怜，所以对于非法入境的很少管。一些越南边民带着行李过境，说是来中国打工。他们语言不通、文化水平也低，如果在城市遭受一些挫折，很可能以抢劫来报复社会。这类事件在柳州经常发生。因此，路长的主要职责之一就是严格限制越南人非法入境。

M 强调他们屯没有走私行为，笔者对这一答案非常怀疑，因为整个村庄甚至是凭祥市都知道许多走私货就是从他们屯过来的。于是笔者在访谈结束时表示想去他们屯玩，M 当时很热情地答应了。随后，笔者几次联系他说想去屯里，M 都显得很为难，用各种理由推诿。后来，笔者在该村的向导找了个三轮车司机领着笔者去 M 家做客。笔者说起 M 的几次推脱，向导和司机都哈哈大笑："M 自己就在搞走私，当然不希望你过去了。"

几次与 M 的接触后，笔者认为他身为路长，行事作风却不是很自律。同村的其他路长表示，从 M 这个屯出来的走私货是全村最多的，但是他上报的案件只有一点点。

这一案例反映了路长制在人员筛选和考核制度上的一个问题。按照媒体报道中的路长条件来看，这样的人应该是村庄中的精英分子，而这些精英分子中又有一大半是村委成员，于是边防部队在选择路长时自然将村委成员作为重要的考核对象。在路长动员会议上，市边防大队曾许诺会有经济补贴，然而1年时间过去了却迟迟没有兑现。在经济利益面前，一些人开始动摇了，他们利用路长身份开始协助走私。当地知情人透露，一卡车冻肉从凭祥去往南宁，沿途打点的买路钱就要几十万。一些走私老板会出高价收买村庄中的精英，只求安全通过村落。边远的村落在政治秩序上相对封闭，大家都是利益链条上的受益者，加上各种社会关系的牵绊，自然不会向上举报。而路长一旦任命，只要上级不取消，就相当于终身制。因此，与其说路长这一人选的关键在于敏锐的观察力，倒不如说在于个人道德品行和价值观能否经得住利益的考验。

四、便道管理的不足与建议

对中越边境管理的历史回顾和当代边疆安全视野下的便道管理评述可知，中越边境地区的便道管理制度的缺陷既受限于地理环境以及边境地区族群社会这一特殊的现实，同时也与当前边疆地区的社会经济发展状态有密切的关系；既和边防管理制度的固有缺陷相关，也与国家宪法对"边民"身份及其爱国主义教育的不足有密切关系。

第一，连绵起伏的山脉一方面为国家防御提供了天然的屏障，另一方面也为国家的边境管理制度布下了重重障碍。从历史经验中我们可以发现，历代王朝与今天的国家政府都有严格规范的边境管理制度，对非法越境之人均给予严惩，然而长期生活在山区的边民已习惯在深山密林中行走，加之这样的路途距离近，可以免去繁琐的程序，久而久之，除那些需要从关卡出入境的边民会办证件之外，大部分人还是习惯从便道出国，这一历史上传承下来的习惯延续至今。大部分边民出入国境的目的有两个：一为赶集和短期务工；二为走亲访友。不论是人还是货车两者最终的目的地都是具有行政管理功能的区域：圩镇或村委会和公路。因此，尽管边防部门难以在便道上设防控制人员出入境，但是可以利用边境村庄的村委会和圩市上的管理机构对越南边民进行人口登记和审查，可以运用监控设备和收费站在公路上拦截可疑车辆。

第二，边防管理部门利用边民定居边境村庄、熟悉边境环境以及与越南边民同为跨国民族等特点将其作为监控便道的一支重要力量，但由于中国有关法律中对"边民"身份的义务缺乏定义和广西边民对和平年代非传统安全的认识不足，导致以"路长"为代表的民间监管制度难以发挥功效。

从封建王朝开始，中央政府运用政治、经济、文化等资源以各类方式引导边民产生并加固对国家的政治认同。鉴于中国边境民族的跨国属性，国家为边境两侧的族群交往创造了便利和宽松的环境。但是，边民是务实的群体，他们对国家的认同感建立在个体基本生活需求得到满足的基础之上。对广西边民进行身份认识调研发现，广大群众对"边民"这一身份的解读主要源于国家建构（官方文件的定义）、生活地域（边境地区0~3公里）、经济利益（所享受的社会福利）、生活经历（对越自卫还击战）等要素，其中对普通边民而言,生活地域和经济利益是他们对边民身份最直接的解读,而家境的贫富决定了他们对"边民"身份从认识到履行义务的决心。在传统安全视域下,边境安全的定义简单明了,即国家邻土主权完整。而非传统安全时代的危险因素内容宽泛,边民在权衡行为是否对国家安全有利时既从国家大局出发,也兼顾个人利益;既受个人素质制约,也受国家政策影响。

解决这一问题的关键在于两个方面:一是从国家法律层面对"边民"及其权利和义务做出详细的解释,并通过国防安全教育使这些观念深入民心;二是在强调边境地区各项经济指标增长的同时,关注当地的精神文明建设。唯有发挥文化"润物细无声"的功能,才能将以"民族精神、爱国主义、全民国防观念和国家主权安全第一"为核心的国防价值观渗透到边民的日常生活中,内化成一种自觉的行动。

边疆地区农牧民参与村民自治之现状
——基于内蒙古额济纳旗苏泊淖尔苏木①的调查与分析

曹 芳

内蒙古党校 民族理论教研部

一、内蒙古额济纳旗苏泊淖尔苏木的基本情况

内蒙古额济纳旗地处祖国北部边疆,位于内蒙古自治区阿拉善盟最西端,是以蒙古族为主体的少数民族、汉族居多数的民族聚居边境牧业旗。苏泊淖尔苏木隶属额济纳旗,北邻蒙古国,边境线长 109.377 公里,行政区域面积 4474 平方公里,其中 92% 为荒漠戈壁,沿河绿洲近 358 平方公里,占 8%。

苏泊淖尔苏木辖 3 个嘎查②,共包括 7 个生产组③,分别是乌兰图格嘎查、策克嘎查和伊布图嘎查,居住着蒙古族、汉族和回族 3 个民族。2013 年,苏木总人口 469 户 1349 人,其中牧户 210 户 560 人,农户 259 户 789 人。伊布图嘎查共有农牧民 78 户,总人口 212 人,其中牧户 48 户 111 人,农户 30 户 101 人;乌兰图格嘎查共有农牧民 194 户,总人口 589 人,其中牧户 50 户 145 人,农户 144 户 444 人;策克嘎查共有农牧民 197 户,总人口 548 人,其中牧户 112 户 304 人,农户 85 户 244 人。④

苏泊淖尔苏木是个农牧结合的苏木,特殊的地理与人文环境造就了当地独特的生产生活方式,农牧业的快速发展为农牧民参与村民自治提供了经济基础,国家各项惠农惠牧政策的实施,更提高了农牧民的收入,同时增强了他们对国家的认同。这里自古以来是一个地广人稀的地方,居住分散、交通不便在很大程度上影响着各类政治信息的传播,但是,现代化加速了农牧民思想观念的转变,尤其是来自经济领域不断增强的主体意识日益辐射到政治和法律等领域,从而促进农牧民法治主体意识和参与意识的形成。

---

① 苏木,源自蒙古语,是一种高于村级的行政区划单位。与乡处同一层区划层次。
② 蒙古族的行政村就叫作嘎查。在内蒙古有关盟市所属旗的行政编制下,设嘎查(与行政村平级)。实际上,蒙古语嘎查即汉语行政村的近义词。
③ 生产组即自然村,在文中也叫队。
④ 苏泊淖尔苏木人民政府:《苏泊淖尔苏木基本情况》,2013 年 12 月。

表1 苏泊淖尔苏木2009~2014年农牧民人均收入统计①

年份	农牧民人均纯收入（元）	同比增长（%）
2009	8623	17.2
2010	9500	10.2
2011	10934	15.1
2012	12530	14.6
2013	14410	15.0
2014	16571	15.0

二、参与选举

（一）苏泊淖尔苏木第八届嘎查党支部和嘎查村民委员会换届选举的情况

2012年5月到8月，额济纳旗进行了第八届嘎查党支部和嘎查村民委员会的换届选举，苏泊淖尔苏木嘎查"两委"换届工作从6月初开始，6月15日苏木召开领导班子会议，成立了苏木嘎查"两委"领导小组和各嘎查联系指导组，制定了《苏泊淖尔苏木嘎查党组织和嘎查村民委员会换届选举工作实施方案》，6月21日，苏木深入各嘎查对农牧民开展了宣传动员，本次选举的具体过程见表2：

表2 苏泊淖尔苏木嘎查党支部和嘎查村民委员会委员职数设置

嘎查名称	党支部委员职数	村委会委员职数
乌兰图格嘎查	5	5
策克嘎查	3	3
伊布图嘎查	3	3

1. 嘎查党支部的"一推一提一选"选举方式

根据苏木的统一安排，本次嘎查党支部实行"一推一提一选"的选举方式，即嘎查全体党员差额推荐党组织初步人选，苏木党委差额提名党组织候选人，组织召开党员大会进行选举通过这一模式。在嘎查党员大会中，各嘎查党员按党支部书记人选1∶2的比例，委员人选1∶1.5的比例，差额推荐出下一届支部委员会的初步人选。6月24日，苏木党委召开会议，根据各个党支部候选人的平时表现及民意调查，差额提名了各嘎查党支部候选人。6月26~30日，三个嘎查分别又召开了党员大会，在选举大会中，各党支部书记正式候选人做了竞职演讲，之后，由参加大会且有选举权的正式党员，采取公开差额直选

---

① 本表数据系笔者根据苏泊淖尔苏木党政办公室资料整理而成。

的方式，选举产生了嘎查党支部书记和新一届嘎查党支部委员，苏木党委对此次选举结果进行审批。本届嘎查党支部的具体组织形态如表3：

表3 苏泊淖尔苏木各嘎查党支部人员情况①

嘎查	职务	性别	民族	年龄	学历
乌兰图格嘎查 （5人）	党支部书记	男	汉	51	大专
	党支部委员	男	蒙	41	初中
	党支部委员	男	汉	38	初中
	党支部委员	男	汉	59	初中
	党支部委员	男	汉	41	初中
伊布图嘎查 （3人）	党支部书记	男	蒙	52	初中
	党支部副书记	男	汉	30	本科
	党支部委员	男	汉	53	初中
策克嘎查 （3人）	党支部书记	女	蒙	37	高中
	党支部委员	男	蒙	34	初中
	党支部委员	女	蒙	44	初中

从表3中我们可以看出，在本届嘎查党支部中女性2人，占18.2%，其中乌兰图格嘎查和伊布图嘎查的支部委员都是男性，两名女性支部委员都出自策克嘎查；在民族方面，蒙古族5人，占45.5%，其中策克嘎查的党支部全部是蒙古族，乌兰图格嘎查和伊布图嘎查各有一名蒙古族支部委员；在年龄方面，嘎查党支部的平均年龄为43.6岁，35岁以上的8人，占72.7%，35岁以下的3人，占27.3%，最大的59岁，最小的30岁，策克嘎查支部委员的年龄普遍较小；在文化程度方面，高中以上文化程度3人，占27.27%，大部分支部委员的文化程度以初中为主。为了优化嘎查党支部班子配备结构，充分发挥大学生村官的生力军作用，苏泊淖尔苏木在这次嘎查支部的人员中增加了大学生村官，伊布图嘎查的党支部副书记就是一名大学生村官。

2. 嘎查村民委员会换届选举

（1）成立换届选举委员会。苏泊淖尔苏木嘎查村委会换届选举工作从7月1日开始，各嘎查成立了嘎查村民换届选举委员会，该选举委员会是临时性机构，履行职责至新一届嘎查村委会班子的组建为止。苏泊淖尔苏木新成立的嘎查换届选举委员会的情况是：乌兰图格嘎查换届选举委员和策克嘎查换届选举委员会各5人，包括刚当选的党支部书记1人和4名农牧民，党支部书记任换届选举委员会主任；伊布图嘎查选举委员会5人，包括党支部书记、副书记和3名农牧民，党支部书记任换届选举委员会主任。从中我们可以发现，嘎查党支部书记保持着对换届选举委员会的领导，有部分农牧民参与了选举委员会的工作，他们辅助党支部书记开展选举工作，这在一定程度上启发了农牧民参与选举的意识，提高了农牧民参与选举的能力。

---

① 本表数据系笔者根据《苏泊淖尔苏木嘎查"两委"班子成员基本情况》整理而成，苏泊淖尔苏木政府办公室，2012年7月。

(2)选民登记与选举候选人。换届选举委员会组织工作人员登记选民名单,向村民发放预选证,并在各嘎查予以张榜公布。关于候选人的推选,苏泊淖尔苏木采用村民民主推荐的办法,让村民发挥民主,推选出他们心中的候选人,这种方法提高了候选人提名中的公众参与水平。7月19~20日3个嘎查举行村委会预选,根据职数设置,各嘎查都选举产生村委会主任、副主任和委员正式候选人,共产生主任正式候选人6名,副主任正式候选人5名,委员正式候选人8名。

(3)投票选举。7月29~30日为苏泊淖尔苏木嘎查村民委员会换届选举日,农牧民进行投票选举,以此方式来表明自己对嘎查村委会候选人做出的选择,它是村委会选举过程中最重要的环节,也是衡量农牧民参与村民自治水平的最主要依据。根据职数设置,各嘎查都以高投票率顺利选举产生嘎查达①、副嘎查达和委员。至此苏泊淖尔苏木嘎查"两委"换届选举工作全部完成。

表4 苏泊淖尔苏木各嘎查村民委员会人员结构②

嘎查	职务	性别	民族	年龄	文化程度	政治面貌
乌兰图格嘎查 (5人)	嘎查达	男	汉	53	高中	群众
	副嘎查达	男	汉	48	高中	群众
	副嘎查达	男	汉	50	高中	群众
	村委会委员	男	蒙	41	初中	中共党员
	村委会委员	女	汉	49	初中	中共党员
伊布图嘎查 (3人)	嘎查达	男	蒙	52	初中	中共党员
	村委会委员	女	蒙	42	初中	中共党员
	村委会委员	女	蒙	42	初中	中共党员
策克嘎查 (3人)	嘎查达	女	蒙	46	高中	中共党员
	副嘎查达	男	汉	46	初中	群众
	村委会委员	女	蒙	47	初中	中共党员

从表4可以看出,在各嘎查委员中,女性5人,占45.5%,这一比例比嘎查党支部中的女性比例要高;蒙古族6人,占54.5%,其中伊布图嘎查村委会全部是蒙古族,乌兰图格嘎查有1名蒙古族,策克嘎查有2名蒙古族;在年龄方面,平均年龄是46.9岁,全部是40岁以上,与嘎查党支部成员的年龄相比普遍偏大;文化程度方面,高中学历4人,初中学历7人,受教育水平普遍偏低;政治面貌方面,党员7人,占63.6%,群众4人,占36.4%,党员的比例明显高于非党员。

(二)嘎查党支部和嘎查村民委员会换届选举活动的特点

1. 嘎查党支部在嘎查公共权力中占据核心地位

嘎查党支部作为党的基层组织,是联系国家和村民的重要组织,基层党组织担当国家

---

① 嘎查达即村民委员会主任。
② 本表数据系笔者根据《苏泊淖尔苏木嘎查"两委"班子成员基本情况》整理而成,苏泊淖尔苏木政府办公室,2012年7月。

意志与村民意志双向传导的媒介,即将国家的意志融入到村民的行动中,将村民的意志反馈到国家中枢。在农村,这一组织同样肩负着对村庄的政治领导、思想领导和组织领导。因此,嘎查党支部在嘎查公共权力中占据核心地位,对嘎查事务具有绝对性的领导。在选举过程中,党支部特别是党支部书记对村委会的选举产生重要的影响,因为他对选举过程的各项重大事务拥有决策权。

2. 嘎查村干部的名额分配因地制宜

根据乡村政治的习惯,在村级正式组织中担任职务者称为"村干部"。目前苏泊淖尔苏木各嘎查的干部主要有:嘎查党支部书记、副书记及委员,嘎查达、副嘎查达及村委会委员。按照正常的选举过程,嘎查达、副嘎查达及村委会委员都要经选举产生,选举前不对名额进行分配,但是苏泊淖尔苏木各嘎查在合村并组后就自发地形成嘎查村干部的名额分配模式,以乌兰图格嘎查为例,该嘎查现包括向阳队、良种场、红旗队3个村民小组,嘎查村民委员会共5人,设有嘎查达1人,副嘎查达2人,委员2人,在选举之前3个村民小组就达成约定,如果嘎查达出自红旗队,那么副嘎查达就从向阳队和良种场各选1人,以保证3个村民小组在村委会都有名额,同样的情况在策克嘎查也存在。这种约定虽然对嘎查干部的名额分配有一定的指令性,但可以说是适合当地实际情况的,一方面有利于保障人口较少的村民小组的参与热情,另一方面有利于嘎查村委会开展工作,这种分配方式也得到了嘎查"两委"的认可。

3. 嘎查村民委员会选举的高投票率

高投票率是当地普遍存在的现象,笔者认为在嘎查村民委员会的选举中之所以会有高投票率,主要有以下三方面的原因:第一,从国家层面来看,国家采取了一系列措施保证选民参加投票,如设立流动票箱、实行委托投票等。第二,从农牧民出任嘎查干部的动机来看,苏泊淖尔苏木的"嘎查"两委成员更多的是出于利益的考虑而积极参与投票。我们不妨看看以下有关苏泊淖尔苏木嘎查干部的报酬情况:书记、嘎查达每人每年18000元,副队长每人每年14400元,嘎查两委委员每人每年12000元。这在人均收入16571元(2014年)的苏木来看,是一笔固定的收入。除此之外,嘎查干部还掌握着嘎查权威的公共资源,拥有的权限很大,并可以从中获得利益。第三,对于农牧民来说,嘎查村民委员会与他们的切身利益相关,这也可以说是引起嘎查村民委员会换届选举高投票率的内在原因。从农牧民个人来看,自从实施草畜双承包责任制以来,农牧民有一种解放感,有了生产经营的自主权,农牧民的生产积极性提高了,他们的生活水平也改善了。在解决了基本生活需求之后,农牧民必然产生维护自身政治利益的要求,他们关心嘎查干部能否真心实意地为农牧民办事,关心嘎查财务的收支情况、嘎查集体草场承包问题、嘎查贫困户名额分配问题等,因此,他们希望选举出一个优秀的嘎查村民委员会班子,这对维护嘎查村民整体利益,带领大家致富极为重要。

三、参与决策

村民自治实行以村民会议、村民代表会议为主要形式的民主决策制度。村民自治中的民主决策是指涉及村民切身利益的事项，必须由村民民主讨论，按照多数人的意见做出决定，也就是依据《村民委员会组织法》的自治原则进行民主决策，处理和决定村级事务。

（一）村民会议

"村民会议是村民自治组织体系中的议事决策组织，是村民开展自治活动、直接行使民主权利的村级最高权力机构。"① 苏泊淖尔苏木民主决策的事项包括"制定嘎查村经济和社会发展总体规划和年度工作计划；嘎查村建设规划，土地（草牧场）征用及补偿分配，土地（草牧场）调整、流转，宅基地使用；嘎查村公益事业建设及资金使用、招投标方案；嘎查村集体资产、资源的拍卖、发包、租赁、抵押，各类经济合同的签订、变更及执行；集体经济项目的立项、承包及收益的使用；大额集体资产购置与处理、集体借贷、集体企业改制；扶贫救济、救灾款物的发放，农村牧区低保、新型农村牧区合作医疗等惠农惠牧政策落实；嘎查村年度财务预算和按规定应报批的重大财务收支，嘎查村享受误工补贴人员及补贴标准；计划生育政策落实方案及执行；其他民主决策的重大事项"。② 就苏泊淖尔苏木而言，通常情况下各嘎查的村民会议一年召开一次，有的嘎查好几年召开一次或者不召开村民会议，村民会议一般在年底召开，在当地村民普遍愿意把村民会议叫作农牧业大会，这种说法实际上是从人民公社遗留下来的，笔者在调研后发现，苏泊淖尔苏木村民会议尚处于形式建构的阶段，各嘎查的村民会议在实际的运作过程中并未发挥出应有的作用，其表现为：

1. 村民会议难以召开

苏泊淖尔苏木各嘎查的村民会议通常是在苏木强制要求的情况下开展的，各嘎查很少主动召开村民会议。有学者也指出：村委会组织法关于村民会议的规定在实际中执行起来很难，"村民会议作为一种直接民主的理念在中国广大农村具有不可操作性。"③ 苏泊淖尔苏木的村民会议之所以会是这种情况，可以归结为以下几方面原因：①苏木各嘎查地域辽阔，村民居住分散，村民聚在一起开会实属不易，有时开会得提前半个月通知，正如村干部所言"我们这里的农牧民开会平均也得走一十或二十公里，他们来回也不方便嘛"；④ ②自从家庭联产承包责任制之后，农牧民实行分户经营，各家各户有自己的生活安排，忙碌和闲暇的时间不统一，一般只有冬季是个相对合适的时间，冬天地里的庄稼已经收了，牧民在冬季对牲畜也实行圈养，这样村民可以有时间聚集在一起开会，平时很难召开会议；③通过村民会议实行直接民主的理想与广大农牧民政治参与需求的现实存在着一定程度的反差，农牧民不太愿意把很多时间、精力花费在与他们个人和家庭现实经济利益关系不大的村民会议上；④不愿召集，是指嘎查村委会尤其是村委会主任，或怕召集困难，或嫌召集麻烦，或希望大权独揽、不愿意权力受监督被制约，不愿意召集村民会议。

---

① 唐鸣：《村民会议与直接民主》，《华中师范大学学报》（人文社会科学版）2009年第6期，第21页。
② 苏泊淖尔苏木党政办公室：《关于在全盟推广嘎查村"532"工作法的工作方案（征求意见稿）》，2013年10月。
③ 郎友兴、何包钢：《村民会议和村民代表会议——村级民主完善之尝试》，《政治学研究》2000年第3期，第54页。
④ 2014年6月25日对乌兰图格嘎查ZDJ的访谈。

2. 村民会议沦为走过场的情况通报会

笔者在访谈中了解到，按照苏木的规定，各嘎查村委会组织召开村民会议，在实际中村民会议的召开流于形式：第一，程序简单。嘎查村民会议包括嘎查村委会主任作年度工作报告，村委会进行年度财务公开，村委会安排下一年规划，嘎查村民讨论发言几个环节。第二，会议简短。村民会议开会时间只有半天，会前通常并不事前通知议题，开会时会议秩序混乱，在简短的村民会议中村民难以对议题充分发表自己的建议和提出自己的意见。第三，村民会议结束后，对于村民提出的意见、建议不了了之，缺乏实际执行力，如有村民说，"对于疑难问题，提一提解决一下，能解决的没有多少。"①

（二）村民代表会议

村委会组织法规定，村民会议在闭会期间设立村民代表会议作为其的常设机构，这实质上贯穿着代议制原则，它是农牧民政治参与的代议机构。村民代表会议"在某种程度上承袭了公社时期大队社员代表大会的传统，又是对新经济格局下法定的村民会议难以召开的一种调适。""迄今为止，它也是有可能使作为制度文本的村民自治设计进入常态化运作的一项基本的制度载体。"② 在苏泊淖尔苏木，除了村民会议外，有关嘎查的重大问题一般由村民代表会议讨论决定，笔者发现苏木各嘎查村民代表会议的代表与嘎查"两委"的人员构成具有同一性，嘎查村民代表会议实际成为了嘎查精英人物的碰头会，这在一定程度上限制了农牧民参与的权利，但作为嘎查干部，他们对于这种会议形式已习以为常，乌兰图格嘎查副嘎查达说，"咋说呢，我们一个村离一个村还六公里呢，一般我们有啥事情，党委和嘎查委员会一起开，那几个队上的副队长，党委委员，嘎查委员一起参加，我们现在九个人，小一点的事情我们就嘎查两委班子一起商定就行了。"在苏泊淖尔苏木村民自治实践中，村民代表会议的实际影响力与作用比村民会议要大，因为，村民代表会议更容易举行或运作，村民代表会议一般规模适中，可以节省各项会议开支，并且在这种会议中，每个自然村都会有自己的代表，这样可以平衡各嘎查的政治格局与利益关系，但是在有些问题的决策上这些村民代表并没有得到授权，不具有合法的代表性。

四、参与管理和参与监督

（一）参与管理

在村民自治过程中，国家逐渐将权力下放给农村社会，使广大农民在农村内部公共事务的管理中切实享有参与权，实现村民的自我管理，近年来，苏泊淖尔苏木的村民也逐步参与到本村事务的管理中，特别是参与到嘎查公共设施建设的管理中。

依法建制，用制度来管理村庄是民主管理的核心内容，"即村民群众根据有关法律、

---

① 2014 年 7 月 26 日对伊布图嘎查 MGQMG 的访谈。
② 吴毅：《村治变迁中的权威与秩序》，中国社会科学出版社 2002 年版。

法规，制定本村的规章和规则，建立各种村级管理制度，然后以制度进行治理，实行村级的规范化管理。"① 依据《村委会组织法》，各地结合实际将适合当地经济、社会发展的村规民约制定为村民自治章程。自从实行村民自治制度以来，苏泊淖尔苏木各嘎查没有自觉建立过村级管理制度，各种管理制度都是由自治区、盟、旗统一制定的，2013年内蒙古自治区开始在农村牧区实行嘎查村"532"工作法，苏泊淖尔苏木在进行村务管理时也按照这一方法。嘎查村"532"工作法是指嘎查村重大事务的决策管理、组织实施和民主监督必须按照程序步骤进行，即"五道程序"、"三次把关"、"两个公开"。"五道程序"指党支部提议、"两委"商议、党员大会审议、嘎查村民代表会议或嘎查村民会议决议、"两委"共同组织实施；"三次把关"指苏木镇嘎查村务协调指导小组要对以下三方面进行把关：一是嘎查村"两委"商议形成的意见；二是党员大会和嘎查村民代表会议或嘎查村民会议审议表决的程序；三是嘎查村议定事项执行后的财务收支账目。"两个公开"即决议的实施方案在执行前要向群众公开，决议的实施过程及结果在执行后要向群众公开。

（二）参与监督

民主监督是村民自治的重要内容，也是村民参与村民自治的重要途径，近年来，额济纳旗根据需要不断建立完善民主监督的机制，制定了《额济纳旗嘎查财务公开程序》、《额济纳旗嘎查财务管理制度》、《额济纳旗嘎查村务公开制度》等制度来保障嘎查村民监督作用的实现。苏泊淖尔苏木农牧民监督参与可以分为两类：一是嘎查村民监督村委会，主要通过村民会议和政务公开的形式实现；二是嘎查村务监督委员会监督村委会。

1. 嘎查村务公开

嘎查村务公开是村级民主监督的重要内容和形式，是农村深化改革的迫切需要。一方面，对农民群众而言，随着经济的富裕，他们希望在政治上有更多的知情权和参与权，村务公开有助于提高农牧民的参政议政意识，强化他们的主人翁地位。另一方面，随着农村改革的深化，国家扶持、支持农民的各种补贴越来越多，但现阶段农村面临的一个重大课题就是如何将这部分资金全部有效地用于"三农"领域，使农民切实感受到中央政策带来的物资权益，因此，在村务公开和民主管理中吸收涉及农民切身利益的事项已成为深化农村改革的迫切需要。② 根据《额济纳旗嘎查（村）村务公开制度》规定，额济纳旗各嘎查村务公开的内容主要包括涉及农牧民的政策法规、涉及农牧民切身利益的重大措施、村级重大事务以及村级集体经济收支情况等。

从苏泊淖尔苏木村务公开的形式来看，村务主要在村民（代表）会议和村务公开栏公开，如上文所述，每年的村民会议各嘎查都会集中进行村务公布，包括当年的工作总结、财务状况、下一年的工作安排等。对于村民会议的村务公开，农牧民表示热烈欢迎，他们说，"以前纯粹没有账目公开（按道理一年一次），比如来个什么项目，花了多少钱，怎么花，我们纯粹不知道，到底完成了多少也不知道、不公布，近一两年来，我们开农牧业大会的时候，嘎查达会把一年的项目、财务公布一下，这样我们对嘎查的事情至少也知道啦。"③

---

① 徐勇：《中国农村村民自治》，华中师范大学出版社1997年版。
② 王道坤：《村民自治的多视角研究》，四川大学出版社2007年版。
③ 2014年7月26日对伊布图嘎查MGQMG、BTNS、TLG的访谈。

除了农牧业大会外，各嘎查公开的信息统一贴在嘎查活动室外面的墙上，这一工作由苏木的工作人员执行，一般涉及需要公示的事项时，苏木会根据嘎查上报的材料进行公示，对于公开的内容村民谁想看就看，对于一些有争议的公示结果，村民之间会相互讨论，有时还会让嘎查干部来解释，嘎查干部如果不能给出合理的解释，嘎查村民会到苏木反映，以实现自己的权利，这也是农牧民参与意识提高的表现。

苏泊淖尔苏木的村务公开还存在一些问题：一是村务公开的形式不够完善，虽然有村务公开栏可以随时对嘎查重大事件进行公示，但是嘎查村域面积大，导致农牧民知晓面有局限性；二是村务公开的内容不够深，表面的事项公开多，深层次的问题公开少，如在财务公开上，只公开几个大数据，对具体款项的细化不足；三是公开的个别内容不够真实。

2. 嘎查村务监督委员会

嘎查村务监督委员会是村级民主监督机构，是村民监督参与的组织保证，该机构由原嘎查村务公开监督小组和民主理财小组合并而来，是在嘎查村党组织领导下，对村级事务实施监督，对嘎查村民和嘎查村民代表负责。2013年9月，策克嘎查、伊布图嘎查和乌兰图格嘎查，通过民主推选，相继组建了嘎查村务监督委员会。每个监督委员会由3～4人组成，组长1人，成员2人。

"从一定意义上讲，村务监督委员会的创设在村民自治体系中建构了一种分权制衡的新结构。实现了村务监督和村务管理的分离，村务监督委员会因此成为村党支委、村委会之外的一个村级权力制衡机构。"① 首先，从组织的产生和权力来源看，它由村民会议或村民代表会议选举产生并对其负责，不是村委会或村支委会的下设机构。由于这种产生方式以及角色定位，村务监督委员会不同于原有的村级财务监督小组，其监督功能得以较好地发挥。其次，从组织职能的设置来看，在村级公共权力运作中，实行村务管理权与监督权分开，彼此相对独立，互不从属。村委会拥有村务决策的执行权，按制管理村务。村务监督委员会拥有监督权以及对村级事务的建议权，而无决策权。但实际上，由于种种原因不可能完全如此，如苏泊淖尔苏木嘎查监督委员会的主要工作就是在各种财务报表上签字，无法对嘎查的村务进行有效的监督。原因有两方面，一方面，在嘎查这样一个熟人社会中，特有的宗族链、人际圈会影响村务监督委员会制度的运作，造成实际运作与制度的偏离；另一方面，对嘎查村委监督委员会没有实质性的约束制度，使其在实际的监督过程中具有较大的自主空间和弹性，由此难免造成一定的主观随意性。

五、结论与反思

自20世纪90年代推行村民自治以来，内蒙古已经初步建立了适合农村牧区特点的村民自治制度，但作为一种制度化的政治参与渠道，仍处于建构阶段，存在诸多不足：一是嘎查村民自治异化为嘎查"两委"自治，并实际异化成嘎查村委会主任和嘎查党支部书

---

① 卢福营、江玲雅：《村级民主监督制度创新的动力与成效——基于后陈村村务监督委员会制度的调查与分析》，《浙江社会科学》2010年第2期。

记的自治。根据《村民委员会组织法》，村民自治的自治权应该是由全体村民行使、为全体村民服务的。但是在实际运行中，村民行使自治权的组织和工作机构是村民委员会，而村民委员会的权力在运作过程中又逐渐蜕变集中到村主任一人的手中。另外，"从理论上讲，村党支部是中国共产党在乡村社会的最基层组织，对社区事务并不具有特别的制度性权力。"① 但在实践中，由于各地强调党组织的领导核心地位，使得党支部把这种领导核心作用理解为由村党支部完全拥有村务工作的决策权和决定权，将坚持党的领导错误地理解为坚持党支部书记的领导，村主任理所当然听从村支书的领导。二是重选举，轻决策、管理和监督现象普遍存在，因此民主管理、民主决策、民主监督三个环节基本上处于虚置状态，依然停留于文本制度层面。具体来讲，村民主要通过村民会议和村民代表会议两种组织形式来行使对村务的决策权，但是在实际中以召开村民代表会议取代村民会议，造成村民会议形同虚设，甚至召开村民会议时也流于形式，使其沦为走过场的情况通报会。在民主监督方面，嘎查村务监督委员会、民主评议村干部制度，虽已建立，但实际并未发挥作用。村务公开是村民民主监督的基础，也是村民知情权有效实现的前提，但是，在实际操作中也存在严重的问题，如公开只图形式、公开缺乏时效性、公开内容不全面、公开内容不真实等。三是村委会干部的责权利缺乏相应的制度规定。如一些村干部利用职务之便，牟取非法利益，但对村委会干部的腐败行为如何进行处置，缺乏明确的法理依据。

针对实践中出现的问题，笔者认为应当不断地加强村民自治制度的建设，首先，要完善嘎查村民委员会和嘎查党支部的选举。搞好村民自治，民主选举是基础，这一点需要苏木政府的大力支持，苏木政府在嘎查"两委"换届选举前需要制定周密的选举计划、细化选举程序，保证选举的公开、公正、民主，防止嘎查中的宗族势力以及现任村干部等非法控制和操纵选举；针对目前出现的党员"裙带化"倾向，苏木党委应该加强嘎查党组织的建设，优化党员结构，改变党员发展嘎查党支部书记说了算的现象，使广大农牧民都有机会入党，使嘎查党支部真正成为代表村民利益的组织。其次，要协调好嘎查党支部、嘎查村民委员会之间的关系，细化"两委"职责和权限，加强嘎查"两委"之间的团结合作和相互监督，嘎查村委会要接受嘎查党支部的领导依法进行村务管理。嘎查党支部要发挥领导核心作用，不干涉嘎查村委会权限范围内的事务。再次，要规范村民会议和村民代表会议制度，村民会议应定期召开，凡涉及嘎查内的重大事务一律交由村民会议集体讨论，民主决策。改变嘎查"两委"会议代替村民代表会议，嘎查党支部书记和嘎查村委会主任代替嘎查"两委"会议的议事方式。最后，健全以权益保障、规制权力为根本要求的民主监督制度。一方面健全村务公开制度，扩大村务公开的内容，规范村务公开的形式，提高村务公开的真实性，提倡"在阳光下办公"。另一方面规范民主理财制度，推行离任审计制度，切实保证村民能够真正地监督村干部的行为和村委会的工作。

参考文献

[1] 王道坤：《村民自治的多视角研究》，四川大学出版社2007年版。
[2] 吴毅：《村治变迁中的权威与秩序》，中国社会科学出版社2002年版。
[3] 徐勇：《中国农村村民自治》，华中师范大学出版社1997年版。

---

① 于建嵘：《岳村政治——转型期中国乡村政治结构的变迁》，商务印书馆2001年版。

[4] 于建嵘:《岳村政治——转型期中国乡村政治结构的变迁》,商务印书馆2001年版。

[5] 郎友兴、何包钢:《村民会议和村民代表会议——村级民主完善之尝试》,《政治学研究》2000年第3期。

[6] 卢福营、江玲雅:《村级民主监督制度创新的动力与成效——基于后陈村村务监督委员会制度的调查与分析》,《浙江社会科学》2010年第2期。

[7] 唐鸣:《村民会议与直接民主》,《华中师范大学学报》(人文社会科学版)2009年第6期。

浅论中国边疆学的构建与民族学的关系

赵泽琳

中央民族大学　民族学与社会学学院　博士研究生

围绕中国边疆为主要议题进行的社会科学研究历来是重要的学术领域之一，从古代的疆域沿革、治边政策，到近代的边疆国土沦亡、族际交往，再到现代的边界争端、双边多边合作及民族关系，从事边疆研究的学者们关注的议题大到国家策略，小到民计民生，都在为构建中国边疆学提供智识。然而，中国边疆的特殊性使得民族学和边疆学的构筑难以分离，近代以《禹贡》学刊为代表的学术团体掀起的边疆研究高潮，以及同期吴文藻先生发表《边政学发凡》提出边政学的概念，无不是探讨边疆研究与民族学的关系。

一、边疆学概念的提出与沿革

首先要了解中国边疆学的概念。邢玉林在论述中国边疆学时将其定义为"运用马克思主义的世界观和方法论揭示中国边疆及其硬系统和软系统的形成、演变和发展规律以及中国边疆及其各系统相互关系的科学"。[①] 而马大正、方铁、李国强等学者则将中国边疆学概括为：研究中国边疆历史和现状的学科[②]。中国"边疆学"的概念出现于近代，有学者已考证这一概念的正式成型是在20世纪40年代第二次边疆研究高潮中，最早见于1933年6月出版的《殖边月刊》，后顾颉刚先生据冯家昇先生旧作修订的《〈禹贡〉学会研究边疆计划书》中所用之"边疆学"，是该词作为学术概念在论著中出现的最早记录。[③]

中国古代典籍中不乏边疆研究的史料，历代学者都关注疆域界地、边民风俗和治边策略等问题，而中国边疆研究的高潮则是近代的事，其原因主要是近代以来在民族国家形成的过程中，国界（Borders）逐步清晰，而传统国家的边陲（Frontiers）逐步弱化，而造成这一过程的原因正是西方世界的殖民扩张。中国边疆危机是中国近代边疆研究两次高潮的主要原因，学者智士是在呼吁保卫国土的同时将边疆研究作为要点。第一次高潮是在鸦片

---

① 邢玉林：《中国边疆学及其研究的若干问题》，《中国边疆史地研究》1992年第11期，第5页。
② 马大正：《中国边疆研究论稿》，黑龙江教育出版社2002年版；方铁：《论中国边疆学学科建设的若干问题》，《中国边疆史地研究》2007年第2期，第1－9页；李国强：《中国边疆学学科构筑的透视》，《云南师范大学学报》（哲学社会科学版）2008年第5期，第7－11页。
③ 娄贵品：《近代中国"边疆学"概念提出与传播的历史考察》，《学术探索》2012年第8期，第85－90页。

战争之后，不平等条约签出的国土使西北、东北、西南边疆相继陷入危机，包括魏源、何秋涛、夏燮、梁廷楠等在内的爱国主义学者潜心于边疆研究。第二次高潮是在20世纪40年代，涌现出中国地学会、禹贡学会等学术团体，他们的代表人物分别是张相文和顾颉刚，这一时期涌现出一大批以《禹贡》半月刊为代表的研究期刊。这一时期吴文藻发表了《边政学发凡》，因此也有学者以民国"边政学"为第二次边疆研究高潮的代表①。中山大学的杨成志先生拟定了《国立中山大学文学院边疆学系组织计划纲要》并提出了建设边疆学系的设想②。

目前，学界把20世纪80年代以来以中国社科院边疆史地研究中心为代表的边疆研究热潮称为近代以来的第三次边疆研究高潮。实际上，这一时期前后的边疆研究主要由历史学和地理学的学者构成，但有两大分野，一是边疆史地研究阵营，二是历史地理学研究阵营。前者偏重边疆史的考察，如边界沿革史、民族史和边政史，以社科院边疆史地中心和其出版的《中国边疆史地研究》期刊为代表；而后者偏重地理考察，探讨自然地理要素在历史时期变化过程的同时探讨了历史人文地理，以中国地理学会历史地理委员会和它的刊物《历史地理》为代表③。目前，历史地理学已经更趋向于自然科学，而中国边疆学则是边疆史地研究发展日趋成熟欲构建的独立学科。这一时期，以马大正、周伟洲、方铁、李国强、吴楚克等为代表的学者提出构建中国边疆学学科，这个中国边疆学应该是继承边疆史地研究的成果④，借鉴西方边疆理论并使之中国化，结合当代边疆的实际问题，综合多个学科门类的知识⑤，以中国边疆的历史和现状为研究对象的一门交叉边缘学科。

二、中国的边疆研究与民族研究

首先，中国边疆和民族有着特殊的天然联系，边疆既是一个地域概念，也是一个文化概念，就其地域概念而言，边疆从古到今都是诸多民族的生活区域，就其文化概念而言，边疆文化就是由不同民族文化构成的。其次，少数民族研究是中国民族学的重要内容，也是中国民族学的特殊之处。中国民族学从始创到完善，为其奠定学科基础的正是三次大规模的民族调查，即民族识别、少数民族语言调查和少数民族社会历史调查。

中国边疆的多民族结构的特殊性，以及中国民族学对少数民族研究的重视，使得中国边疆研究与民族研究有着不可分割的关系。有学者对近20年的边疆研究论述进行了统计分析，发现边疆研究中涉及民族的研究占比重很大，其中的关键词不乏民族关系、少数民

---

① 汪洪亮：《过渡时期的边疆学术：民国时期边政学研究引论》，《四川师范大学学报》（社会科学版）2012年第2期，第151-158页。
② 娄贵品：《近代中国"边疆学"概念提出与传播的历史考察》，《学术探索》2012年第8期，第85-90页。
③ 侯甬坚：《1978～2008历史地理学研究的学术评论》，《史学月刊》2009年第4期，第5-23页。
④ 马大正、李国强等学者认为中国边疆学是在中国边疆史地研究的基础上发展起来的。
⑤ 马大正指出，中国边疆学在研究方法上不仅包括历史学、地理学，还应介入考古学、政治学、人类学、民族学、社会学、经济学、宗教学、语言学、心理学等学科。马大正：《中国边疆研究论稿》，黑龙江教育出版社2002年版。

族、民族地区等①。

第一，对少数民族历史的考察是中国边疆史地研究的重要内容。王钟翰先生论述边疆史地研究和民族学的关系时指出："以总结各个民族盈虚兴衰、消长成败的特点和规律的中国民族史研究，与中国边疆史地学相辅相成、不可分割。"② 20 世纪 40 年代对边疆研究贡献诸多的《禹贡》半月刊就曾出版"察哈尔专号"、"绥远专号"，《禹贡》半月刊共出版 7 卷 82 期，载文 715 篇，其中地理沿革类文章共计 379 篇，边疆史地类文章 123 篇，有关民族问题研究的 97 篇，其他 116 篇。③ 不论是对古代少数民族的探讨，还是对少数民族的迁徙变迁的论证，都是边疆史地考察的重点内容。第二，对中国古代边疆政策的研究实质上就是对中国古代王朝对民族地区的政治治理研究。边疆研究对中国边疆经略的梳理是重要的学术传统，古代边疆政策或者说对少数民族政权的治理研究历来被视为统一多民族国家构建的重要的历史脉络。吴文藻先生在《边政学发凡》中提出"边政学"概念，认为边政学就是研究边疆政治的专门学问。通俗地说，边疆政治就是管理边民的公共事务。用学术语说，边政学就是研究关于边疆民族政治思想、事实、制度及行政的科学④。有学者认为，这里的"边政"就是相对"内政"而言的，它的理论核心是中央政府如何实现对少数民族地区的有效控制⑤。第三，中国的民族研究就是基于对边疆了解和控制的需要。古代的民族研究就是为制定边疆政策而打基础，而近代以来的民族研究是在边疆危机和国家构建的背景下进行的。杨希枚强调"今日要谈边政，首先要认识并了解边民文化。而要求认识并了解边民文化，必须发展人类学，特别是应用人类学⑥"。杨成志在抗战时期发表的《边政研究导论——十个应先认识的基本名词与意义》一文中认为，民族学调查应该成为了解边疆的一个突破口，沟通内地和边疆的文化交流，才能缓解边疆危机，增强国家认同。

三、当代中国边疆学与民族学的关系

首先，民族学是近代从西学引进的"舶来品"，它的两个学术传统分别来自欧洲的民族学和美国的文化人类学。在中国，由于特殊的历史背景和时代需要，奠定民族学基础的是民族识别和少数民族语言文化以及社会历史调查，但是，民族学的研究对象绝对不局限于少数民族，也不应该有广义和狭义之分。民族学和人类学一样，它的研究对象应该是人类文化和社会，这就涉及民族的起源和变迁，民族共同体的发生和发展，各民族的社会形态和生活方式，人类物质文明和精神文明的发展变化，现代民族国家的交往和互动等多个

---

① 朱尖、苗威：《中国边疆研究的文献计量分析》，《云南师范大学学报》（哲学社会科学版）2015 年第 1 期，第 15 - 23 页。
② 王钟翰：《谈中国边疆史地学与民族史的关系》，《中国边疆史地研究》1992 年第 2 期，第 8 - 9 页。
③ 孙喆：《以沿革地理学重构边疆：顾颉刚及〈禹贡〉半月刊对边疆问题的研究》，《求是学刊》2013 年第 3 期，第 171 页。
④ 吴文藻：《边政学发凡》，《边政公论》（第一卷）1942 年第 5 - 6 期。
⑤ 吴楚克：《试论中国边疆政治学与边政学、民族学的关系》，《云南师范大学学报》（社会科学版）2008 年第 4 期，第 54 - 57 页。
⑥ 杨希枚：《边疆行政与应用人类学》，《边政公论》（第 7 卷）1948 年第 3 期。

方面的研究对象,现代民族学人类学也有例如历史人类学、语言人类学、生态人类学、政治人类学等不同的视角和分野。

其次,中国边疆学的构筑正是从事中国边疆研究的学者打破传统的史地研究范围,寻求新的突破,构建学科理论和框架所做的努力。实际上,当代的中国边疆研究已经涉及边疆发展、经济、政治、民族关系、国界安全、双边及多边交往等多方面的研究内容。李国强在探讨中国边疆学构筑问题时认为,中国边疆学应该是个二元结构,即以中国边疆历史进程研究为主要内容的基础研究与以中国边疆稳定与发展的现状研究为主要内容的应用研究①。当代的边疆研究已经不只是关注历史的研究,而是将时间轴上的研究拓展为纵横发展的时空叙事。如随着近年来海疆安全问题的显现,海疆研究得到广泛重视,对钓鱼岛问题、南海问题的探讨涉及国际政治和国际战略领域。

最后,从研究对象上来看,当代中国边疆学和中国民族学既有交叉又有互补。交叉研究对象如跨界民族问题,偏远地区少数民族的发展问题;互补之处例如边防与边境的民防等问题。从研究方法上来看,民族学的实地调查法是边疆研究中前期调研的可借鉴之处,目前学界的边疆研究专家都十分重视实地调研,民族学的田野调查方法是边疆研究的一个良好入口。

四、结语

总之,认清中国边疆学构筑与民族学的关系,要把握好三个维度。第一个是历史的维度,边疆研究和民族研究都是近代国家民族危机和西学兴起的产物,作为边疆学和民族学的宏观研究对象,近代对边疆和民族的关注几乎是同步的,这就是说中国边疆学和民族学在学科构建之初,交叉甚至重叠之处甚多。第二个是两者互异的维度,边疆学与民族学之所以在学科构建之初交织甚密,是由于我国地理的特殊性和时代背景的特殊性,抛开这两个特殊性,两者各有各的源头,各有各的未来。中国边疆学主要是边疆史地研究发展而来的,未来应该引进西方边疆理论完善学科的理论体系,应该更偏重宏观战略研究;民族学主要是西方民族学和人类学引进后的产物,在中国生根发芽经过"中国化"后变成中国民族学,它目前的学科发展依然是以田野调查为基础,以民族志为成果,着眼于人类基本社会生活的基于人文层面的研究。第三个维度是交集的维度,数学上讲两个集相交的部分叫交集,对于中国边疆学和民族学而言,研究对象有交集,研究方法也应有交集,研究成果也可以互相参考和借鉴,学科的紧密合作正是目前的发展趋势。

参考文献

[1] 马大正:《中国边疆研究论稿》,黑龙江教育出版社2002年版。

[2] 郑汕:《中国边疆学概论》,云南人民出版社2012年版。

---

① 李国强:《中国边疆学学科构筑的透视》,《云南师范大学学报》(哲学社会科学版) 2008年第5期,第7-11页。

[3] 吴楚克:《中国边疆政治学》,中央民族大学出版社 2005 年版。

[4] 孙喆、王江:《边疆民族国家:〈禹贡〉半月刊与 20 世纪 30~40 年代的中国边疆研究》,中国人民大学出版社 2013 年版。

[5] 王建民、张海洋等:《中国民族学史》,云南教育出版社 1998 年版。

[6] 马大正:《关于构筑中国边疆学的断想》,《中国边疆史地研究》2003 年第 3 期。

[7] 吴楚克:《试论中国边疆政治学与边政学、民族学的关系》,《云南师范大学学报》(社会科学版) 2008 年第 4 期。

[8] 娄品贵:《近代中国"边疆学"概念提出与传播的历史考察》,《学术探索》2012 年第 8 期。

[9] 方铁:《论中国边疆学学科建设的若干问题》,《中国边疆史地研究》2007 年第 2 期。

[10] 邢玉林:《中国边疆学及其研究的若干问题》,《中国边疆史地研究》1992 年第 11 期。

边疆少数民族青年学生中华民族认同研究*
——以H学院民族预科生为例

代高峰[①]

中央民族大学　民族学与社会学学院　博士研究生

中国边疆的一个显著特点便是"沿边居住的都是少数民族"[②]，并且"向内"发展是边疆少数民族历史演进的一条鲜明的主线。在长期的历史交往中，中华各民族建立了休戚与共的共同体关系，中华民族也由一个自在的实体发展成为一个自觉的实体[③]。在为实现中华民族伟大复兴的中国梦而奋斗的新时期，中国各民族对中华民族的认同是必要的基础。本文以边疆少数民族青年学生为研究对象，以期了解其对中华民族认同的现状及存在的问题，探讨以民族理论与政策课程为主的中华民族认同教育的改进方向。

一、H学院民族预科生概况

本文所研究的群体为H学院2013届预科学生，共1124人。作为少数民族预科生，他们均已被我国知名的南开大学、兰州大学、湖南大学、厦门大学、山东大学、中国石油大学、中国矿业大学等12所985、211高校录取，在H学院进行为期一年或两年的生活、学习和语言训练[④]。

这些学生绝大部分来自我国的边疆民族地区，并且大部分为"90后"，甚至还有部分"95后"，大部分学生年龄在17~19岁。这个年龄正是世界观、人生观、价值观形成的重要时期，也是进行中华民族认同教育的关键时期。故而，本文特地选择这个群体进行有关中华民族认同的对策应用型研究。

---

* 基金项目：本文为共青团河南省委、省社科联专项"少数民族青年学生中华民族认同研究"（2014-124）阶段性成果。

① 代高峰（1982—），男，河南省济源市人，中央民族大学民族学与社会学学院民族学专业2015级博士研究生。
② 吴楚克：《中国边疆政治学》，中央民族大学出版社2005年版。
③ 费孝通：《中华民族多元一体格局》，中央民族大学出版社1999年版。
④ 民考汉的学生由于汉语基础较好，高考成绩较高，预科学习期为一年；民考民的学生由于汉语基础较差，预科学习期为两年。

1. 民族分布

H 学院也是各民族交会的地方，1124 人中除了一名学生为汉族外，其余 1123 人均为少数民族，分属哈萨克族、维吾尔族、俄罗斯族、塔塔尔族、柯尔克孜族、蒙古族、满族、藏族、回族、水族、苗族、土家族、壮族等 37 个少数民族。

如图 1 所示，各少数民族学生的人数分布非常不均衡。人数最多的学生为维吾尔族，共计 207 人，占总人数近 19%；其次为回族，共计 184 人，占总人数的 16%；第三为蒙古族，共计 169 人，占总人数的 15%；第四为哈萨克族，共计 163 人，占总人数的 15%。分居民族人数前四的 4 个民族共计 723 人，占总人数的 64.32%。另外藏族、土家族、壮族、苗族、彝族均有一定数量的学生。以上 9 个民族学生占总人数的 86%，剩余 29 个民族学生占总人数的 14%。

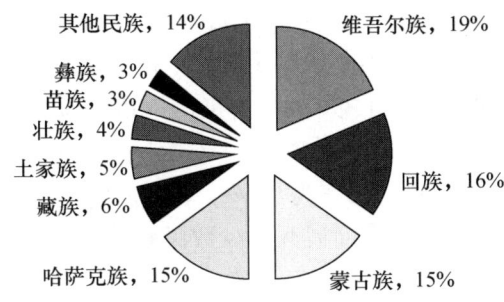

图 1　各少数民族学生的人数分布情况

2. 地区分布

本届学生主要来自我国边疆民族地区，其中来自五大民族自治区的学生占绝大多数。来自新疆维吾尔自治区的学生最多，达 419 人，占总人数的 37%；来自内蒙古自治区的学生次之，共计 136 人，占总人数的 12%；来自甘肃省的学生人数位列第三，共计 110 人，占总人数的 10%。而来自这三个省区的学生总数达 665 人，占总人数近 60%。其次分别为广西壮族自治区、云南省、贵州省、青海省、四川省、宁夏回族自治区等。这些地区的学生总数达 940 人，占总人数的 84%。

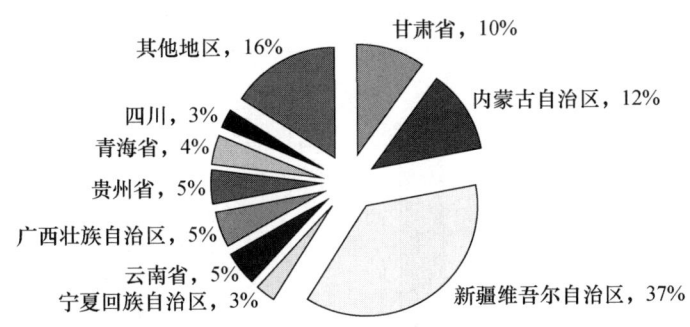

图 2　各少数民族学生的地区分布情况

二、边疆少数民族青年学生中华民族认同现状及分析

本文主要通过调查问卷的形式向少数民族青年学生了解目前少数民族青年学生对本民族的认同现状和对中华民族的认同状态。本次调查问卷共设计了三大块内容,第一块为学生的基本情况,旨在了解其性别、民族、地区以及父母的民族情况和朋友圈的民族情况;第二块主要了解少数民族青年学生对本民族的认同现状,通过详细的问题如民族族源、历史发展、文化风俗、语言文字、民族自豪感、民族现状、族际通婚等来了解目前少数民族青年学生对本民族的认知情况;第三块主要旨在了解现阶段少数民族青年学生对中华民族的认同情况,通过几个主要的问题如中华民族与汉族的关系、中华民族与少数民族的关系、中华民族与各民族的关系、中华民族伟大复兴、民族自豪感等来开展。

本次问卷调查共发放调查问卷1124份,通过各班班会时间统一发放,收回1119份,回收率为99%。收回的1119份问卷中,填写不完整的有5份,填写不达标的有2份,故而实际有效问卷为1112份,问卷有效率为98%。收回问卷后,笔者对问卷做了详细的统计,并尝试进行分析。分析从两个方面展开:少数民族青年学生对本民族的认同和对中华民族的认同现状。

(一)对本民族的认同

本文对少数民族青年学生的本民族认同调查主要从民族历史、民族文化风俗、民族语言文字、民族心理等几个维度来展开。虽然并不能完全涵盖本民族认同的各个方面,但是可以从总体上了解少数民族青年学生的民族认同现状和趋向。

1. 民族历史与文化

首先来看民族历史,对本民族族源和历史发展非常了解的同学并不占绝对多数,而对族源和历史基本了解的(包括比较了解和了解一点)共计734人,占到总和的66%。这表明少数民族青年学生在民族家庭生活中,耳濡目染了一些民族历史知识的占多数(这也与大部分学生来自民族聚居地有关),而真正对民族历史进行详细了解的同学并不多(见图3)。

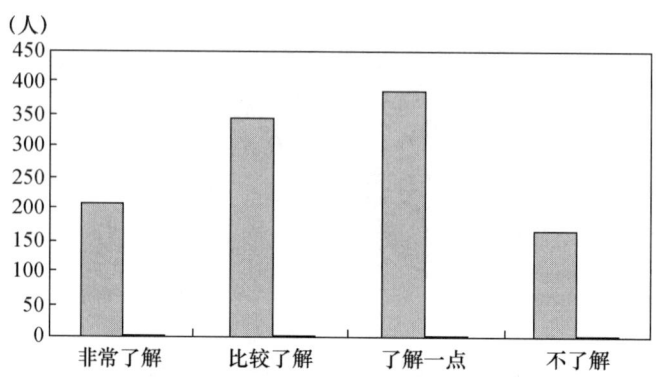

图3 少数民族学生对本民族族源和历史发展的了解程度

再来看对本民族文化的了解。正是由于少数民族青年学生大部分来自民族聚居地，其从小的生活环境是民族的，所以生活习惯等各个方面通过民族文化的儒化效应而从小习得，对本民族文化的了解程度较好。

这从下图中就可以明显看出来，对本民族文化非常了解的同学占比将近59%，加之比较了解的同学，占比已达85%，结果非常明显（见图4）。这与上述少数民族学生对本民族的历史认知状况大相径庭。对本民族文化不了解的同学占比仅为2%，这不排除有些学生从小生活在汉族人群中，只是保留民族身份。

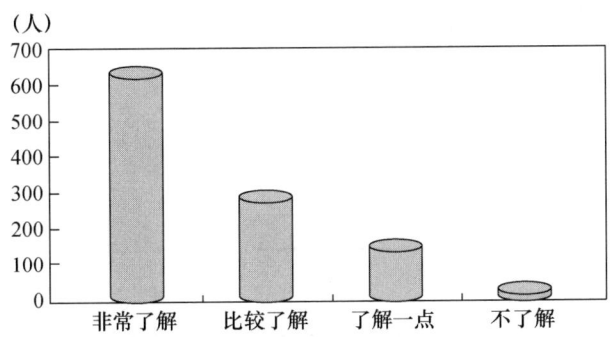

图4　少数民族学生对本民族文化的了解程度

严格来说，民族服饰也是民族文化的直观展现。我国的民族传统服饰也各具特色，并且是民族文化长期发展的积淀和民族文化的活化石。但是随着改革开放和现代化进程的加快，以及全球一体化的发展，服饰逐渐具有现代性，各族人民族之间服饰的差异也越来越不明显。故而作为新一代的民族青年，服饰上产生了很大的变化，经常穿戴民族服饰的只有3%。其实，这里的3%还是值得细细琢磨的，因为部分伊斯兰教背景的学生近两年穿黑色罩袍的趋势较为明显，其实这并不是民族服饰，而是宗教服饰，这个现象笔者将在其他文章中详细展开。

虽然经常穿戴民族服饰的同学较少，但是在重要的场合，如恰逢民族节日，需要表演民族歌舞等场合，少数民族青年学生还是非常喜欢穿戴本民族服饰的（见图5），这表明，少数民族青年学生对本民族的心理认同普遍存在。

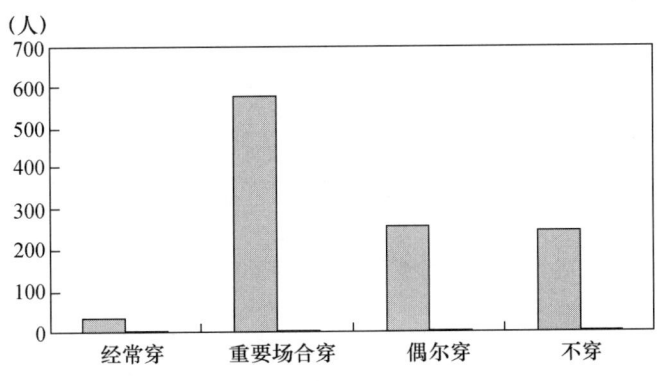

图5　少数民族青年学生穿戴本民族服装的频次

2. 对本民族评价

上述观点在少数民族青年学生对本民族的评价中也有体现，认为自己的民族非常伟大的占比达78%，表明少数民族青年学生对本民族的心理认可度普遍较高。而认为本民族比较落后的占比也较高，达16%，这也从另一面表明少数民族青年学生对本民族的真挚情感（见图6）。

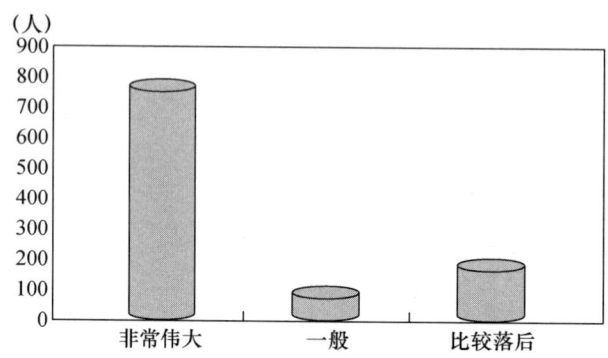

图6　少数民族青年学生对本民族评价

上述结果也从民族自豪感的状态上得到了印证。民族自豪感的表现是非常直观的，也与对民族的认知和评价直接联系。对身为本民族成员感到非常自豪的票数达901，占比达81%，这比对本民族的评价还要高出一些，说明在情感上，少数民族青年学生并没有大面积的民族自卑情结和民族自弃行为趋向。

当然，对本民族反感的也有部分学生，但是比例最小。这也不排除部分学生从来没有生存在民族地区，或者自己的民族身份仅仅是一个身份，并没有多少的民族认同在里面。抑或在民族归属寻祖上受到过挫折，从而产生对本民族的反感情绪（见图7）。

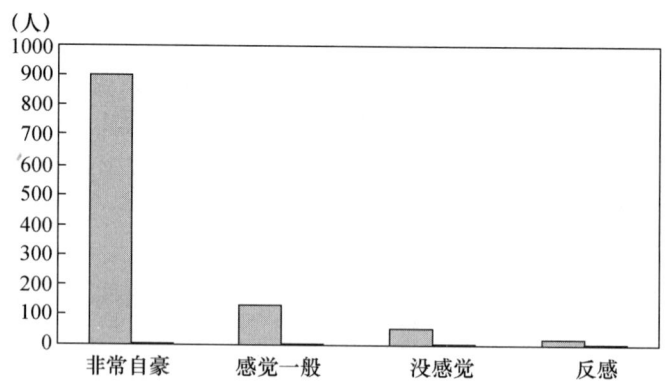

图7　少数民族青年学生的民族自豪感

对本民族自豪感缺失也可以从以下方面找到部分解释。对自身民族属性的认识也是一个较为直观反映民族认同的一个要素，首先来看，认为自己不具有本民族特征的人数，占比17%，在不具有本民族特征的人群中，对本民族的自豪感程度当然也会随之降低。

3. 民族族属和民族责任

虽然认为自己是地道的本民族人的学生勉强接近一半,但是基本具有本民族特征的人群也不在少数(见图8)。这与少数民族青年学生的成长历程有关,随着科学知识的学习和眼界的开阔,他们想问题和看待世界的视角肯定与本民族老一辈人存在差距,这种代际代沟在某种程度上也表现为对自身属性认识的程度。

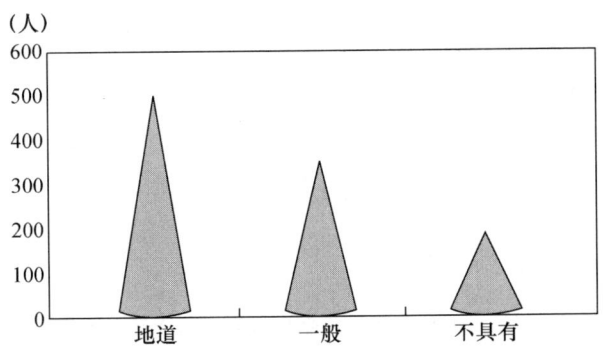

图8 少数民族青年学生对自身民族属性的认识

在对民族文化的考察中,笔者发现,认为本民族文化得到很好发展的占比为43%,这与我国鼓励并促进少数民族文化发展的政策得到实施有关。但是认为本民族文化现状存在危机的情况也占比较大,认为本民族文化遭到严重侵蚀的占比为31%,被边缘化的占比为26%,两者占比也较为突出(见图9)。这也显示出我国少数民族文化,尤其是人口较少的少数民族文化在全球化和现代化的冲击下并没有得到应有的发展和传承,现状堪忧。上述数据表明,少数民族青年学生对本民族文化的发展投入了较多的关注和思考,也从侧面反映了少数民族青年学生同时具有民族危机意识。

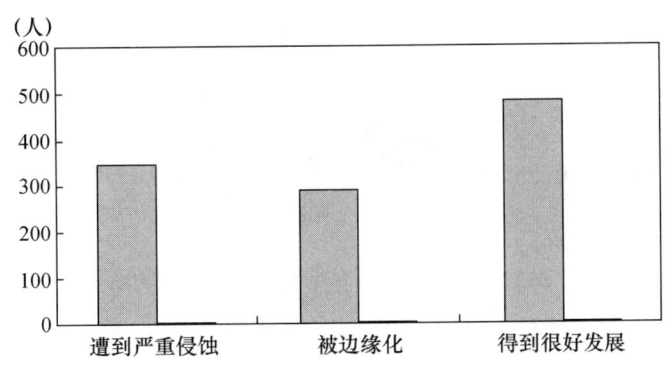

图9 少数民族青年学生的本民族文化现状

正由于对本民族自豪感较强,认知较高,对民族文化的现状也较为了解,并且具有较深的忧患意识,边疆少数民族青年学生在传播民族文化的意愿上表现得非常明显。愿意为民族文化尽力的同学占比高达95%(见图10)。这说明作为新一代少数民族青年,对本民族的认同意识普遍较高。

从某种程度上说，这也与我国促进多元民族文化发展政策有关。虽然汉族作为我国的主体民族，汉文化作为我国的主流文化，但是汉文化并不等同于中国文化，也不等同于中华民族文化。中华民族文化的发展需要各民族文化的共同繁荣。

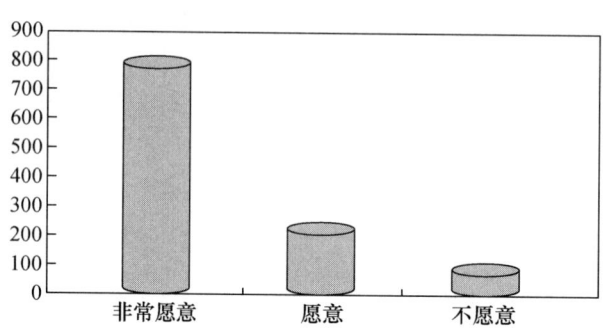

图10　少数民族青年学生传播民族文化的意愿

民族通婚也是考察民族认同的一个主要指标，出于日后生活便利及沟通顺畅的考虑，一些人倾向于与本民族的人士通婚，也有的出于保证本民族血统纯正的考虑，选择与同民族人结婚等，不一而足。本次调查，笔者发现，希望与本民族结婚的人并不在少数。

当然，我们也应看到，对于族际间通婚也存在较大的认可（见图11）。民族间交流越频繁，族际通婚现象就会越多。当然本次调研数据并不能完全作为一个立论的支撑，考虑到本次调研对象的年龄大部分在17～20岁，对婚姻还并没有实质性考虑，故而，笔者只是把其作为参考数据来处理。

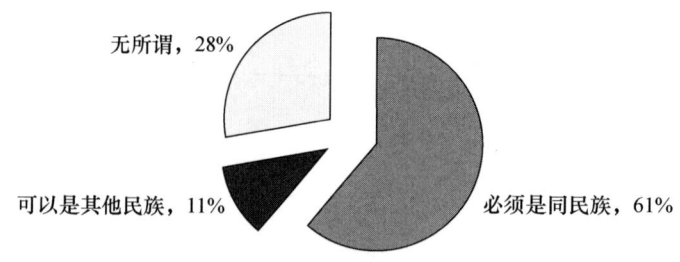

图11　少数民族青年学生的结婚伴侣选择

（二）对中华民族的认同

本文试图从少数民族青年学生对中华民族的认识、对中华民族族属的认识和对中华民族伟大复兴的认识三个维度了解少数民族青少年学生对中华民族的认同情况。

1. 对中华民族的认识

中华民族的提出已有近百年的历史，费孝通先生指出："中华民族作为一个自觉的民族实体,是近百年来中国和西方列强对抗中出现的,但作为一个自在的民族实体则是几千年的历史过程所形成的。"① 中华民族是一个着重对外宣示中国各民族有坚强的统一意志,有强大的内在统一性,有不可分割的整体性的词②。新中国成立后,尤其是中共十一届三中全会后,我国政府都在不同场合中强调中华民族的统一性。

我国各级学校的思想政治教育中都有中华民族的内容,但是真正详细讲述的较少,这就导致青少年学生对中华民族的认识大多停留在表层。如本次对少数民族青年学生的调查,68%的学生对中华民族的认识停留在表层状态(见图12)。

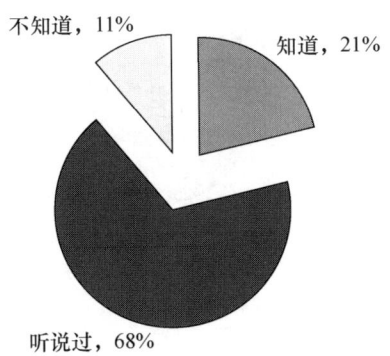

图12　少数民族青年学生对中华民族称谓的认识

当然,这也与边疆地区的教育现状有关。笔者进行深度访谈了解到,我国新疆维吾尔自治区在中小学生中开设了民族理论与民族政策课程,所以来自新疆的学生对中华民族理论都有较为清晰的认识。而来自内蒙古、贵州、云南等地的少数民族学生反映,当地并未在中小学开设此类课程,他们对中华民族的认知只是来源于传媒和课本上的只言片语。

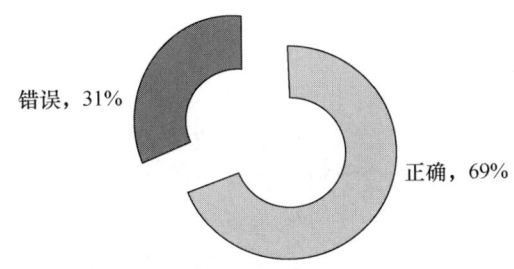

图13　少数民族青年学生对中华民族与中国56个民族关系的认识

中华民族与中国56个民族的关系,是比较深层次的问题,这与中华民族所具有的特定含义有关。本次问卷设置了判断对错内容,即中华民族包含我国56个民族的论断是正

---

① 费孝通:《中华民族多元一体格局》,中央民族大学出版社1999年版。
② 杨建新:《中国少数民族通论》,民族出版社2009年版。

确还是错误。虽然有69%的学生肯定了该论断的正确性，但是也有31%的学生不认为该论断正确（见图13），这就说明还有部分学生没有真正了解中华民族的内涵。

2. 对中华民族族属认识

对中华民族内涵的认识程度直接影响到对中华民族族属的认识正确与否。每个中国公民都有两个层面的归属，首先归属于本民族，其次每个人都是中华民族的一员。本次调研发现，还有28%的学生对中华民族的族属认同存在缺憾（见图14），这也与部分边疆地区中华民族认同教育缺失有关。

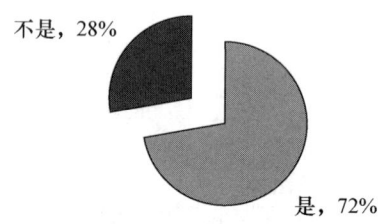

图14　少数民族青年学生对中华民族族属的认识

3. 对中华民族伟大复兴的认识

2012年11月，习近平主席在参观《复兴之路》展览时指出："实现中华民族伟大复兴，就是中华民族近代以来最伟大的梦想①。"这是我国领导人首次对中国梦进行明确的阐释，把中华民族伟大复兴推向了新的高度。

同时，中华民族伟大复兴的愿景可以综合反映出当代少数民族青年学生的国家自信、民族自信、民族认同等的现状。坚信中华民族伟大复兴一定会实现的同学占比67%，可见大部分当代少数民族青年学生对国家和民族发展有强烈的自信，也有22%的同学对中华民族的伟大复兴持比较乐观的态度，还有部分学生对中华民族的伟大复兴心存顾虑（见图15）。因为中华民族的伟大复兴是一个系统的工程，并不是一朝一夕可以实现的，需要几代人的艰苦努力②。

（三）小结

综合上述统计和分析可以看出，当代边疆少数民族青年学生的本民族认同和中华民族认同之间存在差异。由于大部分边疆少数民族青年学生在进入大学之前一直生活在本民族氛围浓厚的环境中，对民族文化、民族习俗等耳濡目染，存在较深的民族认同感。而进入内地后，面对主流文化的冲击，对本民族发展的关注更加深了对本民族的认同。同时，由于我国对中华民族认同的教育并没有一个完整的体系，故而少数民族青年学生对中华民族的认同大多还处于表层，对中华民族的认识还比较浅显。那么，如何完善中华民族认同教育体系，增强边疆少数民族青年学生的中华民族问题便摆在了我们面前。

---

① 习近平：《习近平谈治国理政》，外文出版社2014年版。
② 在参观《复兴之路》展览时，习主席进一步指出："我坚信，中国共产党成立100周年时，全面建成小康社会的目标一定能实现；我坚信，中华人民共和国成立100周年时，把我国建设成富强、民主、文明、和谐的社会主义现代化国家的目标一定能实现；我更坚信，中华民族伟大复兴的梦想一定会实现！"

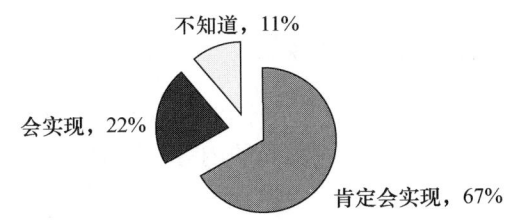

图15 少数民族青年学生对中华民族伟大复兴的愿景

三、促进边疆少数民族青年学生中华民族认同的建议

（一）增强中华民族多元一体的共同体思想教育

中国的历史和文化是56个民族共同创造的，中华民族的凝聚和团结是各个民族共同维护的结果，中国的多民族统一国家的建设是各民族共同努力的结果。中国半封闭内向型的自然地理环境，为中华各民族生存和发展提供了良好的环境，促进了各民族间的充分交流①。中华各民族共同开拓和保卫了中国的疆域，共同丰富和发展了中国的经济，共同创造和丰富了中国的文化，共同缔造了统一的多民族国家。所以，应在日常的少数民族预科生的教学工作中有计划地开展中华民族多元一体的共同体思想教育。

一方面，在日常教学中，改变民族理论与政治课的机械授课方式，创新课程安排和内容设置，促使学生认识中华民族的多元形态和一体格局。我国是由56个民族共同组成的统一多民族国家，其中55个少数民族文化各具特色，民族服饰、饮食文化、宗教信仰、风俗习惯、语言文字各异，开设介绍各民族特色文化的课程，来关注各民族的多元文化，以求学生增进我国多元文化认知，寻求在中国多元社会背景下的文化理解。授课方式也可以进行创新，发挥学生的主体作用，提高学生课堂参与度，展现多元文化，促进民族理解，加强民族团结，增进全国视野，开拓世界胸怀。

另一方面，在校园大型活动或社团活动中融入中华民族多元一体要素。H学院举行的独具民族特色的周末文化广场便是此方面的有益尝试。最近举行的一期民族文化广场由两部分组成：民族服饰展和民族摄影展。民族服饰展重点展示了维吾尔族、哈萨克族、藏族、蒙古族、壮族、布依族、彝族、朝鲜族等56个民族的民族服饰。书法、绘画、摄影展重点展示了民族地区的风景、少数民族文字、改革开放以来家乡的变化以及一些风俗人情的绘画和摄影作品。此种类型的活动为各民族提供了一个良好的交流平台，进一步增进了各民族之间的交流和友谊，传播了灿烂丰富的民族文化，使各民族学生对中华民族的多元一体有更深入的了解。

---

① 杨圣敏：《中国民族志》，中央民族大学出版社2003年版。

（二）践行民族团结教育增强中华民族认同

其一，加强"五观"①、"四认同"②、"三个离不开"③教育。"五观"、"四认同"、"三个离不开"不仅是我国各族人民应该认识的内容，更是我国各民族青少年应该掌握的内容，尤其是我国的少数民族青年学生，应该充分认识到这三个理论的时代性、先进性和科学性。"五观"、"四认同"、"三个离不开"不能只靠空洞的理论教育，需要在教育方式上进行创新，比如开展相关知识竞赛，以班级为单位，设置一二三等奖，有效激发学生们自发学习相关知识的热情。并可在知识竞赛中对"五观"、"四认同"、"三个离不开"进行侧重，并将焦点引向中华民族伟大复兴的命题，使学生们增强对中华民族的认知。在新生军训中，着重强调"三个离不开"的教育，使广大学生认识到在中华民族大家庭中，各个民族都是平等的，并且相互需要、相互包容，进而使学生在日常生活中能较好地处理同学间的关系，实现各民族学生互帮互助、和谐共处，最终达到整体团结的效果。

其二，创新民族团结教育。在多民族共生、多元文化共存的生活和教育环境中，民族团结并不是口号，而是实实在在的现实需求和教育导向。故而，针对于少数民族青年学生，民族团结教育应融入到日常的教学和生活中。如新生入学的班级和宿舍分配杜绝以民族来划分，做到每个班级、每间宿舍都有不同的民族学生，并且在日后的班级活动和宿舍评比等活动中，突出班级单位和宿舍单元，使各宿舍和各班级的不同民族学生均以宿舍和班级为目标共同努力，进而达到民族团结的效果。比如进行每学年的特色班级创建，每周的优秀宿舍评比。

（三）创新课堂教学促进各族学生共融

课堂教学是教师和少数民族青年学生沟通的最重要的渠道，课堂授课也是H学院教师最主要的工作内容，而日常的上课也是进入内地的少数民族青年学生的主要生活状态。H学院的课堂具有各民族学生共存的特点，所以，各科教师应紧紧抓住这一特点，将中华民族认同教育贯穿于日常的课堂教学之中。这就要求各位教师认清课堂特点，创新课堂教学，通过各种形式的课堂教学促进各民族学生共融，进而促进对中华民族的认同。

以民族理论与政策课程为例，如何创新课堂教学，促进各民族学生相互理解，相互尊重，进而共融在中华民族的大家庭里。笔者认为，应从两方面进行尝试。一方面，上课方式创新。上课打破老师全堂授课方式，每堂课预留20分钟时间，由事先分好的讨论小组对某一特定问题进行讲解。讲解方式有多种：事先做好PPT，进行讲解；组内讨论；正反方再现等。这种教学容知识性、趣味性和研讨性于一体，会取得良好的课堂效果。另一方面，课堂授课方式多样化。民族理论与民族政策是一门理论性和时政性很强的学科，老师

---

① "五观"具体指的是：国家观、民族观、历史观、文化观和宗教观。
② "四认同"具体指的是：对伟大祖国的认同、对中华民族的认同、对中华文化的认同、对中国特色社会主义道路的认同。
③ "三个离不开"的主要内容为：汉族离不开少数民族，少数民族离不开汉族，各少数民族也相互离不开。是1990年9月江泽民同志视察新疆时提出的。

们需将理论和实际充分地结合起来,采用理论阐释、案例教学、分组讨论、专题讲座等方式来展开教学,实现授课方式的多样化。民族理论与政策是时政性很强的学科,对现实的关注更有利于对一些理论讲解的切入。所以,授课时应适时加入对时事案例的介绍和分析,也应适当加入形势与政策课程的一些内容。

少数民族医药的传承与汉地化
——以北京藏医院为例

马瑞雪

中央民族大学　民族学与社会学学院

随着藏学热的兴起，对藏文化的研究一直以来都是学术界研究的热点，研究涵盖了宗教、艺术、餐饮等各个方面，但对藏族医药学的人类学研究却寥寥无几。本文是对藏医药学在民族学视野下的解读，民族医药经历了一系列发生发展的历史过程，具备了较完备的理论体系和传统医药知识，拥有雄厚的群众基础，并形成了一定的社会性、文化归属性和系统性，同时具备与其他学科不同的学科属性和认知方法，因此不能仅从医药学这一角度来理解。民族医药学作为民族文化的一面镜子，能反映一个民族的历史文化、风俗习惯等，藏医药学是在青藏高原这一特殊的自然条件及人文环境下产生发展的，充分反映了藏族赖以生存的文化习俗、民族精神以及民族文化积淀、文化素质所形成的价值判断，具有鲜明的地域性和民族性。所以说，民族医药学是具有人文和自然双重属性的学科。本文旨在探讨脱离藏地后的藏医药学在进入文化多元化及文化包容性极强的汉地，是如何进行本土化这一个问题，以及在这个本土化的过程中，为了适应当地自然及人文的需要，它做出了哪些适当的调整和改变？这些问题有助于我们了解在当今经济全球化的大背景下，民族文化的传承和保护以及民族文化在脱离了民族地区后的生命力何在。据笔者所知，藏医学的传承方法主要有正规的藏医药学院学习、师带徒及家传这三种形式。其中，后两种是传统的传承方法，很多老藏医都是通过这两种方法传承到了藏医药学的精髓。他们在医术高明的师父或家人的带领下，通过十几年甚至几十年在青藏高原的实践下融会贯通到藏医学的内涵，而在当今这个"文凭热"、"证书热"的社会，这两种传统方法显然已经成为了昨日黄花，无法适用。但就第一种方法而言，一方面，现代教学课堂的环境无法提供像青藏高原那样的自然环境供学生将理论运用于实践中，学生只能领会到书本及老师讲授的知识，无法做到活学活用；另一方面，很多老藏医不愿意将自己掌握的藏医学方面的技艺外传，即使外传，由于当今社会"凭证上岗"的缘由，这些技艺也无法造福大众。就这样，造成了很多传统的藏医药学知识失传。在现实意义方面，本文将从北京藏医院这一田野点出发，旨在探讨民族医药学在与现代医药学融合的过程中是如何竞争及促进的，目的是发现民族医药学在现代化过程中存在的问题并提出对策，从而发挥传统医药在人民保健中的作用。同时，通过对藏医药的传承与保护这一问题的探讨，来为民族文化如何进行现代化和与非民族地区文化的碰撞过程中民族文化的传承和保护提出一些不成熟的建议。

一、现状描述

1992年，在政府的指导下，北京市成立了北京藏医院，藏医院从无到有，从小到大，走过了二十多个年头。在这二十多年中，北京藏医院收集、整理了大量散落在民间的藏医药书籍及资料，并集结成书。北京藏医院不仅在医药文化的收集方面花费了大量的时间与心血，同时在藏医药技艺的传承上也投入了人力、物力，保持了藏医药欣欣向荣的发展势头。北京藏医院最初是由中国藏学研究中心和西藏的山南藏医院筹备的，场地由中国藏学研究中心提供，医务人员和药品由山南藏医院提供，现在是二级医院。北京藏医院现在有100张床位，现在还在扩大建设当中，预计将在近期开放至460张床，正在向三级医院努力发展。现开设了藏医妇科、胃病、肾病等八个专科，其中藏医脑病专科、藏医糖尿病专科、藏医院肝病专科和藏医院药浴是国家级专科。同时，国家批准转140个编制，实际有200多个编制，由藏医院自己聘请。藏医有主任医师、副主任医师，副主任医师以上有12名，主任医师以上有6名，藏医博士有2名，硕士2名，国家级藏医学术继承人1名，享受国务院特殊津贴的专家有1名。开展的项目是以心脑血管病为主，包括妇科、风湿、胃病等项目。手段主要靠藏医、藏药，以口服药为主，辩证地运用藏医的白脉疗法、药浴疗法、放血疗法、金针、火灸、按摩等疗法，以及结合现代医学的治疗手段和现代康复手段来进行治疗。北京藏医院地处北京，面向全世界，到这里来求医治病的不仅是信仰藏传佛教的藏族人、蒙古族人，还有汉族人、回族人等。藏医院的药浴专科也蜚声国际，还有许多来自国外的病人，其中主要是一些国家政要和财团负责人等人士。①

北京藏医院定期开展教学工作。其中一种是传承教学，聘请老藏医和知名专家，讲述藏医历史、藏医医学知识以及藏药的炮制技术，也邀请现代医学的专业人员来讲解现代医学对某些病的认识以及学术动态。北京还与西藏地区的医院联合起来举办远程教学，每年进行多地的学术交流，培养医务人员的科研意识。北京藏医院的医生来源：一部分是从藏区调过来，一部分是藏医学校的毕业生，还有一部分是传承人的徒弟。除了藏医以外的中医、西医都是从北京招来的。②

传统的藏医学的传承主要分为两类。第一类为"师带徒"形式，这一类还可以分为三种，第一种是僧侣在寺院学习。一些规模较大、声望较高的寺院都会设立"门巴扎仓"，类似于寺院下属的藏医学院，僧侣们根据自己的兴趣会被分配到不同的"学院"，有的学习政治、有的学习医学知识等。僧侣们会跟从自己的老师学习藏医学的基本理论、各种药材的药用价值以及藏药的炮制。第二种是家传的方式。藏族人中有些家庭世世代代行医，并且在一些区域家喻户晓受人尊敬，这样的家庭往往都会世代传承，将医术传承下去。第三种是传统的师带徒方式，那些希望以后从事医生职业的人，会找到德高望重的老藏医，并拜老藏医为师学习。这三种师带徒形式的学习通常需要花费学习者15年甚至更多的时间，因为需要积累更多的临床经验。当学成之后，师傅会给学员举行"冠顶"仪

---

①② 访谈对象为北京藏医院副院长：仁旺次仁；访谈地点：北京藏医院；访谈时间：2013年5月。

式，宣布他们可以成为医生。第二类是接受国家教育部认定的藏医学院的教育，藏医学院的教学模式完全不同于传统的藏医学习方式，而是接近现代教育形式，每个学生接受四年的学习，学习的内容多以纯理论为主，缺少了传统师带徒形式的多临床经验的特点。①④

二、存在的问题

（一）藏医药传承、教育和人才培养的问题

传统的师带徒方式正在日趋没落。师带徒是藏医传承的最传统也是最有效的方式，但是近年来，这种传承方式在不断的没落。传统的师带徒传承方式的特点是经验丰富的老师亲自带着徒弟通过口传心授的方式让其充分掌握藏医药原理，学习期间，学生能跟着老师通过实践中的观察及摸索，不断丰富自己的行医知识。在笔者对北京藏医院医生的访谈中可以发现，大部分有经验的中、老年藏医都是通过"师带徒"的方式学习藏医的，还有少数是跟随自己的家人学习后又拜师学习的。② 但是随着社会的不断发展，师带徒的传承方式虽是最有效的但却因不能得到国家的认可而日趋没落。传统的师带徒的传承方式逐渐被现代化的传承方式所代替，取而代之的是藏医学校及相关专业的兴起，如西藏藏医学院就是国内外第一所独立设置的培养高层次藏医药专业人才的高等学府。还有一些高等院校开设藏医学专业，培养具备藏医学基础理论知识和临床操作技能以及认药、制药、用药等方面的知识和能力，能在藏医院、藏药厂及藏医药学的研究领域和有关单位从事藏医医疗、教学、科研及藏药开发工作的藏医学高级专门人才。开展从中专到藏医藏药专科以及藏医本科和硕士研究生等多层次的学历教育，并已向西藏、青海、云南、新疆、内蒙古等省区输送专业技术人才。③ 这种传承方式是一种适应现代化的也是符合国家规定的传承方式，学生通过系统化的藏医学知识的学习，达到学习目的。但这种传承方式最大的缺点在于藏医药理论和实践教学的严重脱离。学生在藏医药教学过程中无法保质保量地满足实习、实验、实训等实践教学的需求，使临床实践经验的继承和发展工作受到很大的限制。众所周知，只有能满足实践的理论才是富有生命力的理论。学生在课堂上学到的理论知识如果不运用在现实中，不能学以致用的话，这种教学方式可以说是失败的。通过此次调查得知，在北京，藏医学专业生源数量逐年减少④。最大的原因是这种学校式的学习虽在理论学习方面扎实，但却缺乏实践经验。很多学生宁愿不远万里去西藏拜师学习，他们认为这样学到的知识才是最纯正的藏医学。

（二）国家政策扶持的问题

国家对于民间医师资格的评定标准不够完善，这就导致了很多民间医师无法行医。藏

---

①④　访谈对象为北京藏医院副院长：仁旺次仁；访谈地点：北京藏医院；访谈时间：2013 年 5 月。
②　访谈对象为北京藏医院医生：蔡秀青、阿拉、西珠嘉措；访谈地点：北京藏医院；访谈时间：2013 年 5 月。
③　王书博、孙娟：《藏医学的现代转换》，《西北民族大学学报》2009 年第 3 期。

医药是藏族人民长期同疾病做斗争的丰富的经验总结，纵观藏医学悠久的发展历史，其发展都是与藏族人民的生活息息相关的，且传统教授和学习藏医学的人员以僧侣为主。藏医药教学一般都是在寺院、家传或者是拜师学习，这种学习并非是国家承认的学校学习。直到西藏和平解放之后，在党和政府的亲切关怀和大力支持下，藏医药学这一历经千年风雨的传统医药学在教学、科研、医疗和产业等各方面都得到了空前的发展。据统计，目前全国已有60多家藏药生产企业，71家县级以上藏医医疗机构，15家藏医药科研院所，1所藏医药高等院校，同时党和政府投入大量的资金，培养了大批藏医药继承人，其中包括大中专、本科、硕士和博士生。但是，随着岁月的流逝，很多藏医药名老专家已达耄耋之年，有的现已谢世，加之近年来藏医药从业人员的综合素养有待加强，种种忧思让人挥之不去。政府在对民间医师资格的评定方面也存在着种种问题，在调查中笔者了解到，很多在藏医学方面有丰富经验的民间医师由于得不到国家的认可而无法行医或教授学生，这就导致了许多藏医学方面技能的失传。据北京藏医药副院长仁旺次仁所说，很多在藏医药行医的老藏医之所以能上岗是因为参加了国家规定的考试，考试合格后被评定为国家级学术继承人才能上岗。这种评定方式是否合理？为了不让这些技艺失传，国家是否应该对少数民族医药方面的评定采取宽松或特殊的评定方式？这都是我们应该思考的问题。毕竟少数民族医药学是各民族人民千百年来防病治病经验的总结，是符合当地生态环境的，也具有地域性和特殊性，国家应该考虑它自身的特殊性并制定符合少数民族医药学发展的新政策，这样才能保证少数民族医药学不会面临失传的可能性。

现今，由于疾病的多样性、复杂性等诸多原因，针对具体病情，采取灵活运用方剂已成为全球性的问题。虽然在许多藏医药古籍典故中，很早就已记载了上述观点，也就是随着病情、病种的改变及根据病人体质状况、年龄、气候等差异，采取方剂的运用变化加以灵活加减的论述。另外，很多藏药虽然主治某一特殊疾病，但同时对于其他疾病也有特殊的疗效，由于文化差异，很多病人无法理解藏药的这一特性。导致医生开出药方后遭到病人的质疑。藏医的发展也和中医一样，存在着诊断、治疗等手段，因而不像西医一样有一套完整的理论支持的问题，这也导致很多人不能理解。在采访北京藏医院的西珠嘉措医生时，他就谈到了这个问题。他说现在大家都信任西医的模式，以西医提倡的理念为标准。他提出"辩证医学"的思想，认为治疗应该因人而异，不能以西医模式来管理中医、藏医，在发挥藏医思想理念的基础上，可以结合西医。因此，为了更好地适应病情的需要，为了广大人民的身心健康，需要进一步继承和不断发展藏医药事业，并在藏医药临床实践上开展"随症加减"的运用及推广。①

（三）自身存在的问题

1. 药浴价格高，不能满足一般消费者的需求

在调查期间，笔者走访了北京藏医院，参观了北京藏医院各个机构部门建设。其中给笔者留下深刻印象的是药浴，北京藏医院的藏药浴是国家中医药管理局"十二五"重点专科建设项目。藏药浴重点建设专科是以开展藏药浴等外治疗法为主，以口服藏药为辅，集药膳、药茶、药酒等食疗为一体的治未病与康复中心。现已开展了藏药浴、涂擦疗法、

---

① 访谈对象为北京藏医院医生：西珠嘉措；访谈地点：北京藏医院；访谈时间：2013年5月。

藏医金针疗法、藏药透皮疗法、拔罐、针灸、正骨推拿、火疗、药油灸康复保健疗法。藏医药浴疗法是将患者全身或部分肢体浸泡于药物煮熬的水汁中，然后卧热炕发汗，使腠理开泄，祛风散寒、化瘀活络，达到治病目的的一种疗法。北京藏医院的工作人员介绍说，有很多国外友人、国家政要人物经常会来做药浴。

2. 语言问题

北京藏医院很多藏医是从西藏、青海等地的藏区过来的，他们精通藏语，却不能熟练地运用汉语。笔者采访到的阿拉大夫就是一个例子，也是从西藏昌都过来的，是北京藏医院专门请来的医生，1999年来到北京。采访过程中，阿拉大夫一直使用藏语，并有专门负责翻译的人员为笔者翻译。这样的情况会给就医过程带来不便，所以，对于藏医的汉语培训是很必要的。

3. 藏医院宣称力度不够，知名度不高

社会对藏医学的认知程度不高，2002年的《国家藏药发展战略研究报告》显示：拉萨、西宁、成都、兰州、北京、广州对藏药的认知高于昆明、西安、上海、重庆等地，而使用过藏药者除拉萨、西宁、昆明以外，其他城市则明显减少，基本上仅占调查人数的25%左右。这说明，藏区以外对藏医药的了解和认同程度很有限。曾有文章指出，北京民众对民族医药与中医的区别非常模糊，95%以上的人听说过藏医，但服用过藏药的不超过40%；像藏族的红景天、珍珠七十味等经典藏药，95%以上的人都没听说过，更不知道它们的功效；他们对藏医典籍几乎没有概念，对于在电视做过广告的藏药产品如奇正消痛贴等知道的人也不过10%左右，但几乎没有人用过，也不知道疗效如何。甚至部分人认为，民族医药相对中医、西医而言比较落后。笔者在北京藏医院调研期间，发现与在北京其他医院就医人数爆满的情况相比，在藏医院就医的病人相对较少。在采访中得知，来北京藏医院就医的很多都是外国人。① 在文化多元化及文化包容性极强的北京，藏医院应该加强宣传力度，让更多的人了解藏医药，让藏医药随着文化的交流传播到中国的其他地方和海外，为人类的保健事业做出贡献。

4. 藏医药正脱离传统藏医学，进行现代转换

说到藏医药，不得不提的是藏族的宗教信仰。在佛教传到西藏后，藏医学在一定程度上吸收了佛教思想。② 传统藏医学作为藏传佛教文化体系中的重要组成部分，在漫长的历史发展中，为藏民族的繁衍生息、文化传承做出了巨大贡献。由于"学在寺庙"文化传承体系的形成，藏医学的基本理论、教育方式、诊疗方式与藏传佛教都有密切关系。③ 传统藏医学基本被垄断在寺庙之内，依附于藏传佛教。在现代社会变迁的大背景下，藏医学发生了重要转换。它突破宗教神秘性占主导、科技理性受局限的传统特征，回归世俗、民间，其理性化、现代化的成分逐渐增加。新中国成立后，藏医学教学对象发生了很大变化。门孜康于1963年举办的藏医班开始招收中学毕业生，标志着传统藏医学的教育对象发生了现代转换。藏医学院学员包括农牧民子弟及女性等各类人才，打破了传统藏医学教育中对于学员出身以及性别的限制。这符合现代社会平等和自由的理念。近年来，藏医学

---

① 访谈对象为北京藏医院医生：蔡秀青；访谈地点：北京藏医院；访谈时间：2013年5月。
② 顾加栋、周祥龙：《佛教医学思想简论》，《南京中医药大学学报》（社会科学版）（第11卷）2010年第1期。
③ 斗嘎：《藏医学的起源与苯医》，《青海民族学院学报》（第29卷）2003年第2期。

院培养出了不少女藏医,"仅 2008 年西藏自治区藏医学院毕业的 10 名藏医学硕士研究生中就包括 3 名女硕士"。① 曾被男性垄断的藏医药界,女性也正发挥着越来越重要的作用。另外,藏医学教师也发生了变化,他们可以是寺院藏医,也可以是还俗后的寺院藏医以及现代藏医专业培养的专门人才。

三、对策和建议

(一) 藏医学传承和人才培养

藏医的发展不仅需要相关医疗机构的支撑,更需要藏医学的传承和相关人才的培养。传统的藏医学是需要学习的,不仅是医药方面的知识,还包括一些佛经的学习。如创立于 1782 年的著名的拉卜楞寺医学院。它的教学规制源自药王山,在学派和传承模式上完全继承了它的模式——师徒传授模式,并经过两百多年的发展在教学和培养人才方面,创立了修行和医学二者兼学的独特授教方式,即学徒们在相对严格的学僧制度下,除了参加全寺和本学院的法会和宗教活动外,还主修藏传佛教密宗、研习藏医药学、参与藏医实践活动等,并将学徒们分为不同等级的班,按其不同的自身条件,给予不同的指导、传授和背诵不同的经书和医典。其中经书是藏医学习的基础,即初学者必背经文,如初级班背诵《皈依经》、《观音心经》、《不动佛经》,中级班背诵《药师经》、《释经》等。② 可以说,正是由于受到宗教的影响,藏医学传承和人才培养不同于一般的医学传承。它结合了一些佛教经典,在传承和人才的培养上具有一定的独特性,以及一定的复杂性和局限性。一方面,建立相关机构,不仅包括人才教育和培训机构,还包括藏医药科研、医疗、生产机构和企业,让学徒们学以致用,并进一步培养既能懂得藏医药知识,又能结合现代医学,熟练掌握、应用现代化仪器设备的复合型人才;另一方面,做好藏医药古籍文献搜集、整理、研究、出版工作,在学好医学知识的同时,整理出版具有历史、学术、科学、实用价值的古籍文献,为进一步的学习和研究,以及弘扬和传播优秀民族传统文化做出积极贡献。

(二) 国家的政策扶持

国家相关部门对藏医的认识不足。在各大高校,藏医学专业旨在为医疗卫生系统培养具有藏医理论和藏医技术的高级藏医师、教师及科研人才,要求其专业学生系统掌握藏医学基础理论、基础知识和基本技能以及必要的现代医学基础理论和技能,能够较熟悉、准确地运用藏医理论进行诊断、治疗临床常见病和多发病,熟悉国家卫生工作方针、政策和法规,毕业后能够从事藏医临床、现代医学临床等各项工作。其开设的主要课程不仅包括藏医学史、藏医药学概论等概论性课程,还包括藏医人体学、藏医病机学、藏医保健学、

---

① 桑代吉、切排:《藏族医药学教育的现状与展望》,《中国藏学》1997 年第 4 期。
② 看召本(慈成嘉措):《从拉卜楞寺医学院的发展浅析藏医学的传承模式》,《亚太传统医药》2011 年第 2 期。

藏医儿科学、藏医妇科学、藏医精神病学等分类比较细致的具体传统藏医学课程，以及人体解剖学、生物化学、生理学、病理学、药理学、西医内科基础、西医外科学等现代医学。因此，要求藏医们不仅具有一定的藏语能力，还要求具有相当的汉语水平。但是，藏医作为一种少数民族医学传承人，主要来自西藏、青海、四川、云南等地，他们多为"土"医生，通过藏医经典，或口耳相传获得其藏医学知识，有的甚至没有接受过汉语言教育，他们在国家规定的相关考试中便会处于劣势。如"藏医学咨询师"，即掌握藏医学的基本理论与专业技能，从事藏医临床诊疗工作的助理藏医师。它是经职业技能鉴定、认证考试合格者，并颁发加盖全国职业资格认证中心（JYPC）职业技能鉴定专用章钢印的《注册职业资格证书》，这一证书得到了政府的认可，具有一定的权威性，可全国通用；该职业资格共分三级：助理藏医学咨询师、藏医学咨询师、高级藏医学咨询师；其最对口的专业是藏医学咨询；核心课程包括藏医人体学、藏医病机学、藏医诊断、藏医方剂、藏医外治、藏医内科、藏医外伤、藏医妇科、藏医儿科、藏医热病疫病、人体解剖生理、中医学概论、现代医学基础等。① 以上一系列的书籍，对于长期生活在藏族地方，特别是不具有一定汉语能力的传统藏医来说，想要获得这一类证书是相当困难的。因此，政府相关部门在规定和颁布相关证书要求时，应该充分认识和考虑到藏族地区"土"藏医的现状，为其提供相关的政策支持，使得真正懂得传统藏医并具有多年实践经验的当地藏医得到正确的等级评定，具有相关的等级证书，从而在社会竞争中具有一定的竞争力。

四、结语

马克斯·韦伯认为"理性化"、"合理化"是现代社会的重要标准。而所谓的"理性化"就是"祛除巫魅"，也就是神圣与世俗相分离。以此关照藏医学由传统而现代的过程，可谓之现代转换。因此，藏学的现代转换，即藏医学在现代社会的大背景下，克服藏传佛教的神秘性，发展科技理性，吸收现代社会其他领域的先进模式和优秀成果。它从重神秘而轻民用，开始向着人性化的方向发展，回归世俗，回归民间。似乎看起来这一切是合情合理的，但细细思考这其中也存在着一些问题。在西医占主导地位的现代社会，民族医药向西医看齐是否意味着科学化、理性化？在调查中，就有医生提到了这些问题。西方文明似乎已经成为了整个世界的一把标尺，只要符合西方价值体系的就是对的、好的，与西方价值体系相违背的就是错误的。在我们这个一切向西方看齐的社会中，很多人认为西方的就是科学的，总会以西医的标准来要求传统医药。先入为主地将西医的理论当作是最准确、最合理的标准。这就导致了西医的治疗手段更具说服力，所以藏医在诊断治疗的时候不得不使用西医的方法来说服病人。无论是病患还是国家，都应该充分考虑到民族医药自身的特殊性和民族性，不应该以既定的标准来看待民族医药。对于民族医药来说，应该保持自身的特点，但也不能故步自封，应该适当地取长补短，充分发挥藏医思想理念，并结合西医。在藏西医结合研究中，除了借鉴外来经验和技术，更要注重使用自己的方法进

---

① http://baike.baidu.com/view/2992876.htm.

行研究，不应该将自身的民族性和特殊性逐渐遗失，这也是一个民族文化如何现代化的问题。

参考文献

[1] 占堆：《藏医药继承发展所面临的问题与思考》，《西藏科技》2009年第1期。

[2] 斗嘎：《藏医学的起源与苯医》，《青海民族学院学报》（第29卷）2003年第2期。

[3] 顾加栋、周祥龙：《佛教医学思想简论》，《南京中医药大学学报》（社会科学版）（第11卷）2010年第1期。

[4] 易华：《佛教与藏族传统科技关系简论》，《中国藏学》1997年第1期。

[5] 陈华：《人类学与医疗保健》，《广西民族大学学报》（哲学社会科学版）（第31卷）2009年第1期。

[6] 班班多杰：《试论藏族传统文化的现代转换》，《西北民族学院学报》（哲学社会科学版）2009年第3期。

[7] 云公保太：《药师佛与藏医学》，《青海民族学院学报》（社会科学版）1994年第3期。

[8] 樊海岩：《浅谈藏医药产业发展的思路及政策取向》，《中国民族医药》2010年第4期。

[9] 李丽、王蕊：《我国藏医药产业开发的现状与对策研究》，《青海民族研究》（第18卷）2007年第2期。

[10] 桑代吉、切排：《藏族医药学教育的现状与展望》，《中国藏学》1997年第4期。

[11] 看召本（慈成嘉措）：《从拉卜楞寺医学院的发展浅析藏医学的传承模式》，《亚太传统医药》2011年第2期。

[12] 王书博、孙娟：《藏医学的现代转换》，《西北民族大学学报》2009年第3期。

"华夏边缘"的历史
——读《羌在汉藏之间》

卫雨晴

中央民族大学 民族学与社会学学院 硕士研究生

王明珂著述的《羌在汉藏之间》是一本用"族群边缘理论"来探讨"华夏边缘"的历史民族志。分析了所谓的"羌"在历史上模糊、漂移、定型的形成过程,进而对"中华民族"做"族群理论"的解构。作者以人类资源分配、竞争、共享关系及其表征所产生的认同与区分之分析,对羌与历史的关系探讨、对国族主义形成的剖析与对"羌人文化"三个层面的解读,说明一个华夏西方族群边缘的形成与变迁。以此为例将其观点作为启示应用到其他族群的研究之上,不仅对"华夏边缘"的历史研究有益,而且对族群认同的研究皆有启发。

一、关于文本与田野的说明

在"文本与田野说明"中,王明珂强调了其研究取向与方法。王明珂的文本资料来源于1994年开始至2003年累计11个月的田野考察,涉及地区和受访对象的层次都很广。另外,王明珂也进行了文献研究。如对民国时期民族调查者陶伦士、葛维汉、胡鉴民、闻宥等作品的文献资料进行详尽的分析。在马库思和库思曼名为《民族志作为文本》的文章中,认为民族志可以作为一种文学批评研究的对象,他们运用文学批评对故事的梗概、观点、性格化、内容和风格的划分和分析,以及对民族志的写作方法进行全面研究。而王明珂则认为,在研究取向上,无论是文献还是口述资料或文化现象,都被视为"文本"或"表征",重点是要透过对文本或表征的分析,了解其反映的"情境"或"社会本相"以及它们所映照的"文化"与"历史"的本质。人类学界关于族群研究的普遍认识,即族群或民族是主观的人群认同范畴,难以用客观的语言、体质、文化因素来界定。王明珂的重点并不是在探讨谁是羌族,而是探讨为何他们认为自己是或被认为是羌族,以及如何成为羌族和如何表现自己是羌族。

"华夏边缘"的历史

二、认同与区分

在第一部分"社会篇"中,王明珂指出羌族的地理环境、聚落形态、族群认同与区分、资源竞争与共享体系等是分群的主要背景。作为本章的主题,认同与区分是人类社会结群现象的一体两面。在这一主题下,王明珂从婚姻家庭、家族、村寨到尔玛与羌族等群体,分析了他们在资源共享与竞争的体系中的聚集、区分、延续。相对应的媳妇神、家族神、山神、庙子祭祀的神仙等信仰,强化了为资源竞争与划分而产生的族群区分并维持了族群的界限,确认了不同范围的族群在资源共享体系中的地位。王明珂认为"区分"存在于每一个人与他人中,个人是与外界有区分的孤立个体,即每个人都是自利的,又需在应付资源匮乏的资源竞争和外界侵害中与他人结为群体。因此"区分"也是为了凝聚或强化族群内部"身体"。对个人来说,存在一层层的"身体",在灾难与外敌侵犯时他们并不理性地区分这些灾难与外敌出现在哪一层边界,因此与邻人的仇恨和矛盾或个人的身体不适可能转嫁到远方"异族"或迁怒于亲近的家人身上,反之对远方"异族"的仇恨也可能转嫁到对身边的邻人与亲人,即内部异己的猜疑上。

王明珂在认同布迪厄关于"品味"研究的同时,补充了吉哈德关于消除亲近人群间紧张关系的"代罪羔羊理论"。王明珂的"毒药猫理论"是为了诠释族群认同及敌对、暴力等现象的根源,所谓的"代罪羔羊"消除了社会内部骚乱,也强化了群体认同,如西方女巫的存在是为解决人群间的紧张与冲突,"毒药猫"解释不幸或意外等根源,并期望解除这些不幸。这些情感和行为有强化族群边界,凝聚内部"身体"的功能,因此没有"毒药猫"也是不行的。因此透过神话、"历史"等"文本"来强化本群边界的区分以及内部核心与边缘群体的区分,这种区分与凝聚和成员的"内忧"与"外患"相似,常是一种集体想象,经过强化本群体与外界的区分以及文化展演与敌对行为等社会情境与此社会情景下的集体行为,成为客观现实与历史事实,因此它们未必是纯粹的主观想象或客观事实。作者认为"文本"的意义在于"文本"与"情境"相互诠释。个人在情境中成长,并得到社会文化赋予的各种身份,从而认知社会区分。由此,王明珂的"毒药猫理论"带有明显的结构功能主义的倾向。

三、"历史"创造物与"历史"创造者

第二部分的"历史篇"中,王明珂认为当前的羌族为历史产品和"历史"的创造物,也是历史与"历史"的创造者。虽然"羌"的称号在中国人历史记忆中至少存在3000年,但是近代以前的本地人并不知道"羌"为何物,近代学者根据殷商甲骨文以及后来的各种史料记载,建构由商代至今"羌族史",说明了"羌族"的起源、分布与迁徙以及与各民族间的关系,这即是王明珂所认为的国族主义观点下的"典范历史",透过这样的

·221·

历史，王明珂也要探讨历史延续性的问题。国族主义下的"历史"想象创造了当代羌族并凝聚羌族，国族的建构赖于建立这个大民族的"共同祖源记忆"和建构新的"华夏边缘"来完成，而非完全的想象。

相对于典范历史，王明珂认为本土认同体系是相当重要的，因此重视对本土历史的研究。当代羌族本土"历史"分为"英雄祖先历史"与"弟兄祖先故事"，它们被称之为"根基历史"，即以"共同起源"的历史记忆强化族群成员间像兄弟般的根基性情感联系。它们是不同历史心性下的产物。历史心性指产生于特定人类生态与社会文化环境中，流行于群体中的个人或群体记忆，建构"过去"的心理构图模式，即一群人以特有方式集体进行历史建构、创造历史事实并强化或改变人群认同与区分。王明珂从田野调查得到的口头叙述中，发现在"汉化"过程中，血缘与地缘紧密结合的村寨认同转变为血缘与地缘逐渐分离的以姓为别的家族认同，因此解释全部本地人来源的"历史"，转变为解释部分本地人来源的"历史"。他根据根基历史的叙事结构元素，血缘、空间领域资源以及两者在"时间"中的延续与变迁来分析兄弟祖先故事的"族群"隐喻、"领域"隐喻、"时间"隐喻。通过分析、比较，他认为兄弟祖先故事是流行于平等自主社会中的"历史"。存在于相应的人类生态与社会情境中，即本地资源共享与竞争关系，以及与此相关的认同与区分体系。

"兄弟祖先故事"是一种本土"历史"，但是从文献资料上看，并非羌族特有的，凝集羌族认同的"历史"也主要是外来的"英雄祖先历史"，即本地人在典范历史建构中的"羌族"认同下，所相信的或建构的本民族的"过去"。从周仓与孟获的子民，到汉族的拯救者李冰与樊梨花的后代，大禹的子孙，"我族"形象变成英雄祖先。"大禹故里之争"说明羌人不只为了争取建设经费，更重要的是争取本族群中的核心地位。

王明珂认为，随着人类不同程度的复杂化、中央化与阶层化发展，"兄弟祖先故事"逐渐被其他历史心性下的如"英雄祖先历史"所取代或压抑。"兄弟"变成"兄弟的父亲"（英雄圣王），"共同过去"变成"部分人的过去"，血缘记忆、空间记忆被组织在线性、量化与价值化的时间里，以区分、强化当前人群在资源体系的核心与边缘地位。

除了以上两种故事，羌族中普遍流传的"神话"、"传说"如"造人"、"猴变人"的故事，与汉族关系甚微。20 世纪 80 年代后期，羌族知识分子通过历史与文化的论述对羌族本质进行建构，沿着两条路线进行，一为强调大禹子孙与大禹文化的"古老华夏"羌族建构，二为强调本地神话传说等非汉本土特色的"少数民族"羌族建构，这两条路线交叠并行。这表现了羌族并非消极接受文化核心传来的"历史"，而是积极与自身记忆相结合。

在许烺光的《祖荫下》一书中，他把西镇视为典型的汉族聚居区进行研究。他从中国社会结构入手，试图用该地的家族文化解释西镇人个体性格的塑造过程，以此来揭示中国文化和人格的特征。然而，自实行民族识别之后，西镇人主体被识别为白族。因此，《祖荫下》"弄错了民族"便成为部分学者对此著作以及对许烺光的评价。国内学者对《祖荫下》进行反思后，认为当前白族居民身份认同具有双重性。如段伟菊认为"当地人认同上具有双重性，他们的认同存在着编撰家谱所呈现出的'汉人族源认同'与强烈的

'白族认同'两个方面"。① 梁永佳则认为,"有关《祖荫下》的'民族错失'的意见,其实质在于误用民族识别之后的概念解释民族识别之前的社会,从而忽视了民族识别对民族意识的强化。更为深层的原因还在于,像民国或更早的大理'民家'这些当时被认定为包含在'汉'群体内的人群,他们认同的'汉'不仅仅是汉族,更是多元一体的华夏之'汉',当时的'汉'不仅指向汉族,同时也包括王明珂所研究的华夏边缘群体。西镇人'汉'的祖源正是对这种华夏一体祖源的记忆,而当代白族人认同的白族族属是民族识别后与汉族相对的白族。当前白族人认同上的祖源与族属的双重性是'汉'边界的收缩所致,是历史上华夏之汉与当前族群之汉区别所致。"②

此种分析,与王明珂先生在《羌在汉藏之间》中"羌"的形成分析有相似之处。例如北川青片乡上五寨的一位老人在访谈中一直自称"藏族",因为过去他认为被骂成"蛮子"的都是"藏族"。民族识别后,在地方民族干部的解说下,他才将自己改登记为羌族。又因为上五寨的人从前非常受下游"汉人"的歧视,他们自然认为藏族要亲切些。他们有自身历史记忆,同时也借用来自外界的历史记忆。中国西方与西南边疆的汉藏之间,或汉、非汉之间,原有一个漂移、模糊的族群边界,在近代国族主义下,它转化为各民族间的族群界限,然而明确这样看法的目的在于说明"中国少数民族"与"中国民族"的形成过程。

四、古羌人文化与文化再造

第三部分"文化篇"的导言部分,王明珂首先否定了将"民族传统文化"视为祖先遗产的近代国族主义者的观点,也肯定了将其视为国族主义的主观想象、创造的后现代主义观点的不足。王明珂认为后者忽略了历史的延续性,近代的文化建构是文化过程的一部分,推动了文化建构过程的历史与社会情境。

王明珂由三个角度解读文献中"羌人文化"的描述,即事实层面、叙述层面和习行与展演层面。文献主要是从华夏对羌文化即异文化的描述角度进行的。在此建构与变迁的"文化史"中,延续的并非是一个民族的文化,而是一个在核心与边缘族群关系下的文化展演、夸耀、模仿过程。在典范的羌族史中,学者以某些贯联古今的文化特征将"羌族"视为历史中延续的民族实体,然而不论表征所依附的情境,只以表征间的相似性来说明历史的延续性是不恰当的。王明珂认为,典范史中的延续性仍存在于一种人群经济生态、社会结构与相关汉和非汉关系的延续。古华夏对羌文化的描述是由刻画"边缘"来描塑自我,即透过展演强化古代华夏或汉人的文化认同。相对应的,羌人在与汉人的接触中,常造成他们对汉人"血缘"与"文化"的攀附与模仿,如假借部分华夏史,遗忘本土记忆,借此成为华夏一分子。

---

① 段伟菊:《大树底下同乘凉——〈祖荫下〉重访与西镇人族群认同的变迁》,《广西民族学院学报》(哲学社会科学版) 2004 年第 1 期。

② 梁永佳:《〈祖荫之下〉的"民族错失"与民国大理社会》,《民族社会学研究通讯》2009 年第 5 期。

本篇的最后一章，王明珂谈到在当代羌族认同下的文化再造，这是一种本土文化建构。在民族识别与改革开放，放宽民族区域自治政策等背景下，大量少数民族或汉族知识分子推动着羌族本土文化的建构。王明珂的论述涉及语言、文字、羌历年、锅庄舞、妇女服饰、饮食、天神、白石信仰、端公与祭山会等方面。透过以上的文化展演、文化反映、强化、改变社会的认同与区分体系或社会情境与历史记忆。在服饰文化的讨论中，王明珂强调此"文化"形成的过程与情境，人们对"民族传统文化"有两种相矛盾的态度：一方面"传统文化"促成民族团结值得推广，另一方面"传统文化"有落后之处而须被改革、回避。于是，羌族村寨中，男性不穿民族传统服饰，但自傲于本地女人还穿民族传统服饰。因此，王明珂认为村寨女性在强化各种社会区分的核心与边缘权利关系下，成为"传统"的承载者。

五、关于洪洞大槐树移民研究

"问我祖先来何处，山西洪洞大槐树。"如今洪洞大槐树成为成千上万人寻觅故土的标志。每年大槐祭祖活动吸引大批游人和寻祖的人。洪洞县修建了一系列以祭祖为主题的建筑，寻根祭祖的旅游活动极为热闹，为洪洞县带来很大的经济效益。

明朝的大规模迁民，历史资料只记载了从山西的平阳府，辽、孙、汾、潞、太原等往外地迁民，具体到洪洞县甚至大槐树下，除了《洪洞县志》有记载，就是民间的家谱、墓碑和祠堂碑的记载，地名的标记和一代一代的口传及一些传说故事。很多研究都把清代甚至民国年间志书的记载作为探讨明代移民事件的立论依据。清末民初，国内政局出现新的变化，清王朝被推翻，三民主义唤起了广大民众民族意识的觉醒，激发了人们寻根拜祖的热情。通过对族谱资料进行分析，研究者发现，对于文人士大夫而言，其构建宗族行为产生较早，很多缙绅宗族在明朝中后期便已经有了修纂族谱等构建宗族的行为。普通民众构建自己宗族多是在清代中后期，这时距离本族祖先活动的时段已经有一段时间了，要想详细获得祖先的信息是相当困难的。部分士绅阶层在当地听说有关大槐树移民的民谣，表明清末民初洪洞大槐树移民说在华北一带颇有来头，由于当地士绅知道洪洞广济寺有大槐树，于是就认定这一说法是信而不疑的事实，鉴于广济寺与古大槐树已不复存在，遂商议在家乡筹建古大槐树。其目的就是为洪洞大槐树移民传说提供证据。

在清末至民国时期，洪洞大槐树移民传说成为北方移民有关祖先和家族的集体记忆的最后积淀物，并且愈来愈鲜明，流行于北方各地，成为移民们乡恋的寄托和永远依恋的精神家园，也成为了北方移民宗族构建祖先历史采用最普遍的范本。

从移民迁入地的角度进行山西洪洞移民研究，研究者通过对明中后期以及清初两个时间段的考察可知，当时豫北地区应当有大量的流民、囚徒、军户附籍，他们都成为当地的编户齐民。他们的后裔强调自己祖先是明初奉诏自山西洪洞迁移而来，从而合法地在乡村社会占有各种政治、经济和文化资源。山西洪洞移民传说的流传，不仅是对祖先历史集体记忆的反映，更为重要的是移民们在现实生活中对于保护与维护自己实际利益的诉求。这也体现了王明珂所说的在人类资源竞争与共享的体系下进行的认同与区分。

六、结语

羌族历史并非民族实体的历史，而是一个"华夏边缘"的历史，这既是当前羌族的历史，也是华夏历史的一部分。从这个角度理解羌族，则"羌人"到"羌族"经历了从中西方异族与族群边缘，到国族主义影响下，近代中国知识分子重新调整华夏边缘建构新国族，再到近代以来本土知识分子的我族建构过程。

王明珂认为对华夏边缘的历史的研究，更重要的是从人类生态观点反思国族建构的人类生态意义，了解当前少数民族的处境以及规划更理想的人类资源共享环境。尽管对于历史实体论与近代建构论仍存在争议，但《羌在汉藏之间》关于"历史延续性"、"毒药猫理论"、"华夏边缘"、"人类资源共享体系"以及对"历史实体论"、"近代建构论"的探讨，都值得我们再次深入地阅读此书，并将其观点启示，发展应用到其他族群的研究之上。

参考文献

[1] 王明珂：《羌在汉藏之间——川西羌族的历史人类学研究》，中华书局 2008 年版。

[2] 张原、曾穷石、覃慧宁、赵书彬：《反思历史与关怀现实的学者——历史学家王明珂专访》，《西南民族大学学报》（人文社科版）2008 年第 1 期。

[3] 哈光甜：《区分与变迁——简评王明珂〈羌在汉藏之间〉》，《社会学研究》2007 年第 1 期，第 220 - 228 页。

[4] 梁永佳：《〈祖荫之下〉的"民族错失"与民国大理社会》，《民族社会学研究通讯》2009 年第 5 期。

[5] 王红艳：《华夏之"汉"与族群之"汉"的辨析——兼论王明珂、张兆和对"汉"的理解及学界误读许烺光的原因》，《民族社会学研究通讯》2010 年第 11 期。

[6] 刘郁瑞：《古槐移民与古槐文化》，《山西师大学报》2001 年第 1 期。

新生代少数民族城市新移民民族文化适应问题的探讨*
——以西安市雁塔区为例

薛小燕

中央民族大学　民族学与社会学学院　硕士研究生

少数民族聚居区传承和发展民族文化，一直是民族学和人类学传统的研究重点，与之相比，城市散、杂居地区传承和发展少数民族文化的研究相对比较薄弱，特别是在城市化进程加快和少数民族城市新移民急剧增加的背景下，考察城市中少数民族城市新移民传承、发展民族文化的现状，在学术和现实层面上均具有非常重要的意义。

本文通过数据统计、资料整理和田野调查在西安市雁塔区"打工"的新生代少数民族城市新移民传承、发展民族文化的现状，研究他们在"打工"过程中，传承、发展民族文化所存在的问题。剖析新生代少数民族城市新移民的"打工"过程，归纳新生代少数民族城市新移民在打工地适应民族文化传承的各种影响因素，并对此类现象和影响因素做简短的总结。

一、雁塔区新生代少数民族城市新移民民族文化适应问题的现状

（一）基本情况

本次调研共发放《新生代少数民族城市新移民调查问卷》127份，有效收回100份。调查内容包括基本情况（姓名、年龄、性别、民族、婚姻状况、受教育程度、职业、来城市的主要原因和途径等）、收入和消费、社会交往、政治参与、劳动保障、法律保障、子女教育、宗教信仰、医疗卫生、心理十个方面。受访者为1980年1月1日以后出生，非西安市户籍，为农业人口或原为农业人口的少数民族城市新移民的群体和个体。调查族别有回族、苗族、东乡族、维吾尔族、普米族、朝鲜族、壮族、满族等少数民族（见表1）。

---

*基金项目：本文系2014年度河南省教育厅人文社会科学研究项目：城市化进程中中原城市回族社区变迁研究（2014－QN－357）阶段性成果。

表 1　新生代少数民族城市新移民人员情况统计

民族	人数	男性	女性	28岁以下	28岁以上	初中以下学历	高中学历	大专学历	本科以上学历
回族	68	41	27	43	25	9	34	14	11
维吾尔族	17	17	0	15	2	12	5	0	0
满族	9	7	2	5	4	1	3	2	3
苗族	1	1	0	0	1	0	0	1	0
壮族	2	1	1	2	0	0	2	0	0
朝鲜族	1	0	1	0	1	1	0	0	0
普米族	1	0	1	1	0	0	0	0	1
东乡族	1	0	1	0	1	0	0	0	1
合计	100	67	33	66	34	23	44	17	16

资料来源：《新生代少数民族城市新移民调查问卷》。

经统计《新生代少数民族城市新移民调查问卷》数据，城市务工的新生代少数民族城市新移民以男性为主，占受访者的67%，且以20~28岁者居多。因受教育程度、收入水平、生存环境等因素的影响，各类人群对本民族文化的传承观念不尽相同。

笔者根据受访者的收入水平（见表2），将其分为以下三种类型：

表 2　新生代少数民族城市新移民年收入情况统计

收入（元） \ 民族	回族	维吾尔族	满族	苗族	壮族	朝鲜族	普米族	东乡族	合计
10万以上	4	0	3	0	0	0	0	1	8
8万~10万	2	1	1	1	1	0	0	0	6
5万~7万	1	1	1	0	0	0	0	0	3
3万~4万	10	1	1	0	0	1	0	0	13
3万以下	51	14	3	0	1	0	1	0	70
合计	68	17	9	1	2	1	1	1	100

资料来源：《新生代少数民族城市新移民调查问卷》。

1. 高收入新生代少数民族城市新移民群体

年收入10万元以上者8人，占受调查总人数的8%，该群体自己经营私营公司或拥有高科技技能、管理水平，在大、中型企业从事科研和管理工作。其中，宛××（男，29岁，满族，安徽滁州人，本科文化，西安久通电子贸易有限公司法定代表人，年收入20万元）等3名受访者选择西安"打工"的目的是赚钱，并且扎根城市；胡××（男，31岁，东乡族，甘肃会宁人，本科文化，已婚，某科技发展有限公司插入式软件工程师，年收入12万余元）等3名受访者选择来西安"打工"的目的是为了扎根城市，与家人生活在一起；受访者李××（男，29岁，回族，山东泰安人，硕士研究生，西安银行客户信贷经理，年收入18万元）选择来西安"打工"的目的是为了提升自我，寻找更好的发展机会；受访者黄××（女，31岁，回族，江苏溧阳人，博士研究生，陕西水利设计研究院有限公司工程师，年收入17万元）选择来西安"打工"的目的是因为离家近、受朋友老乡影响等。上述人群主要通过应聘、企业招贤、投资等途径来西安"打工"。

2. 中等收入新生代少数民族城市新移民群体

年收入在3万~10万元者共22人，占受调查总人数的22%。该人群50%为个体经营者，从事小型加工业、物流业、运输业、饮食服务业和商品销售业。36.36%为掌握一定技能的打工者，从事修理业、制造加工业、家政服务业和交通运输业等。9.1%为具备较高学历或拥有较丰富工作经验者，在大、中型企业从事管理、设计或销售等工作。4.54%在科教卫生系统工作。其中，马××（女，回族，26岁，本科文化，西安华润超市主管，年收入5万余元，安徽省亳州市人）等86.36%的受访者出来"打工"的目的是为了赚钱并扎根城市；王××（男，苗族，28岁，大专文化，个体经营者，年收入8万余元，云南蒙自人，已婚）等9.1%的受访者是为了开阔眼界，向往西安的生活，希望扎根城市，与家人生活在一起；胡××（女，27岁，回族，江苏南通人，大专文化，西安正大医院护士，年收入6万余元）等4.64%的受访者是为了提升自我，寻找更好的发展来西安"打工"。上述人群主要通过应聘、亲朋好友介绍、婚嫁、投资等途径落脚西安。

3. 低收入新生代少数民族城市新移民群体

年收入在3万元以下者70人，占受调查总人数的70%，是纯低收入新生代少数民族城市新移民群体。该类人群的70%系文化水平较低或很低、缺乏谋生技能的打工者。和受访者马××（男，21岁，维吾尔族，新疆喀什人，小学文化，穆斯林个体餐馆帮工，年收入不足3万元）一样，大部分的受访者都是通过亲朋好友介绍以赚钱为目的来西安打工的。上述人群很大程度上受到老乡或朋友外出打工的影响，易"抱团"，流动性大。一般是以家族形式集体打工，和外部社会基本上没有个体接触，不愿意扎根城市。

另外，还有一个不确定性低收入新生代少数民族城市新移民群体。该群体占低收入新生代少数民族城市新移民总人数的30%，均为走出校门1~3年的高等院校毕业生，农业人口或原为农业人口，共21人。由于社会认识度底，就业歧视（包括学校等级歧视、性别歧视、专业歧视等），工作岗位少，企业压薪严重，而本人理想远大，思想活跃，"跳槽"频繁，易接受主流文化，不确定性最强，是一个"可有可无"的、高学历的、特殊的城市新移民群体。受访者顾××（女，22岁，普米族，云南迪庆人，本科文化，西安传美广告有限公司前台，年收入2万余元）就是该类人群的代表。

（二）新生代少数民族城市新移民民族文化适应问题的代表性现象

1. 民族荣誉感、依附感的缺失

受访者中，92%的人不会向别人隐藏自己少数民族的身份，78%的人不会为自己的少数民族身份感到不舒服。64%的人对民族依附感、荣誉感抱着无所谓的态度，认为自身发展与本民族未来没有很大关系，在别人对本民族进行评价时，40%的人不会去争辩。受访者宛××的观点是："网络文化的发展，科技的进步，飞机、高铁、高速公路已使人类进入了地球村的时代，单纯地区分全世界的各少数民族，人类将无法共存共融。各民族的文化都有其精华，但也存在着糟粕，没有必要隐藏自己少数民族身份，也没有必要去炫耀自己的少数民族身份，更没有必要去依附少数民族的身份，法制社会人与人之间是平等的。

如只强调本民族的依附感和荣誉感，特别看重别人对自己民族的评价，将使自己脱离社会，走向极端。"

2. 从众、同化现象

在对受访者进行访谈中，发现大多数新生代少数民族城市新移民对文化的追求，更多的是跟着身边的人学，像西安本地人一样讲"西安本地官话"，吃西安人爱吃的羊肉泡馍，像西安人一样夏天穿着拖鞋光着背。受"打工"地从众心理的影响，上述人群中很多人被不自觉地"同化"了，缺少了本民族文化的内涵。回族城市新移民冯××（男，23岁，初中文化，宁夏中卫市人，年收入4万余元，从事个体清真拉面经营）告诉笔者："6年前和家族兄妹3人投奔在西安做清真牛肉拉面生意的本家阿翁，开始时是家族式经营，集体生活，管吃、管住，没有工资，可见本民族的文化传统和风俗习惯，基本上没变。2年后，学徒期满，在本家阿翁的帮助下，我们兄妹贷了款，各自开设了自己的拉面店。为了生存，我向本地人学西安话，夏天我也会和普通市民一样光着膀子干活，因为大家都是这么干的，这叫入乡随俗。本民族的文化传统、风俗习惯和宗教仪式，因为时间和距离的关系，能简化的就简化了。现在没有坚持每天五礼，只能参加周聚礼或年会礼，有时也会因生意的原因无法参加，但白帽子是一定要带的。"

3. 宗教信仰的现状

受访者中，74%的人有宗教信仰，23%的人曾经有宗教信仰，3%的人没有宗教信仰。91%的人在西安没有收到过宗教宣传品。上述有宗教信仰或曾经有宗教信仰者100%是通过家人或朋友的宣传而接触到宗教的。83%的人拥有宗教信仰或曾经有宗教信仰是因为民族风俗的影响；5%的人为了寻找心灵寄托和精神安慰；9%的人是受到家庭环境的影响。77%的人认为宗教是教人善良向上的，能够提高人民素质；19%的人没有答复；4%的人认为宗教信仰使人将精神寄托于虚幻，不利于现实生活中的健康发展。对于下一代的教育，64%的人持顺其自然的心态，不会因为民族因素要求子女有宗教信仰（见表3）。

表3　新生代少数民族城市新移民宗教信仰情况统计

民族	人数	有宗教信仰	无宗教信仰	曾经有宗教信仰	伊斯兰教	佛教	其他宗教信仰	宗教信仰有益	宗教信仰有害	要求子女有宗教信仰
回族	68	48	1	19	48	0	0	54	1	56
维吾尔族	17	17	0	0	17	0	0	17	0	0
满族	9	7	1	1	0	4	3	3	1	3
苗族	1	0	0	1	0	0	0	1	1	1
壮族	2	1	1	0	0	1	0	2	0	0
朝鲜族	1	0	0	1	0	0	0	0	1	1
普米族	1	0	0	1	0	0	0	0	0	0
东乡族	1	1	0	0	1	0	0	0	0	1
合计	100	74	3	23	66	5	3	77	4	64

资料来源：《新生代少数民族城市新移民调查问卷》。

第一类、第二类人群中,有宗教信仰者 18 人,占该类人群的 60%。曾经有宗教信仰者 10 人,占该类人群的 33.33%。以信仰伊斯兰教者居多,其他信仰佛教等。第三类人群中,有宗教信仰者 69 人,占该类受调查人数的 98.57%。上述人群中有 11 人能够按时参加宗教活动,有 34 人经常去宗教场所。该类受访者大多是以老乡相约的方式参加宗教活动。

二、新生代少数民族城市新移民民族文化适应问题的影响因素

(一) 个人因素

1. 受教育因素及交友因素

受访者中,23% 是初中及以下文化学历,44% 拥有高中、中专、技校文化学历,17% 拥有大专学历,16% 拥有大学及以上学历。

通过调查,75% 的人在交往过程中看重的是金钱关系,其次是同乡关系,第三为民族关系。在物质重于精神的情况下,少数民族文化传承的意识适应明显,人们关注更多的是自己的切身利益、满足生活需要。在日常交往中,涉及文化层面的内容不多,民族文化的传承考虑得不太多。

2. 恋爱和婚姻因素

人离不开恋爱和婚姻。新生代少数民族城市新移民由于恋人或配偶的因素,尤其是同少数民族或不同少数民族间的恋爱或婚姻,往往受制于恋爱或婚姻中的强势一方,会依附强势方的文化传统,淡忘或弱化弱势方的民族文化,此现象在高学历受访者中多见。

(二) 社会因素

1. 经济因素

少数民族城市新移民的收入水平相对不高,主要精力和时间都投入到增加经济收入或找工作上,特别是第三类人群中的"不确定性"低收入"打工"群体,为了获取经济利益的最大化和稳定的工作,无暇顾及本民族文化的传承和发展。而第一类人群,虽然工作稳定,收入已达小康水准,能够有富余的时间和空间享受生活,但流行文化和网络文化的冲击,使上述人群更易追求时尚,忽视传统文化的传承。

2. 社会环境因素

(1) 企业文化因素。多数中、小型企业,尤其是小型企业的企业文化缺乏少数民族城市新移民文化传承和发展的内容。笔者调查发现多数中、小型私营企业,特别是小型企业根本就没有企业文化或没有开拓企业文化。不知道本企业有少数民族员工的存在,不懂国家少数民族政策。如穆斯林的重要节日古尔邦节、开斋节等,很少有老板去关心,没人给信奉伊斯兰教的员工带去节日的祝福。80% 的少数民族城市新移民在"打工"期间没有享受过法定的少数民族节假日的公休。95% 的穆斯林城市新移民没有领到过国家规定的

生活补助。调查表明，自认为空闲生活丰富或比较丰富的只占9%。51%的被访者认为自己的空闲生活很单调。另有40%的回答为"一般"。总体上看，他们多数都是通过看电视来打发劳动之余的时间，其次就是上网，再有就是做家务、聊天、"斗地主"或打麻将和其他娱乐活动。

（2）社区文化因素。社区是最基层的群众组织，在西安这个以汉族为主，多民族杂居的城市，社区社工日常接触的是汉文化和极少量的穆斯林文化，没有专职的民族社工，缺少少数民族文化传承和发展的内容。笔者查询了五老村街道2012年文化教育平台，截至2012年8月30日，该街道共开展各类文化教育和宣传活动412场次，内容涉及社会生活的各方面，且质量和层次都非常高。但唯独没有开展少数民族文化宣传的活动，缺少少数民族城市新移民传承和发展民族文化的内容。

（3）政府职能部门因素。职能部门少数民族事务管理能力有限，对外来少数民族城市新移民传承和发展民族文化的关注度不够。笔者走访了该区民族宗教事务局民族科，该科现有民族管理公务人员4人，接受过民族学或人类学等高等专业教育的民族管理公务人员为0。该科负责全区7个街道，54个社区，近百万常住人口和30余万流动人口贯彻、落实党和国家的民族宗教政策及法律、法规，办理民族宗教的相关事务。由于该部门编制人员少、经费投入不足，没有科班出身的专门人才，目前该部门只能协助其他职能部门开展清真食品的管理，纠正不尊重少数民族风俗、习惯等清真经营行为，规范清真食品市场秩序，教育和引导外来少数民族群众按照相关规定经营、生活等工作。

（三）宗教信仰因素

1. 竞争、时间因素

工作忙，竞争压力大，没有时间参加宗教活动。胡××在受访时，对宗教信仰的答复是：工作很忙，任务压力大，岗位竞争激烈，周末经常加班，孩子小，妻子是汉族人，找不到或没时间去找同族人。清真寺倒是有，但离得太远，交通很不方便，开车去没地方停车。所以参加宗教活动几乎变成了奢望。现在只有老家的长辈来访或者回乡探亲时才会参与宗教活动，捐献些"乜贴"。

2. 打工地区域因素

因少数民族的宗教信仰具有较强的区域性特点，脱离群体，个体打工者宗教意识逐渐减弱。

通过调查笔者认为，少数民族城市新移民宗教活动暂停或频率减少的主要原因：一是大城市生活环境的变化——对比家乡，周围缺少宗教氛围和条件。大城市是陌生人的社会，人们的行动缺少了熟人社会的约束。二是经济生活的影响——做生意和打工都不能像种田一样自由支配自己的时间，城市经济生活具有较强的时间约束性。三是没有宗教场所或到宗教场所的距离远——大部分穆斯林到清真寺礼拜单程需要用1~2小时的时间，时间成本加上交通费用足可以将一些年轻而且收入不高的穆斯林城市新移民挡在清真寺外。

三、小结

城市新移民在城市融入过程中受到主观因素和客观因素的影响,客观因素包括制度政策,城市包容,民族风俗等;主观因素包括经济条件、个人教育程度、社会关系、宗教信仰等。不同的影响因素对他们的影响程度也不同,但能否融入不仅对个人对整个城市也是至关重要的。林顿对社会学广泛运用的"身份"和"角色"两个概念进行详细的论述,并认为"身份就是一个人在权利与义务的统一,但是具体到每个人,身份都是多重的,这就要他与他人的关系或他在特定社会关系中的位置而定,角色是指履行特定身份被认定的权利与义务的行为"。林顿的文化与人格理论认为:社会由个人组成,任何一个人都是一个社会成员,因而在社会中都具有一定地位从而扮演着一定的角色。社会功能正常发挥,依赖于个体之间与个体组成的群体之间的行为模式。如本文所述,城市新移民少数民族在适应的过程中也是身份和角色的转化,以及对新社会的接纳与融合的过程。社会秩序的正常运转和个人在社会中的行为模式的稳固是一种长时间的需要双方来实践的过程。

当下我国国民经济飞速发展,国际化大都市数量不断增加,越来越多的新生代少数民族人口进入城市,这种现象是我国改革开放的产物,是经济发展的必然趋势,符合社会发展的客观规律,也符合全球经济的发展潮流,是不可逆转的。如何正确引导新生代少数民族城市新移民在打工过程中传承和发展民族文化,任重而道远,是一个庞大的、复杂的系统工程。因此,各级人民政府和我们民族学理论界对新生代少数民族城市新移民在打工过程中传承和发展民族文化工作的监督、管理、引导、控制和信息反馈也必须随着时代的发展不断地进行理论创新。只有这样,我们才能适应新形势下的客观要求,才能有效遏制少数民族文化因新生代少数民族城市新移民的"打工"而流失的负外部性。促使新生代少数民族城市新移民在打工过程中良性地传承和发展民族文化,既有利于构建社会主义和谐社会,成为社会安定团结,和谐有序的促进因子,又有利于民间传统文化、民族历史传承、民族风俗的保护和发展。

参考文献

[1] 金海燕:《制定〈辽宁省散居少数民族权益保障条例〉势在必行》,《满族研究》2009年第1期。

[2] 汤夺先:《试论影响城市民族关系的几个因素》,《黑龙江民族丛刊》2003年第6期。

[3] 马旭:《少数民族流动人口城市适应研究》,《中央民族大学博士学位论文》2007年。

[4] 许锦桃:《论城市散居少数民族工作的不足及建议》,《经济知识》2009年第15期。

[5] 崔纪石:《对我国城市民族工作的几点思考》,《科教新报》(教育科研)2011年第32期。

[6] 马冬梅:《都市外来回族穆斯林社会网络的建构——以桂林市为例》,《青海民族

研究》2006 年第 4 期。

［7］李伟梁：《城市少数民族流动人口的社会支持——以武汉市的调研为例》，《中南民族大学学报》2006 年第 3 期。

［8］张继焦：《城市的适应——迁移者的就业与创业》，商务印书馆 2004 年版。

［9］宋林飞：《西方社会学理论》，南京大学出版社 1999 年版。

［10］张鸿雁、白友涛：《大城市回族社区社会与文化功能》，《民族研究》2004 年第 4 期。

［11］白友涛：《回族文化模式转型论——基于对大城市回族文化模式变迁的思考》，《贵州民族研究》2007 年第 1 期。

［12］白友涛：《盘根草——城市现代化背景下的回族社区》，宁夏人民出版社 2005 年版。

嘉绒藏族的人观与家屋
——以马尔康县直波村为例

朱美姝

四川大学民族学硕士研究生

马尔康县直波村是一个典型的嘉绒藏族村落，宁玛派的宗教仪式以及山神祭祀贯穿于村人的日常生活之中。直波村的家屋分为世俗空间和神圣空间两部分，世俗空间中展现的是现世的生活部分，折射了村人的现世生活态度（追求团结到区隔）；神圣空间指引了来世的去向，是村人每天必须洁身参拜之地。世俗空间会随着物质生活的改变而改变，如将大家团结在一个空间之内的火塘分隔为客厅、卧室和厨房，增加了空间的私密性和长幼之间的区隔，但原有的长幼、男女尊卑秩序依然延续；在神圣空间中，轮回观念依然在持续，山神信仰体现的是对现世生活的保佑，供奉佛祖是对来世的寄托。空间与家屋是研究社会秩序、宇宙观的重要场域。嘉绒藏族相信生命个体处于轮回之中，这种宇宙观也体现在了家屋空间上。

直波村的亲属称谓也体现了轮回宇宙观，同一个家屋内的核心家庭成员的亲属称谓是描述性的，因为他们是现世生活的主要成员。第一代和第三代的亲属称谓是概括性的，直波村人以三代为期忘祖，三代以外的人连名字都不会被记起。因为三代同堂的时间不会太长，很快第一代人会去世并进入轮回，投生到另一家，不再属于原家屋以内的成员。因此在直波村的公共墓地中，藏人的坟墓都不立碑，新去世的人往往就埋在已故人原有的墓地上，成为现世成员一同祭祀的对象。直波村人的亲属称谓是以家屋为边界，通过亲属称谓来区别家屋以内与家屋以外的成员。既排除了纵向的三代以外的成员，也排除了横向的主干家庭以外的成员。

一、直波村的人口结构

（一）家庭类型

本次田野调查的数据来源于村委会的户籍统计，有一些年轻人长期在外地务工，但仍属于本村户籍，笔者将在外务工但父母子女都居住在直波的都算作现居的家庭成员，因为他们不算另立门户者。对于家庭类型的分类，笔者采用 Olga Lang 提出的核心家庭、扩大家庭、主干家庭的划分①，力求反映直波村家庭类型的总体情况：

1. 单身家庭

单身家庭1（未婚）：只有一个家庭成员，而该成员没有结过婚的家庭。

单身家庭2：只有一个家庭成员，且该成员已离婚，离婚前没有生育过子女或离婚后无子女同住的家庭；或者配偶死亡，子女成年后因各种原因而独身一人的家庭。

2. 夫妻家庭

夫妻家庭1（未生育）：未生育子女，只有夫妻二人的家庭。

夫妻家庭2（空巢）：子女成年后，因各种原因离开而只有夫妇二人的家庭；或因子女夭折只有夫妻二人的家庭。

3. 核心家庭

核心家庭1（完整）：指由父母及未婚子女组成的家庭。

核心家庭2（残缺）：指单亲家庭，即夫妇离异或其中一方死亡但有未婚子女的家庭。

核心家庭3（扩大）：指夫妇及子女之外加上未婚兄弟姐妹组成的家庭。

4. 主干家庭

主干家庭1（完整）：由两代或两代以上组成，每代人中至多有一对夫妻，中间无断代且夫妻均健在的家庭。

主干家庭2（残缺）：由两代或两代以上组成，中间无断代，但夫妻或非均健在或分居的家庭。

主干家庭3（扩大）：由两代或两代以上组成，每代人中至多有一对夫妻，中间无断代且夫妻均健在，外加上未婚兄弟姐妹组成的家庭。

5. 联合家庭

指家庭中任何一代含有两对以上夫妻的家庭。

6. 其他家庭

上述5种家庭类型以外的家庭。

按照以上分类标准，直波村的家庭结构类型如表1所示：

表1　直波村家庭类型分布

家庭类型	单身家庭1	单身家庭2	夫妻家庭1	夫妻家庭2	核心家庭1	核心家庭2
家庭数量	4	1	4	4	26	10
所占比例（%）	3.8	0.9	3.8	3.8	25	9.7
家庭类型	核心家庭3	主干家庭1	主干家庭2	主干家庭3	联合家庭	其他家庭
家庭数量	0	30	17	5	0	2
所占比例（%）	0	29	16.5	4.8	0	1.9
总计（家）	103					

---

① 刘力扬：《藏彝走廊里的白马藏族——习俗、信仰与社会》，民族出版社2004年版。

嘉绒藏族是双系继承制。从上表中可见，直波村最普遍的家庭类型是主干家庭，占到50%以上，即由祖父母（或单亲）、父母（或单亲）与未成年子女共同居住的家庭。一般子女成年后会选一个（无论男女，直波人更倾向选择女儿）留家继承房名，其余子女嫁出、上门或单立门户组成核心家庭，一户之中绝无同辈的两对夫妇共同居住，所以不存在联合家庭。

核心家庭的比例接近40%，一部分核心家庭是由于分家而产生的，另一部分核心家庭是主干家庭的暂时阶段，年迈的父母去世后留下年轻夫妇和孩子居住；孩子长大以后继承房名并结婚生子，再次形成两辈人共同生活的主干家庭。

夫妻家庭的比例不到8%，一半是新婚夫妇还未生育子女，但很快便会因新生命的诞生而成为核心家庭；另一半是空巢老人，由于各种原因，本应当家的子女都长期在外打工，这样的老夫妇尚有从事田间劳动的能力，且能相互照应，在外打工的子女仍然是属于这个家庭的人，具有房名的继承权。

年长未婚而独自居住的有4个人，他们都是男性，因故未能成家。独自居住的人通常会在父母的家屋旁搭一间简易的房子，方便往来，但不会参与到父母所在的主干家庭中。

总之，直波村是以双系继嗣的主干家庭为主要的家庭类型，其次是核心家庭和夫妻家庭，随着新一代和新二代的降生，夫妻家庭必然会转化为核心家庭，核心家庭也必然会转化为主干家庭。

（二）家庭规模

据对直波村实际常住人口统计表明，直波村的家庭规模并不算大。具体数据如表2、表3和表4所示。

表2　直波村总人口统计

总人口数（人）	总户数（户）	家户平均人数（人）
490	136	3.6

注：总人口数是村委会按村里人户口所在地统计的人数，一些在外务工或安家的人仍保留原籍，未更改户口，因此实际上的常住人口和家户并没有这么多。

表3　家庭代数分布统计

家庭代数（代）	家庭数量（家）	所占比例（%）
1	12	11.6
2	38	36.9
3	52	50.5
4	1	0.9

表 4　家庭人口分布统计

家庭人口数（人）	家庭数量	所占比例（%）
1	5	4.8
2	17	16.5
3	18	17.5
4	20	19.4
5	15	14.6
6	21	20.4
7	5	4.8

以上表格反映了直波村的家庭以两至三代的核心家庭和主干家庭为主，因为直波村是少数民族又是农村地区，一般政策允许生 2~3 个孩子。现在年轻夫妇一般生育 2 个孩子，个别家庭只有 1 个。这样，直波村的家户人数以 4~6 人最为普遍。

产生这样的家庭结构形态的原因是家屋继承制度，家屋实行双系继承制，是指每一个家屋只留一个孩子当家，男女皆可，其余的孩子通过上门、嫁出、过继的方式进入其他的家屋。直波村中的男女、长幼有着平等的继承权。

二、亲属称谓体系中的轮回观

直波村的亲属称谓有一个特点，即同一个称谓可以指称多个系谱位置，甚至有时用来称呼陌生人。出现这个现象的原因是他们喜欢"沾亲"的习俗，由于禁婚范围只排除了兄弟三代以内，姐妹、兄妹的子女都可以通婚，因而在直波村任选两个人，至多追忆到曾祖父辈就可以找到两者之间的亲缘关系，在日常生活中要把众多的亲戚一一区别开来并指定一个固定的系谱位置是很艰难的事情。因此，直波村人用简化亲属称谓的方式来规避这个复杂的问题。直波村语亲属称谓的对称关系见表 5。

表 5　直波村语亲属称谓的对称关系

代数	亲属称谓	对象
+2 及以上	aŋ wu	PF、PGEF
	aŋ bi	PM、PGEF
+1	aŋ ba	F、EF
	aŋ ma	M、EM
	aŋ dei	FeB、MeZH、FFGS
	aŋ tsai	FyB、MyZ、FyZH、FFGS
	aŋ ni	FeZ、FyZ、MBE、FPGD、PBWZ
	aŋ mo dei	MeZ、FeBE、MPGD

续表

代数	亲属称谓	对象
+0	ŋa gu	MB、MyZH、FyZH、MPGS、GEF、FFFZCS、PBWB、PZHB
	ei tsei	eB、eSE、GEG
	aŋ jɛ	eZ、eBE、GEG
	aŋ jiɛ	yB、yZ、yBE、yZE、GEG
	aŋ mo ts□	FZC、MGC、PFZCC、PMGCC
-1	aŋ tci□	W
	pho ja	H
	aŋ ts□	S
	e mi	D
	e mo du	GC、GCE、GEGC、GEGCE、EGC、EGCE、EGEGC、CEG、CEGE、CEGEGE、PGCC、CCEP
	e mo Tsei	SW
	jir ma	DH
-2	e phu	CC、CCE、GCCE、GCC

注：本论文使用的亲属称谓简称都依据 Barmard and Good（1984）的使用方式：P = 双亲；F = 父亲；M = 母亲；G = 同胞兄弟姐妹；B = 兄弟；Z = 姐妹；C = 小孩；S = 儿子；D = 女儿；E = 配偶；W = 妻子；H = 丈夫；e = 年长；y = 年幼。

直波村人对祖先的记忆不超过三代。表现在亲属称谓方面，便是三代以上的亲属都使用同一种称谓，但有男女之别。双亲的父亲称 ŋa wu（PF），双亲的母亲称 ŋa bi（PM），若两代以上的长辈，男性都以 ŋa wu 来称呼，女性则以 ŋa bi 称呼，通常会在称呼后面加上名字。同样，对于下加两代及以上的晚辈都称 e phu，包括自己子女的儿女，孙孙的配偶，同胞兄弟姐妹的孙孙，同胞兄弟姐妹的孙孙的配偶。

在上加一代与下加一代的亲属称谓中，直波村人按照家屋以内与家屋以外的原则来划分。下加一代的亲属称谓相对简单，儿子称为 ŋa ts，女儿称为 e mi，儿媳妇称为 e mo tsei，女婿称为 jir ma，但后两种称谓不像前两种称谓一样每天都听得到，因为只要上门或嫁到这个家屋，就会被视为己出，称 e mo tsei 和 jir ma 是很见外的，因此很少使用。对于家屋以外一切有血缘关系的晚辈，直波村语中只有一个亲属称谓，即 e mo du，所有兄弟姐妹的小孩不分性别都称作 e mo du，由此扩展到兄弟姐妹小孩的配偶及其配偶的兄弟姐妹等。

上加一代的亲属称谓较为复杂且包含的系谱位置也较多。家屋以内的称谓有 ŋa ba 和 ŋa ma，ŋa ba 指自己和配偶的父亲，ŋa ma 指自己和配偶的母亲。家屋以外的称谓共有 5 个：ŋa dei，ŋa tsai，ŋa mo dei，ŋa gu，ŋa ni。直波村人用这 5 个称谓指称父系和母系的所有亲戚，并进行了长幼和性别的区分，具体称谓名称见表6。

表6 直波村语亲属的称谓区别

	父系				直系		母系			
	男		女		男	女	男		女	
	长	幼	长	幼			长	幼	长	幼
血亲	ŋa dei	ŋa tsai	ŋa ni	ŋa ni	ŋa ba	ŋa ma	ŋa gu	ŋa gu	ŋa mo dei	ŋa tsai
配偶	ŋa mo dei	ŋa tsai	ŋa gu	ŋa gu			ŋa ni	ŋa ni	ŋa dei	ŋa gu

另外，父系的姑姑（姑父）与母系的舅舅（舅母）使用的是相同称谓：ŋa gu 和 ŋa ni，有性别之分，没有长幼之别。同时，这两个称谓可以用在所有高于自己一个世代的男性和女性村人身上（父亲的兄弟和母亲的姐妹除外），也可以用在没有亲戚关系的人身上。

同样，父系的伯伯（伯母）与母系的大姨（大姨父）也是使用的相同称谓：ŋa dei 和 ŋa mo dei，村人说 ŋa dei 和 ŋa mo dei 比 ŋa gu 和 ŋa ni 更亲一些，血缘关系更近一些。而与此相对应的叔叔（叔母）与小姨都用 ŋa tsai，这一组称谓不区分年幼者的性别，这与同辈不分男女一律称弟弟妹妹为 ŋa jiɛ 的原则相同，反映出直波村人对长者的尊敬。唯独小姨父用 ŋa gu，与父亲姐妹丈夫的称谓相同。

由此可知，直波村人通过亲属称谓来区别家屋以内与家屋以外的成员。家屋以内的核心家庭成员的谱系位置是很明确的，如 ŋa ba（父亲）、ŋa ma（母亲）、ei tsei（哥哥）、ŋa jɛ（姐姐）、ŋa jiɛ（弟弟妹妹）、ŋa ts（儿子）、e mi（女儿），一个家屋内至少有这两代人同堂，因此必须明确区分。三代同堂时，直波村人为第一代与第三代设置了三个称谓，爷爷（外公）称 ŋa wu，奶奶（外婆）称 ŋa bi，孙子统称 e pu，由于三代同堂的时间不会太长，因此对他们的称谓都成为概括性的，将三代以上的祖先都统称 ŋa wu 和 ŋa bi，而 ŋa wu 和 ŋa bi 对隔代的晚辈统称 e pu。另一种概括性的亲属称谓是横向的，也指称家屋之外的成员，如 ŋa dei，ŋa tsai，ŋa gu，ŋa ni，ŋa mo dei，将家屋外的各种血亲关系都浓缩为了这五种关系。同辈之间的亲属称谓与通婚禁忌息息相关，三代以内的同胞兄弟的后代互称 ei tsei，ŋa jɛ，ŋa jiɛ，而三代以内的非同胞兄弟的后代则称 ŋa mo za。在通婚禁忌中，互称 ei tsei，ŋa jɛ，ŋa jiɛ 的人是不能结婚的，只有互称 ŋa mo za 的人才能通婚。

直波村人通过区别家屋以内与家屋以外的成员来简化复杂的亲属关系，并通过"三代为期忘祖"的方式将一些扩大开的亲属关系强制割断，从而保证直波村内的婚姻规则得以往复进行，也使得全村通过姻亲关系的联结而互为亲戚。

三、家屋空间中的人观

1. 居所建造

直波村的家屋建筑充分体现了当地环境特点，并继承了"垒石为室，如笔削然"的传统技术。家屋一般修建三层，第一层居牲畜，第二层居人，第三层居神，反映了家屋空间受到佛教三界理论的影响。

建房先选一块空地，然后请喇嘛打卦看地基，并给土地神念经，建房之前要先征得土地神的同意，土地神才会保佑房子能顺利修好。确定屋基地后就择日开工，择日也是由喇嘛打卦来定，开工那天还要选一个属相相合的人挖第一铲土。

建房的第一步是平屋基，地基没有固定深度，挖到最硬的地方为止，不然房子修好后会往下沉。有些家庭会在屋基的四角上埋 sa ben①，让房子更加坚固。之后便请附近的亲戚和朋友帮忙背建筑材料，主要是石头、泥土和木材，泥土作为填补石头间缝隙之用，木头则为横梁、门窗、地板的主要材料。砌房子的工作由包工队来负责，每一层修 3 米左右，凡是门窗部分都留出空，用木头支上，再在其上接着垒石头。每修好一层后，就搭建领子，领子由五层构成，第一层用较大的沙树搭建一排横梁，称为 ao doa；第二层在横梁上竖放白杨枝，称为 ʐom ni；第三层铺树枝丫丫，称为 ba ʐʅ wu；第四层铺苔藓，称为 ʐʅgəʐʅmo；第五层盖上泥巴并压实。一旦房屋的外观完工，就会在屋顶的四个角上修一个三尖角形的 ʐei sʅ tgio，表示此层已修完，在 ʐei sʅ tgio 旁放置白石代表自然界诸神。过去房子内部墙上敷三层泥巴，第一层、第二层是和着青稞草的泥巴，第三层是和着糠的泥土，现在村上所有家庭都会在泥土外再装上一层木板。地面不铺水泥，必须铺上厚厚的木板才暖和。

家屋的每个门、窗的外墙上均涂上一圈白石灰，并沿着房顶的边沿涂上白石灰，顶端与底端的四个角落处均涂成白色的直角三角形，据说此白石灰的作用是防止屋外不洁之物进入家屋中，有辟邪、美观和固定房子之用②。各个门（包括正门、卧室、经堂、猪圈、客厅、仓库、车库）刚立起时，都由喇嘛在门框正中间钉一个 pha ba，由旧时的铜币和两三块不同大小、颜色的棉布条重叠构成，目的是防止邪魔入侵，pha ba 钉上后就任其毁坏，只有在重新安门的时候才会更换。

2. 锅庄房——人神共处

解放前，家屋第一层都是猪圈和储藏室，储藏室内放粮食、猪草、农具等杂物。而二楼是锅庄房③，是家人、家神共居的世俗空间。锅庄房正对大门的墙上设有神龛，神龛上放置由灰面塑的阿米格尔东像以及家庭在世成员的像，阿米格尔东的塑像最大，他身边有灰面做的牦牛、马、鹿等随从，这些塑像均在阿米格尔东节那天做好，放在一个个小格子里，用酥油和马茶供奉，并在墙上画太阳、月亮和北斗七星，塑像放 3 天以后就拿下来做成馍馍吃。

锅庄房既是起居室又是厨房，兼作客厅，锅庄房的墙壁由于常年受柴火熏而变得黑漆漆的，村民们会把香猪腿、猪膘、腊肉挂在锅庄房顶上，使其受烟熏一个半月，就放入粮仓储存或食用。锅庄房内最重要的标志是铁三脚架④，它放于火塘正中，外围一圈用作挡

---

① sa ben 指念过经的神物，比如一个袋子里装上各地神山的泥土、经书、珊瑚，家里有出家人的话，还会将各地的山泉水与泥巴和在一起，富贵者还可以装金条等，这些东西都要提前几年准备。
② 王廷宇：《卓克基嘉戎人的"家"与亲属》，中国台湾清华大学硕士论文，2007 年。
③ 嘉绒语音为 kha。
④ 嘉绒语音为 sijia。

火的木头①，两者合称 sʅ tgiaŋ khu。sʅ tgiaŋ khuu 旁边放一口装水的大锅②，锅上盖半边盖子，盖子上放置舀水的木勺和木制的揉面板③。全家人都在 sʅ tgiaŋ khuu 旁围坐吃饭、取暖，而且长幼、男女依次分座，正对大锅且靠近神龛处是老人和男人的位置，称为 kha phu，村人也称其为上方；kha phu 右手边是女人做饭的地方，称为 kha sʅ pho；与 kha sʅ pho 相对的位置称作 kha thi，是行动不便的老人的位置，他们只为大家添柴烧火，其工具是火钳④和铁钩⑤；小孩子则随意坐在长辈身旁。坐姿是男盘脚坐，女跪坐。锅庄房旁边设有一两个小房间，用作卧室或仓库。解放前的锅庄如图1所示：

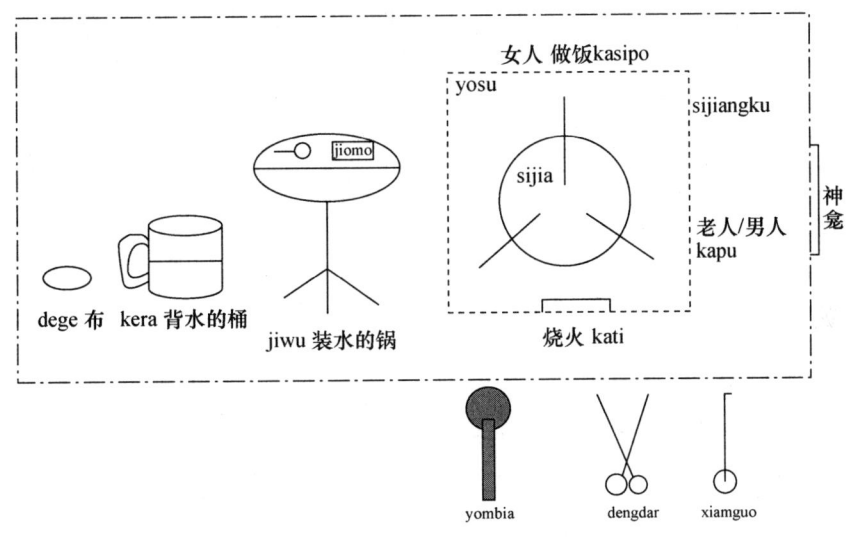

图 1　锅庄器具

图片来源：根据访谈内容亲笔绘制。

第二层的锅庄房是人们世俗的生活空间，家人在这一层的空间里建立最亲密的情感联系，同时也维持了长幼、男女的尊卑秩序。神龛上供奉阿米格尔东和在世者的塑像，说明每一个共同居住在家屋中的人员都希望得到家神的护佑，消除对外界危险的不安和恐惧。火塘集吃饭、休息、娱乐、聊天、祭祀祖先功能于一体，是大家分享食物、传授生活经验、交流感情的地方。

四、亲戚关系和居住空间变化的思考

1. 世俗空间增加

在物质条件的逐步改善中，近几十年内，直波村的家屋空间发生了较大的改变，特别

---

① 嘉绒语音为 yosu。
② 嘉绒语音为 jiwu。
③ 嘉绒语音为 jiomo。
④ 嘉绒语音为 dengda。
⑤ 嘉绒语音为 xiamguo。

是火塘的取缔,正悄悄地影响着家屋内的生活方式。20世纪90年代,村里几乎所有的家屋都重新装修,第二层原来的ka(火塘)修成客厅,摆上藏式的沙发和茶几,神龛被拆掉,村人也渐渐不再过阿米格尔东的节日。同时另辟一间作厨房,并引进了汉人的灶①。春夏天气暖和的时候在厨房用汉人的灶烧火煮饭,并在餐桌就餐,座位秩序依旧是老人和男人坐在上方,女人和小孩坐在侧方。近几年又改用电炉或天然气,厨房内干净、卫生、敞亮。

条件好的家庭会设两个客厅,一个是汉式风格,另一个是藏式风格。汉式客厅摆设布艺沙发、茶几和电视,有几家村民从马尔康买回了一种既可烧水又可取暖的多功能茶几,茶几的台面可以升温烧水,茶几的四个腿儿也可以散热,一家人围坐在一起的感觉与旧时的火塘很像;藏式客厅里铺地毯、摆藏式的沙发和茶几,电视音响也一应俱全,并画上有宗教含义的壁画。由于家屋重修后客厅和卧室增多,一些年轻的夫妇喜欢将自己的卧室与家里的其中一个客厅相连,构成一个较为私密独立的空间,一般老人不去那个客厅坐,这样年轻人与老人便有了各自独立的活动空间。

世俗空间的改变主要体现了直波村整体生活水平的提高,村里人乐于接受新的生活方式,他们处在藏汉两大文化之间,既受到藏汉文明的影响,又延续和传承了自身的文化特点。世俗空间的改变也对人际关系造成了一些新的影响,如男女界限的模糊和个人隐私观念的增强,年轻人和年长者的代沟逐渐增大。

2. 个人隐私观念增强与长幼观念的延续

这表现了当地传统生活方式随着居住空间的变化而改变,同时,亲戚关系的某些方面依然被强烈地保留着。

火塘的一项重要功能是人群分类,长者和成年男性位居上把位,也就是被称为kha phu的地方,这个地方靠近神龛,也象征着一家的权威。女性坐在上把位的右边,此地称kha sa pho,专事烹饪;上把位的左边称kha thi,是烧柴火的位置,对于坐此位置的人村里说法不一,有的家庭说这是年迈老人的座位,他们已无生产能力,只能在全家围聚火塘时为他人添柴加火,并补充说年轻能干的小伙子可以坐上把位,靠近其他年长的男性;有的家庭说kati是男人的座位。

两位访谈对象都出生于20世纪50年代以后,他们记事时正值中国大集体经济时期,那时劳动能力对一个家庭来说至关重要,将无生产能力的年迈老人置于kha thi位置的这一现象说明,在解放后的一段时间内嘉绒藏族的火塘座位秩序并不是以年龄作为唯一标准,而是对家庭经济的贡献,但这一改变并未动摇火塘区别长幼、男女的基本格局。后来火塘和神龛被取缔以后,传统固定的火塘格局被破坏,"上把位"不再以象征祭祀的神龛为坐标,以"上把位"为基点的男左女右的座位分别也不明显。汉人"上把位"的概念逐渐被嘉绒人借用,比如正对门处、正对电视机处为"上把位",一般由长者(不分性别)或客人坐,晚辈坐在下方,年轻女人依旧坐在离炉灶最近地方,负责端菜添饭,可见虽受到汉文化影响,原来集吃饭、聊天、休息的功能于一身的火塘空间如今分散到客厅、饭厅和卧室,但传统的长幼观念依旧还在现今的嘉绒社会空间中延续。

---

① 嘉绒语音为yarta。形制是铁皮炉加一根排烟管的形制,可减少房屋内的烟尘。

3. 日常生活空间的自由度增强

在嘉绒藏族传统的家屋结构中，作为公共社会空间的火塘是最为重要的场所，有着烹饪、吃饭、娱乐、休息、祭祀等多种功能，而强调私密性的卧室并不受传统嘉绒人的重视。

房子重修后，火塘改为藏式客厅，一般用于接待贵客；另将主卧室与汉式客厅相连，卧室有席梦思床、床柜、衣柜，小客厅安置了舒适的沙发椅、茶几和宽敞明亮的玻璃窗，这个小客厅多半只由年轻夫妇使用，表明年轻夫妻受汉文化影响开始有了更多单独相处的时间，更加重视个人隐私和空间的私密性。过去，每一代人的人生轨迹十分相似，老人常常在火塘边对儿女进行谆谆教导，晚辈也可向长辈学习许多经验教训，因此晚辈大多对长辈言听计从。在新的环境下，年轻人的阅历比老人更丰富，长辈能给予的经验越来越少，因此更早地将生活主导权与决定权交给年轻人，并且不再像过去那样干涉年轻人的婚姻。年轻人有了主动权后，也有了更多自己修建家屋的想法，例如为了省事方便，许多年轻人表示取缔第一层牲畜房，修建更大的客厅和更多的卧室。

4. 人神关系依然相对稳定

虽然世俗空间发生了巨大变化，但家屋中神、人、畜的上下关系并没有发生变化，甚至在思想仪式上，神灵的居处位置也是稳定的。例如，村里有一家人因工作原因搬迁到了成都，他们买了顶楼，并在楼房的顶层加修了一层用作经堂，里面的装修与村中一模一样，每日践行与村里一样的供奉仪式。这充分说明宇宙观并不随外在的条件而改变，如果土地和建筑材料合适，他们会复制一个直波村的家屋。

直波村人神关系的稳定还表现在每年举行的跳神法会上，由僧侣们戴上面具再现人死后亡灵经过中阴阶段的情景。面相狰狞的鬼神就是引导亡灵顺利进入轮回的领路人，村人相信，在活着的时候记住鬼神的样子，进入中阴以后就不会因害怕鬼神的面孔而失去救渡的机会。法会不断提醒人们进入来世的过程，这更坚定了人们每日在经堂内虔诚叩拜的信念。

从田野调查的角度来看，直观地反映当地人与人、人与居所的关系，实质是人的社会关系的传统布局，这种关系由来已久，是保持相对狭小范围内社会结构稳定的需要。要打破这种观念，必然是整个外部社会环境发生重大变化才能引起类似嘉绒这样典型的民族群体的变动。我们期望中国当代社会的巨变引起这里的变化，并促使他们走向更加理性和科学的现代化生活。